高职高专工作过程导向"六位一体"创新型系列教材

会计信息化综合实训指导书

（用友 ERP-U8V10.1）

王家清　李楚斌　何耀华　黎家秀　编著

天津大学出版社
TIANJIN UNIVERSITY PRESS

KUAIJI XINXIHUA ZONGHESHIXUN ZHIDAOSHU
（yonyou ERP-U8V10.1）

图书在版编目(CIP)数据

会计信息化综合实训指导书：用友ERP-U8V10.1/王家清等编著. —天津：天津大学出版社，2019.1
高职高专工作过程导向“六位一体”创新型系列教材
ISBN 978-7-5618-6017-5

Ⅰ.①会…　Ⅱ.①王…　Ⅲ.①会计信息－财务管理系统－高等职业教育－教学参考资料　Ⅳ.①F232

中国版本图书馆CIP数据核字(2017)第324531号

出版发行　天津大学出版社
地　　址　天津市卫津路92号天津大学内(邮编:300072)
电　　话　发行部:022-27403647
网　　址　publish.tju.edu.cn
印　　刷　天津泰宇印务有限公司
经　　销　全国各地新华书店
开　　本　185mm×260mm
印　　张　18.75
字　　数　488千
版　　次　2019年1月第1版
印　　次　2019年1月第1次
定　　价　44.00元

前　　言

随着企业信息化发展阶段的到来，中国最大的企业管理ERP软件供应商——用友ERP在国内得到了广泛的应用。如何让学生掌握用友ERP软件的应用，培养符合社会需求的行业人才，成为现今学校教育研究的重大课题。郴州职业技术学院自2007年开展“六位一体”课程教学改革以来，在教材建设方面取得了丰硕的成果。财会金融系也在不断探索会计专业课程建设，为了加强实践性教学，我们在设置“会计信息化”课程的基础上，另外设置了“会计信息化实训”课程。我们以用友ERP-U8V10.1为蓝本，对用友ERP软件提供的常见财务业务功能进行系统的模拟训练。为此，我们编写了此实训指导书作为学生实训的辅助教材。

一、本教材的特色

1. 实训内容系统、全面。在编写本教材时，我们精心设计了一个综合案例，涉及用友ERP软件十一个子系统的操作，即系统管理、总账、应收管理、应付管理、薪资管理、固定资产管理、采购管理、销售管理、库存管理、存货核算、财务报表等。经济业务包含各系统的主要经济业务。

2. 实训流程采用实际工作流程。在前期分模块学习的基础上，按照初始化、日常业务处理、期末业务处理、财务报表制作的思路进行综合训练。通过实践操作使学生更加全面、深刻地领会和理解财务软件子系统主要功能及操作流程和各子系统之间的关系。

3. 设置七个操作员，通过合理的财务分工，分角色完成全部操作，以达到强化会计职业岗位技能训练目的，加强岗位认识。

4. 图文并茂，生动形象，方便老师指导，也方便自学。

二、实训模式与参考学时

本实训可以由1个人独立完成，同时用七个角色进行操作。本实训也可以由小组共同完成，每组7人，每人承担一个角色，一轮结束后，进行换岗操作。建议学时为36学时。

本书在编写过程中，难免出现错误，敬请各位读者批评指正。

编者

目　　录

模块 1　系统管理

【项目资料与操作要求】

以系统管理员(admin)身份,登录“系统管理”,进行账套管理、用户及权限管理。

项目 1　建立新账套

项目 1.1　新增角色

操作员角色信息见表 1-1。

表 1-1　操作员角色信息

角色编码	角色名称	备注
ZZKJ	总账会计	(无)
YSKJ	应收会计	
YFKJ	应付会计	
CHHSY	存货核算员	
ZCGL	资产管理	
XCJL	薪酬经理	
CN	出纳	
CGZG	采购主管	
XSZG	销售主管	
CKZG	仓库主管	

项目 1.2　增加操作员

操作员信息见表 1-2。

表 1-2　操作员信息

编号	姓名	认证方式	口令(密码)	所属部门	角　色
A01	本人姓名	传统方式	空	财务部	账套主管
W01	张敏			财务部	总账会计、应收会计、应付会计
W02	李峰			财务部	存货核算员、资产管理、薪酬经理
W03	张林			财务部	出纳
G01	元华			采购部	采购主管
X01	刘向			销售部	销售主管
C01	刘明			仓管部	仓库主管

项目 1.3　建立账套

（1）账套信息。账套号：8+ 两位数字。账套名称：湘诚贸易股份有限公司。账套路径：默认。启用会计期：2017 年 1 月或由指导老师指定。会计期间设置：1 月 1 日至 12 月 31 日。是否集团账套：否。

（2）单位信息。单位名称：湘诚贸易股份有限公司。机构代码：1。单位简称：湘诚贸易。单位域名：www.czzy-edu.com。单位地址：海东市海王路 78 号。法人代表：徐海。邮政编码：424100。联系电话及传真：2350935。税号：358423470556321。其他属性均为空。

（3）核算类型。本币代码：RMB。本币名称：人民币。企业类型：商业。行业性质：2007 年新会计制度科目。账套主管：A01 学生本人。按行业性质预置会计科目。科目预置语言：中文（简体）。

（4）基础信息。存货分类核算、客户分类核算、供应商分类核算，无外币业务。

（5）分类编码方案。按系统默认。

（6）数据精度定义：默认值。

（7）系统启用：选择 [否]，暂不启用。

项目 1.4　操作员权限分配

操作员权限分配见表 1-3。

表 1-3　操作员权限分配

编号	姓名	权　限
W01	张敏	公用目录设置、应收、应付、除出纳外的总账权限
W02	李峰	公用目录设置、固定资产、存货核算、薪资管理、总账之凭证处理
W03	张林	公用目录设置、总账之出纳、凭证处理之出纳签字
G01	元华	公用目录设置、采购管理
X01	刘向	公用目录设置、销售管理
C01	刘明	公用目录设置、库存管理

项目 2　修改账套

创建账套后，如果发现账套信息录入有误，可以进行账套修改。

项目 3　账套备份（输出）

在 D 盘新建一个文件夹，并命名为“学生学号 + 学生姓名”，将账套数据备份输出到指定的目录下。

项目 4　账套恢复（引入）

如果账套数据有错误，或账套数据被破坏等导致账套不能使用，可以将最近一次账套备份数据恢复进来，使损失降到最低。

【操作指导与注意事项】

一、启动系统管理

执行“开始—程序—用友 U8V10.1—系统服务—系统管理”，启动系统管理主界面，如图 1-1 所示。

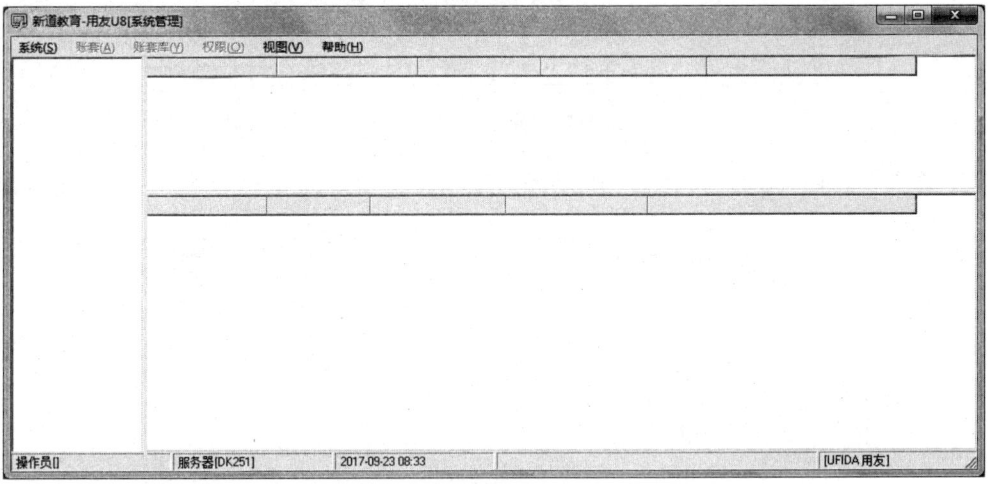

图 1-1　系统管理主界面

二、以系统管理员身份登录系统管理

（1）执行“系统—注册”，打开登录窗口，如图 1-2 所示。

（2）系统中预先设定了系统管理员“admin”，第一次运行时，密码为空，单击“登录”按钮，以系统管理员身份登录系统管理。

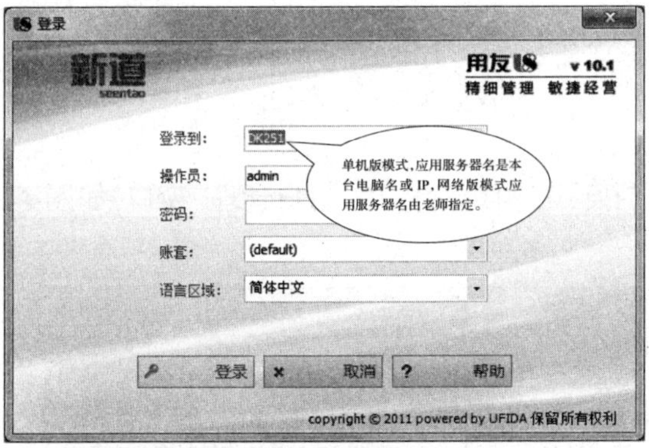

图 1-2　登录窗口

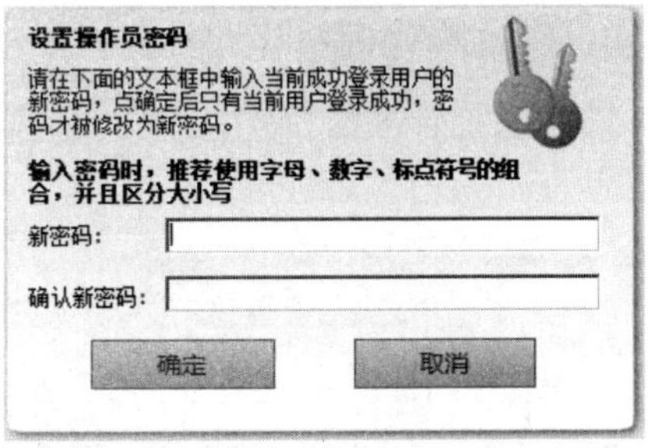

图 1-3　“设置操作员密码”对话框

注意：

a. 为了保证系统的安全性，在以上登录窗口中，可以设定和修改 admin 的密码。方法是选中修改密码，按“确定”按钮，在弹出如图 1-3 所示的对话框中进行密码设定或修改；

b. 一定要牢记系统管理员的密码，否则无法以系统管理员的身份进行系统管理；

c. 考虑实际教学环境,不建议设置系统管理员密码。

三、新增角色

(1)在系统管理窗口中,以 admin 身份执行"权限—角色",打开"角色管理"窗口,如图 1-4 所示。

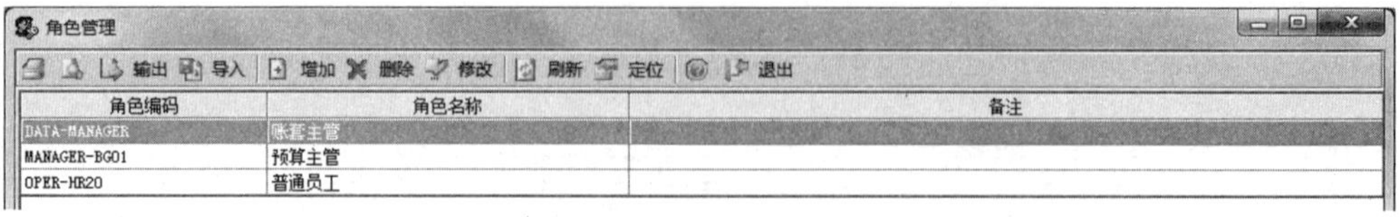

图 1-4 "角色管理"窗口

(2)单击工具栏"增加"按钮,打开"角色详细情况"窗口,如图 1-5 所示,输入角色信息。

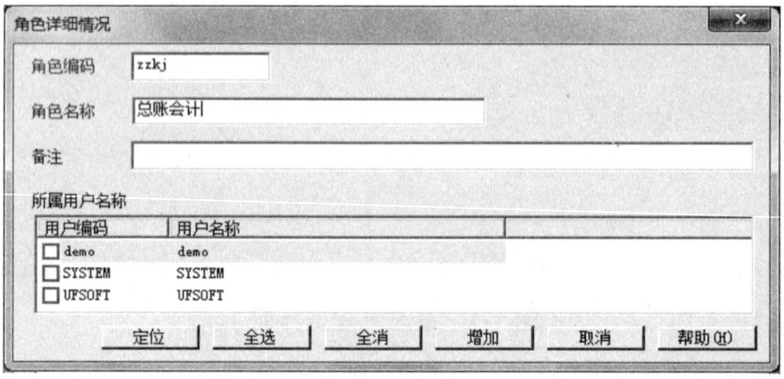

图 1-5 角色详细情况窗口

注:角色是指在企业管理中拥有某一类职能的组织,这个角色组织可以是实际的部门,也可以是由拥有同一类职能的人构成的虚拟组织。例如:实际工作中最常见的会计和出纳两个角色,他们可以是一个部门的人员,也可以不是一个部门但工作职能是一样的角色统称。在设置角色后,可以定义角色的权限,如果用户归属此角色,其相应具有角色的权限。此功能的好处是方便控制操作员权限,可以依据职能统一进行权限的划分。

四、增加操作员

(1)在系统管理窗口中,以 admin 身份执行"权限—用户",打开"用户管理"窗口,如图 1-6 所示。

图 1-6 "用户管理"窗口

（2）单击工具栏中的“增加”按钮，打开“操作员详细情况”窗口，如图 1-7 所示，输入操作员信息。

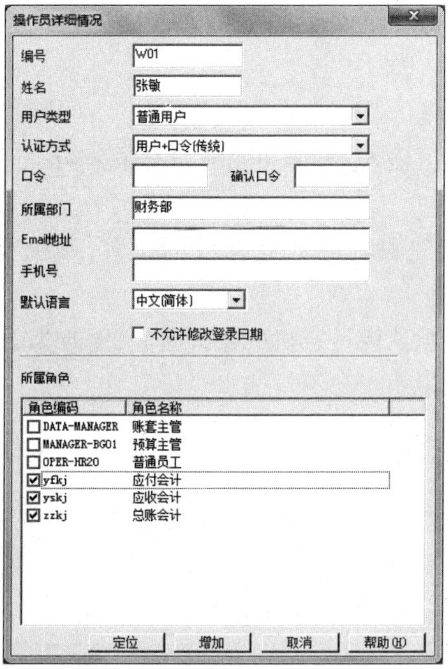

图 1-7　“操作员详细情况”窗口

注意：

①只有系统管理员才有权限设置角色和用户；

②操作员编码在系统中必须唯一，即使是不同的账套，操作员编码也不能重复；

③在设置操作员口令时，为保密起见，输入的口令在屏幕上以“*”显示；

④所设置的操作员一旦被引用，就不能被修改和删除。

五、建立账套

（1）在系统管理窗口中，以 admin 身份执行“账套—建立”，打开“创建账套”向导。首先要进行建账方式的选择，如图 1-8 所示，即选择是新建空白账套还是参照已有账套来新建账套。

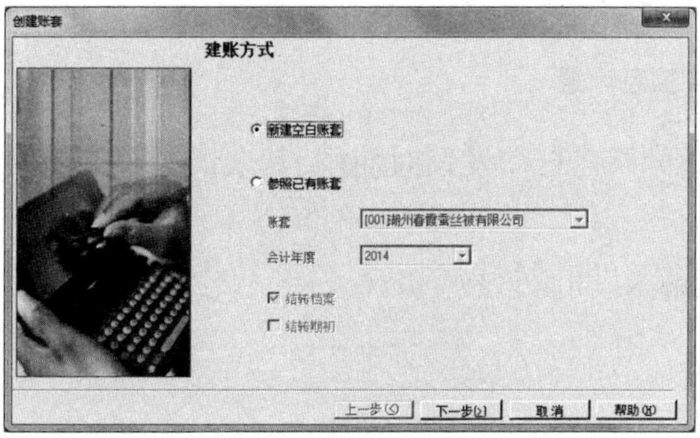

图 1-8　建账方式选择

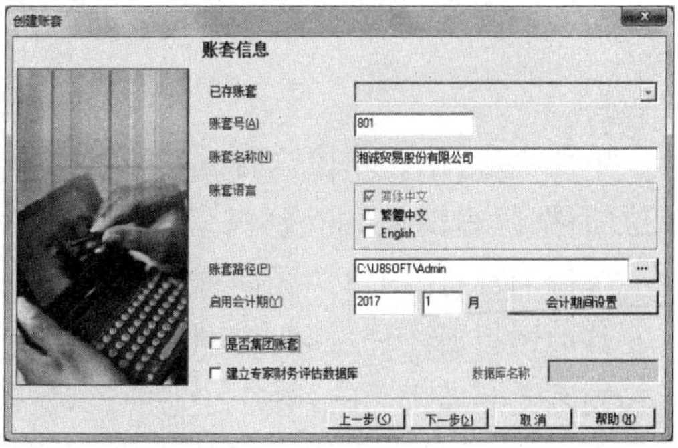

图 1-9　账套信息输入

(2)如果选择“新建空白账套”,将按照以下步骤创建账套。

①第一步,输入账套信息,如图 1-9 所示。

已存账套:系统将已经存在的账套以下拉列表框的形式显示,只能查看,不能修改和输入。

账套号:必须输入,这里输入“8+学号”。

账套名称:必须输入,这里输入“湘诚贸易股份有限公司”。

账套语言:简体中文。

账套路径:这里确定新建账套的数据存放的位置,系统有默认的路径,用户也可以更改。

启用会计期:必须输入,默认为计算机的系统时间,更改为 2017 年 1 月或由指导老师指定;会计期间设置默认;是否集团账套不勾选。

设置完后单击“下一步”。

注意:

a. 输入的账套号不能与已存账套的账套号相同;

b. 启用会计期是指本账套开始使用时间,模块启用时间必须大于或等于这个时间。

②第二步,输入单位信息,如图 1-10 所示。

图 1-10 单位信息设置

单位名称:用户单位全称,必须输入,企业全称只在打印发票时使用,其余情况全部使用单位简称,这里输入“湘诚贸易股份有限公司”。

单位简称:用户单位的简称最好输入,这里输入“湘诚贸易”。

其他栏目属于任选项,参照资料输入即可。

设置完后单击“下一步”。

③第三步,输入核算类型,如图 1-11 所示。

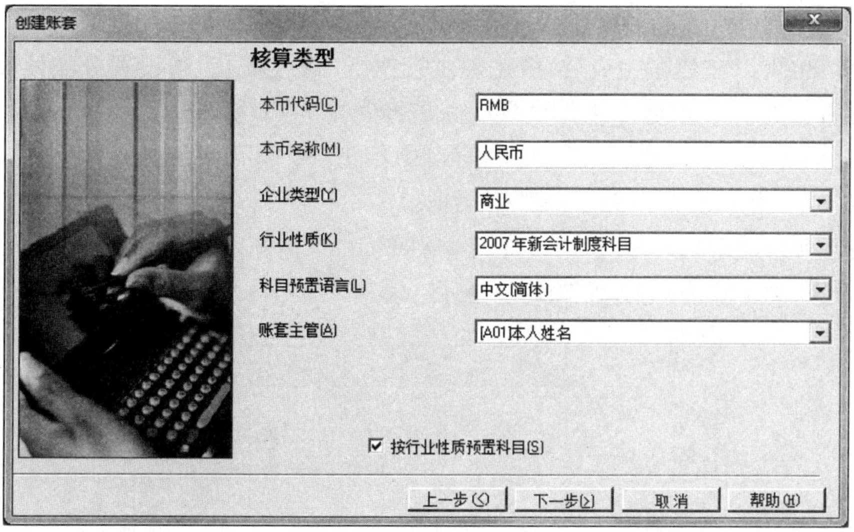

图 1-11　核算类型设置

本币代码:必须输入,采用系统默认“RMB”。

本币名称:必须输入,采用系统默认“人民币”。

企业类型:用户必须从下拉列表框中选择输入,这里选择“商业”。

行业性质:用户必须从下拉列表框中选择输入,以方便按行业性质预置会计科目,这里选择“2007 年新会计制度科目”。

科目预置语言:中文(简体)。

账套主管:用户必须从下拉列表框中选择输入,这里选择“[A01] 本人姓名”。

设置完后单击“下一步”。

注意:最好选择“按行业性质预置科目”,方便建立单位会计核算科目体系。

④第四步,确定基础信息,如图 1-12 所示。

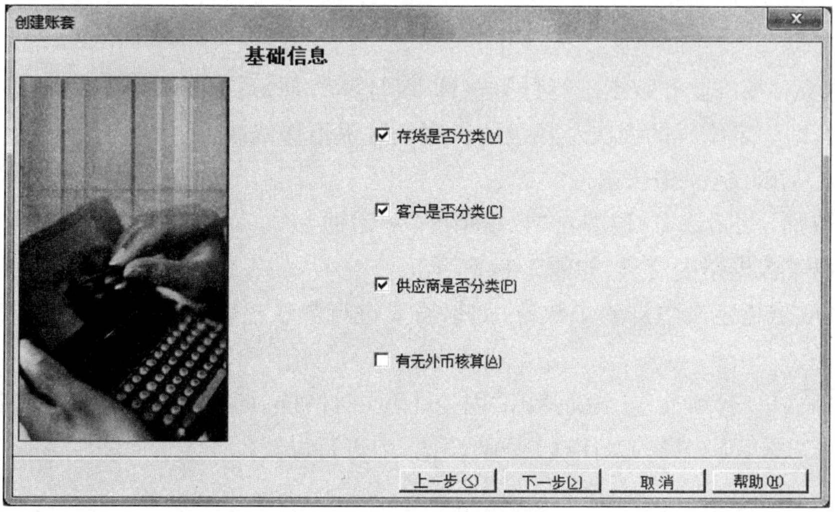

图 1-12　基础信息设置

如果单位的存货、客户、供应商较多,可以对其进行分类核算,如果此时不能确定是否进行分类核算,也可以在建账完成后,由账套主管执行“修改账套”再设置分类核算。这里选中“存货是否分类”“客户是否分类”“供应商是否分类”三个复选框。

设置完后单击“下一步”,在弹出的窗口中单击“完成”,系统提示“可以创建账套了吗?”,单击“是”,稍后打开“编码方案”对话框。

注意:此处创建账套的时间较长,请耐心等待。

⑤第五步,确定编码方案,如图 1-13 所示。

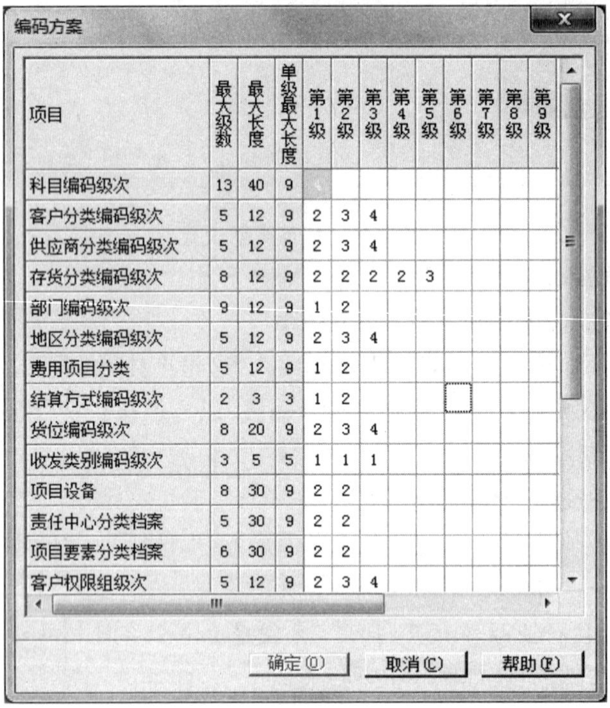
编码方案

项目	最大级数	最大长度	单级最大长度	第1级	第2级	第3级	第4级	第5级	第6级	第7级	第8级	第9级
科目编码级次	13	40	9									
客户分类编码级次	5	12	9	2	3	4						
供应商分类编码级次	5	12	9	2	3	4						
存货分类编码级次	8	12	9	2	2	2	2	3				
部门编码级次	9	12	9	1	2							
地区分类编码级次	5	12	9	2	3	4						
费用项目分类	5	12	9	1	2							
结算方式编码级次	2	3	3	1	2							
货位编码级次	8	20	9	2	3	4						
收发类别编码级次	3	5	5	1	1	1						
项目设备	8	30	9	2	2							
责任中心分类档案	5	30	9	2	2							
项目要素分类档案	6	30	9	2	2							
客户权限组级次	5	12	9	2	3	4						

确定(O)　取消(C)　帮助(F)

图 1-13　“编码方案”对话框

为了便于对经济业务数据进行分类核算、统计和管理,系统要求预先设置某些基础档案的编码规则,即确定编码的级次及各级的长度。这里不作修改,先按系统默认值执行。案例要求以后在“基础设置”中去进行设置。

单击“取消”关闭该窗口,进入“数据精度”对话框。

⑥第六步,数据精度定义,如图 1-14 所示。

数据精度是指定义数据的小数位,如果需要进行数量核算,需要认真填写该项,这里采用系统默认值。

设置完后,单击“确定”,系统弹出“创建账套”对话框,如图 1-15 所示,案例要求这里选择“否”,有关“系统启用”的操作在“基础设置”中进行设置。

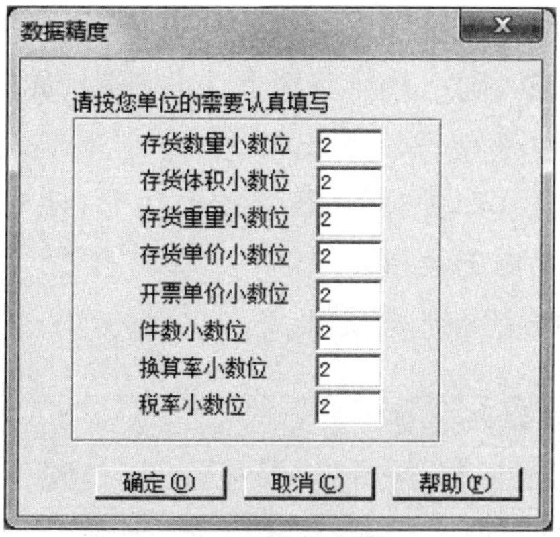

图 1-14　“数据精度”对话框

单击“否”，提示“请进入企业应用平台进行业务操作!”，如图 1-16 所示。

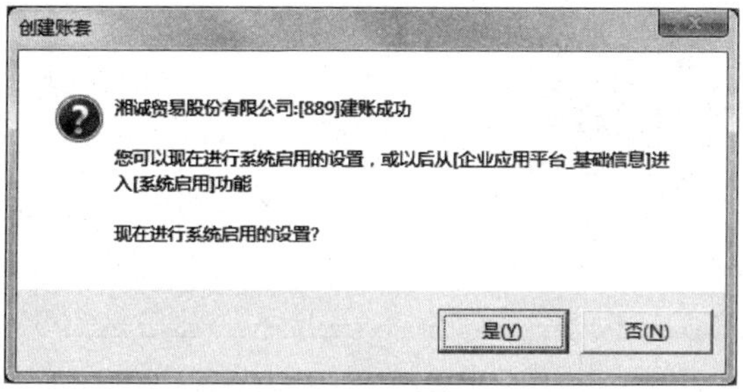

图 1-15　“创建账套”对话框

图 1-16　提示

单击“确定”，退出账套创建向导，返回“系统管理”窗口。

六、权限分配(财务分工)

(1)执行“权限—权限”，进入“操作员权限”窗口，如图 1-17 所示。

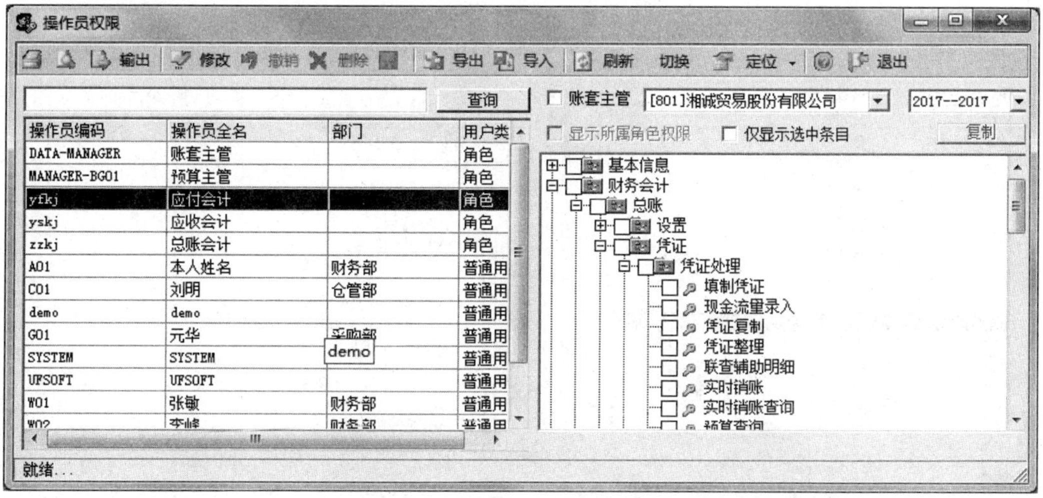

图 1-17　“操作员权限”窗口

(2)账套主管设置。选择自己的账套,相应年度,从左侧窗口操作员列表中选择“本人姓名”,选中“账套主管”复选框,确定其具有账套主管权限,如图 1-18 所示。

注意:

a. 由于在增加操作员和建立账套时,已设定账套主管,此处无须再设置;

b. 一个账套可以设定多个账套主管;

c. 账套主管自动拥有该账套的所有权限。

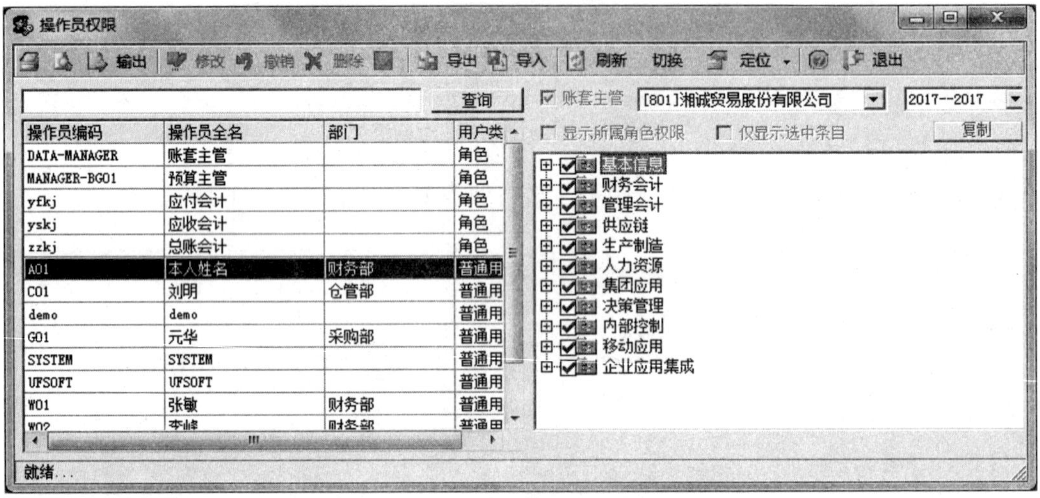

图 1-18 账套主管设置

(3)其他操作员权限分配。选择“张敏”,单击工具栏上“修改”按钮,对相应权限进行勾选,如图 1-19 所示。

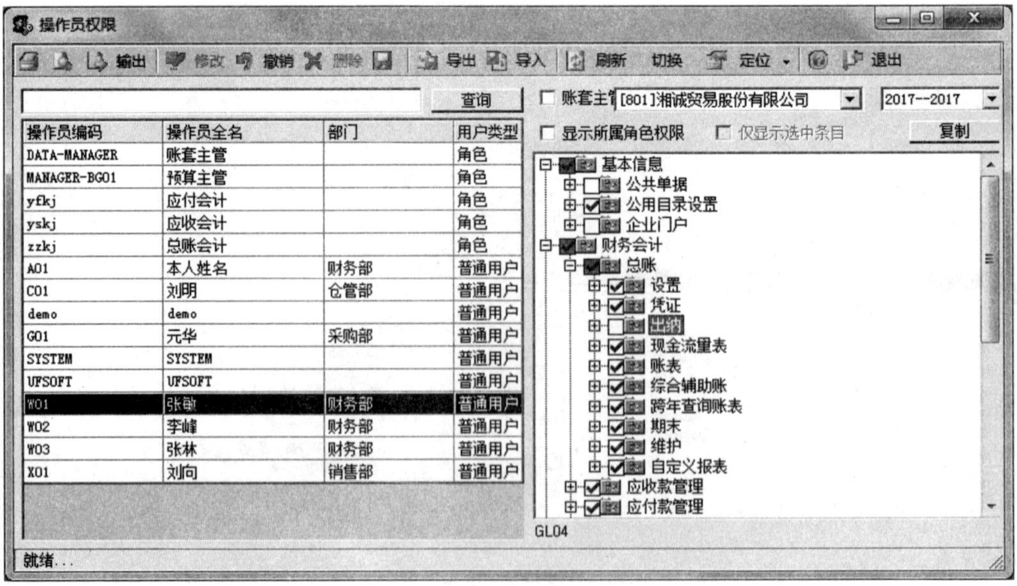

图 1-19 明细权限勾选

（4）用同样的方法给其他操作员分配操作权限。设置完成后，单击工具栏上的“退出”按钮，返回“系统管理”。

注意：

随着经济的发展，用户对管理的要求不断变化、提高，越来越多的信息都表明权限管理必须向更细、更深的方向发展。用友 ERP-U8 提供集中权限管理，除了提供用户对各模块操作的权限之外，还相应提供了金额的权限管理和对于数据的字段级和记录级的控制，不同的组合方式将为企业的控制提供有效的方法。用友 ERP-U8 可以实现三个层次的权限管理。

第一，功能级权限管理，该权限将提供划分更为细致的功能级权限管理功能，包括各功能模块相关业务的查看和分配权限。

第二，数据级权限管理，该权限可以通过两个方面进行权限控制，一个是字段级权限控制，另一个是记录级权限控制。

第三，金额级权限管理，该权限主要用于完善内部金额控制，实现对具体金额数量划分级别，对不同岗位和职位的操作员进行金额级别控制，限制他们制单时可以使用的金额，不涉及内部系统控制的不在管理范围内。

功能权限在系统管理中进行分配设置，数据权限和金额权限在“企业应用平台—基础信息—数据权限”中进行分配。对于数据级权限和金额权限的设置，必须是在系统管理的功能权限分配之后才能进行。

七、修改账套（如果账套不需要修改，此步可不执行）

如果账套启用后，需要对账套参数进行修改，则以账套主管的身份登录指定的账套进入系统管理，执行“账套—修改”，对该账套的参数进行修改。

注意：

a. 如果此前是以系统管理员的身份注册进入系统管理的，那么首先执行“系统—注销”，注销当前系统管理员帐号，然后再以账套主管身份登录；

b. 在修改账套过程中，并不是所有的账套参数都可以修改，只有参数信息显示为黑色字体的部分可以修改。

八、备份（输出）账套数据

（1）以系统管理员 admin 的身份登录系统管理，执行“账套—输出”，打开“账套输出”对话框，如图 1-20 所示。

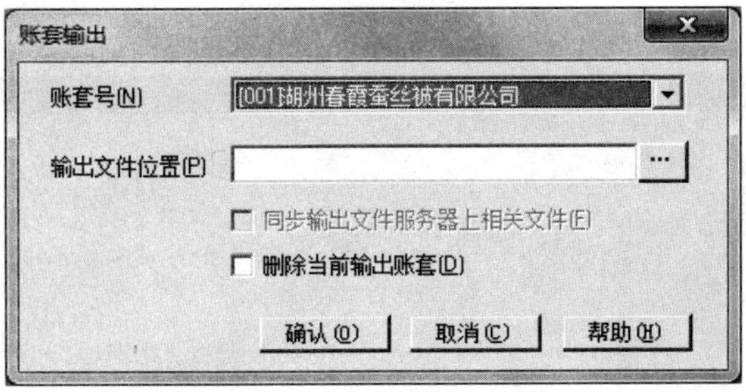

图 1-20　“账套输出”对话框

（2）选择要输出的账套（一定要选准，特别是存在多个账套时），然后确定输出文件位置，单击旁边的按钮，弹出“请选择账套备份路径”对话框，如图 1-21 所示。

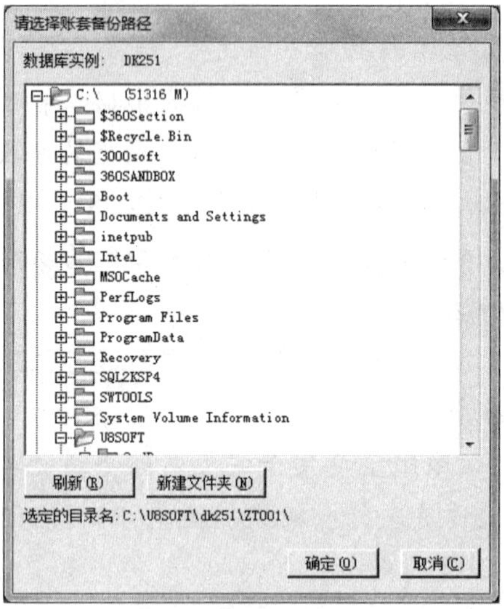

图 1-21 “请选择账套备份路径”对话框

（3）在上述对话框中，选择账套数据要存放的驱动器及文件夹（文件夹可事先准备好，也可以在以上窗口单击“新建文件夹”新建），记住一定要双击该文件夹。

（4）单击“确定”，系统开始备份，备份完成后，系统会提示“输出成功”信息，如图 1-22 所示，单击“确定”返回系统管理界面。

图 1-22 账套输出成功提示

（5）备份成功后，可以打开备份路径看到这次备份产生的两个数据文件，扩展名分别是.BAK 和.Lst，如图 1-23 所示，可以把这两个文件拷贝到自己的 U 盘中，或上传到教师指定的服务器中保存。

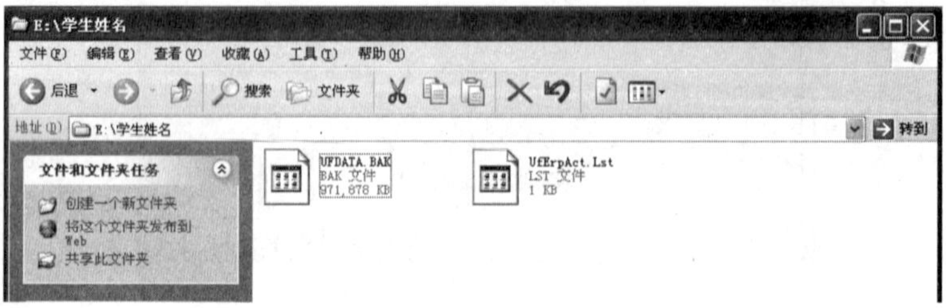

图 1-23 备份文件

注意：

a. 每次下机前要备份，保证确实产生两个数据文件并已保存或上传好；

b. 如果是不同时间做的备份，可以用时间命名文件夹（如“2017-01-15”）来分别存放。

九、恢复（引入）账套数据

（1）以系统管理员 admin 的身份登录系统管理，执行“账套—引入”，打开“请选择账套备份文件”对话框，如图 1-24 所示。

（2）选择账套备份文件 UfErpAct.LST（先将上次备份出来的两个数据文件拷入本台电脑），单击“确定”，弹出账套默认路径提示对话框，如图 1-25 所示。

（3）单击“确定”，弹出账套引入目录设置窗口，如图 1-26 所示。

（4）在以上对话框，不需要做任何修改（即默认原建账套时的工作目录为现在引入账套的工作目录），直接单击“确定”，弹出账套引入成功提示框，如图 1-27 所示，单击“确定”返回“系统管理”界面。

注意：是否引入账套备份数据，视账套数据有无被破坏而定，如果账套数据没有被破坏，就不需要引入备份数据。

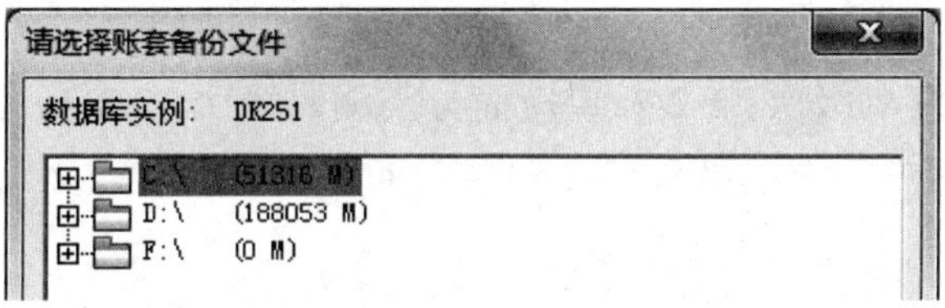

图 1-24　“请选择账套备份文件”对话框

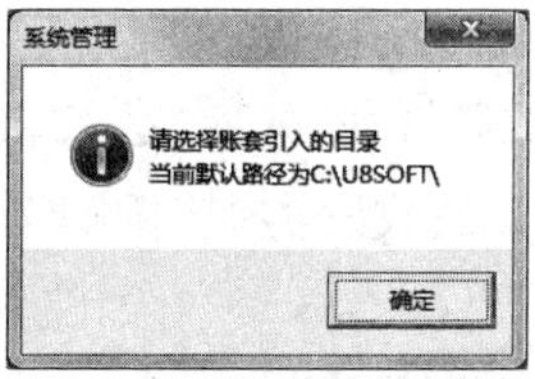

图 1-25　“账套默认路径提示”对话框

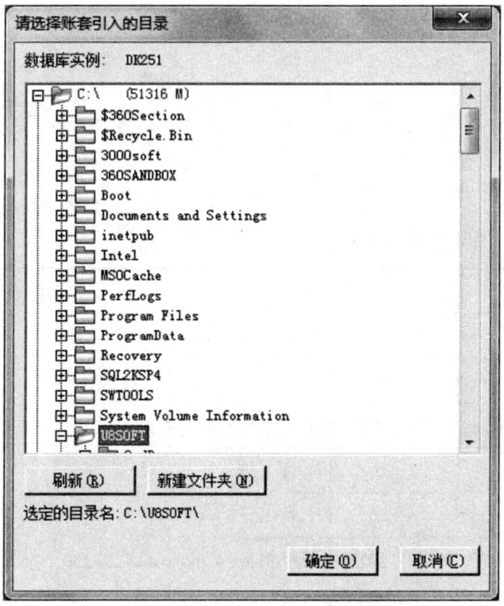

图 1-26　账套引入目录设置窗口

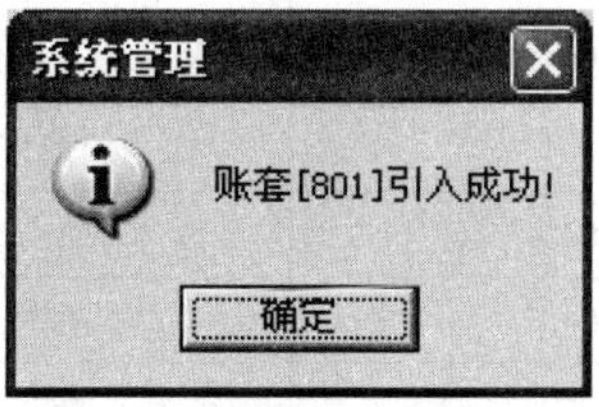

图 1-27　账套引入成功提示框

模块 2　基础设置

【项目资料与操作要求】

以账套主管(A01 学生本人)身份,时间:2017 年 1 月 1 日(或由指导老师指定),登录“企业应用平台”,设置基础档案。

项目 1　基本信息设置

项目 1.1　系统启用

启用总账、应付、应收、固定资产、销售管理、采购管理、库存管理、存货核算、薪资管理共九个模块。启用时间均为 2017 年 1 月 1 日(或由指导老师指定)。

项目 1.2　编码方案设置

科目编码级次:4-2-2-2-2;客户分类编码级次:2-2-3;供应商分类编码级次:2-2-3;部门编码级次:2-2;收发类别编码级次:1-2;客户权限组级次:2-2-3;供应商权限组级次:2-2-3;其他默认。

项目 1.3　数据精度设置

全部采用默认值。

项目 2　基础档案设置

项目 2.1　部门档案设置

部门档案资料如表 2-1 所示。

表 2-1　部门档案资料

部门编码	部门名称	成立日期	其他属性
01	办公室	2017 年 1 月 1 日	空
02	财务部	2017 年 1 月 1 日	
03	采购部	2017 年 1 月 1 日	
04	销售部	2017 年 1 月 1 日	
0401	销售一部	2017 年 1 月 1 日	
0402	销售二部	2017 年 1 月 1 日	
0403	销售三部	2017 年 1 月 1 日	
05	仓管部	2017 年 1 月 1 日	

项目 2.2　人员类别设置

人员类别资料如表 2-2 所示。

表 2-2　人员类别资料

档案编码	档案名称	档案编码	档案名称
101	正式工	1011	经理人员
		1012	管理人员
		1013	业务人员
102	合同工		
103	实习生		

项目 2.3　人员档案设置

人员档案资料如表 2-3 所示。

表 2-3　人员档案资料

人员编码	人员姓名	性别	部门名称	人员属性	人员类别	是否业务员	其他属性
01001	赫广	男	办公室	总经理	经理人员	否	空
01002	张立	男	办公室	副总经理	经理人员	否	
01003	刘小璐	女	办公室	管理人员	管理人员	否	
02001	学生姓名		财务部	财务经理	经理人员	否	
02002	张敏	女	财务部	会计	管理人员	否	
02003	李峰	男	财务部	会计	管理人员	否	
02004	张林	女	财务部	出纳	管理人员	否	
03001	元华	男	采购部	部门经理	经理人员	否	
03002	梁瑜	男	采购部	业务人员	业务人员	是	
03003	周密	女	采购部	业务人员	业务人员	是	
04001	刘向	男	销售一部	部门经理	经理人员	否	
04002	朱明宇	男	销售一部	业务人员	业务人员	是	
04003	陈文斌	男	销售一部	业务人员	业务人员	是	
04004	王春	男	销售二部	业务人员	管理人员	是	
04005	徐咏梅	女	销售二部	业务人员	业务人员	是	
04006	胡晓慧	女	销售三部	业务人员	管理人员	是	
04007	曾一平	男	销售三部	业务人员	业务人员	是	
04008	吴健	男	销售三部	业务人员	业务人员	是	
05001	刘明	男	仓管部	部门经理	经理人员	否	
05002	郑伟	男	仓管部	业务人员	业务人员	是	

项目 2.4 供应商分类设置

供应商分类资料如表 2-4 所示。

表 2-4 供应商分类资料

类别编码	类别名称
01	生产商
02	批发商
03	零售商

项目 2.5 供应商档案设置

供应商档案资料如表 2-5 所示。

表 2-5 供应商档案资料

供应商编码	供应商名称	供应商简称	所属分类	所属银行	开户银行	账号	税号	专管业务员	分管部门	其他属性
01001	倍倍股份有限公司	倍倍公司	生产商	中国工商银行	工商银行	9876	999888777666555	梁瑜	采购部	采用系统默认或空
01002	京京股份有限公司	京京公司	生产商	中国工商银行	工商银行	8765	888777666555444	梁瑜	采购部	
02001	花花股份有限公司	花花公司	批发商	中国工商银行	工商银行	7654	777666555444333	梁瑜	采购部	
02002	艳艳股份有限公司	艳艳公司	批发商	中国工商银行	工商银行	6543	666555444333222	周密	采购部	
02003	美美股份有限公司	美美公司	批发商	中国工商银行	工商银行	5432	555444333222111	周密	采购部	
02004	乐乐股份有限公司	乐乐公司	批发商	中国工商银行	工商银行	4321	444333222111000	周密	采购部	
03001	天天商城	天天商城	零售商	中国工商银行	工商银行	3214	333222111000444	周密	采购部	

项目 2.6 客户分类设置

客户分类资料如表 2-6 所示。

表 2-6 客户分类资料

客户分类编码	客户分类名称
01	本地
02	外地
0201	北方
0202	南方

续表

客户分类编码	客户分类名称
0203	西北
0204	西南

项目 2.7　客户档案设置

客户档案资料如表 2-7 所示。

表 2-7　客户档案资料

客户编码	客户名称	客户简称	所属分类	开户银行	账号	税号	业务员	部门	其他属性
01001	红光股份有限公司	红光公司	本地	工商银行	78901234567	123456789011111	朱明宇	销售一部	采用系统默认或空
01002	晨星股份有限公司	晨星公司	本地	工商银行	67890123456	234567890122222	朱明宇	销售一部	
01003	白理贸易有限公司	白理公司	本地	工商银行	89012345678	890123456788888	朱明宇	销售一部	
01004	零售客户	零售客户	本地				朱明宇	销售一部	
02001	黄河股份有限公司	黄河公司	北方	工商银行	56789012345	345678901233333	陈文斌	销售一部	
02002	绿谷股份有限公司	绿谷公司	南方	工商银行	45678901234	456789012344444	王春	销售二部	
02003	青梅股份有限公司	青梅公司	南方	工商银行	12345678901	567890123455555	徐咏梅	销售二部	
02004	蓝带股份有限公司	蓝带公司	西北	工商银行	23456789012	678901234566666	胡晓慧	销售三部	
02005	紫微股份有限公司	紫微公司	西南	工商银行	34567890123	789012345677777	曾一平	销售三部	

项目 2.8　存货分类设置

存货分类资料如表 2-8 所示。

表 2-8　存货分类资料

存货分类编码	存货分类名称	对应条形码
01	A 类商品	空
02	B 类商品	
03	C 类商品	
04	受托代销商品	
05	固定资产	
99	其他	

项目 2.9 仓库档案设置

仓库档案资料如表 2-9 所示。

表 2-9 仓库档案资料

仓库编码	仓库名称	计价方式	其他属性
01	1 号仓库	移动平均法	采用系统默认或空
02	2 号仓库	移动平均法	
03	3 号仓库	移动平均法	
04	受托代销仓库	移动平均法	
05	赠品仓库	移动平均法	
06	资产仓	个别计价法	资产仓

项目 2.10 计量单位设置

1. 计量单位分组

计量单位分组资料如表 2-10 所示。

表 2-10 计量单位分组资料

计量单位组编码	计量单位组名称	计量单位组类别
1	甲组	无换算
2	乙组	固定换算

2. 计量单位

计量单位资料如表 2-11 所示。

表 2-11 计量单位资料

编码	名称	计量单位组名称	计量单位组类别	主计量单位标志	换算率
001	台	甲组	无换算	否	
002	件	甲组	无换算	否	
003	元	甲组	无换算	否	
004	个	甲组	无换算	否	
005	双	乙组	固定换算	是	1
006	箱	乙组	固定换算	否	10

项目 2.11 存货档案设置

存货档案资料如表 2-12 所示。

表 2-12　存货档案资料

存货编码	存货代码	存货名称	存货大类	单位	主要供货单位	默认仓库	存货属性
01001	A1	A101 商品	01	件	倍倍公司	1 号仓库	内销、外销、外购
01002	A2	A102 商品	01	件	倍倍公司	1 号仓库	内销、外销、外购
01003	A3	A103 商品	01	件	倍倍公司	1 号仓库	内销、外销、外购
02001	B1	B201 商品	02	台	京京公司	2 号仓库	内销、外销、外购
02002	B2	B202 商品	02	台	京京公司	2 号仓库	内销、外销、外购
02003	B3	B203 商品	02	台	花花公司	2 号仓库	内销、外销、外购
03001	C1	C301 商品	03	双	艳艳公司	3 号仓库	内销、外销、外购
03002	C2	C302 商品	03	双	美美公司	3 号仓库	内销、外销、外购、折扣
03003	C3	C303 商品	03	双	美美公司	3 号仓库	内销、外销、外购、
04001	D1	D401 商品	04	件	乐乐公司	受托代销仓库	内销、外销、外购、受托代销
04002	D2	D402 商品	04	件	乐乐公司	受托代销仓库	内销、外销、外购、受托代销
04003	D3	D403 商品	04	件	乐乐公司	受托代销仓库	内销、外销、外购、受托代销
05001	CZ	传真机	05	台		资产仓	外购、资产
99001	YF	运费	99	元			应税劳务
99002	ZP	E502 赠品	99	个		赠品仓库	内销、外销、外购

注：① C302 商品暂不需要勾选折扣，须做现金折让后才勾选折扣，做完折扣单据后应取消勾选；

② 04 类商品勾选受托代销前，先在采购管理系统的选项中勾选启用受托代销后才能设置。

项目 2.12　会计科目设置

1. 修改会计科目

修改会计科目资料如表 2-13 所示。

表 2-13　修改会计科目资料

科目编码	科目名称	辅助核算	受控系统
1121	应收票据	客户往来	应收系统
1122	应收账款	客户往来	应收系统
1123	预付账款	供应商往来	应付系统
1221	其他应收款	个人往来	
1321	代理业务资产（修改为受托代销商品）		
1401	材料采购（修改为商品采购）		
1402	在途物资（修改为在途商品）		
1601	固定资产	部门核算	
1604	在建工程	项目核算	
2201	应付票据	供应商往来	应付系统
2314	代理业务负责（修改为受托代销商品款）	供应商往来	

2. 增加会计科目

增加会计科目资料如表 2-14 所示。

表 2-14 增加会计科目资料

科目编码	科目名称	科目类型	核算账类
100201	工行存款	资产	日记账、银行账
100202	建行存款	资产	日记账、银行账
220201	一般应付款	负债	供应商往来(受控应付系统)
220202	暂估应付款	负债	供应商往来(不受控)
220301	定金	负债	客户往来(不受控)
220302	预收款项	负债	客户往来(受控应收系统)
222101	应交增值税	负债	
22210101	进项税额	负债	
22210102	已交税金	负债	
22210103	转出未交增值税	负债	
22210105	销项税额	负债	
22210109	转出多交增值税	负债	
222102	未交增值税	负债	
222106	应交所得税	负债	
222108	应交城市维护建设税	负债	
222112	应交个人所得税	负债	
222113	应交教育费附加	负债	
410415	未分配利润	权益	
660101	运杂费	损益	
660102	广告费	损益	
660103	薪资及福利费	损益	
660104	赠品费用	损益	
660105	折旧费	损益	部门核算
660106	差旅费	损益	部门核算
660107	业务招待费	损益	部门核算
660108	社保	损益	
660109	住房公积金	损益	
660199	其他费用	损益	
660201	办公费	损益	
660202	差旅费	损益	部门核算
660203	折旧费	损益	部门核算
660204	薪资及福利费	损益	

续表

科目编码	科目名称	科目类型	核算账类
660205	业务招待费	损益	
660206	税金	损益	
660207	汽车费	损益	
660208	工会经费	损益	
660209	职工教育经费	损益	
660210	社保	损益	
660211	住房公积金	损益	
660299	其他费用	损益	

3. 指定科目

在编辑菜单中选择“指定科目”项，将 1001 现金指定为现金总账科目，将 1002 银行存款指定为银行总账科目。

项目 2.13　凭证类别设置

凭证分类信息如表 2-15 所示。

表 2-15　凭证分类信息

类别字	类别名称	限制类型	限制科目
收	收款凭证	借方必有	1001,100201,100202
付	付款凭证	贷方必有	1001,100201,100202
转	转账凭证	凭证必无	1001,100201,100202

项目 2.14　项目目录

1. 新增项目大类

项目名称：在建工程；普通项目；项目级次：2-2；新增项目栏目如表 2-16 所示。

表 2-16　新增项目栏目资料

标题	类型
开工日期	日期
完工日期	日期

2. 项目分类

项目分类资料如表 2-17 所示，项目目录资料如表 2-18 所示。

表 2-17 项目分类资料

分类编码	分类名称	分类编码	分类名称
01	新建工程	0101	自营工程
		0102	出包工程
02	安装工程		

表 2-18 项目目录资料

项目编码	项目名称	是否结算	所属分类码
01	4 号仓库	Y	0102

项目 2.15 结算方式设置

结算方式资料如表 2-19 所示。

表 2-19 结算方式资料

结算方式编码	结算方式名称	票据管理标志
1	现金	否
2	支票结算	是
201	现金支票	是
202	转账支票	是
3	托收承付	否
4	委托收款	否
5	电汇	否
6	银行汇票	否
7	商业汇票	否
9	其他	否

项目 2.16 付款条件设置

付款条件资料如表 2-20 所示。

表 2-20 付款条件资料

编码	信用天数	优惠天数 1	优惠率	优惠天数 2	优惠率
01	30	10	2	20	1

项目 2.17 本单位开户银行设置

开户银行信息如表 2-21 所示。

表 2-21　开户银行信息

项目	内容	
编码	001	002
银行账号	232425007890	373839654321
账户名称	湘诚贸易股份有限公司	湘诚贸易股份有限公司
币种	人民币	人民币
开户银行	中国工商银行海东支行	中国建设银行海东支行
所属银行编码	01- 中国工商银行	03- 中国建设银行
客户编号	318	280
机构号	1	1
联行号	1	1

项目 2.18　收发类别设置

收发类别资料如表 2-22 所示。

表 2-22　收发类别资料

类别编码	类别名称	收发标志	类别编码	类别名称	收发标志
1	入库	收	2	出库	发
101	采购入库	收	201	销售出库	发
102	受托代销入库	收	202	委托代销出库	发
103	盘盈入库	收	203	盘亏出库	发
104	采购退货	收	204	销售退货	发
199	其他入库	收	205	赠品出库	发
			299	其他出库	发

项目 2.19　采购类型设置

采购类型资料如表 2-23 所示。

表 2-23　采购类型资料

采购类型编码	采购类型名称	入库类别	是否默认值
01	正常采购	采购入库	是
02	受托采购	受托代销入库	否
03	采购退货	采购退货	否

项目 2.20　销售类型设置

销售类型资料如表 2-24 所示。

表 2-24 销售类型资料

销售类型编码	销售类型名称	出库类别	是否默认值
01	正常销售	销售出库	是
02	委托销售	委托代销出库	否
03	销售退货	销售退货	否
04	赠品出库	赠品出库	否

项目 2.21 费用项目分类设置

费用项目分类资料如表 2-25 所示。

表 2-25 费用项目分类资料

分类编码	分类名称	备注
1	销售费用	

项目 2.22 费用项目设置

费用项目设置资料如表 2-26 所示。

表 2-26 费用项目设置资料

费用项目编码	费用项目名称
01	运杂费
02	代垫费用
03	委托代销手续费

项目 2.23 非合理损耗类型设置

非合理损耗类型设置资料如表 2-27 所示。

表 2-27 非合理损耗类型设置资料

非合理损耗类型编码	非合理损耗类型名称	是否默认值
01	运输部门责任	是
02	供应商责任	否

项目 2.24 仓库存货对照表设置

仓库存货对照表如表 2-28 所示。

表 2-28 仓库存货对照表

仓库	存货编码	存货名称	上次盘点日期
1 号仓库	01001	101 商品	2016-12-31

续表

仓库	存货编码	存货名称	上次盘点日期
1 号仓库	01002	102 商品	2016-12-31
1 号仓库	01003	103 商品	2016-12-31
2 号仓库	02001	201 商品	2016-12-31
2 号仓库	02002	202 商品	2016-12-31
2 号仓库	02003	203 商品	2016-12-31
3 号仓库	03001	301 商品	2016-12-31
3 号仓库	03002	302 商品	2016-12-31
3 号仓库	03003	303 商品	2016-12-31
受托代销仓库	04001	D401 商品	2016-12-31
受托代销仓库	04002	D402 商品	2016-12-31
受托代销仓库	04003	D403 商品	2016-12-31
赠品仓	99002	E502 赠品	2016-12-31

项目 2.25 常用摘要库设置

常用摘要库如表 2-29 所示。

表 2-29 常用摘要库

编码	摘要
01	采购商品
02	销售商品
03	提取现金
04	支付税款

项目 2.26 单据格式设置

单据格式设置资料如表 2-30 所示。

表 2-30 单据格式设置资料

单据名称	增加表头项目
销售订单	必有定金、定金比例、定金原币金额、定金本币金额
付款单	订单号

项目 2.27 单据编号设置

销售订单和采购订单完全手工编号。

项目 3 业务参数

项目 3.1 总账

制单权限控制到科目;出纳凭证必须经由出纳签字;凭证必须经由主管会计签字;允许

修改、作废他人填制的凭证;可查询他人凭证;其他采用系统默认。

项目 3.2 应收款管理

单据审核日期依据:单据日期。坏账处理方式:应收余额百分比法。应收账款核算模型:详细核算。应收款核销方式:按单据。自动计算现金折扣。其他默认。

项目 3.3 应付款管理

单据审核日期依据:单据日期。应付账款核算模型:详细核算。应付款核销方式:按单据。不根据信用额度自动报警。自动计算现金折扣。其他默认。

项目 3.4 固定资产

本账套计提折旧。主要折旧方法:平均年限法(一)。折旧汇总分配周期:1 个月;当(月初已计提月份 = 可使用月份 -1)时将剩余折旧全部提足。资产类别编码规则:2-1-1-2;固定资产编码方式:自动编码,部门编码 + 类别编码 + 序号。序号长度:3。与账务系统进行对账。固定资产对账科目:1601。累计折旧对账科目:1602。对账不平情况下不允许固定资产月末结账。

项目 3.5 销售管理系统

有零售日报业务;有委托代销业务;有分期收款业务;有直运销售业务;普通销售必有订单;允许非批次存货超可用量发货;取消"是否销售生成出库单";新增退货单参照发货单;新增发票默认参照发货单生成;其他默认。

项目 3.6 采购管理系统

普通业务必有订单;启用受托代销;商业版费用分摊到入库成本;其他默认。

项目 3.7 库存管理系统

有受托代销业务;有委托代销业务;入库单成本:最新成本;出库单成本:按计价方式取单价;其他默认;修改现存量时点为采购入库审核、销售出库审核、其他出入库审核。

项目 3.8 存货核算系统

核算方式:按仓库核算。销售成本核算方式:销售发票。委托代销成本核算方式:按发出商品核算。暂估方式:单到回冲。单据审核后才能记账。其他默认。

项目 3.9 薪资管理系统

工资类别:单个。币别:人民币(RMB)。扣税设置:从工资代扣个人所得税。扣零设置:不扣零。人员编码:人员编码与公共平台的人员编码保持一致。

【操作指导与注意事项】

一、登录"企业应用平台"

首先学会登录"企业应用平台",过程如下。

(1)执行"开始—程序—用友 U8V10.1—企业应用平台",打开登录窗口,如图 2-1 所示。

(2)默认登录到本机,输入账套主管(学生本人姓名)编码和密码(未设置密码的,不需要输入),从账套下拉列表框中选择要登录的账套,操作日期修改为“2017-01-01”,单击“确定”,完成“企业应用平台登录,打开企业应用平台主界面,如图 2-2 所示。

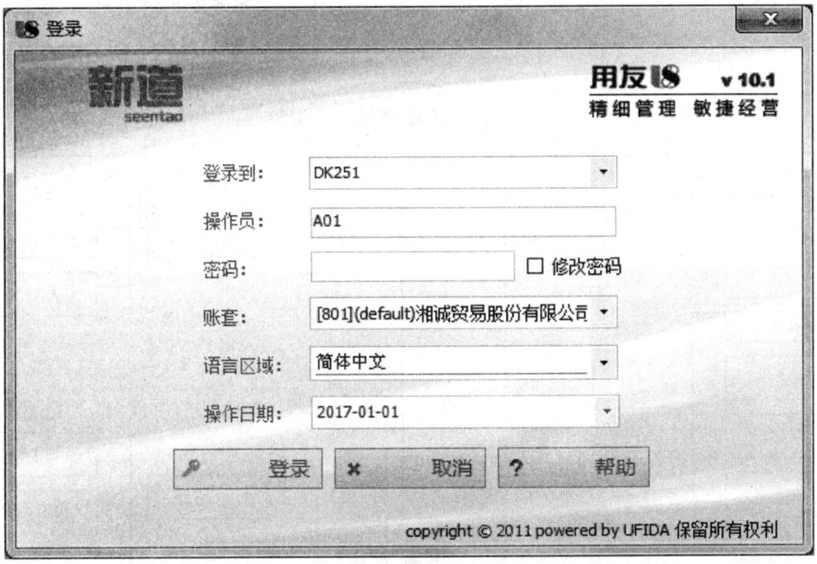

图 2-1　企业应用平台登录窗口

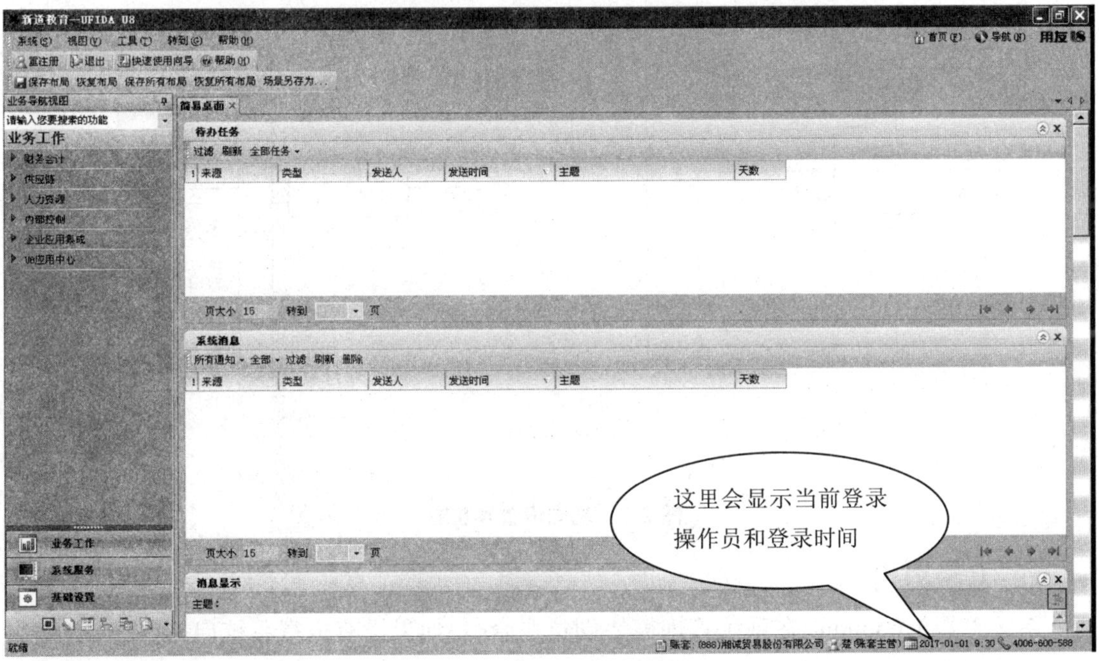

图 2-2　企业应用平台主界面

二、基础设置导航图

基础设置导航图如图 2-3 所示。

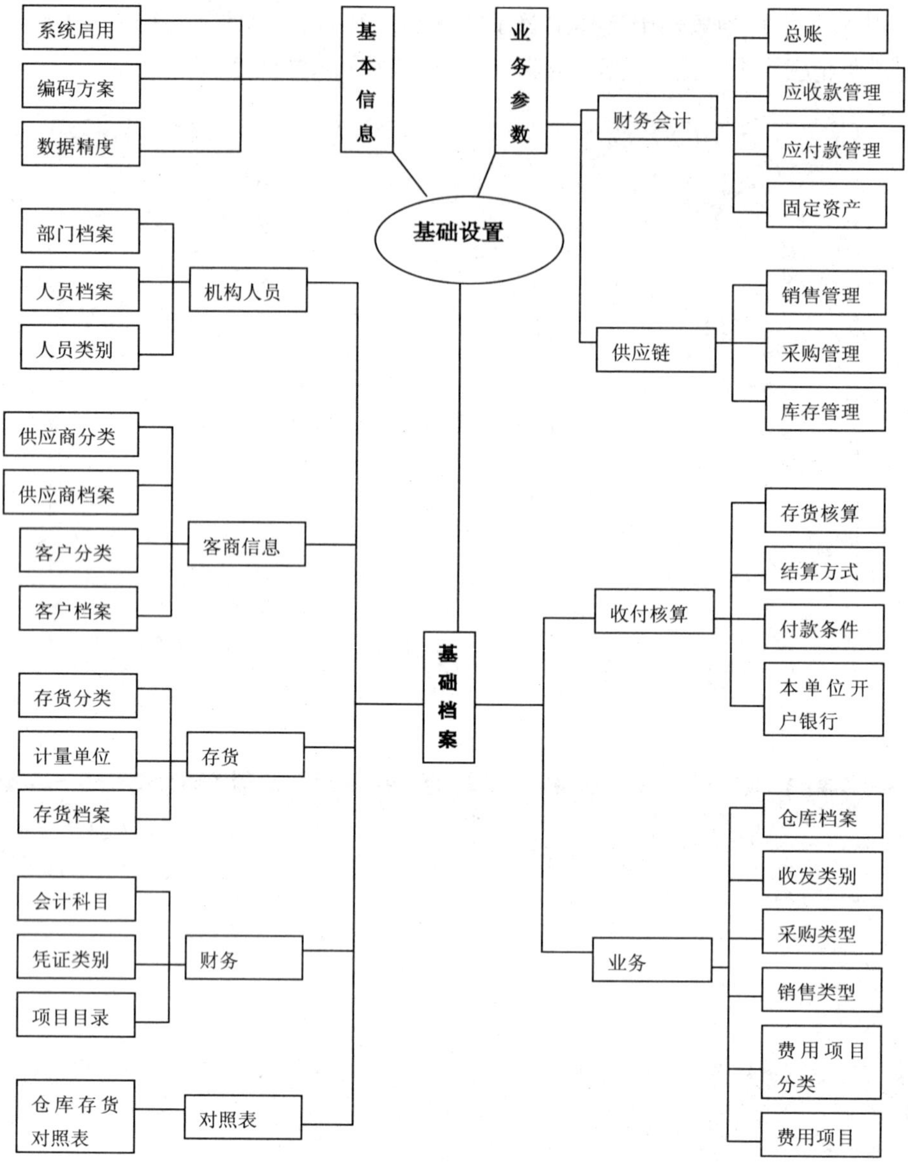

图 2-3 基础设置导航图

三、系统启用

系统管理员(admin)在系统管理模块创建账套时,如果没有进行系统启用操作,账套主管可以登录企业应用平台,执行"基础设置—基本信息—系统启用",打开"系统启用"对话框,如图 2-4 所示,选择需要启用的系统并设置好启用会计期间。

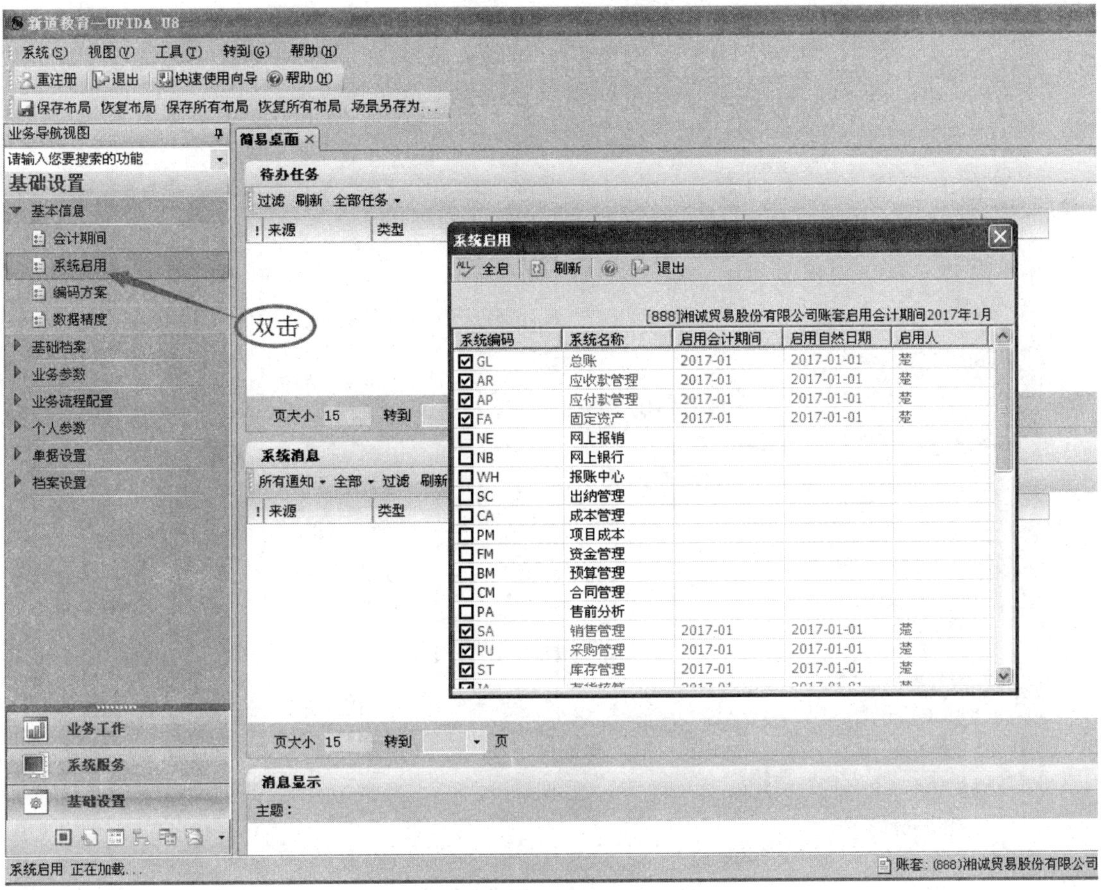

图 2-4　“系统启用”对话框

四、编码方案设置

系统管理员（admin）在系统管理模块创建账套时，如果没有设置好编码方案或者需要修改，账套主管可以登录企业应用平台，执行“基础设置—基本信息—编码方案”，打开“编码方案”对话框，如图 2-5 所示，进行编码方案设置。

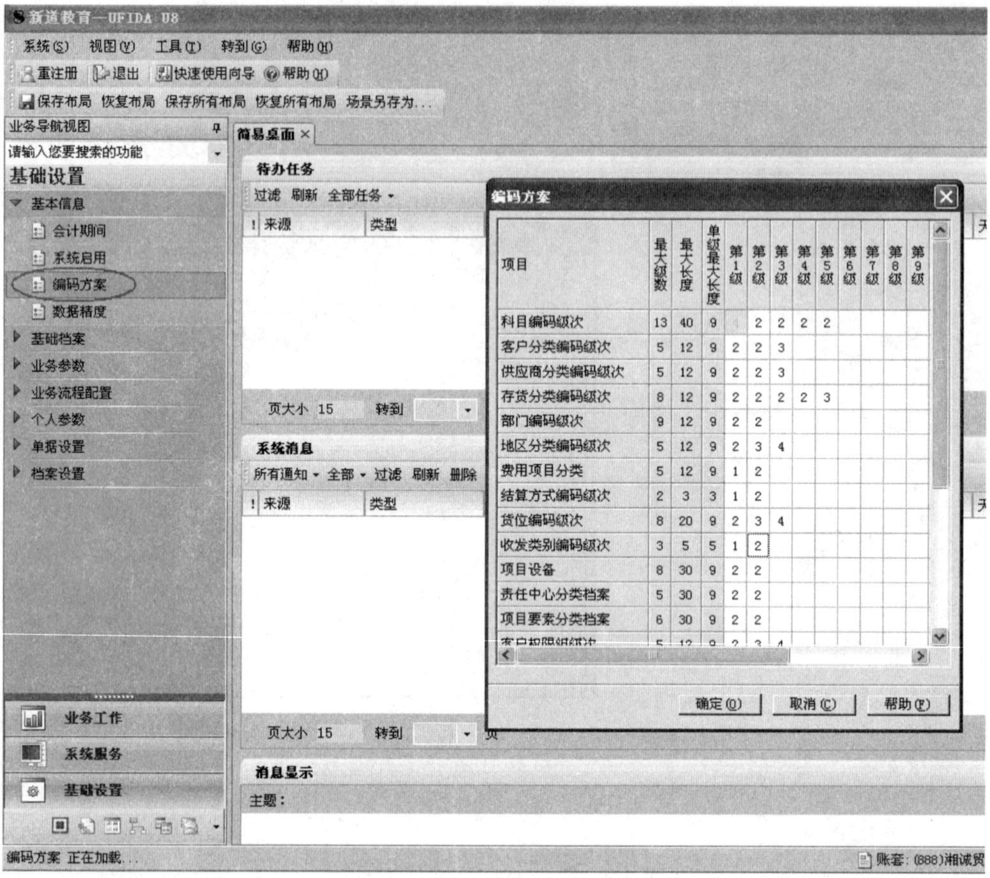

图 2-5 “编码方案”对话框

五、部门档案设置

部门指某使用单位下辖的具有分别进行财务核算或业务管理要求的单元体,可以是实际中的部门机构,也可以是虚拟的核算单元,具体操作如下。

(1)执行“基础档案—机构人员—部门档案”,打开“部门档案”对话框,如图 2-6 所示。

(2)单击工具栏“增加”按钮,输入部门信息(参见资料)。

部门编码:符合编码级次规则,必须输入,必须唯一。

部门名称:必须输入。

成立日期:必须输入,这里默认为登录日期。

其他信息:可以为空。

设置完好,单击工具栏中的“保存”按钮保存数据。

注意:

a. 部门编码一定要符合编码规则,否则不能保存;

b. 先增加上级部门,再增加下级部门,删除操作则先删除下级部门,再删除上级部门。

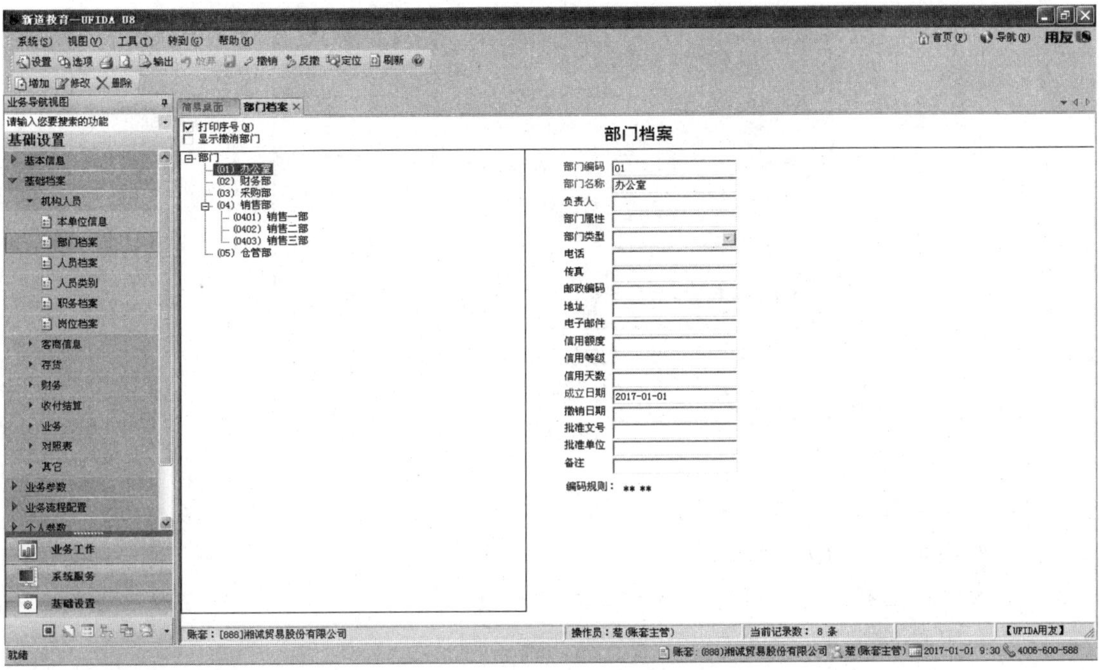

图 2-6　“部门档案”对话框

六、人员类别设置

对企业的人员类别进行分类设置和管理。系统预置正式工、合同工和实习生三类顶级类别，为方便薪资核算，这里扩充正式工子类别。

(1)执行“基础档案—机构人员—人员类别”，打开“人员类别”对话框，如图 2-7 所示。

图 2-7　“人员类别”对话框

(2)选中左侧人员类别列表中的“正式工”，单击工具栏“增加”按钮，打开“增加档案项”对话框，如图 2-8 所示，输入“正式工”子类别(参见资料)。

档案编码：人员类别编码不能为空，不能重复，同级档案编码长度相同。

档案名称：人员类别名称不能为空，不能重复。

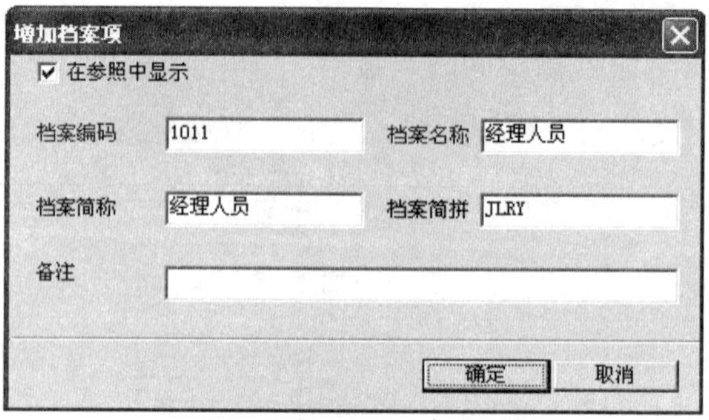

图 2-8 “增加档案项”对话框

(3)设置完后,单击“确定”保存。

注意:

a. 人员类别顶级由系统预置:正式工,合同工,实习生;

b. 顶级类别可以增加、修改和删除;

c. 当某类别已有人员引用时,不允许增加其子类别。

七、人员档案设置

人员档案主要用于设置企业各职能部门中需要进行核算和业务管理的职员信息,必须先设置好部门档案才能在这些部门下设置相应的职员档案。除了固定资产和成本管理两个模块外,其他模块均需使用职员档案,可以共享。如果企业不需要对职员进行核算和管理要求,则可以不设置职员档案。

(1)执行“基础档案—机构人员—人员档案”,打开“人员列表”对话框,如图 2-9 所示。

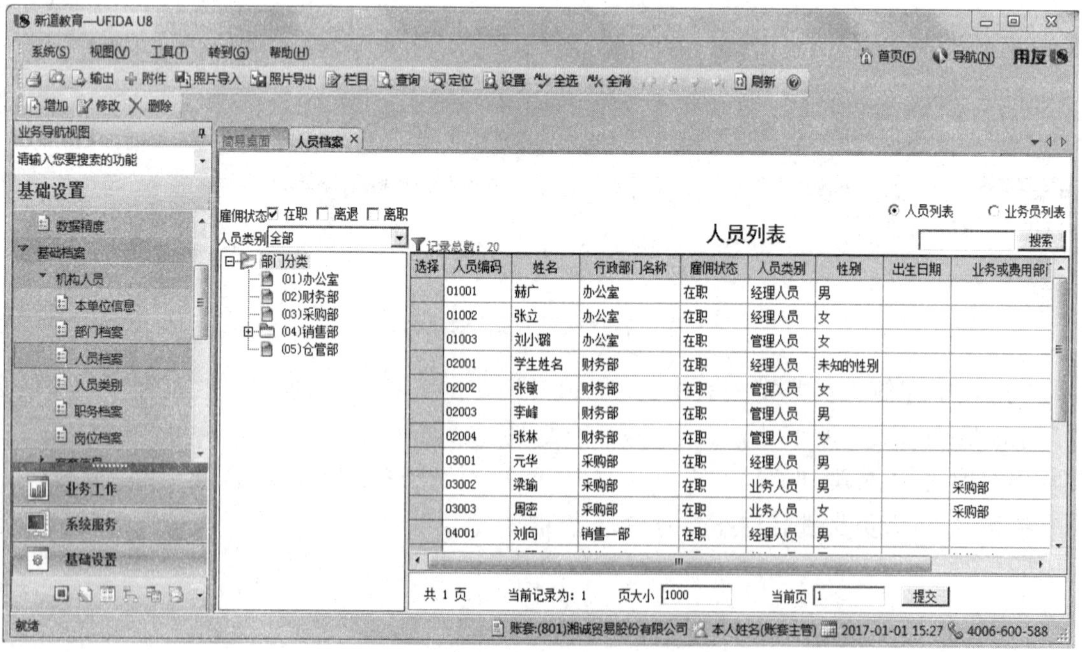

图 2-9 “人员列表”对话框

（2）单击工具栏“增加”按钮，打开“人员档案”对话框，如图 2-10 所示，输入人员档案信息（参见资料）。

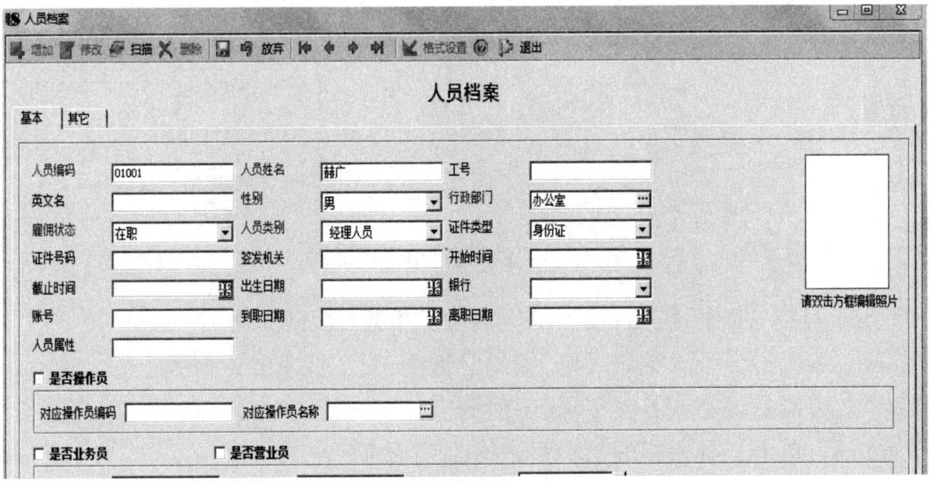

图 2-10　“人员档案”对话框

人员编码：必须录入，必须唯一。

人员名称：必须录入，允许同名。

性别：必须录入。

行政部门名称：输入该职员所属的行政部门，参照部门档案。

人员属性：填写职员是属于总经理、出纳、会计、采购人员、销售人员等属性。

人员类别：必须录入，参照人员类别档案。

是否业务员：指此人员是否可操作 U8 其他的业务产品，如总账、库存等。

其他栏目：可以为空。

（3）设置完成后，单击工具栏中的“保存”按钮保存数据。

注意：

a. 操作员编码不能修改，操作员的名称可随时修改；

b. 如果本人作为操作员，则同时保存到操作员表中；同时保存到操作员表中的操作员密码默认为操作员编码；

c. 业务员的生效日期和失效日期与他的到岗日期、任职日期、离职日期等不做关联控制。

八、供应商分类设置

企业可以根据自身管理的需要对供应商进行分类管理，建立供应商分类体系。设置供应商分类后，根据不同的分类建立供应商档案。没有对供应商进行分类管理需求的用户可以不使用本功能。

（1）执行“基础档案—客商信息—供应商分类”，打开“供应商分类”对话框，如图 2-11 所示。

图 2-11 “供应商分类”对话框

(2)单击工具栏“增加”按钮,输入供应商分类信息(参见资料)。

分别编码:编码符合级次编码规则,编码必须唯一,不能重复或修改。

分类名称:可以是汉字或英文字母,不能为空。

设置完成后,单击工具栏中的“保存”按钮保存数据。

九、供应商档案设置

设置往来供应商的档案信息,以便对供应商资料管理和业务数据的录入、统计、分析。如果在建立账套时选择了供应商分类,则必须在设置完成供应商分类档案的情况下才能编辑供应商档案。

建立供应商档案主要是为企业的采购管理、库存管理、应付账管理服务的。在填制采购入库单、采购发票和进行采购结算、应付款结算和有关供货单位统计时都会用到供货单位档案,因此必须先设立供应商档案,以便减少工作差错。在输入单据时,如果单据上的供货单位不在供应商档案中,则必须在此建立该供应商的档案。

(1)执行“基础档案—客商信息—供应商档案”,打开“供应商档案”对话框,如图 2-12 所示。

(2)单击工具栏“增加”按钮,打开“修改供应商档案”对话框,输入供应商信息(参见资料),如图 2-13、图 2-14 所示。

供应商编码:供应商编码必须唯一。

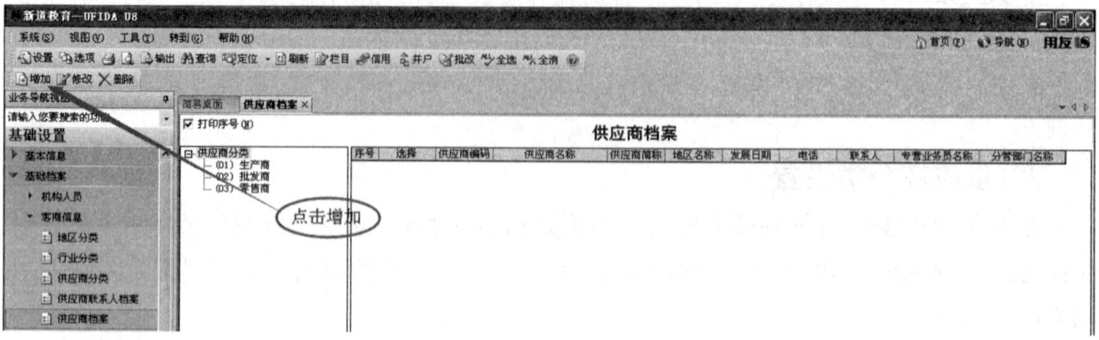

图 2-12 “供应商档案”对话框

供应商名称:供应商名称用于销售发票的打印。

供应商简称:供应商简称用于业务单据和账表的屏幕显示。

所属分类:点击"参照"按钮选择供应商所属分类,或者直接输入分类编码。

分管部门:该供应商归属分管的采购部门。

专营业务员:该供应商由哪个业务员负责联系业务。

其他属性:系统默认或为空。

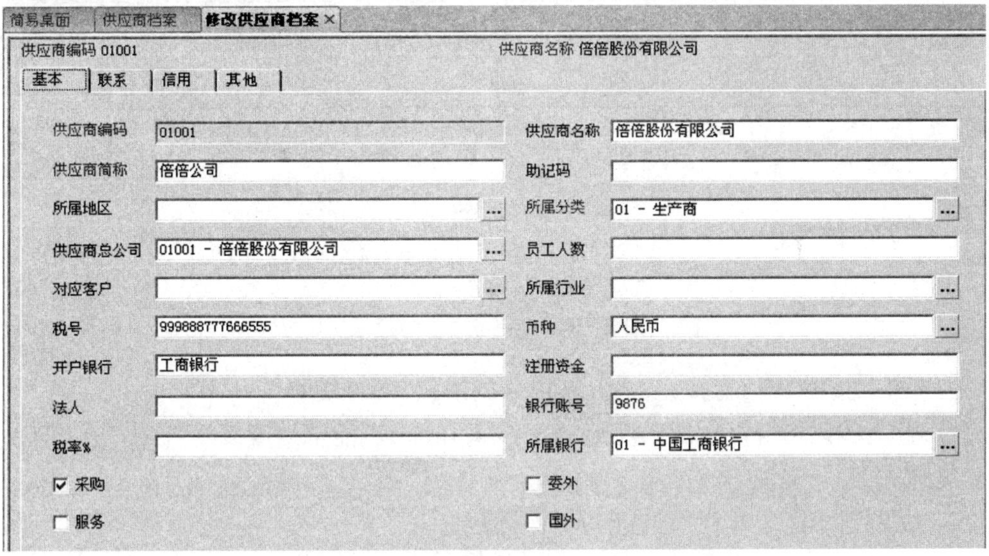

图 2-13 供应商档案设置——"基本"标签

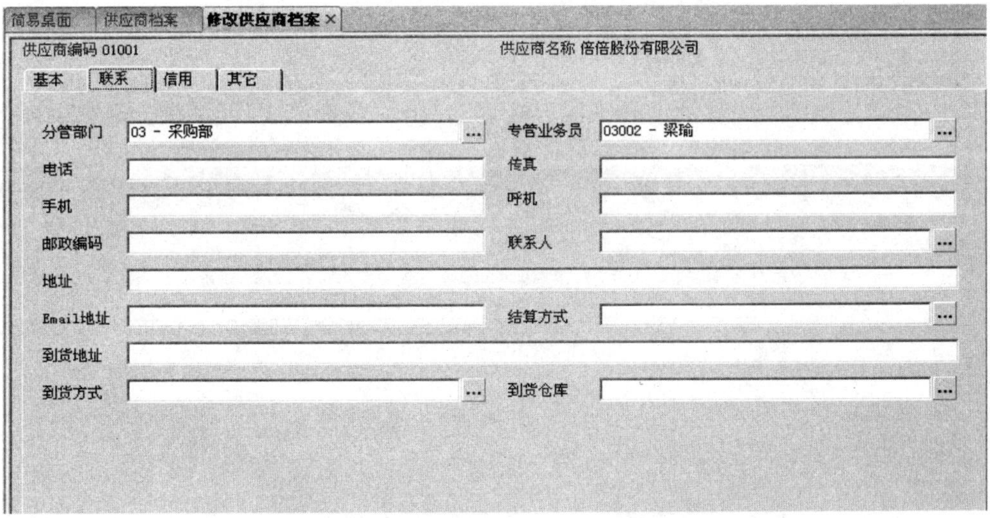

图 2-14 供应商档案设置——"联系"标签

(3)设置完后,单击工具栏中的"保存"按钮保存供应商档案数据。

十、客户分类设置

企业可以根据自身管理的需要对客户进行分类管理,建立客户分类体系。设置客户分类后,根据不同的分类建立客户档案。没有对客户进行分类管理需求的用户可以不使用本功能。

(1)执行"基础档案—客商信息—客户分类",打开"客户分类"对话框,如图 2-15 所示。

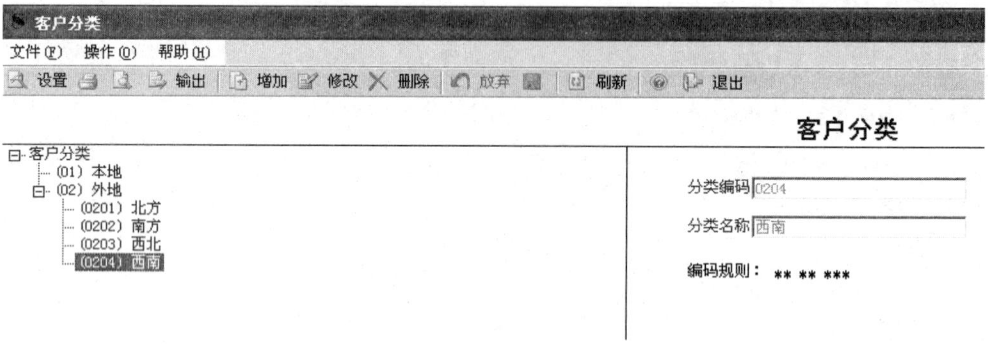

图 2-15　"客户分类"对话框

(2)单击工具栏"增加"按钮,输入客户分类信息(参见资料)。

分别编码:编码符合级次编码规则,编码必须唯一,不能重复或修改。

分类名称:可以是汉字或英文字母,不能为空。

设置完成后,单击工具栏"保存"按钮保存数据。

十一、客户档案设置

设置往来客户的档案信息,以便对客户资料管理和业务数据进行录入、统计、分析。如果在建立账套时选择了客户分类,则必须在设置完成客户分类档案的情况下才能编辑客户档案。

(1)执行"基础档案—客商信息—客户档案",打开"客户档案"对话框,如图 2-16 所示。

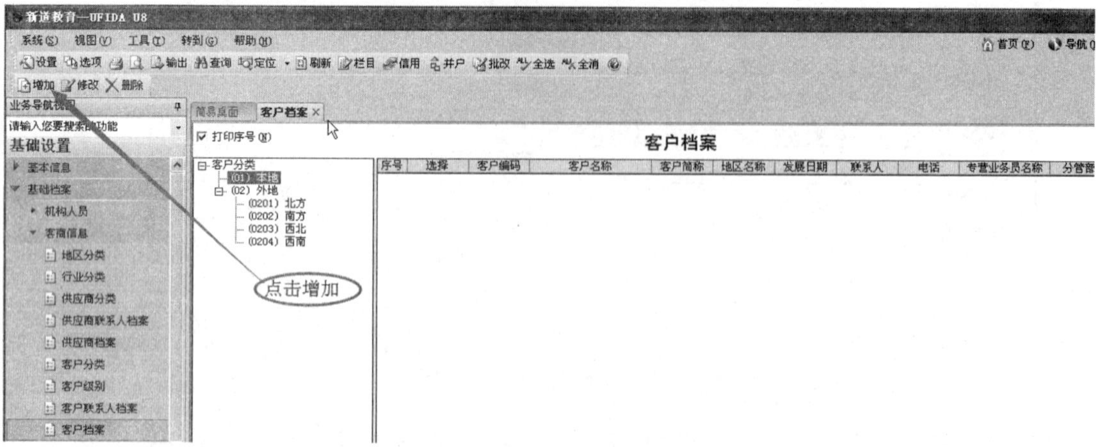

图 2-16　"客户档案"对话框

（2）单击工具栏中的“增加”按钮，打开“修改客户档案”对话框输入客户信息（参见资料），如图 2-17~ 图 2-19 所示。

客户编码：客户编码必须唯一。

客户名称：客户名称用于销售发票的打印。

客户简称：客户简称用于业务单据和账表的屏幕显示。

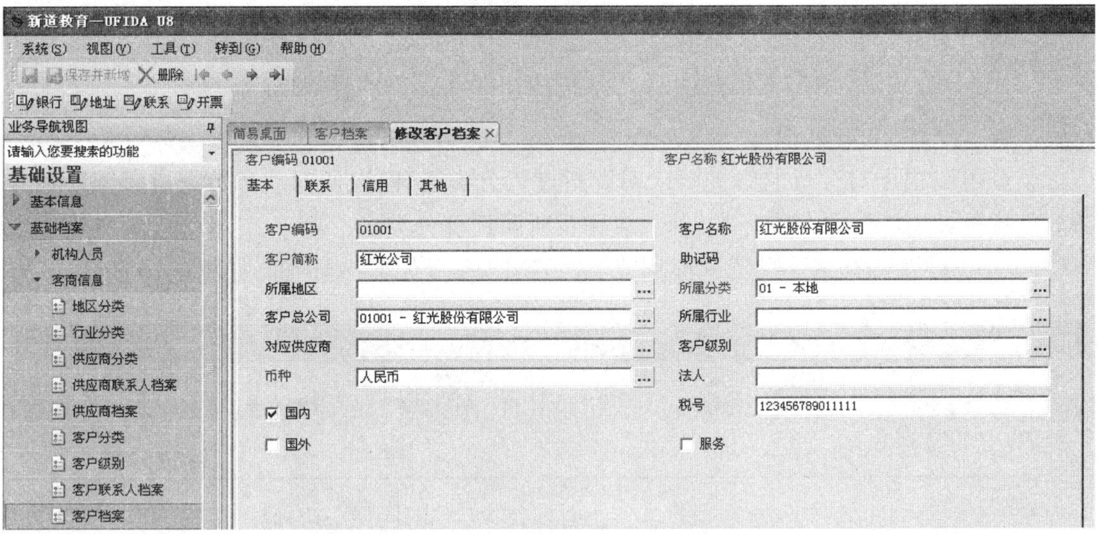

图 2-17　客户档案设置——“基本”标签

所属分类：单击参照按钮选择客户所属分类，或者直接输入分类编码。

分管部门：该客户归属分管的采购部门。

专营业务员：指该客户由哪个业务员负责联系业务。

银行：单击工具栏“银行”按钮，进行设置。

其他属性：系统默认或为空。

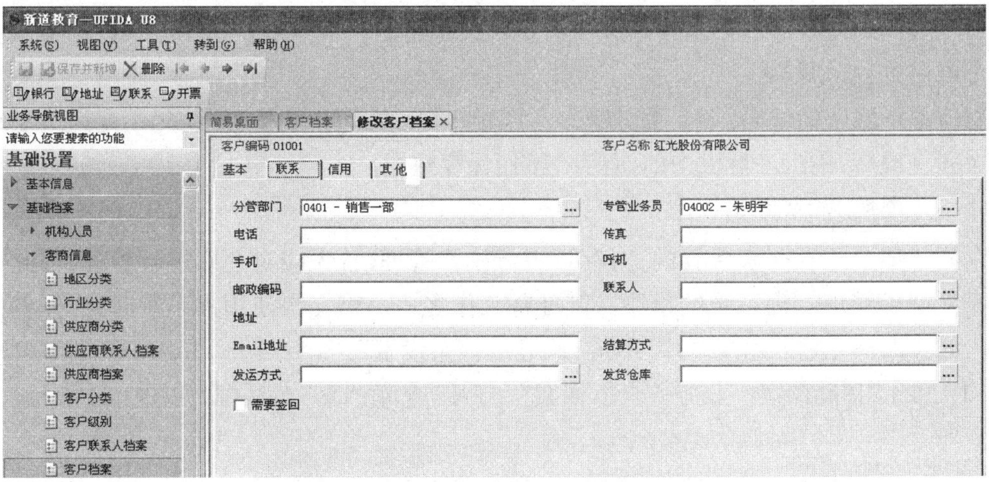

图 2-18　客户档案设置——“联系”标签

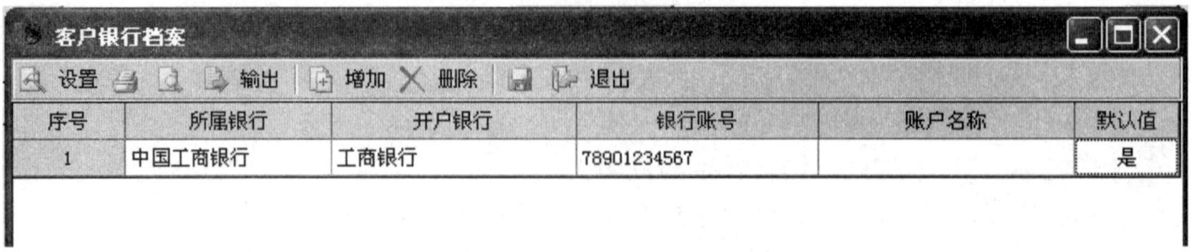

图 2-19 增加客户银行档案

(3)设置完成后,单击工具栏中的“保存”按钮保存客户档案数据。

十二、存货分类设置

企业可以根据对存货的管理要求对存货进行分类管理,以便对业务数据进行统计和分析。存货分类用于设置存货分类编码、名称及所属经济分类。

(1)执行“基础档案—存货—存货分类”,打开“存货分类”对话框,如图 2-20 所示。

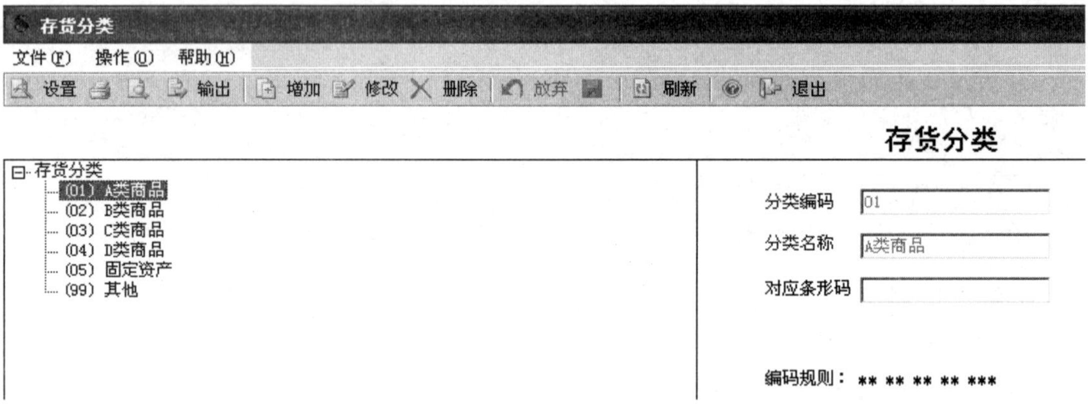

图 2-20 “存货分类”对话框

(2)单击工具栏中的“增加”按钮,输入存货分类信息(参见资料)。

分别编码:必须唯一,必须按其级次的先后次序建立。

分类名称:必须输入。

对应条形码中的编码:需要手工输入,可以随时修改,可以为空,但编码不允许重复。

设置完成后,单击工具栏中的“保存”按钮保存数据。

十三、仓库档案设置

存货一般是用仓库来保管的,对存货进行核算管理,首先应对仓库进行管理,因此进行仓库设置是供销链管理系统的重要基础准备工作之一。第一次使用本系统时,应先将本单位使用的仓库预先输入系统之中,即进行”仓库档案设置”。

(1)执行“基础档案—业务—仓库档案”,打开“仓库档案”对话框,如图 2-21 所示。

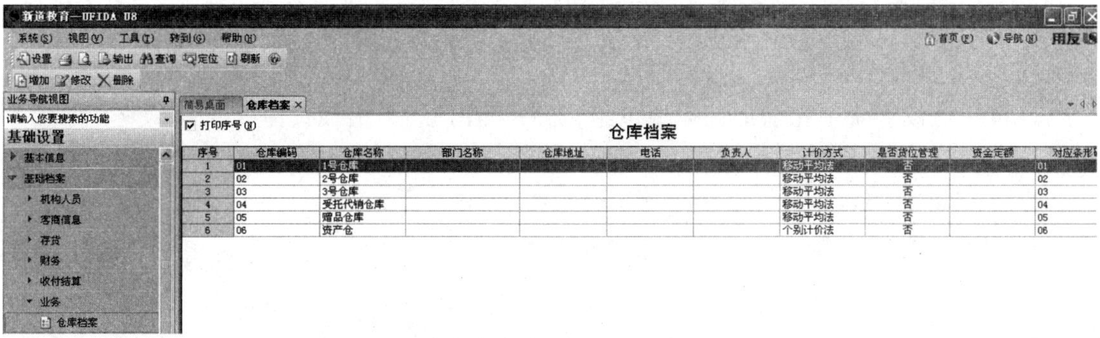

图 2-21　“仓库档案”对话框

（2）单击工具栏中的“增加”按钮，打开“增加仓库档案”对话框，如图 2-22 所示，输入仓库信息。

仓库编码：必须输入，且必须唯一。

仓库名称：必须输入。

计价方式：系统提供售价法、全月平均法、移动平均法、先进先出法、个别计价法。每个仓库必须选择一种计价方式，这里选择移动平均法。

其他属性：系统默认或为空。

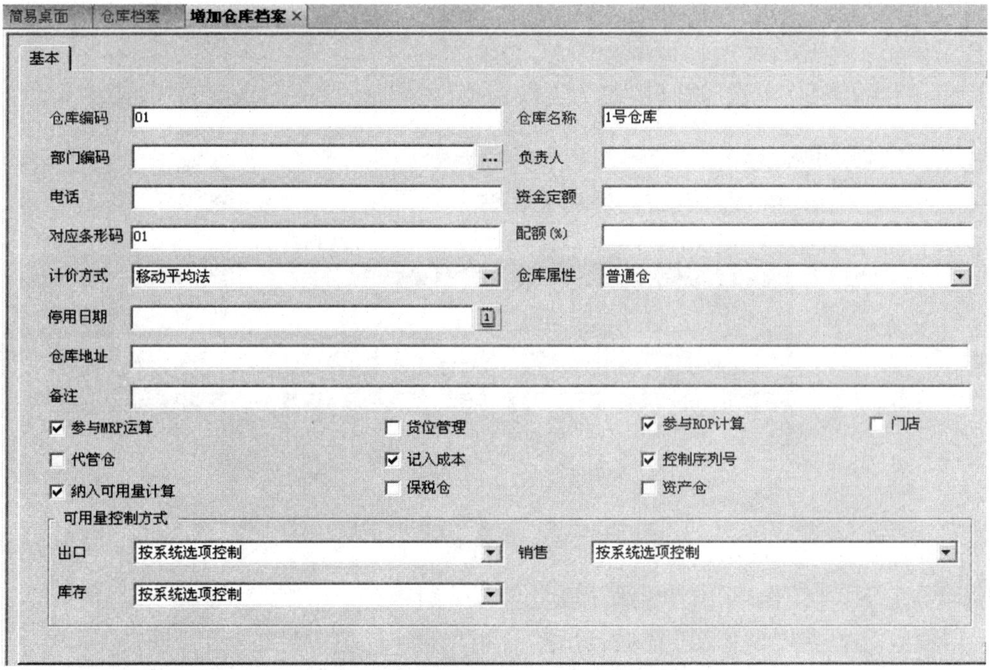

图 2-22　“增加仓库档案”对话框

（3）设置完成后，单击工具栏中的“保存”按钮保存数据。

注意：

a. 若仓库已经使用，只可修改负责人、电话、资金定额、仓库地址、备注等；

b. 若仓库已经使用,则不可删除该仓库。

十四、计量单位设置

计量单位设置必须先增加计量单位组,然后再在该组下增加具体的计量单位。计量单位组分无换算、浮动换算、固定换算三种类别,每个计量单位组中有一个主计量单位、多个辅助计量单位,可以设置主辅计量单位之间的换算率。

(1)执行"基础档案—存货—计量单位",打开"计量单位-计量单位组"对话框,如图 2-23 所示。

图 2-23 "计量单位 - 计量单位组"对话框

(2)单击工具栏"分组"按钮,打开"计量单位组"对话框,如图 2-24 所示,单击"增加"按钮,输入计量单位分组信息(参见资料)。

计量单位组编码:录入,保证唯一性。

计量单位组名称:录入,保证唯一性。

计量单位组类别:单选,选择内容为无换算率、固定换算率、浮动换算率。

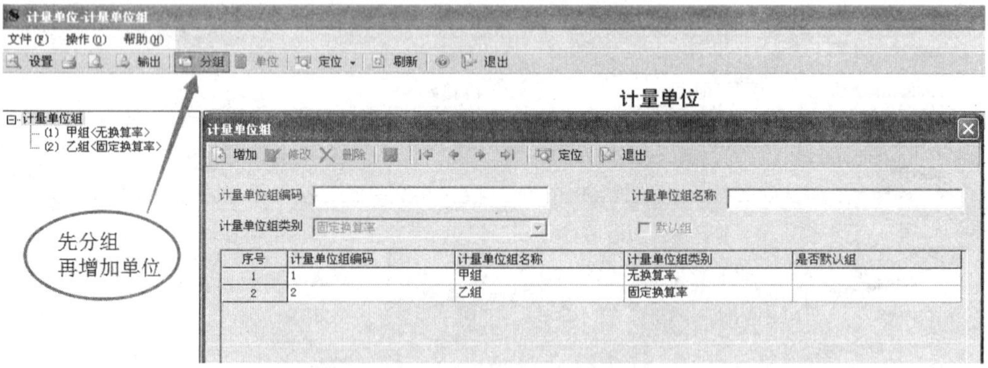

图 2-24 "计量单位组"对话框

(3)单击工具栏"保存"按钮,保存计量单位分组数据。

(4)设置完后,单击"退出"按钮,返回"计量单位 - 计量单位组"对话框。

(5)单击工具栏中的"单位"按钮,打开"计量单位"对话框,如图 2-25 所示,输入计量单位信息。

计量单位编码:录入,必填,保证唯一性。

计量单位名称:录入,必填。

计量单位组编码:根据用户建立计量单位时所在的计量单位组带入,不可修改。

换算率：录入辅计量单位和主计量单位之间的换算比。

主计量单位标志：打勾选择，不可修改。

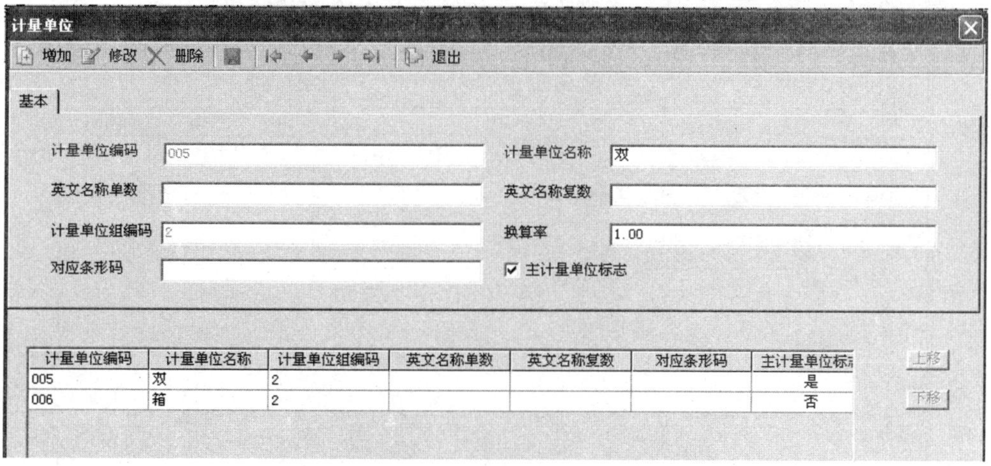

图 2-25　"计量单位"对话框

十五、存货档案设置

设置企业在生产经营中使用到的各种存货信息，以便于对这些存货进行资料管理、实物管理和业务数据的统计、分析。随同发货单或发票一起开具的应税劳务等也应设置在存货档案中。

（1）执行"基础档案—存货—存货档案"，打开"存货档案"对话框，如图 2-26 所示。

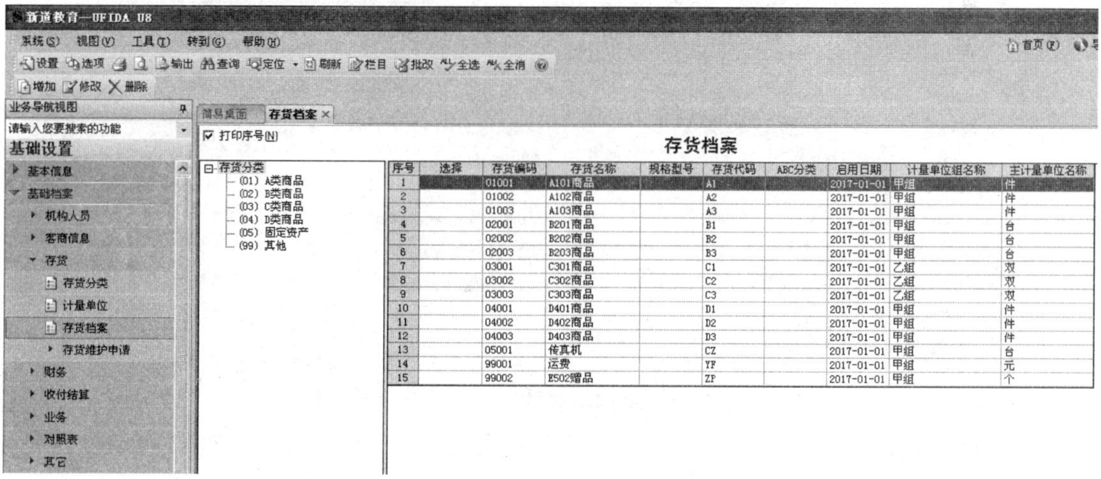

图 2-26　"存货档案"对话框

（2）单击工具栏中的"增加"按钮，打开"修改存货档案"对话框，输入存货档案信息（参见资料），如图 2-27、图 2-28 所示。

存货编码：必须输入。

存货名称：必须输入。

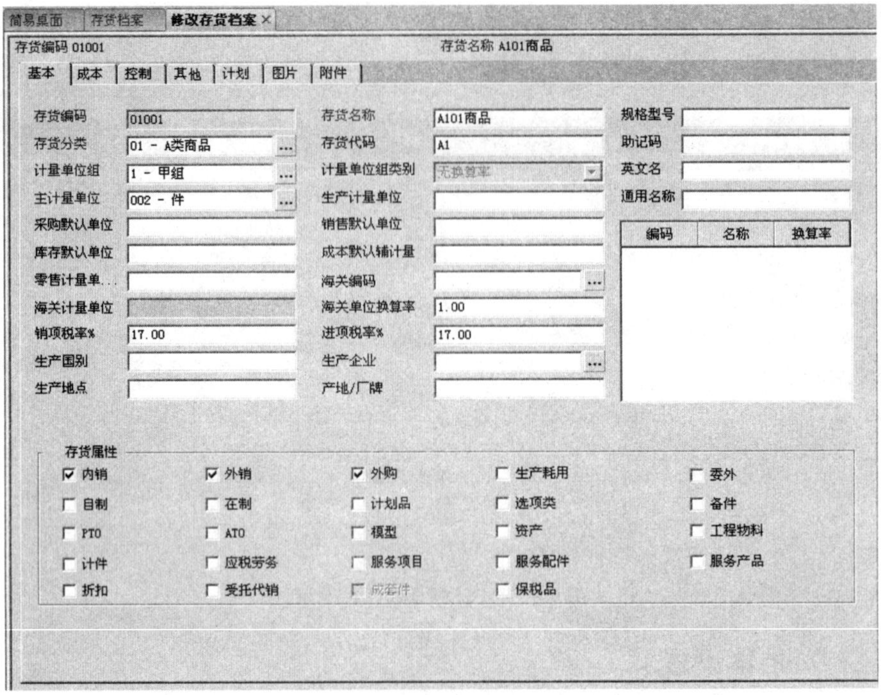

图 2-27 存货档案设置——“基本”标签

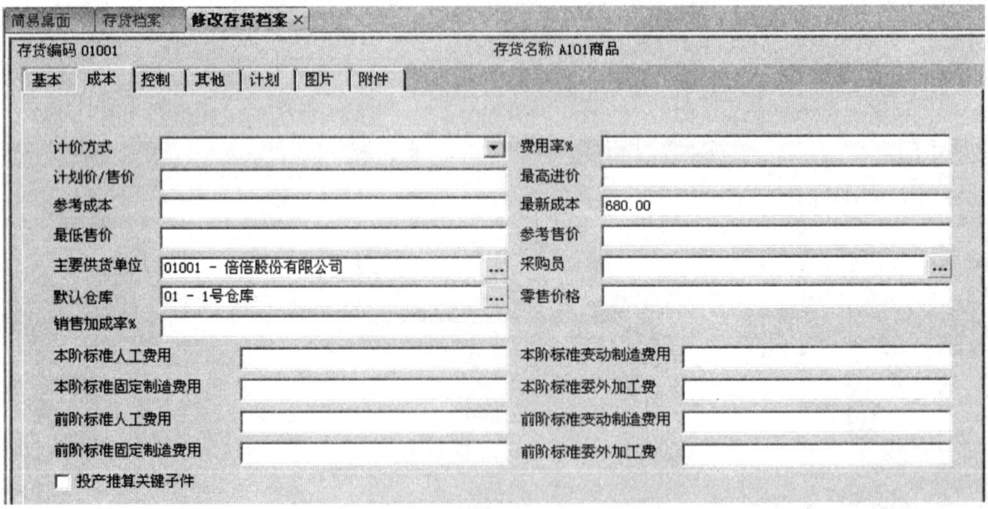

图 2-28 存货档案设置——“成本”标签

存货分类:系统根据用户增加存货前所选择的存货分类自动填写,用户可以修改。

存货代码:存货代码可输可不输,可重复。

计量单位组:可参照选择录入。

计量单位组类别:根据已选的计量单位组系统自动带入。

存货属性:常用选项有内销、外销、外购、折扣、受托代销、应税劳务等。

内销:具有该属性的存货可用于销售,发货单、发票、销售出库单等与销售有关的单据在参照存货时,参照的都是具有销售属性的存货,开在发货单或发票上的应税劳务,也应设置为销售属性，否则开发货单或发票时无法参照。

外销：具有该属性的存货可用于销售。发货单、发票、销售出库单等与销售有关的单据参照存货时，参照的都是具有销售属性的存货。开在发货单或发票上的应税劳务，也应设置为销售属性，否则开发货单或发票时无法参照。

外购：具有该属性的存货可用于采购。到货单、采购发票、采购入库单等与采购有关的单据参照存货时，参照的都是具有外购属性的存货。开在采购专用发票、普通发票、运费发票等票据上的采购费用，也应设置为外购属性，否则开具采购发票时无法参照。

折扣：具有该属性的存货在开发票时可以没有数量，只有金额，或者在蓝字发票中开成负数。

受托代销：具有该属性的存货可以进行受托代销业务。

应税劳务：具有该属性的存货是指开具在采购发票上的运费费用、包装费等采购费用或开具在销售发票或发货单上的应税劳务。

主要供货单位：指存货的主要供货单位。

默认仓库：存货默认的存放地点——1 号仓库。

其他属性：系统默认或为空。

（3）单击工具栏中的“保存”按钮，保存存货档案数据。

十六、会计科目设置

会计科目是填制会计凭证、登记会计账簿、编制会计报表的基础。会计科目是对会计对象具体内容分门别类进行核算所规定的项目。会计科目是一个完整的体系。会计科目设置的完整性影响着会计过程的顺利实施，会计科目设置的层次深度直接影响会计核算的详细、准确程度。

执行“基础档案—财务—会计科目”，打开“会计科目”对话框，如图 2-29 所示，在对话框里可以看到系统按行业预置的一级会计科目，下面进行会计科目修改、增加、指定科目等操作（参见资料），过程如下。

级次	科目编码	科目名称	外币币种	辅助核算	银行科目	现金科目	计量单位	余额方向	受控系统	是否封
1	1001	库存现金				Y		借		
1	1002	银行存款			Y			借		
2	100201	工行存款			Y			借		
2	100202	建行存款			Y			借		
1	1003	存放中央银行款项						借		
1	1011	存放同业						借		
1	1012	其他货币资金						借		
1	1021	结算备付金						借		
1	1031	存出保证金						借		
1	1101	交易性金融资产						借		
1	1111	买入返售金融资产						借		
1	1121	应收票据		客户往来				借	应收系统	
1	1122	应收账款		客户往来				借	应收系统	
1	1123	预付账款		供应商往来				借	应付系统	

图 2-29　会计科目列表窗口

(1)修改会计科目:选择要修改的科目,单击工具栏“修改”按钮或双击该科目,即可进入会计科目修改界面,在此对需要修改的会计科目进行调整,单击“确定”进行保存。如“应收票据”修改为客户往来辅助核算如图 2-30 所示。

(2)增加会计科目:单击工具栏“增加”按钮,进入会计科目页编辑界面,根据栏目说明输入要增加的科目信息,单击“确定”后保存。如增加“工行存款”二级科目如图 2-31 所示。

图 2-30 修改会计科目

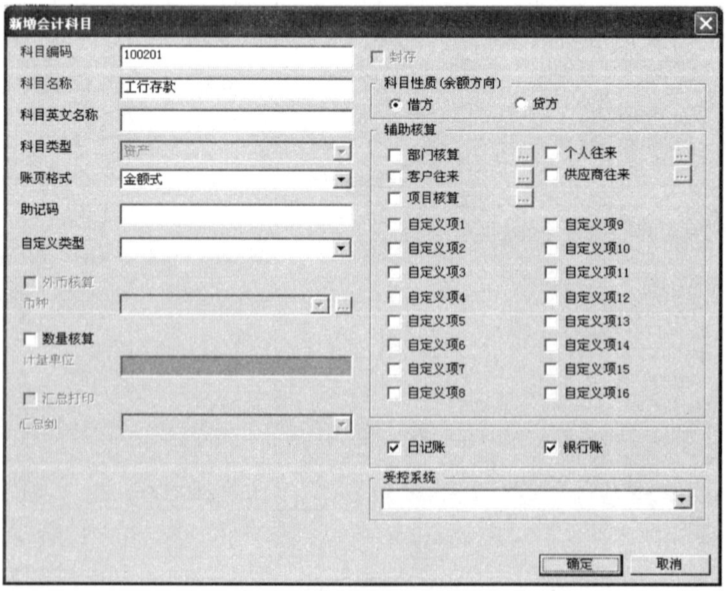

图 2-31 增加明细科目

(3)指定现金科目和银行科目:执行“编辑—指定科目”,打开“指定科目”对话框,如图

2-32、图 2-33 所示，在此用“ >”“ ≥”选择现金科目和银行科目，选择完毕后，单击“确定”按钮。此处指定的现金、银行存款科目供出纳管理使用，所以在查询现金、银行存款日记账前，必须指定现金、银行存款总账科目。

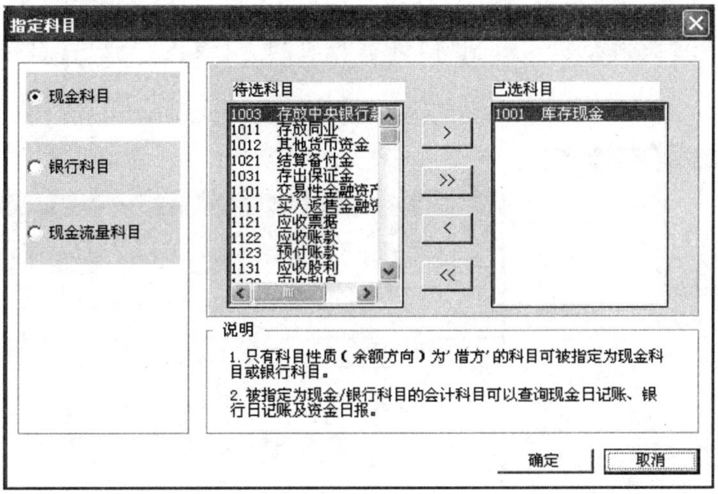

图 2-32　指定现金科目（库存现金）

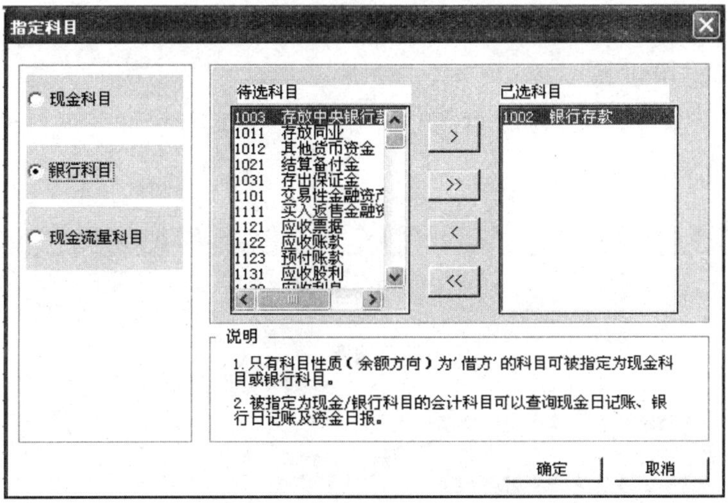

图 2-33　指定银行科目（银行存款）

（4）删除会计科目：选中要删除的会计科目，单击工具栏中的“删除”按钮即可。

注意：

a. 如果本科目已被制过单或已录入期初余额，则不能删除、修改该科目，如要修改该科目必须先删除有该科目的凭证，并将该科目及其下级科目余额清零，再行修改，修改完毕后要将余额及凭证补上；

b. 先增加上级科目，再增加下级科目，删除时操作相反。

十七、凭证类别设置

(1)执行“基础档案—财务—凭证类别”,打开“凭证类别预置”对话框,如图 2-34 所示,系统提供五种分类方式供选择。

(2)这里选择第二种,单击“确定”,打开“凭证类别”对话框,如图 2-35 所示,在这里设置每种凭证类别的限制类型和限制科目(参见资料)。设置完成后,直接按“退出”按钮即可。

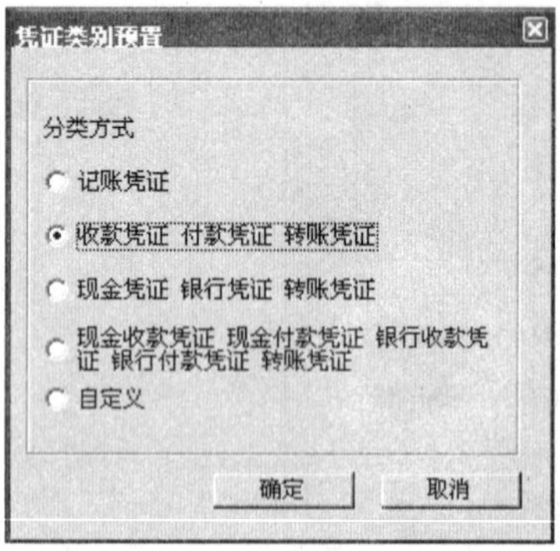

图 2-34 “凭证类别预置”对话框

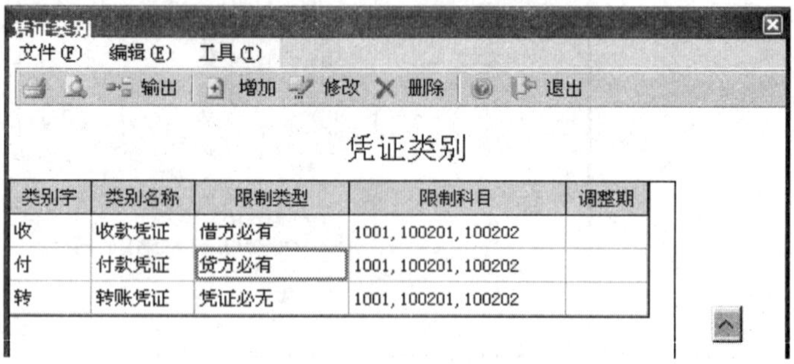

图 2-35 凭证类别设置窗口

十八、项目目录设置

执行“基础档案—财务—项目目录”,打开“项目档案”对话框(项目设置内容参见资料),如图 2-36 所示。

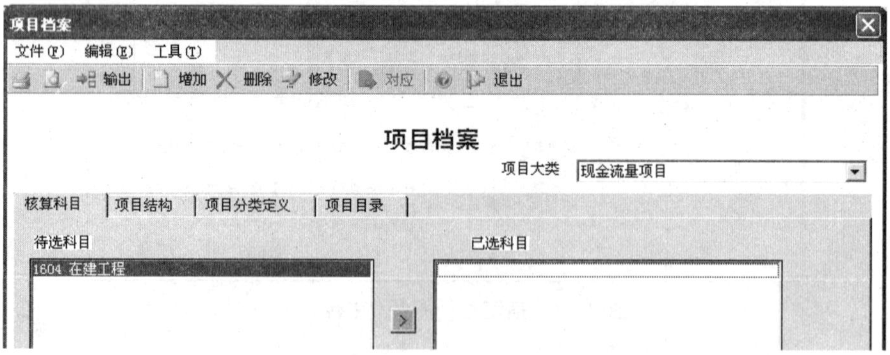

图 2-36 “项目档案”对话框

(1)第一步:增加项目大类。

①单击工具栏中的“增加”按钮,打开“项目大类定义”向导,输入新项目大类名称,这里输入“在建工程”,选择“普通项目”,如图 2-37 所示。

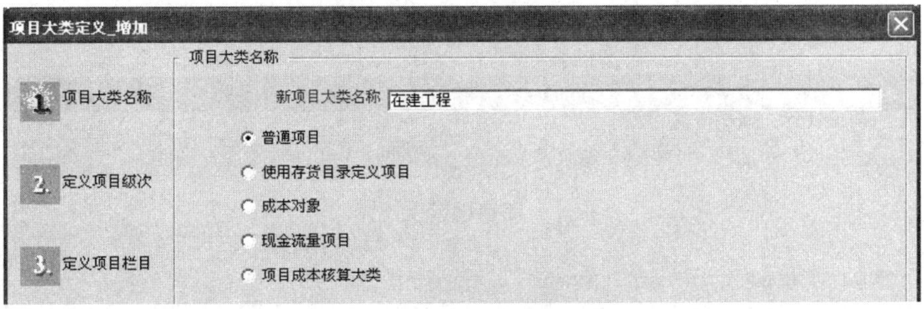

图 2-37　项目大类名称设置

②单击“下一步”，定义项目级次，这里定义二级，每级都用两位数编码，即 2-2，如图 2-38 所示。

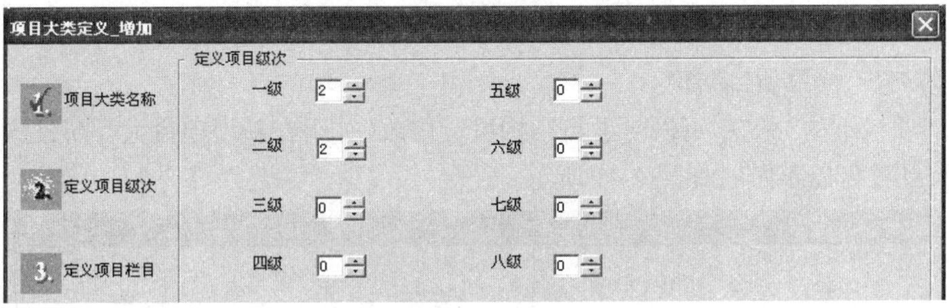

图 2-38　定义项目级次

③单击“下一步”，定义项目栏目，系统已经默认有四个栏目，即项目编号、项目名称、是否结算、所属分类码，这里增加“开工日期、完工日期”两个栏目，数据类型均为“日期”型，数据长度默认为 10 位数，如图 2-39 所示。

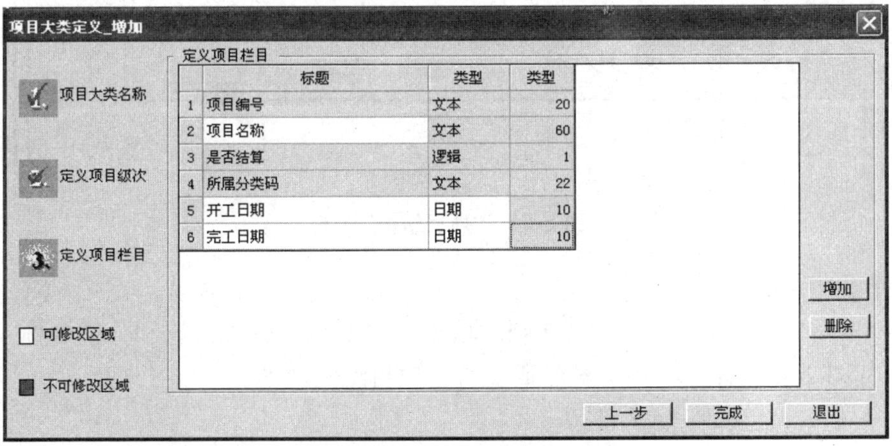

图 2-39　定义项目栏目

④设置好后，单击“完成”。

(2)第二步，选定核算科目。

单击“核算科目”标签，然后在项目大类下拉列表框中选中“在建工程”，再将待选科目

“在建工程”移至为已选科目,如图 2-40 所示,设置好后,单击“确定”。

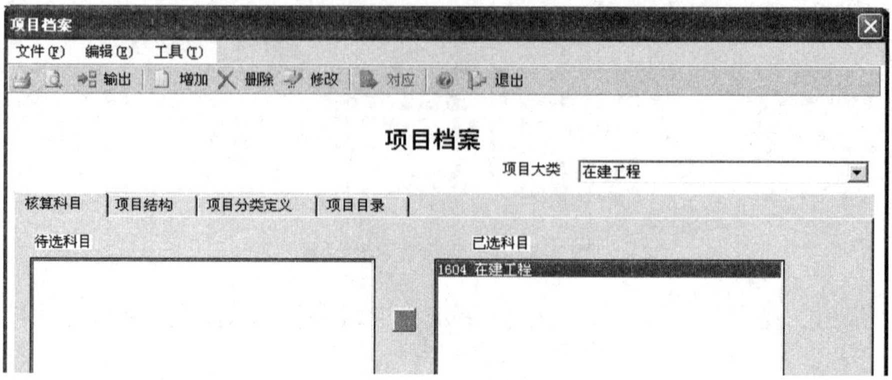

图 2-40　“核算科目”标签

(3)第三步,修改项目结构。

单击“项目结构”标签,可以对项目结构进行修改(如果在新增项目大类时,已经定义好项目栏目,此处可以不做),如图 2-41 所示。

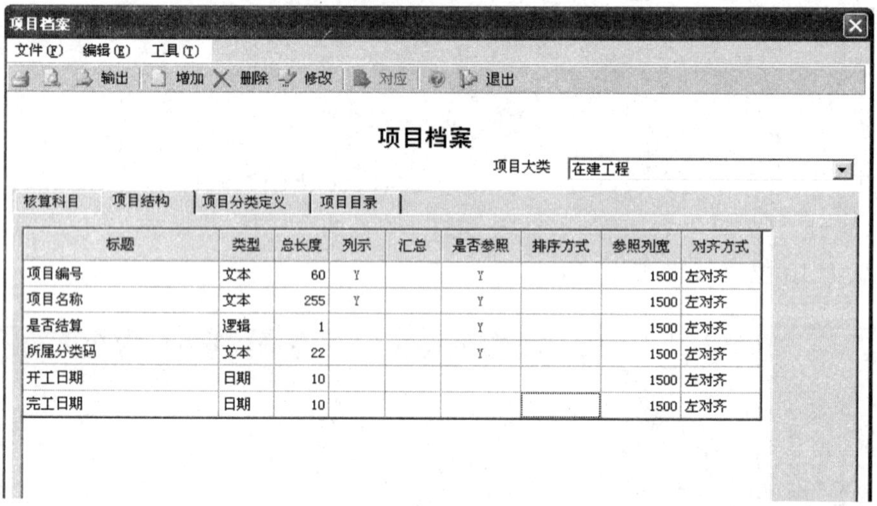

图 2-41　“项目结构”标签

(4)第四步,项目分类定义。

单击“项目分类定义”标签,然后单击“增加”按钮,输入分类编码和分类名称,单击“确定”保存,如图 2-42 所示。(注:分类编码要符合项目编码规则)

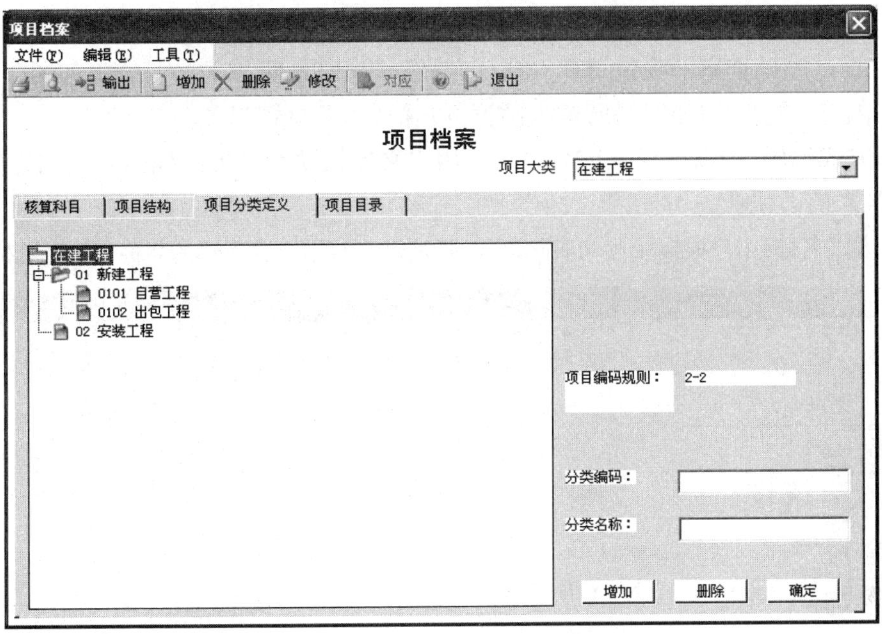

图 2-42　“项目分类定义”标签

（5）第五步，项目目录维护。

单击项目目录标签，如图 2-43 所示，然后单击“维护”按钮，打开“项目目录维护”对话框，如图 2-44 所示，输入项目目录信息。设置好后，单击“退出”即可。

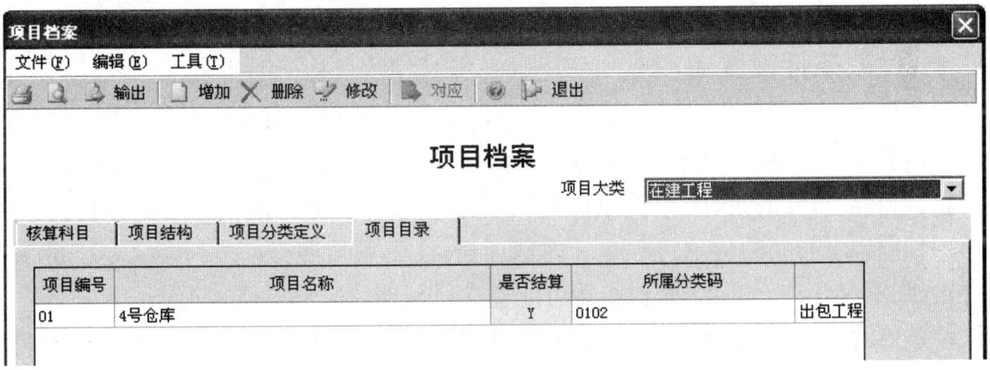

图 2-43　“项目目录”标签

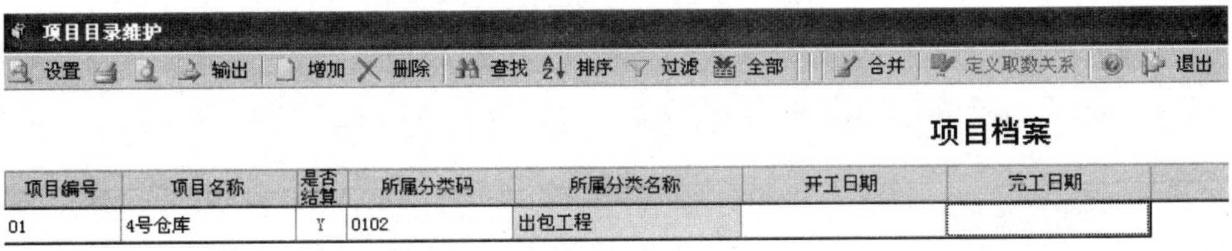

图 2-44　“项目目录维护”对话框

十九、结算方式设置

(1)执行“基础档案—收付结算—结算方式”，打开“结算方式”对话框，如图 2-45 所示。

(2)单击工具栏“增加”按钮，输入结算方式信息(参见资料)。

结算方式编码：用以标识某结算方式。用户必须按照结算方式编码级次的先后顺序进行录入，录入值必须唯一。

结算方式名称：用户根据企业的实际情况，必须录入所用结算方式的名称，录入值必须唯一。

图 2-45 “结算方式”对话框

票据管理标志：用户可根据实际情况，通过单击复选框来选择该结算方式下的票据是否要进行票据管理。

(3)设置好后，单击“退出”即可。

二十、付款条件设置

付款条件也叫现金折扣，是指企业为了鼓励客户偿还贷款而允诺在一定期限内给予的规定的折扣优待。这种折扣条件通常可表示为 5/10、2/20、*n*/30，它的意思是客户在 10 天内偿还贷款，可得到 5%的折扣，只付原价的 95%的货款；在 20 天内偿还贷款，可得到 2%的折扣，只付原价的 98%的货款；在 30 天内偿还贷款，则须按照全额支付货款；在 30 天以后偿还贷款，则不仅要按全额支付贷款，还可能要支付延期付款利息或违约金。

付款条件将主要在采购订单、销售订单、采购结算、销售结算、客户目录、供应商目录中引用。

(1)执行“基础档案—收付结算—付款条件”，打开“付款条件”对话框，如图 2-46 所示。

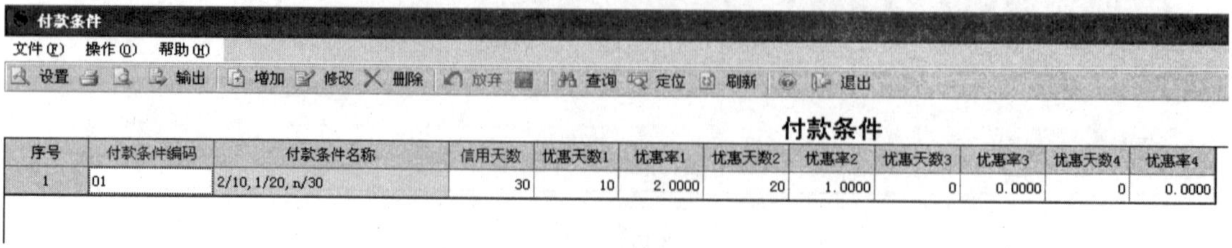

图 2-46 “付款条件”对话框

（2）单击工具栏中的“增加”按钮，输入付款条件信息（参见资料），自动产生付款条件名称。

（3）设置好后，单击“退出”即可。

二十一、本单位开户银行设置

（1）执行“基础档案—收付结算—本单位开户银行”，打开“本单位开户银行”对话框，如图 2-47 所示。

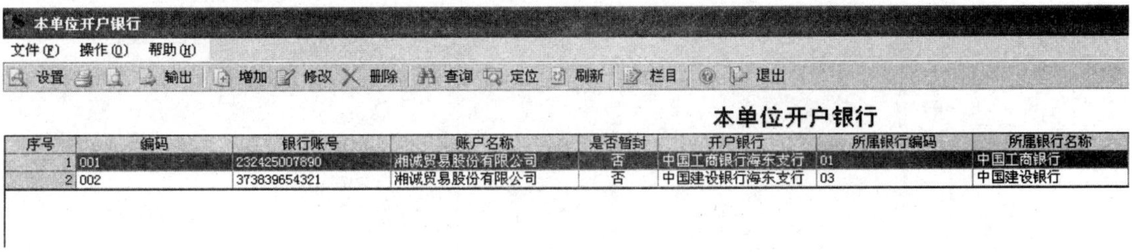

图 2-47 “本单位开户银行”对话框

（2）单击工具栏“增加”按钮，打开“增加本单位开户银行”对话框，如图 2-48 所示，输入本单位开户银行信息（参见资料）。

编码：用来标识某开户银行及账号。用户可手工输入，也可以由系统自动给定。录入值必须唯一。

银行账号：用来输入使用单位在开户银行中的账号名称。用户必须输入，且必须唯一。

开户银行：用来输入使用单位的开户银行名称。用户必须输入，名称可以重复。

所属银行编码：指开户银行所属的总行名称，参照银行档案录入。

其他属性：系统默认或为空。

注意：若开户行为中国建设银行，还需要设置客户编号、机构号、联行号。

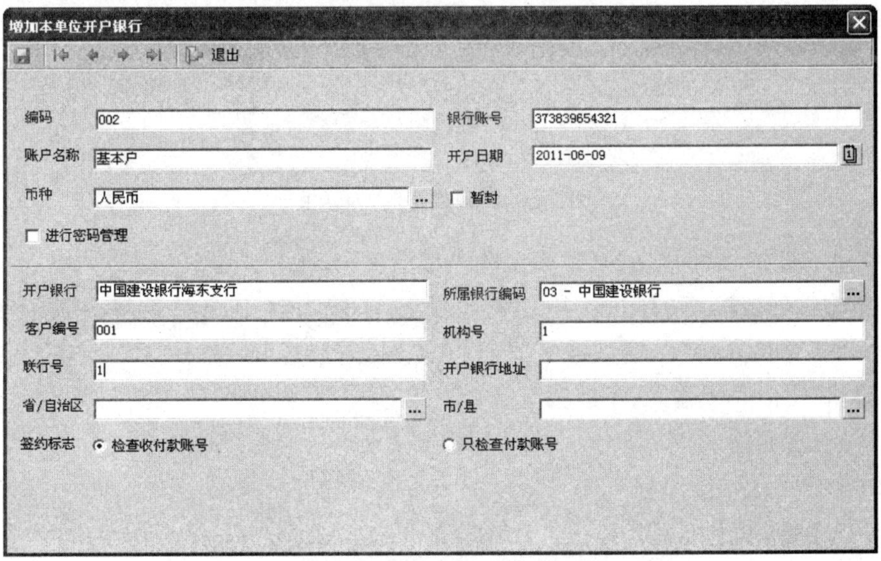

图 2-48 “增加本单位开户银行”对话框

(3)单击工具栏中的“保存”按钮,保存开户银行数据。

二十二、收发类别设置

(1)执行“基础档案—业务—收发类别”,打开“收发类别”对话框,如图 2-49 所示。

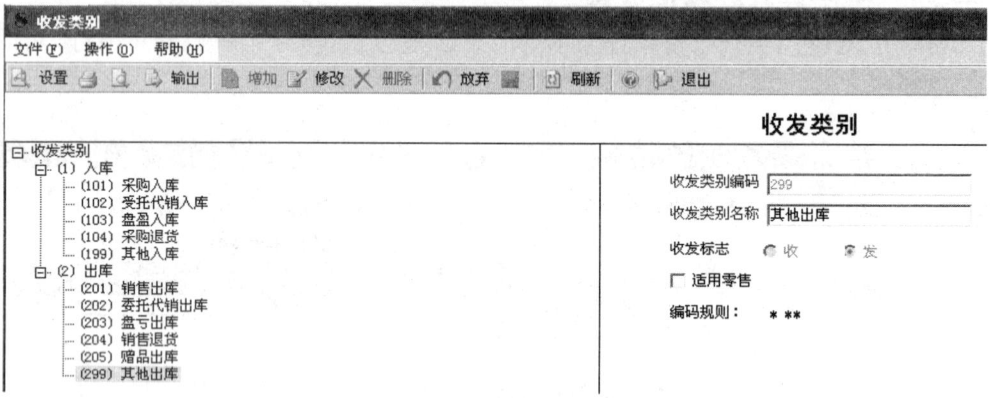

图 2-49 “收发类别”对话框

(2)单击工具栏中的“增加”按钮,输入收发类别信息(参见资料)。

收发类别编码:必须逐级输入,且符合编码规则。

收发类别名称:必须输入。

收发标志:系统规定收发类型只有“收”和“发”两种,选择输入。

(3)单击工具栏中的“保存”按钮,保存收发类别数据。

二十三、采购类型设置

(1)执行“基础档案—业务—采购类型”,打开“采购类型”对话框,如图 2-50 所示。

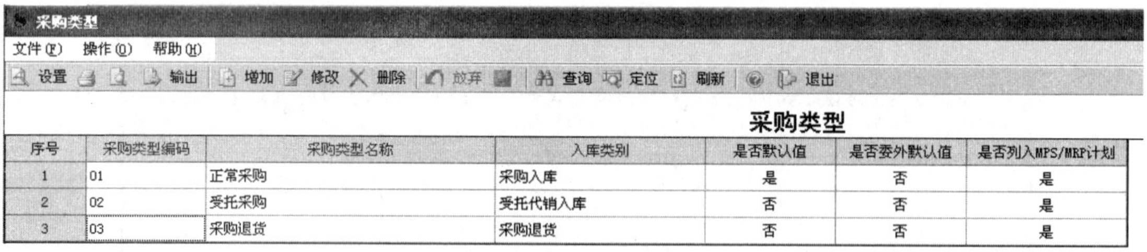

序号	采购类型编码	采购类型名称	入库类别	是否默认值	是否委外默认值	是否列入MPS/MRP计划
1	01	正常采购	采购入库	是	否	是
2	02	受托采购	受托代销入库	否	否	是
3	03	采购退货	采购退货	否	否	是

图 2-50 “采购类型”对话框

(2)单击工具栏“增加”按钮,输入采购类型信息(参见资料)。

采购类型编码:编码只有 2 位字长,必须输入,不能为空,不允许重复,并要注意编码字母的大小写。

采购类型名称:必须输入,不能为空。

入库类别:参照输入。

(3)设置好后,单击“保存”。

二十四、销售类型设置

(1)执行“基础档案—业务—销售类型”,打开“销售类型”对话框,如图 2-51 所示。

（2）单击工具栏中的“增加”按钮，输入销售类型信息（参见资料）。

销售类型编码、名称：不能为空，且不能重复。

出库类别：参照输入。

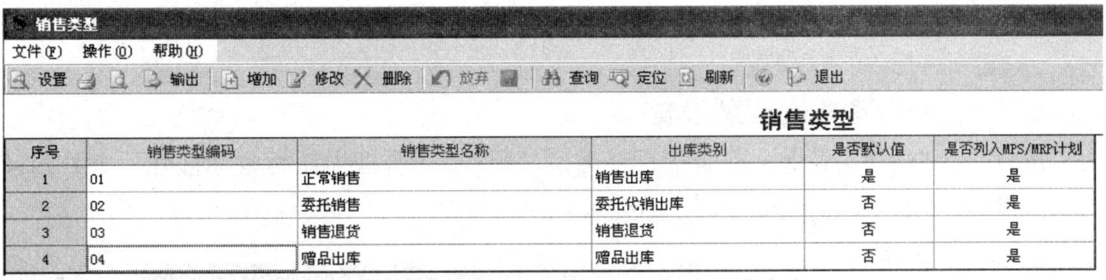

序号	销售类型编码	销售类型名称	出库类别	是否默认值	是否列入MPS/MRP计划
1	01	正常销售	销售出库	是	是
2	02	委托销售	委托代销出库	否	是
3	03	销售退货	销售退货	否	是
4	04	赠品出库	赠品出库	否	是

图 2-51　“销售类型”对话框

（3）设置好后，单击“保存”。

二十五、费用项目分类设置

（1）执行“基础档案—业务—费用项目分类”，打开“费用项目分类”对话框，如图 2-52 所示。

图 2-52　“费用项目分类”对话框

（2）单击工具栏中的“增加”按钮，输入费用项目分类信息（参见资料）。

分类编码：必须输入，且符合编码规则。

分类名称：必须输入。

（3）设置好后，单击“保存”。

二十六、费用项目设置

（1）执行“基础档案—业务—费用项目”，打开“费用项目档案”对话框，如图 2-53 所示。

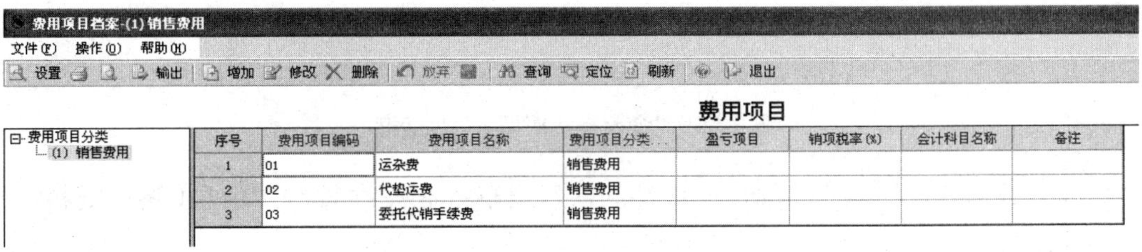

序号	费用项目编码	费用项目名称	费用项目分类	盈亏项目	销项税率(%)	会计科目名称	备注
1	01	运杂费	销售费用				
2	02	代垫运费	销售费用				
3	03	委托代销手续费	销售费用				

图 2-53　“费用项目档案”对话框

(2)单击工具栏“增加”按钮,输入费用项目信息(参见资料)。

费用项目编码:必须输入。

费用项目名称:必须输入。

费用项目分类:参照输入。

(3)设置好后,单击“保存”。

二十七、非合理损耗类型设置

执行“基础档案—业务—非合理损耗类型”,打开“非合理损耗类型”对话框,如图 2-54 所示。单击“增加”按钮,根据资料录入非合理损耗类型。

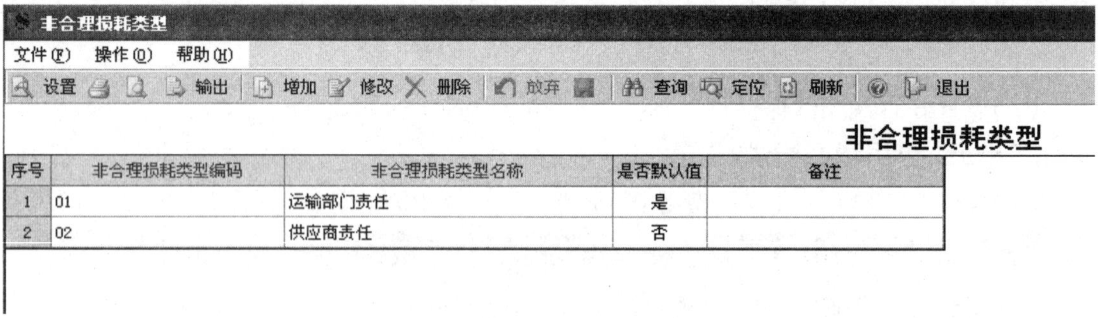

图 2-54 “非合理损耗类型”对话框

二十八、仓库存货对照表设置

(1)执行“基础档案—对照表—仓库存货对照表”,打开“仓库存货对照表”对话框,如图 2-55 所示。

图 2-55 “仓库存货对照表”对话框

(2)单击工具栏“增加”按钮,在打开的窗口里输入仓库存货对照信息(参见资料),如图 2-56 所示。

仓库编码：录入或参照，必填，参照的内容为仓库档案费用项目名称。

仓库名称：根据仓库编码带入，不可修改。

存货编码：录入或参照，必填，只能录入未停用的存货。

存货名称：根据存货编码带入，不可修改。

计量单位组、主计量单位：根据存货编码带入，不可修改。

上次盘点日期：新增记录可以手工输入上次盘点日期，以后由系统自动维护，每次在该存货盘点时自动回填盘点日期，不可修改。

其他属性：均为空。

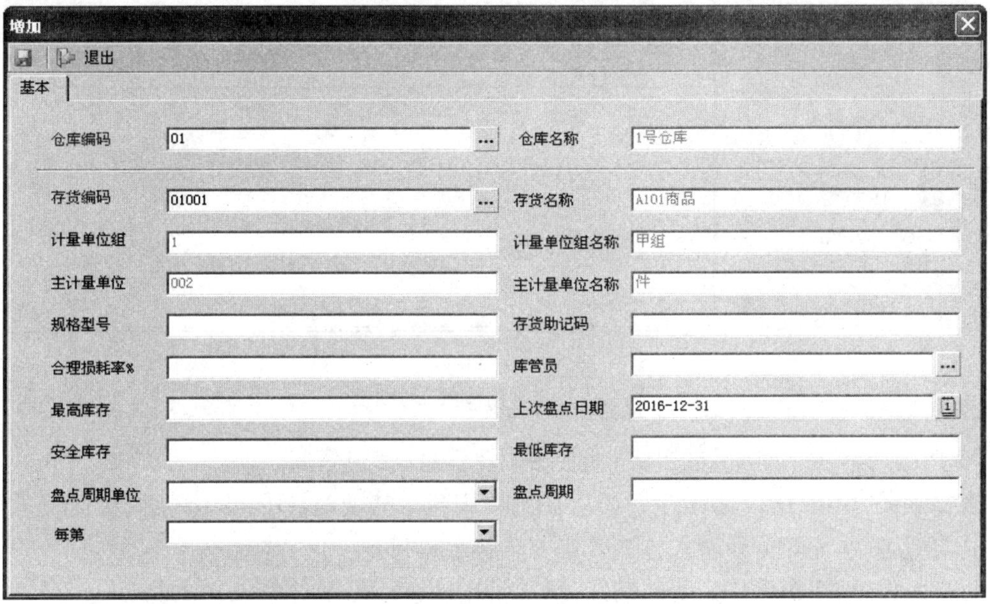

图 2-56　仓库存货对照信息设置

（3）设置好后，单击“保存”即可。

二十九、常用摘要设置

企业在处理日常业务数据时，在输入单据或凭证的过程中，因为业务的重复性发生，经常会有许多摘要完全相同或大部分相同，如果将这些常用摘要存储起来，在输入单据或凭证时随时调用，必将大大提高业务处理效率。调用常用摘要可以在输入摘要时直接输，摘要代码或按 [F2] 键或参照输入。

（1）执行“基础档案—其他—常用摘要”，打开“常用摘要”对话框，如图 2-57 所示。

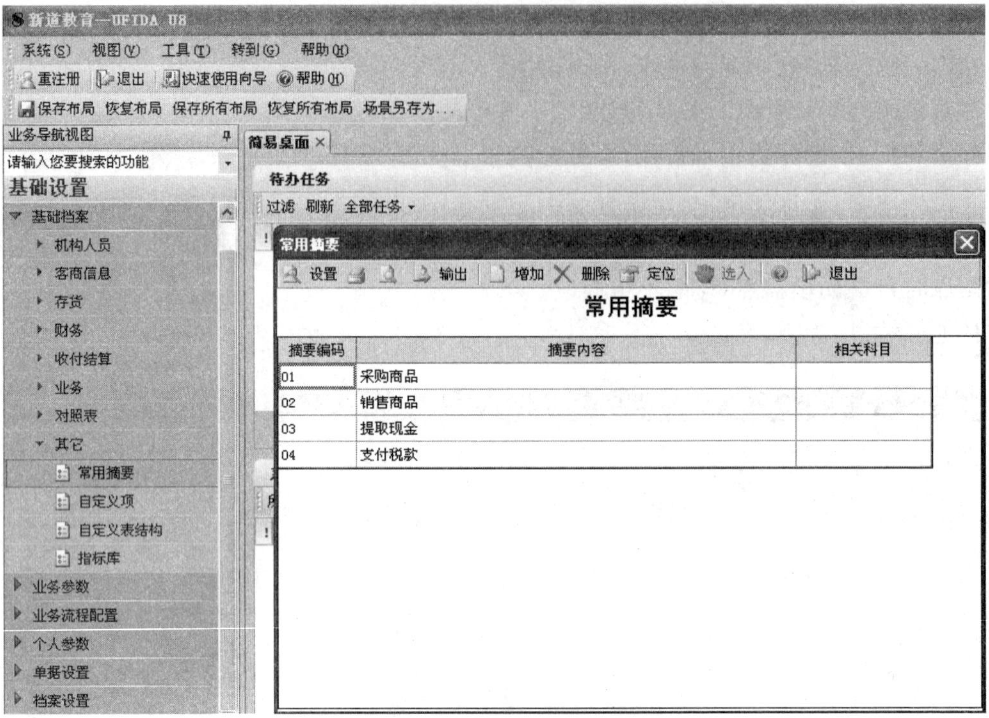

图 2-57 “常用摘要”对话框

(2)单击工具栏“增加”按钮,输入常用摘要信息(参见资料)。

摘要编码:用以标识某常用摘要。在制单中录入摘要时,用户只要在摘要区输入该常用摘要的编码,系统即自动调入该摘要正文和相关科目。

摘要内容:结合本单位的实际情况,输入常用摘要。

相关科目:如果某条常用摘要对应某科目,则可以在此输入,在调用常用摘要的同时,也将被一同调入,以提高录入速度,这里为空。

(3)设置好后,单击“退出”即可。

三十、单据格式设置

系统预置的单据模板,我们可以根据需要进行修改,本案例为了呈现销售定金业务,对系统预置的销售订单模板增加表头项目,步骤如下。

(1)执行“基础设置—单据设置—单据格式设置”,在打开的对话框里找到销售订单模板,如图 2-58 所示。

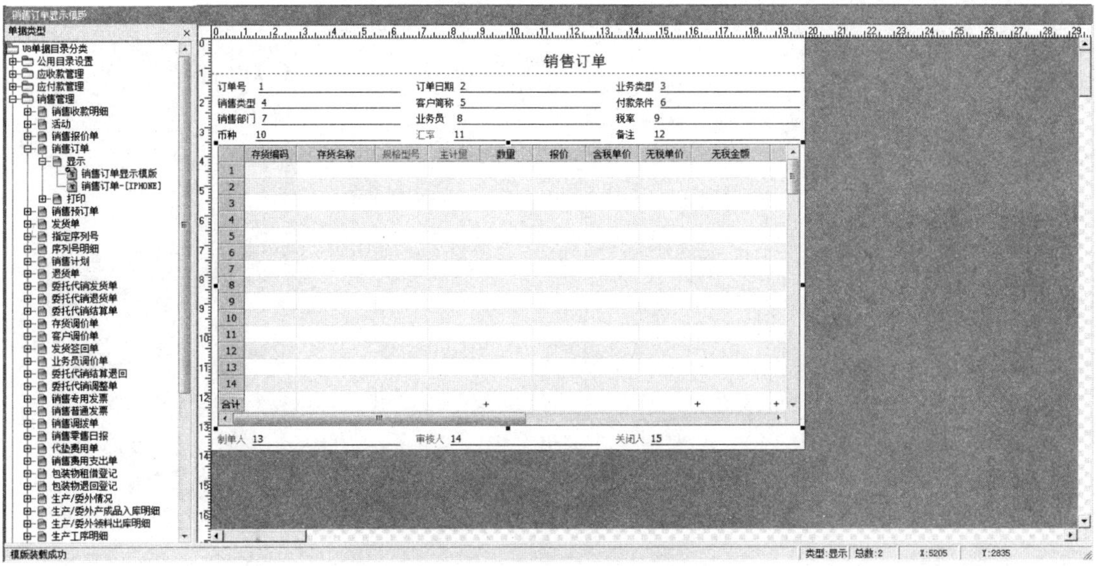

图 2-58　销售订单模板设置

（2）单击“表头项目”按钮，打开“表头：”对话框，如图 2-59 所示，选择必有定金、定金比例 [%]、定金原币金额、定金本币金额四项，加以确定。

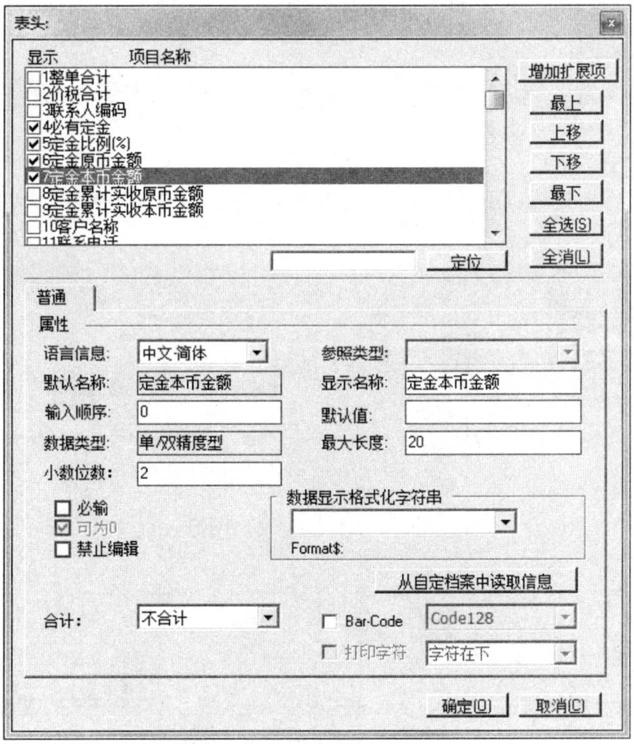

图 2-59　“表头：”对话框

（3）通过拖动可以调整新增的表头项目在表头上显示的位置，如图 2-60 所示。

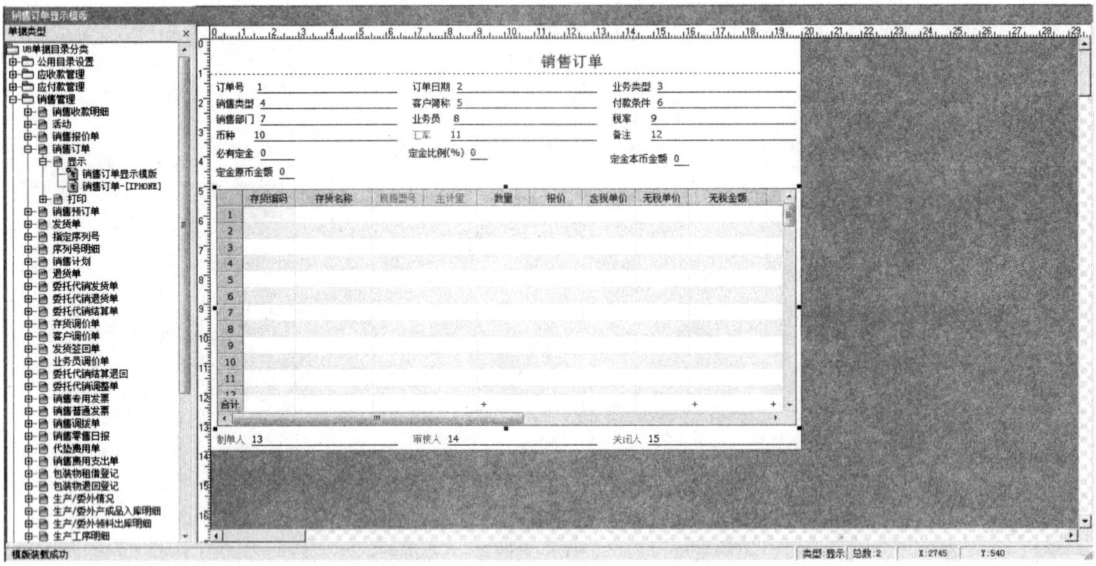

图 2-60　销售订单模板修改结果

用同样的方法修改付款单模板。

三十一、单据编号设置

为了让大家更清楚自己的单据，本案例对销售订单和采购订单编号方式设置为手工编号，不采用系统自动编号。

（1）执行“基础设置—单据设置—单据编号”，打开“单据编号设置”对话框，如图 2-61 所示。

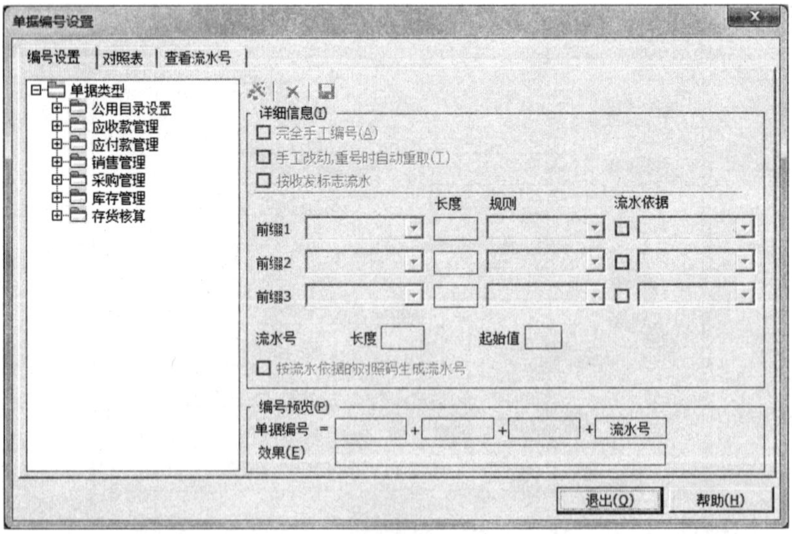

图 2-61　“单据编号设置”对话框

（2）在单据类型中找到“销售订单”，修改为“完全手工编号”，如图 2-62 所示。

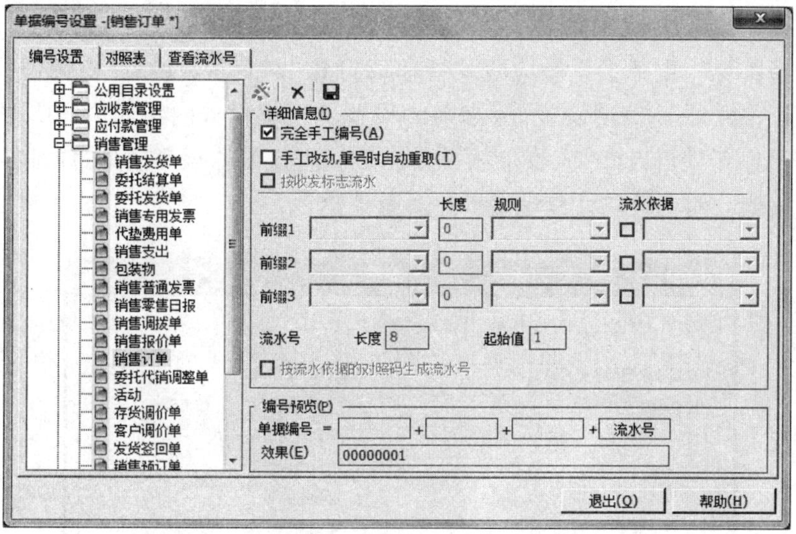

图 2-62　销售订单编号设置

用同样的方法设置采购订单为完全手工编号。

三十二、总账参数设置

执行“业务参数—财务会计—总账”，打开“选项”对话框，如图 2-63 所示，进行“凭证”“账簿”“权限”等参数的设置。

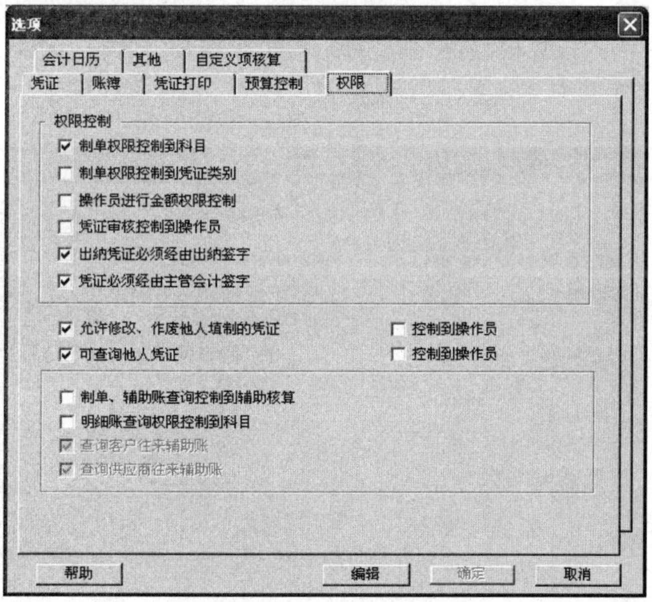

图 2-63　“选项”对话框

这里勾选制单权限控制到科目，出纳凭证必须经由出纳签字，凭证必须经由主管会计签字，允许修改、作废他人填制的凭证，可查询他人凭证等，其他采用系统默认设置。

三十三、应收款管理参数设置

执行“业务参数—财务会计—应收款管理”,打开“账套参数设置”对话框,如图 2-64 所示,进行“常规”“凭证”“核销设置”等参数的设置。这里设置内容如下。单据审核日期依据:单据日期。坏账处理方式:应收余额百分比法。应收账款核算模型:详细核算。应收款核销方式:按单据。勾选自动计算现金折扣。其他默认。

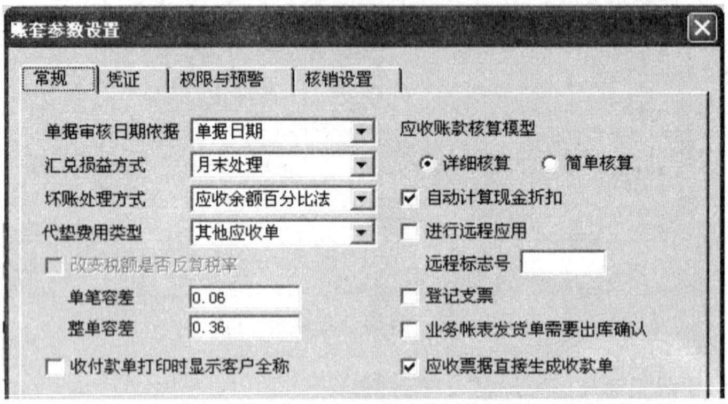

图 2-64　应收款管理参数设置——“常规”标签

三十四、应付款管理参数设置

执行“业务参数—财务会计—应付款管理”,打开“账套参数设置”对话框,如图 2-65 所示,进行“常规”“凭证”“核销设置”等参数的设置。这里设置内容如下。单据审核日期依据:单据日期。应付账款核算模型:详细核算。应付款核销方式:按单据。勾选自动计算现金折扣。不根据信用额度自动报警。其他默认。

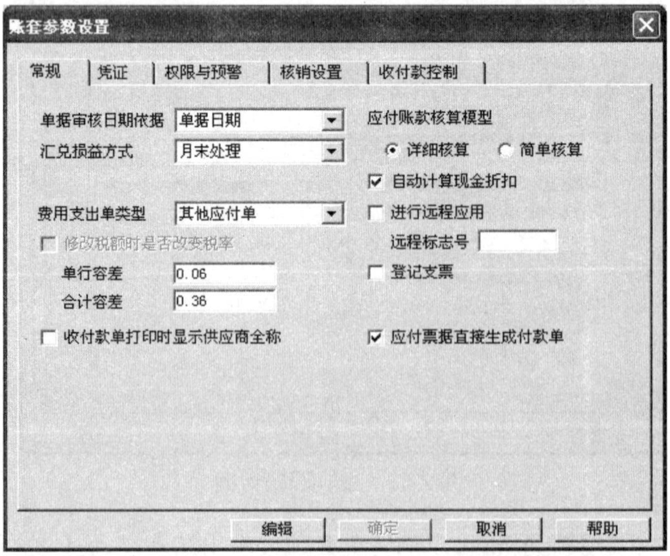

图 2-65　应付款管理参数设置——“常规”标签

三十五、固定资产管理参数设置

执行“业务参数—财务会计—固定资产”，第一次打开时，将执行以下步骤设置固定资产参数。

（1）首先弹出“这是第一次打开此账套，还未进行过初始化，是否进行初始化？”提示框，如图 2-66 所示。

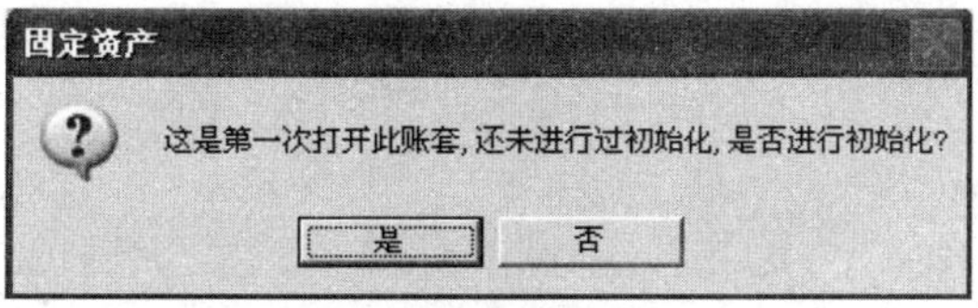
固定资产
这是第一次打开此账套，还未进行过初始化，是否进行初始化？
是
否

图 2-66　提示框

（2）单击“是”，打开“初始化账套向导”对话框。

①第一步：是否同意约定及说明设置，如图 2-67 所示。

选择“我同意”，单击“下一步”。

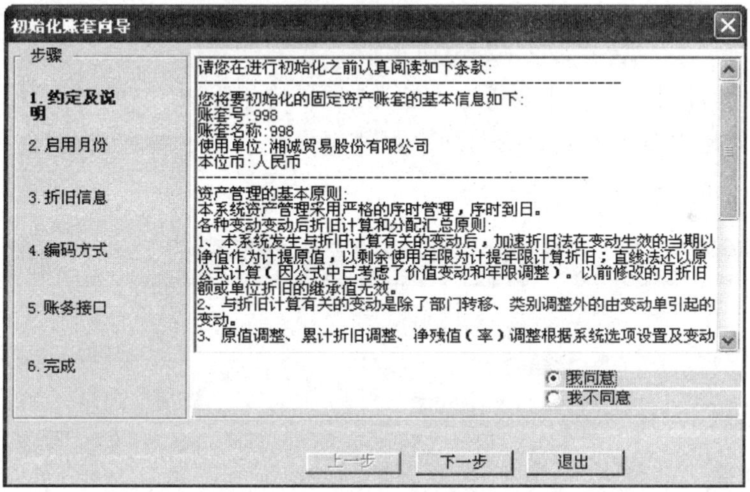
初始化账套向导
步骤
1. 约定及说明
2. 启用月份
3. 折旧信息
4. 编码方式
5. 账务接口
6. 完成
请您在进行初始化之前认真阅读如下条款：
您将要初始化的固定资产账套的基本信息如下：
账套号：998
账套名称：998
使用单位：湘诚贸易股份有限公司
本位币：人民币
资产管理的基本原则：
本系统资产管理采用严格的序时管理，序时到日。
各种变动变动后折旧计算和分配汇总原则：
1、本系统发生与折旧计算有关的变动后，加速折旧法在变动生效的当期以净值作为计提原值，以剩余使用年限为计提年限计算折旧；直线法还以原公式计算（因公式中已考虑了价值变动和年限调整）。以前修改的月折旧额或单位折旧的继承值无效。
2、与折旧计算有关的变动是除了部门转移、类别调整外的由变动单引起的变动。
3、原值调整、累计折旧调整、净残值（率）调整根据系统选项设置及变动
我同意
我不同意
上一步
下一步
退出

图 2-67　初始化账套第一步

②第二步：启用月份设置，如图 2-68 所示。

已默认为 1 月，单击“下一步”。

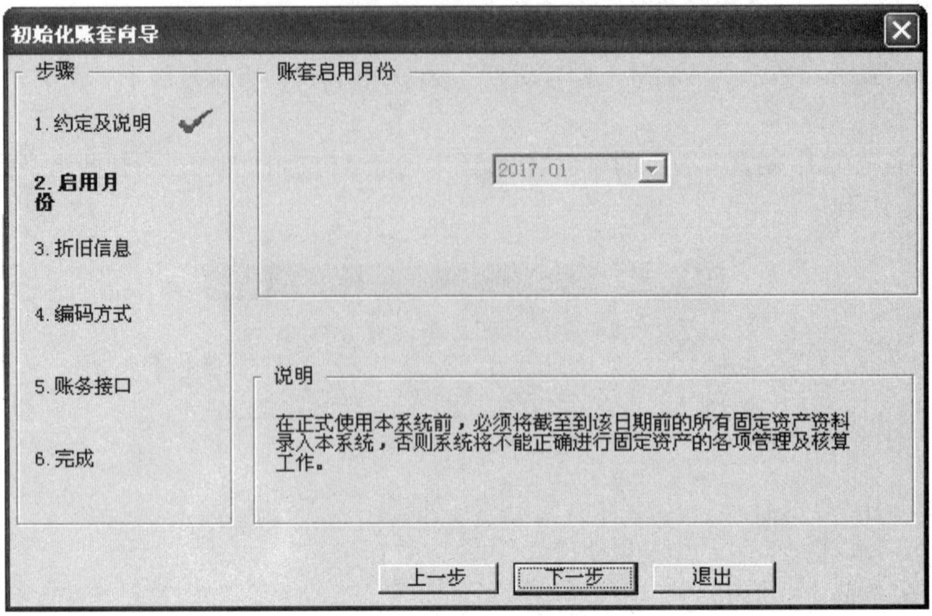

图 2-68 初始化账套第二步

③第三步:折旧信息设置,如图 2-69 所示。

勾选“本账套计提折旧”,主要折旧方法选择“平均年限法(一)”,折旧汇总分配周期设置为“1”个月,勾选“当(月初已计提月份 = 可使用月份 -1)时将剩余折旧全部提足(工作量法除外)”,单击“下一步”。

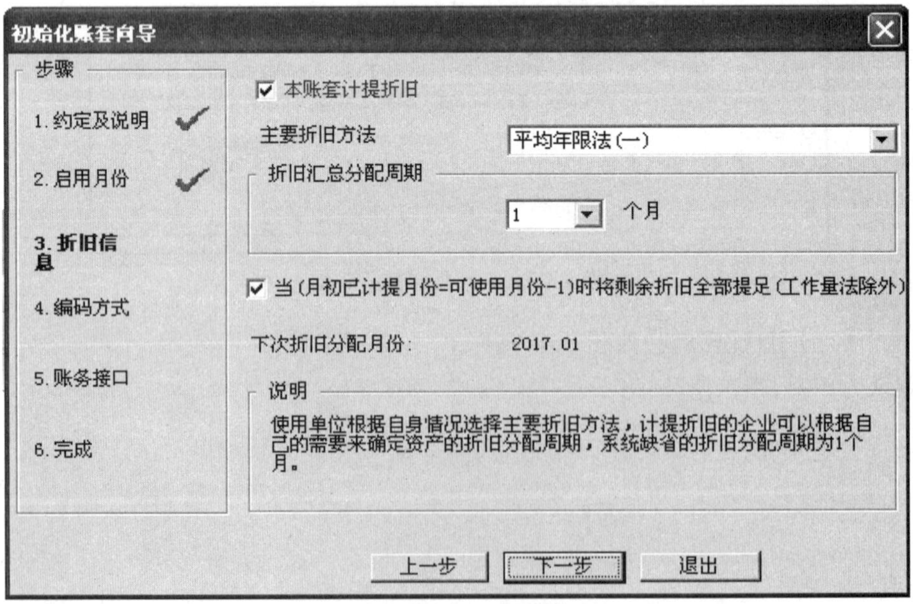

图 2-69 初始化账套第三步

④第四步:编码方案设置,如图 2-70 所示。

编码长度设置为“2-1-1-2”,编码方式选择“自动编码”,编码方案选择“部门编号 + 类

别编号 + 序号”,序号长度设为“3”,单击“下一步”。

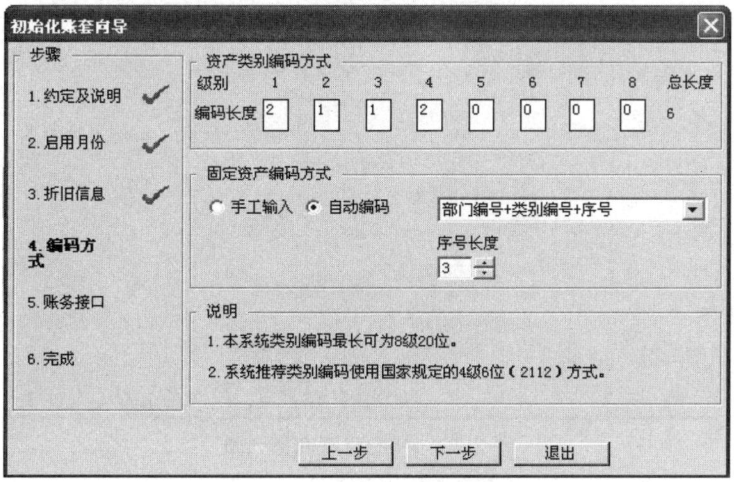

图 2-70　初始化账套第四步

⑤第五步:财务接口设置,如图 2-71 所示。

勾选“与账务系统进行对账”,固定资产对账科目“1601,固定资产”,累计折旧对账科目“1602,累计折旧”,单击“下一步”。

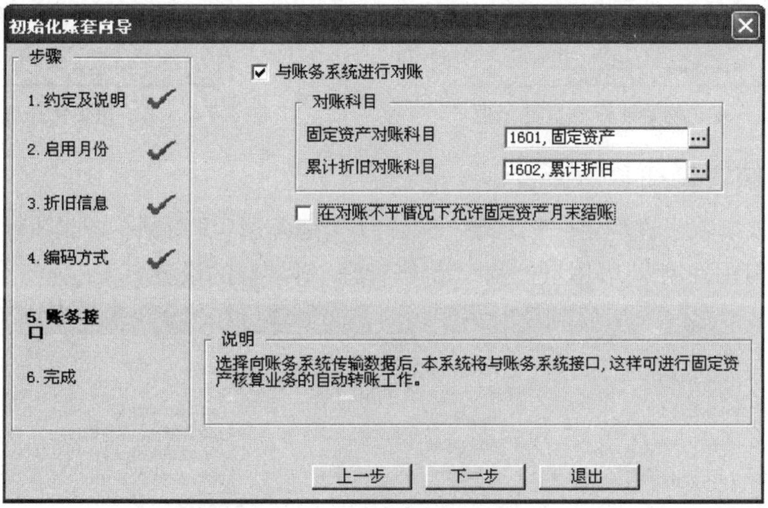

图 2-71　初始化账套第五步

⑥第六步:完成,如图 2-72 所示。

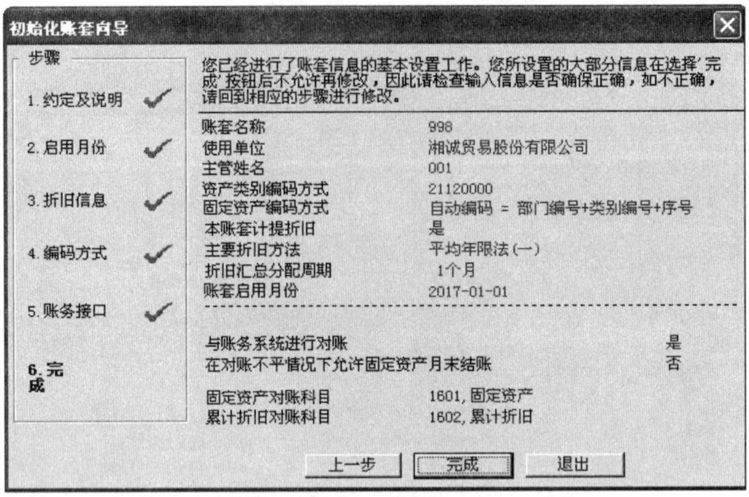

图 2-72　初始化账套第六步

(3)单击“完成”,弹出如图 2-73 所示提示框。

(4)单击“是”, 弹出“已成功初始化本固定资产账套”提示框,如图 2-74 所示,单击“确定”完成操作。

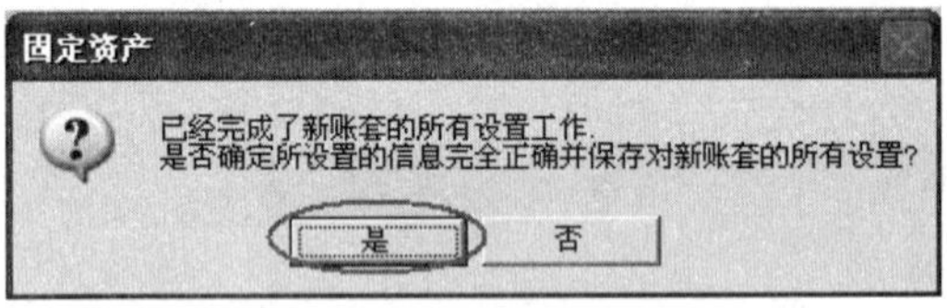

图 2-73　完成初始账套设置提示框

图 2-74　成功初始化账套提示框

三十六、销售管理参数设置

执行“业务参数—供应链—销售管理”,打开“销售选项”对话框,如图 2-75 所示,进行“业务控制”“信用控制”“可用量控制”“价格管理”等参数的设置。

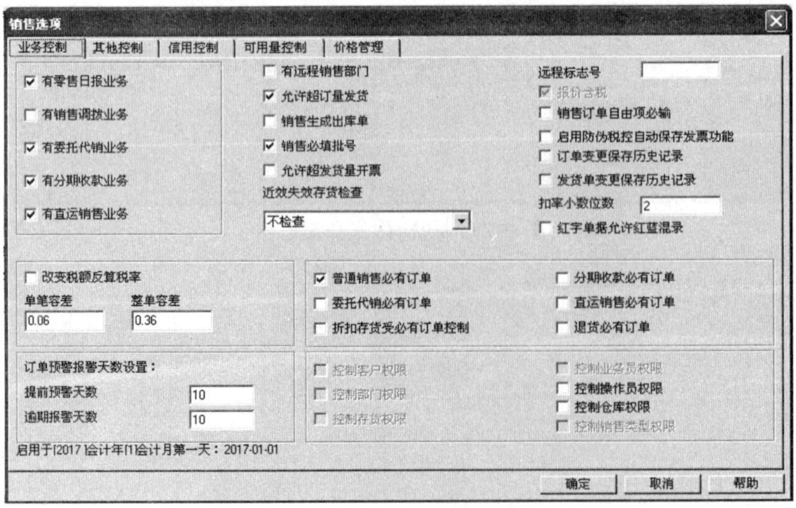

图 2-75　“销售选项”对话框

这里勾选有零售日报业务,有委托代销业务,有分期收款业务,有直运销售业务,普通销售必有订单,允许非批次存货超可用量发货,取消"是否销售生成出库单",新增退货单参照发货单,新增发票默认参照发货单生成,其他默认。

三十七、采购管理参数设置

执行"业务参数—供应链—采购管理",打开采购系统选项设置对话框,如图 2-76 所示,进行"业务及权限控制""公共及参照控制"等参数的设置。

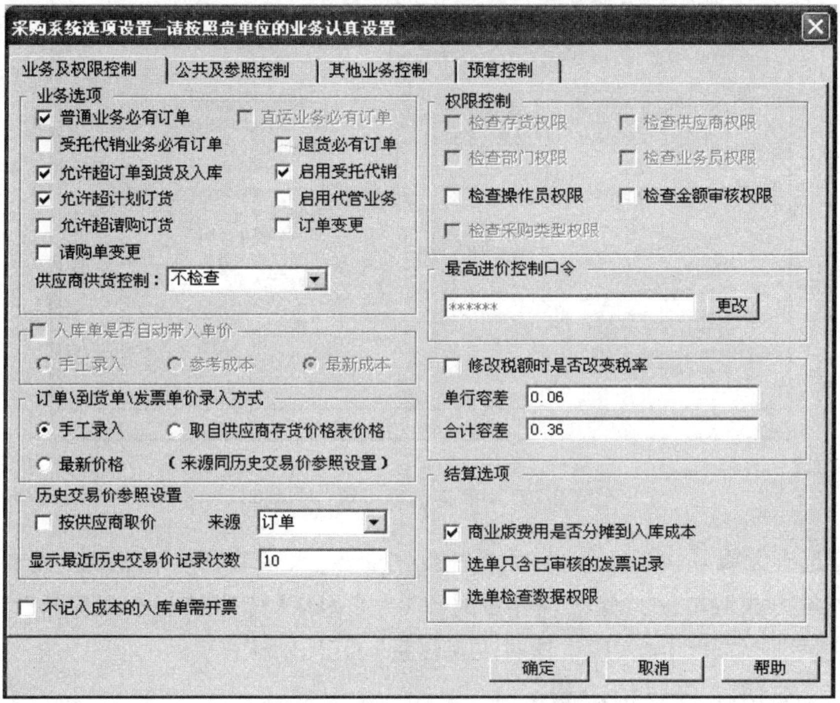

图 2-76 采购系统选项设置

这里勾选普通业务必有订单,启用受托代销,勾选商业版费用是否分摊到入库成本,其他默认。

三十八、库存管理参数设置

执行"业务参数—供应链—库存管理",打开"库存选项设置"对话框,如图 2-77 所示,进行"通用设置""专用设置""预计可用量控制"等参数的设置。

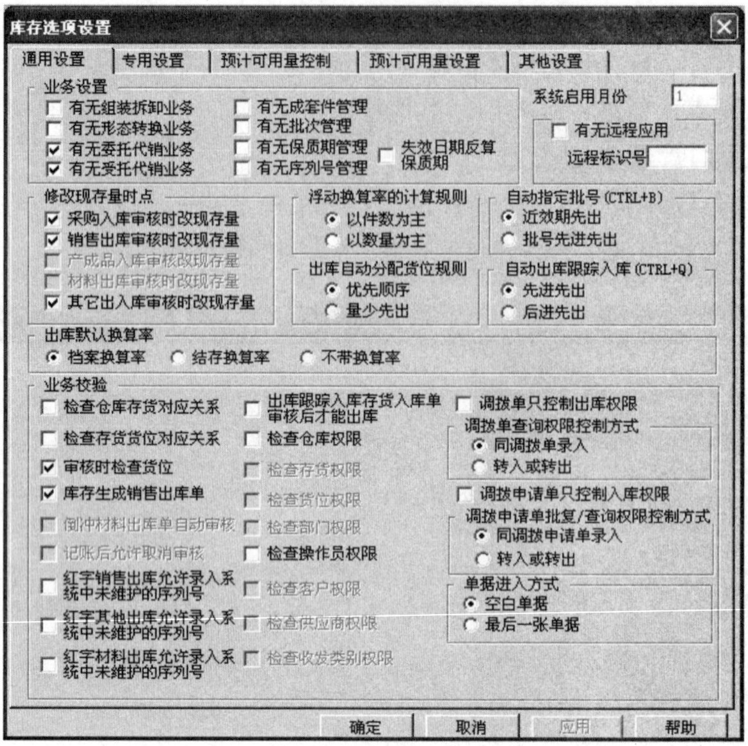

图 2-77 “库存选项设置”对话框

这里勾选有无委托代销业务,有无受托代销业务,入库单成本采用最新成本,出库单成本采用按计价方式取单价,“修改现存量时点”为“采购入库审核时改现存量”、“销售出库审核时改现存量”、“其他出入库审核时改现存量”,其他默认。

三十九、存货核算参数设置

执行“业务参数—供应链—存货核算”,打开“选项录入”对话框,如图 2-78 所示,进行“核算方式”“控制方式”等参数的设置。

这里点核算方式为按仓库核算,销售成本核算方式为按销售发票,委托代销成本核算方式为按发出商品核算,暂估方式采用单到回冲,点选单据审核后才能记账,其他默认。

四十、薪资管理系统

执行“业务参数—人力资源—薪资管理”,第一次打开薪资管理系统,按以下步骤进行参数设置。

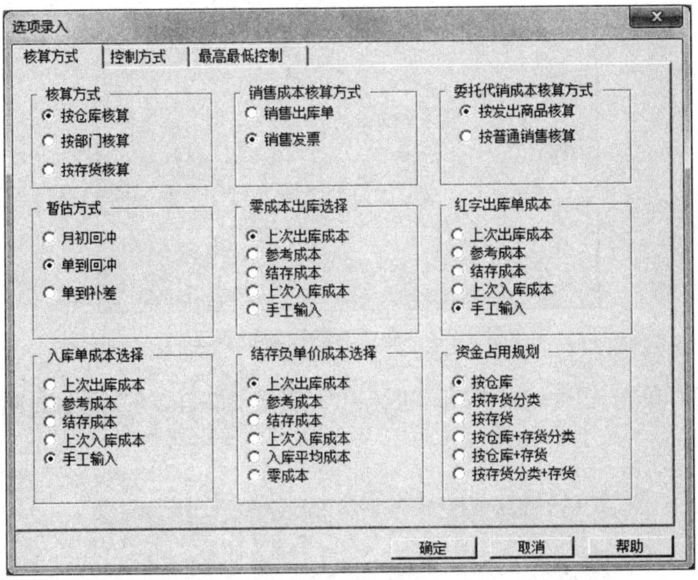

图 2-78　存货核算参数设置核算方式页

（1）参数设置：设置本账套所需处理的工资类别个数和币别名称，如图 2-79 所示。根据需要选择单个或多个工资账套，这里选择“单个”和“人民币 RMB”。

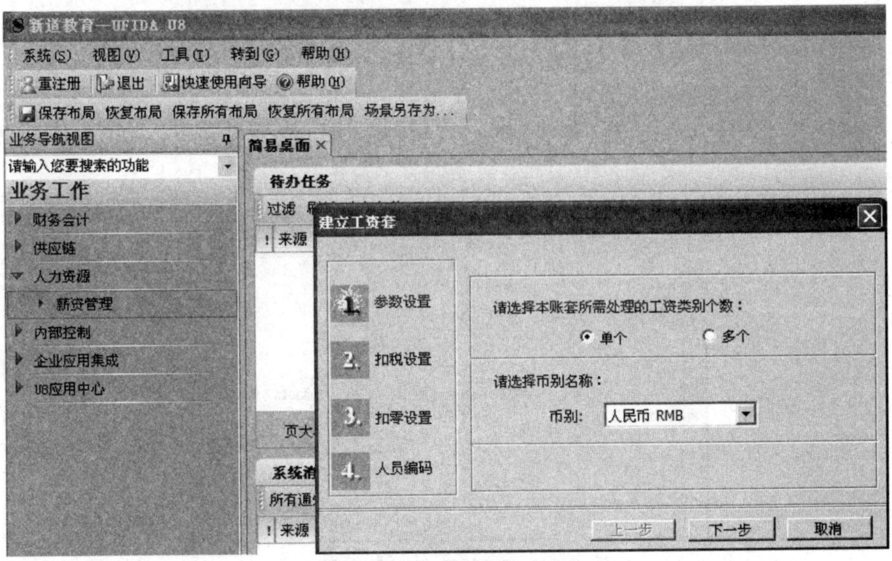

图 2-79　建立工资账套步骤一

（2）扣税设置：单击“下一步”按钮，进入扣税设置，如图 2-80 所示。根据需要选择是否从工资中代扣个人所得税。这里进行勾选。

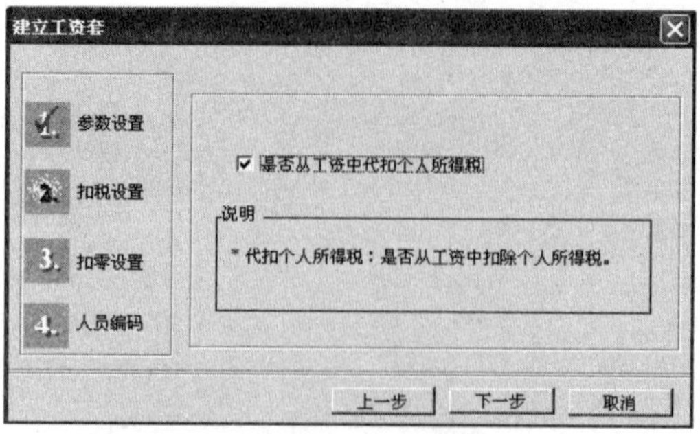

图 2-80 建立工资账套步骤二

(3)扣零设置:单击“下一步”按钮,进入扣零设置,如图 2-81 所示。选择是否进行扣零处理。这里不扣零。

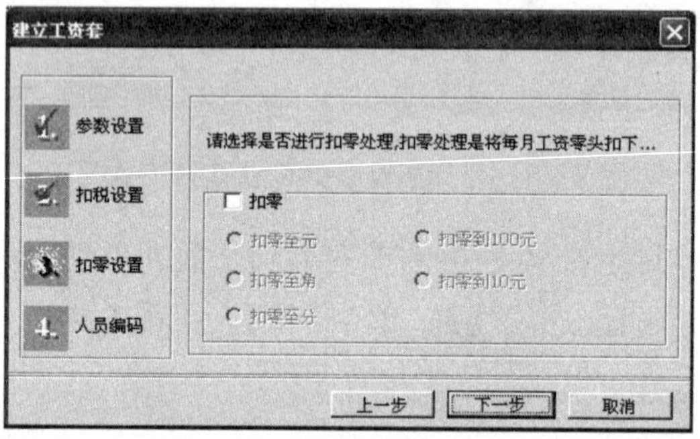

图 2-81 建立工资套步骤三

(4)人员编码:单击“下一步”按钮,进入人员编码设置,如图 2-82 所示。人员编码与公共平台的人员编码保持一致。

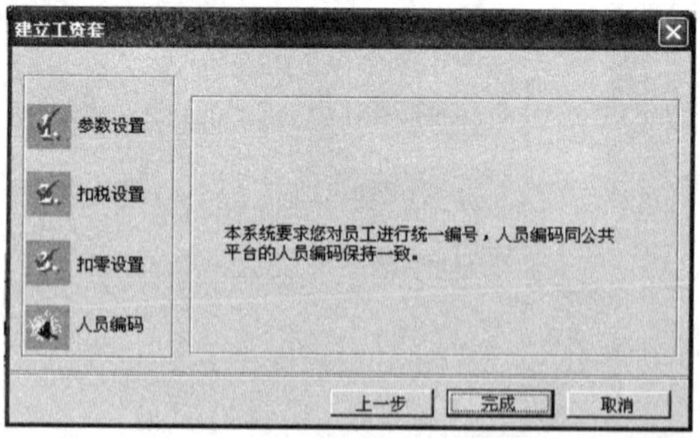

图 2-82 建立工资账套步骤四

模块 3　总账系统初始设置

【操作要求与资料】

以账套主管（A01 学生本人姓名）身份，时间：2017 年 1 月 1 日或指导老师指定的时间，登录“企业应用平台”，进行总账系统初始设置。

项目 1　期初余额初始

项目 1.1　总账与明细账期初余额

总账与明细账期初余额如表 3-1 所示。

表 3-1　总账与明细账期初余额表

科目编码	科目名称	余额方向	期初余额
1001	现金	借	1 573.00
1002	银行存款	借	1 426 805.23
100201	工行存款	借	1 326 805.23
100202	建行存款	借	100 000.00
1012	其他货币资金	借	56 000.00
1101	交易性金融资产	借	285 000.00
1121	应收票据	借	120 000.00
1122	应收账款	借	195 975.00
1123	预付账款	借	50 000.00
1221	其他应收款	借	1 500.00
1231	坏账准备	贷	466.53
1321	受托代销商品	借	108 600.00
1405	库存商品	借	276 970.00
1501	持有至到期投资	借	300 000.00
1601	固定资产	借	6 021 000.00
1602	累计折旧	贷	1 089 843.00
1701	无形资产	借	150 000.00
1801	长期待摊费用	借	83 600.00
2001	短期借款	贷	500 000.00
2202	应付账款	贷	31 324.00

续表

科目编码	科目名称	余额方向	期初余额
220201	一般应付款	贷	20 124.00
220202	暂估应付款	贷	11 200.00
2203	预收账款	贷	60 000.00
220302	预收款项	贷	60 000.00
2211	应付职工薪酬	贷	63 250.00
2221	应交税费	贷	74 647.70
222102	未交增值税	贷	38 250.00
222106	应交所得税	贷	29 700.00
222108	应交城市维护建设税	贷	2 677.50
222112	应交个人所得税	贷	2 490.20
222113	应交教育费附加	贷	1 530.00
2241	其他应付款	贷	53 848.00
2314	受托代销商品款	贷	108 600.00
2501	长期借款	贷	400 000.00
4001	实收资本(或股本)	贷	5 000 000.00
4002	资本公积	贷	731 700.00
4101	盈余公积	贷	760 544.00
4104	利润分配	贷	202 800.00
410415	未分配利润	贷	202 800.00

项目 1.2 辅助账与期初往来明细

各辅助账与期初往来明细如表 3-2 至表 3-10 所示。

表 3-2 1121 应收票据辅助账与期初往来明细

日期	凭证号	客户	摘要	方向	金额
2016-12-16	转 -21	紫微公司	销货款	借	120 000

表 3-3 1122 应收账款辅助账与期初往来明细

日期	凭证号	客户	摘要	方向	金额
2016-12-26	转 -52	红光公司	销货款	借	60 021
2016-12-28	转 -56	绿谷公司	销货款	借	17 784
2016-3-12	转 -36	白理公司	销货款	借	118 170

表 3-4 1221 其他应收款辅助账与期初往来明细

日期	凭证号	部门	个人	摘要	方向	金额
2016-12-29	付 -28	销售一部	朱明宇	出差借款	借	1 500

表 3-5　1123 预付账款辅助账与期初往来明细

日期	凭证号	供应商	摘要	方向	金额
2016-12-29	付 -29	花花公司	预付款	借	50 000

表 3-6　1601 固定资产辅助账余额表

部门名称	固定资产原值
办公室	432 500
财务部	453 500
采购部	692 500
销售一部	1 432 000
销售二部	1 006 500
销售三部	1 024 000
仓管部	980 000
合计	6 021 000

表 3-7　220201 应付账款——一般应付款辅助账与期初往来明细

日期	凭证号	供应商	摘要	方向	金额
2016-12-29	转 -58	美美公司	购货款	贷	20 124

表 3-8　220202 应付账款——暂估应付款辅助账与期初往来明细

日期	凭证号	供应商	摘要	方向	金额
2016-12-30	转 -59	艳艳公司	购货款	贷	11 200

表 3-9　2314 受托代销商品款辅助账与期初往来明细

日期	凭证号	供应商	摘要	方向	金额
2016-12-30	转 -60	乐乐公司	受托代销	贷	108 600

表 3-10　220302 预收账款——预收款项辅助账与期初往来明细

日期	凭证号	客户	摘要	方向	金额
2016-12-30	收 -16	青梅公司	预收款	贷	60 000

项目 2　选项（参数设置）

（1）制单权限控制到科目。

（2）出纳凭证必须经由出纳签字。

（3）凭证必须经由主管会计签字。

(4)允许修改、作废他人填制的凭证。

(5)可查询他人凭证;其他采用系统默认。

项目 3　数据权限设置

数据权限设置资料如表 3-11 所示。

表 3-11　数据权限设置资料

用户	科目权限	部门权限	薪资权限	用户	仓库
W01 张敏	全选	全选		全选	全选
W02 李峰	全选	全选	薪资类别主管	全选	全选
W03 张林	全选	全选		全选	全选
G01 元华	所有科目查询	全选		全选	全选
X01 刘向	所有科目查询	全选		全选	全选
C01 刘明	所有科目查询	全选		全选	全选

项目 4　对应结转设置

对应结转设置资料如表 3-12 所示。

表 3-12　对应结转设置资料

编号	凭证类别	摘要	转出科目	转入科目
0001	转账凭证	进项税额结转	22210101 进项税额	22210109 转出多交增值税
0002	转账凭证	已交税金结转	22210102 已交税金	22210109 转出多交增值税
0003	转账凭证	销项税额结转	22210105 销项税额	22210103 转出未交增值税
0004	转账凭证	多交增值税结转	22210109 转出多交增值税	222102 未交增值税
0005	转账凭证	未交增值税结转	22210103 转出未交增值税	222102 未交增值税

项目 5　期间损益结转设置

凭证类别:转账凭证。本年利润科目:4103。

【操作指导与注意事项】

一、期初余额输入

(1)登录企业应用平台,执行“财务会计—总账—设置—期初余额”,打开“期初余额录入”对话框，如图 3-1 所示。

（2）直接输入总账余额，如库存现金余额的录入（参见资料）。

（3）有明细科目的，输入明细账余额，自动汇总得到总账余额，如银行存款科目下设有工行存款和建行存款两个明细科目，则先输入工行存款和建行存款余额，银行存款余额自动汇总得到。

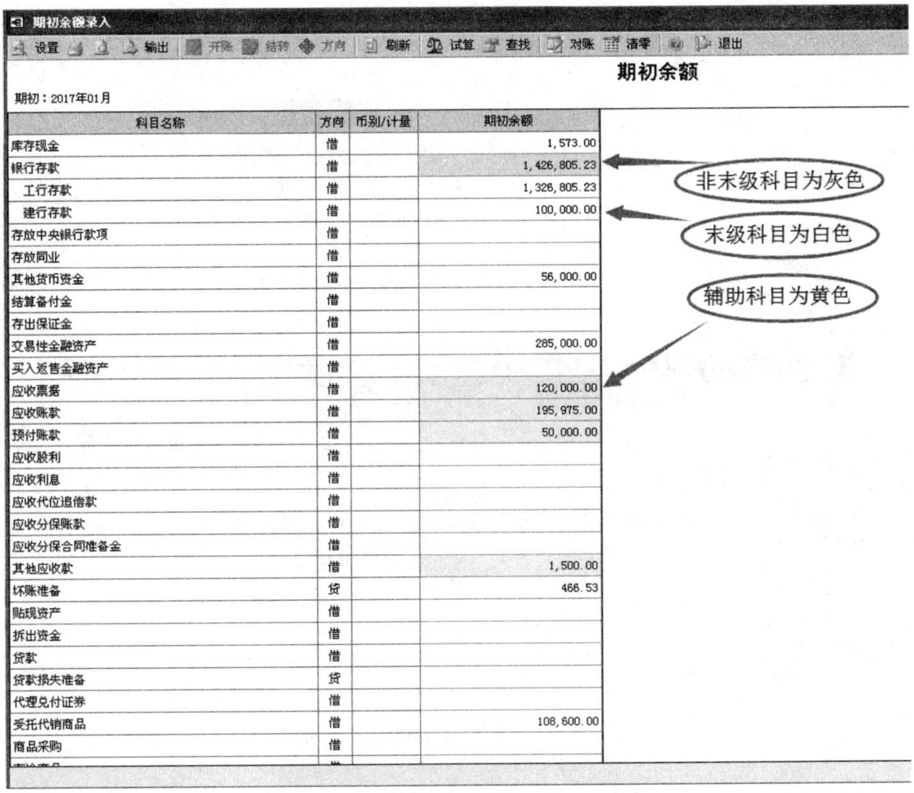

科目名称	方向	币别/计量	期初余额
库存现金	借		1,573.00
银行存款	借		1,426,805.23
工行存款	借		1,326,805.23
建行存款	借		100,000.00
存放中央银行款项	借		
存放同业	借		
其他货币资金	借		56,000.00
结算备付金	借		
存出保证金	借		
交易性金融资产	借		285,000.00
买入返售金融资产	借		
应收票据	借		120,000.00
应收账款	借		195,975.00
预付账款	借		50,000.00
应收股利	借		
应收利息	借		
应收代位追偿款	借		
应收分保账款	借		
应收分保合同准备金	借		
其他应收款	借		1,500.00
坏账准备	贷		466.53
贴现资产	借		
拆出资金	借		
贷款	借		
贷款损失准备	贷		
代理兑付证券	借		
受托代销商品	借		108,600.00
商品采购	借		

图 3-1　“期初余额录入”对话框

（4）设置了辅助核算的科目，如应收票据、应收账款、预付账款、其他应收款、应付票据、应付账款、预收账款、固定资产等，则双击余额栏，打开“辅助期初余额”对话框，如图 3-2、图 3-3、图 3-4 所示。

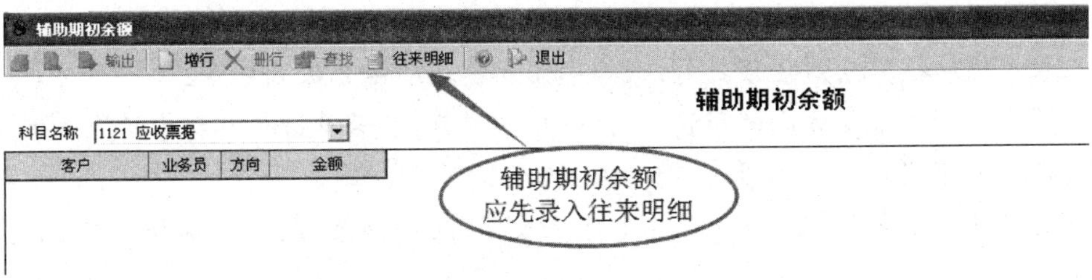

图 3-2　应收票据辅助期初余额录入

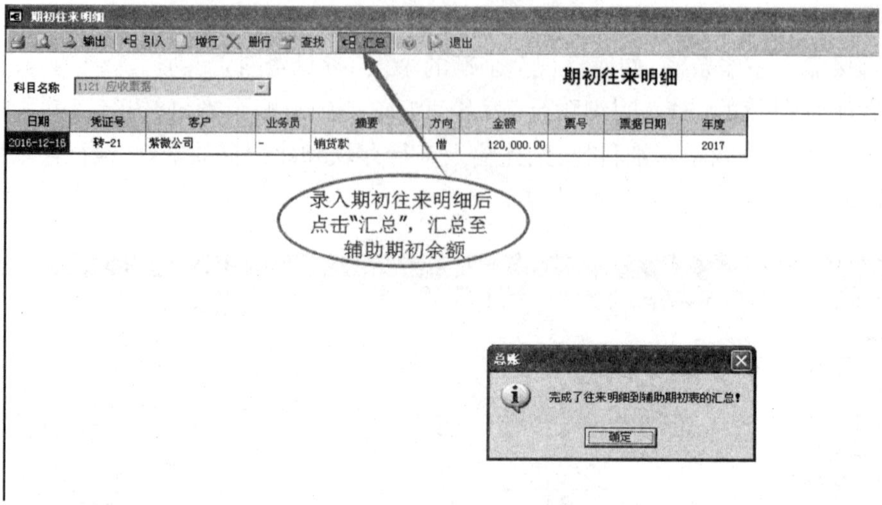

图 3-3　应收票据期初往来明细余额录入

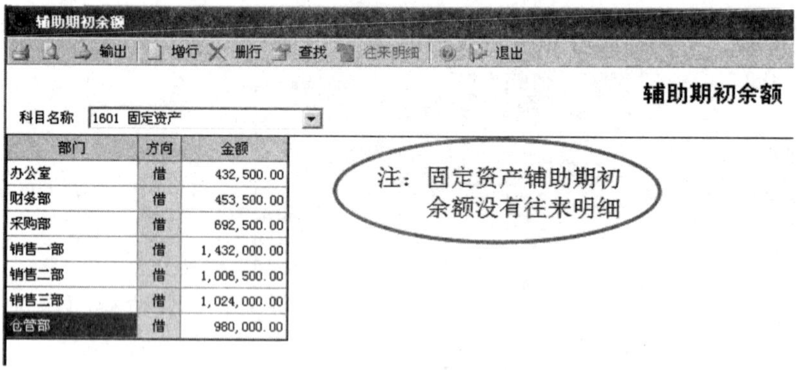

图 3-4　固定资产辅助期初余额录入

单击工具栏"增行"按钮，输入辅助账信息及金额，单击工具栏"往来明细"按钮，可以录入详细的明细资料，录入完后，单击"退出"即可。

(5)期初余额录入完成后需要执行对账和试算平衡。

注意：

a. 只要求录入最末级科目余额；

b. 如果某科目为数量、外币核算，可以录入期初数量、外币余额；

c. 在录入辅助核算期初余额之前，必须先设置各辅助核算基础档案；

d. 如遇需要调整余额方向的科目，首先选中该科目，然后单击工具栏中的"方向"按钮；

e. 若期初余额试算不平衡，将不能记账，但可以填制凭证；

f. 若已经使用本系统记过账，则不能再录入、修改期初余额，也不能执行"结转上年余额"的功能。

二、选项(参数设置)

执行"财务会计—总账—设置—选项"，打开"选项"对话框，如图 3-5 所示，该设置如果在基础设置中已经设置好，此处不必再设置。

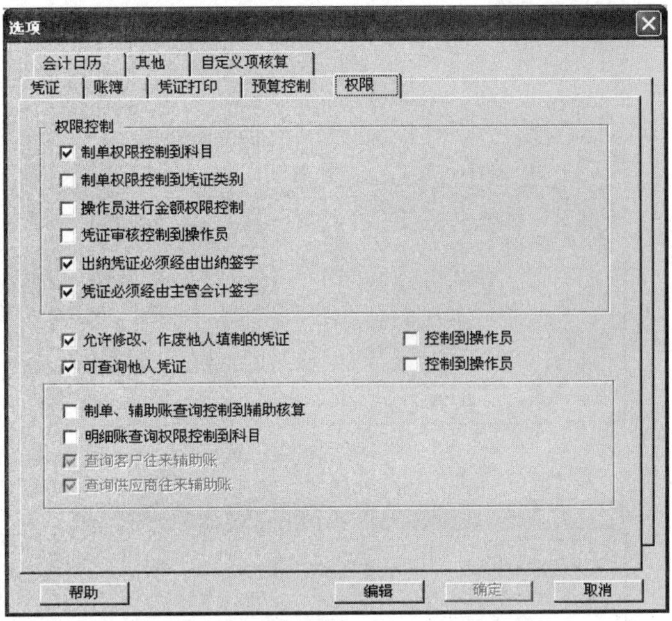

图 3-5　“选项”对话框——“权限”标签

三、数据权限分配

（1）执行“财务会计—总账—设置—数据权限分配”，打开“权限浏览”对话框，如图 3-6 所示。

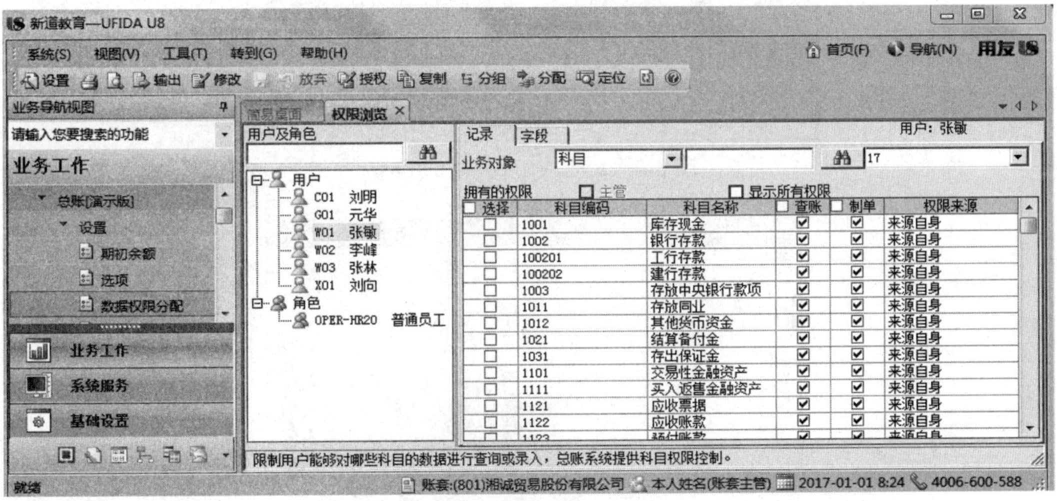

图 3-6　“权限浏览”对话框

（2）选中用户，如张敏，单击工具栏中的“授权”按钮，打开“记录权限设置”对话框，如图 3-7 至图 3-11 所示，在这里设置张敏的科目、部门、工资、用户和仓库等数据权限（参见资料）。

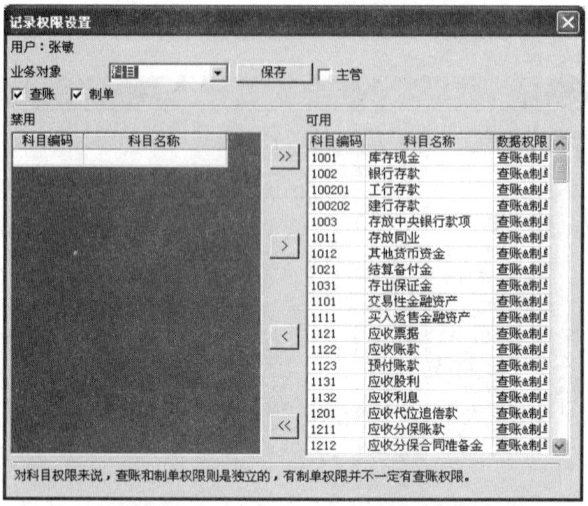

图 3-7　科目权限设置

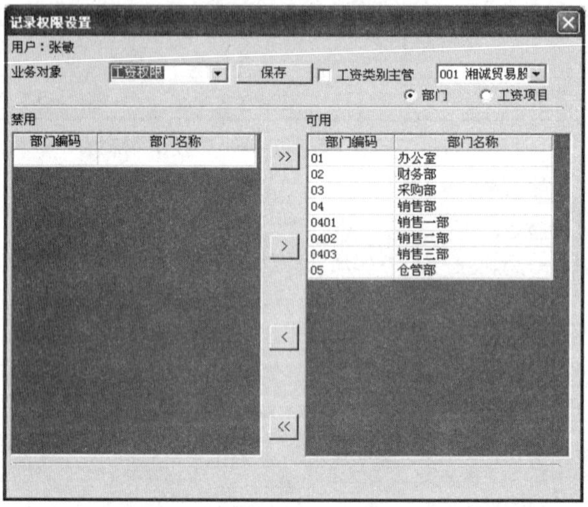

图 3-8　工资权限——部门设置

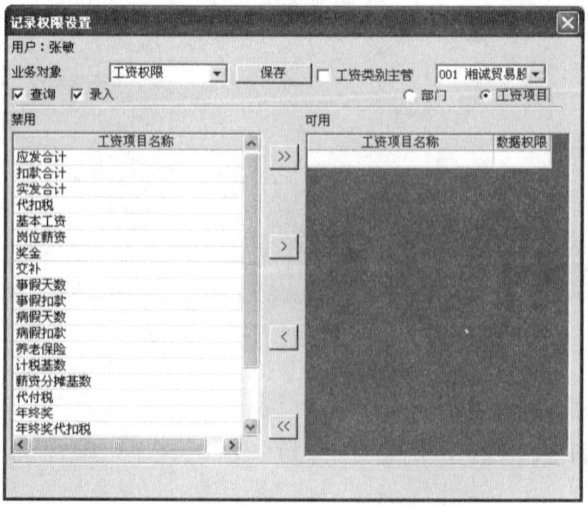

图 3-9　工资权限——工资项目设置

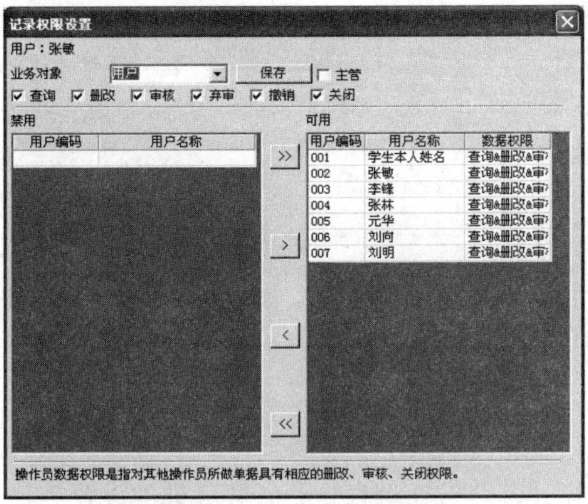

图 3-10　用户权限设置

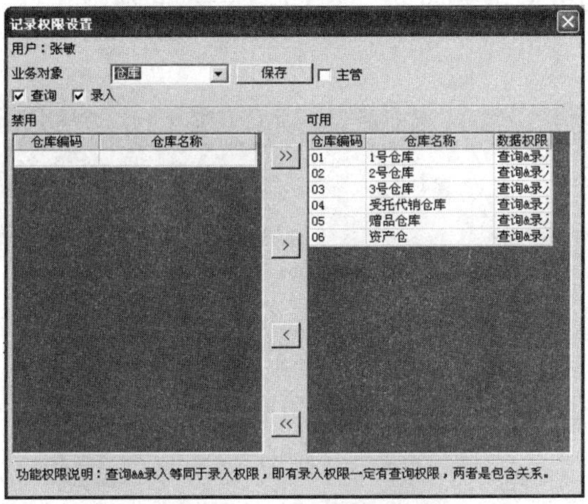

图 3-11　仓库权限设置

(3)在业务对象下拉列表框中选择“科目”，勾选“查账、制单”复选框，把所有科目移至“可用”。

(4)全部设置好后，单击“保存”按钮保存设置。

四、对应结转设置

(1)执行“财务会计—总账—期末—转账定义—对应结转”，打开“对应结转设置”对话框，如图 3-12 所示，单击工具栏中的“增加”按钮，输入这张转账凭证的编号、凭证类别、摘要、转出科目编码、转出科目名称和转出辅助项，点击工具栏中的“增行”按钮增加一空行，开始输入转入科目编码、转入科目名称、转入辅助项和结转系数等项。

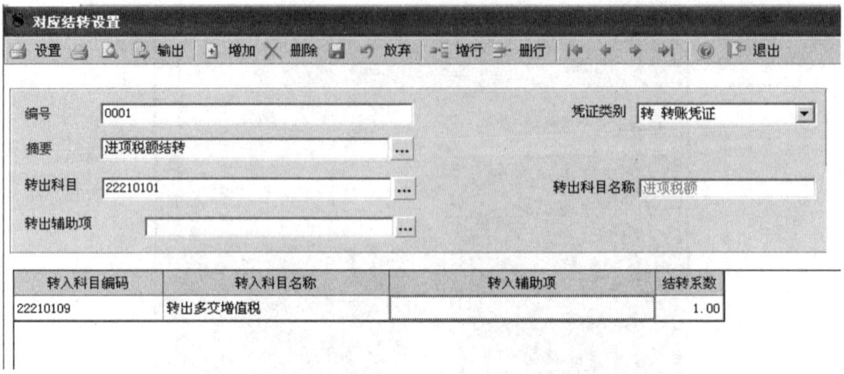

图 3-12　“对应结转设置”对话框

（2）输入完成后点击“保存”按钮保存这张转账凭证的设置。

五、期间损益结转设置

（1）执行“财务会计—总账—期末—转账定义—期间损益”，打开“期间损益结转设置”对话框，如图 3-13 所示。

图 3-13　“期间损益结转设置”对话框

（2）选择凭证类别为转账凭证，转入本年利润科目代码 4103，并单击“确定”。

模块 4　应收应付款管理系统初始设置

【操作要求与资料】

以操作员 W01 张敏身份，时间：2017 年 1 月 1 日，登录企业应用平台，进行应收款管理和应付款管理初始设置。

项目 1　应收款管理系统初始设置

项目 1.1　初始设置

1. 基本科目设置

应收科目为 1122，预收科目为 220302，销售收入科目为 6001，税金科目为 22210105，销售退回科目内 6001，银行承兑汇票科目、商业承兑汇票科目为 1121。

2. 结算方式科目设置

现金结算对应 1001，其余结算都对应 100201。

3. 坏账准备设置

提取比率为 0.5%，坏账准备期初余额为 466.53，坏账准备科目为 1231，对方科目为 6701。

4. 账期内账龄区间设置

0~30，31~60，61~90，91~180，181~360，361 以上。

项目 1.2　期初余额录入

（1）2016 年 12 月 16 日，收到紫微公司开出的由工商银行承兑的无利率的银行承兑汇票一份，票面金额 120 000 元，票据号 25006，2016 年 12 月 16 日签发当日收到票据，2017 年 1 月 16 日到期。

（2）2016 年 12 月 26 日，销售给红光公司 A102 商品 20 件，无税单价 780 元，B201 商品 10 台，无税单价 3 570 元，共计货款 51 300 元，税款 8 721 元，价税合计 60 021 元。

（3）2016 年 12 月 28 日，销售给绿谷公司 C301 商品 20 双，无税单价 360 元，C302 商品 20 双，无税单价 400 元，共计货款 15 200 元，税款 2 584 元，价税合计 17 784 元。

（4）2016 年 3 月 12 日，销售给白理公司 B201 商品 25 台，无税单价 3 560 元，C303 商品 60 双，无税单价 200 元，共计货款 101 000 元，税款 17 170 元，价税合计 118 170 元。

（5）2016 年 12 月 30 日，收到青梅公司预付款 60 000 元。结算方式为转账支票。

项目 1.3　选项(参数设置)

(1)单据审核日期依据:单据日期。

(2)坏账处理方式:应收余额百分比法。

(3)应收账款核算模型:详细核算。

(4)应收款核销方式:按单据。

(5)不根据信用额度自动报警。

(6)其他默认。

项目 2　应付款管理系统初始设置

项目 2.1　初始设置

1. 基本科目设置

应付科目为 220201,预付科目为 1123,采购科目为 1402,税金科目为 22210101,银行承兑汇票科目、商业承兑汇票科目为 1121。

2. 结算方式科目设置

现金结算对应 1001,支票结算、汇票结算、电汇结算、其他结算对应 100201。

3. 账龄区间设置

0~30,31~60,61~90,91~180,181~360,361 以上。

项目 2.2　期初余额录入

(1)2016 年 12 月 29 日,向美美公司购进 C302 商品 30 双,单价 310 元, C303 商品 50 双,单价 158 元,共计货款 17 200 元,税款 2 924 元,价税合计 20 124 元。

(2)2016 年 12 月 29 日,预付花花公司货款 50 000 元,转账支票。

项目 2.3　选项(参数设置)

(检查下列设置)

(1)单据审核日期依据:单据日期。

(2)应付账款核算模型:详细核算。

(3)应付款核销方式:按单据。

(4)不根据信用额度自动报警。

(5)其他默认。

【操作指导与注意事项】

一、应收款管理系统

1)初始设置

(1)执行“财务会计—应收款管理—设置—初始设置”,打开“初始设置”对话框,单击“设置科目—基本科目设置”,输入“应收科目、预收科目、销售收入科目、税金科目”(参见资料),如图 4-1 所示。

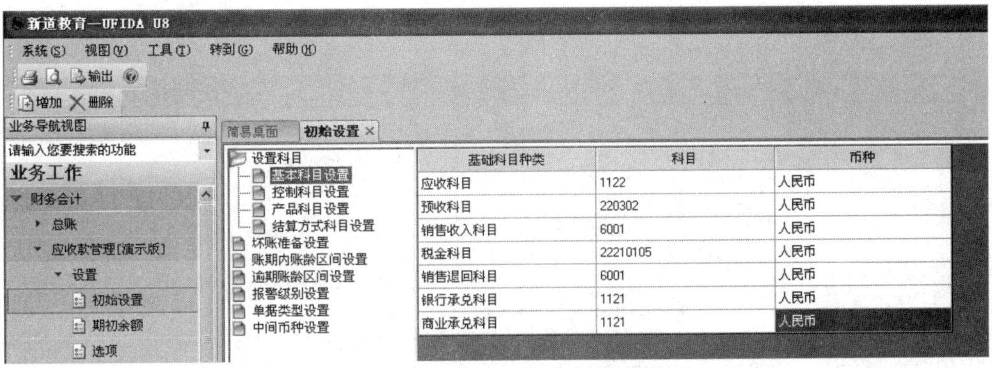

图 4-1　应收款基本科目设置

(2)单击“设置科目——结算方式科目设置”，设置结算方相对应科目(参见资料)，如图 4-2 所示。

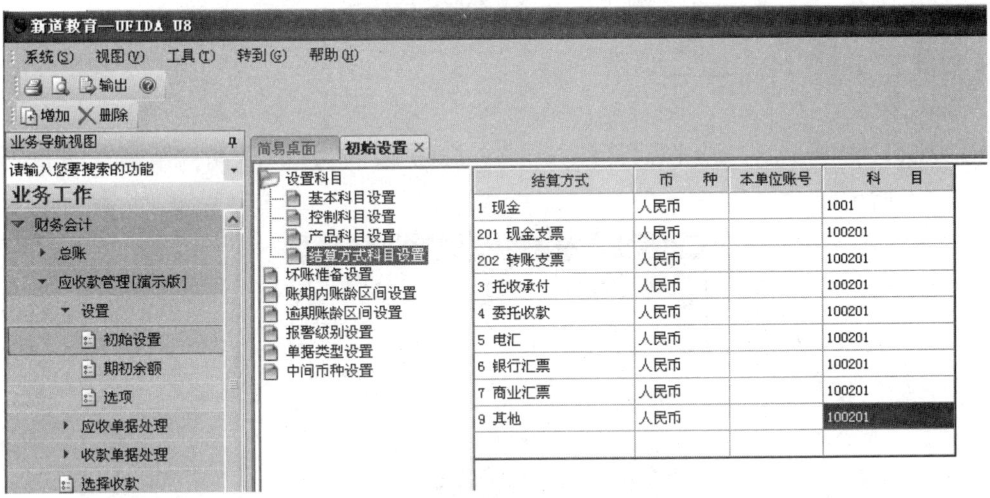

图 4-2　应收款结算方式设置

(3)单击“坏账准备设置”，输入坏账准备设置信息(参见资料)，如图 4-3 所示。

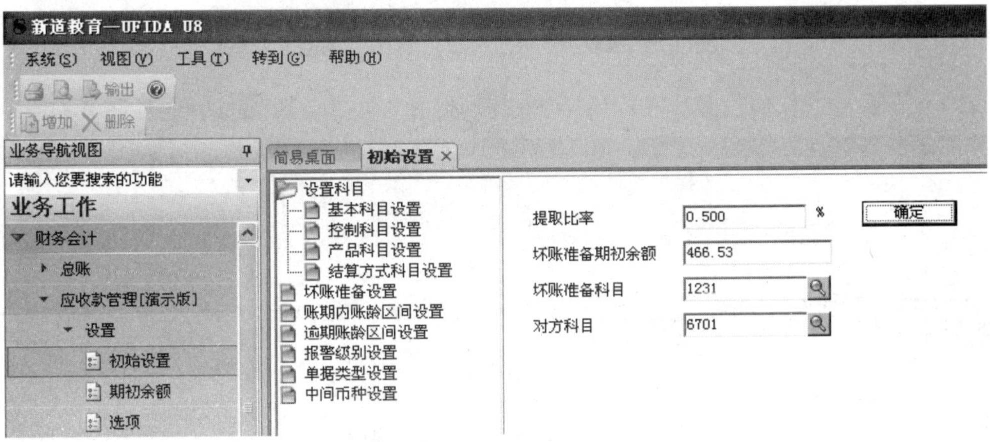

图 4-3　应收款坏账准备设置

(4)单击“账期内账龄区间设置”,设置账龄区间信息(参见资料),如图 4-4 所示。

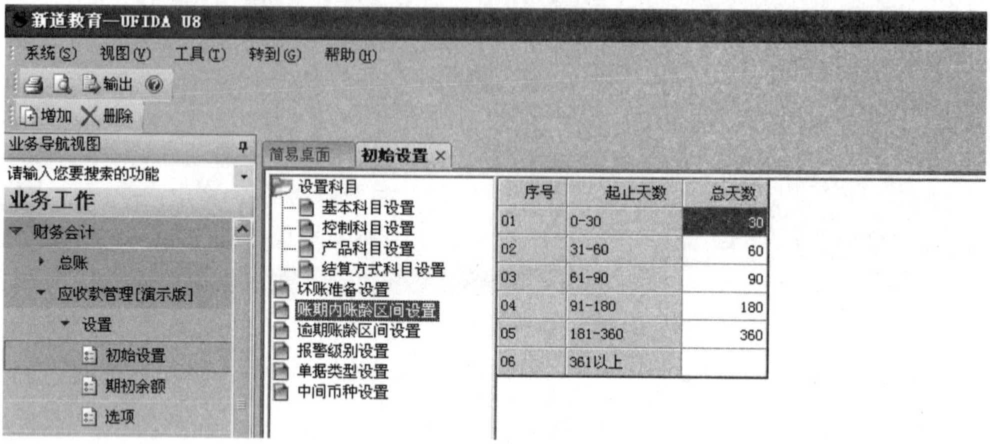

图 4-4 应收款账龄区间设置

(5)设置完成后,单击 ▾× 退出即可。

2)期初余额

(1)执行“财务会计—应收款管理—设置—期初余额”,打开“期初余额 -- 查询”对话框,如图 4-5 所示。

图 4-5 应收款“期初余额 -- 查询”对话框

(2)不需要输入任何信息,直接单击“确定”,打开“期初余额”对话框,如图 4-6 所示。

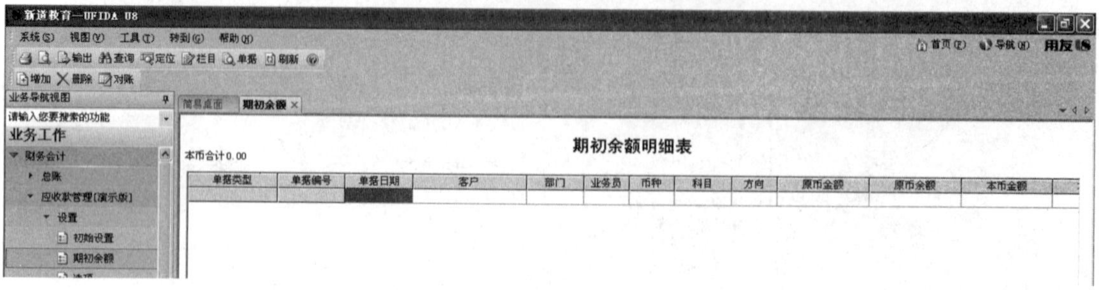

图 4-6 应收款期初余额明细表

（3）单击工具栏中的“增加”按钮，打开“单据类别”对话框，根据期初余额资料，从单据名称和单据类型下拉列表框中选择相应单据名称和单据类型，如第一项期初余额资料，单据名称应选择“应收票据”，单据类型应选择“银行承兑汇票”，如图 4-7 所示。

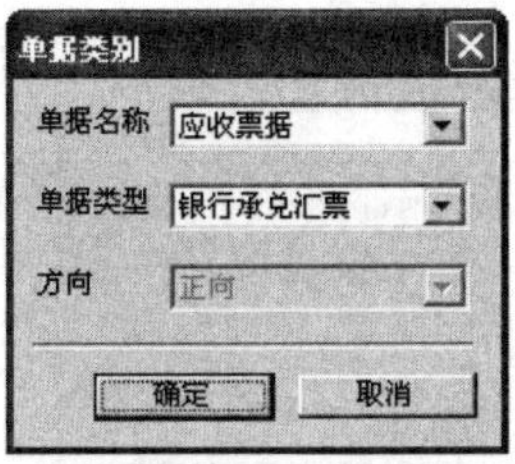

图 4-7　“应收款单据类别”对话框

（4）选好后，单击“确定”，打开“期初单据录入”对话框，单击工具栏中的“增加”按钮，录入期初票据信息（参见资料），如图 4-8 所示。

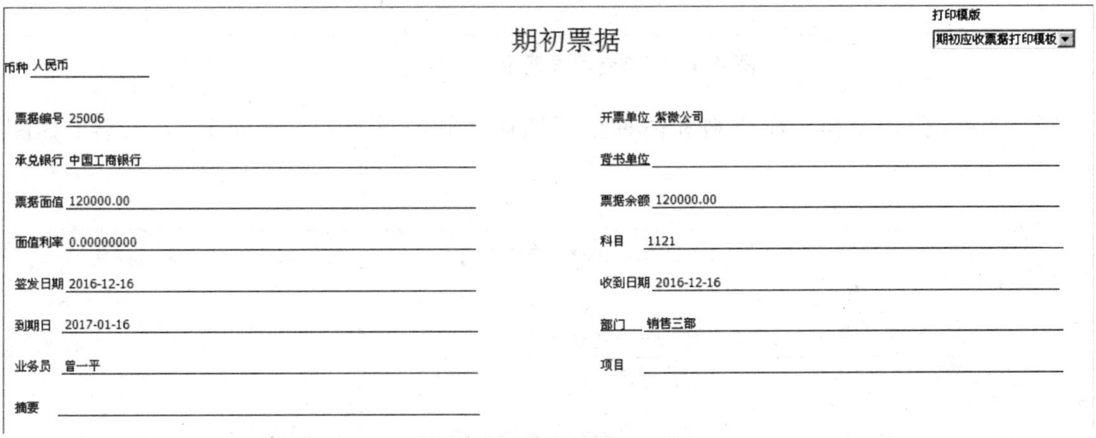

图 4-8　期初票据余额录入

票据编号：不能为空，手工录入，这里是 25006。

开票单位：不能为空，参照录入，这里是紫微公司。

承兑银行：不能为空，参照录入，这里是中国工商银行。

票据面值：不能为空，手工录入，这里是 120000.00。

科目：不能为空，这里是 1121。

签发日期：不能为空，这里是 2016-12-16。

到期日：不能为空，这里是 2017-01-16。

其他属性：系统默认或为空。

（5）录入完成后，单击工具栏中的“保存”按钮加以保存。

（6）录入红光公司期初余额资料，单据名称应选择“销售发票”，单据类型应选择“销售专用发票”，根据资料录入销售专用发票，如图 4-9 所示。

销售专用发票

打印模版 期初专用发票打印模

表体排序

开票日期 2016-12-26　发票号 0000000001　订单号

客户名称 红光公司　客户地址　电话

开户银行 工商银行　银行账号 78901234567　税号 123456789011111

付款条件　税率(%) 17.00　科目 1122

币种 人民币　汇率 1　销售部门 销售一部

业务员 朱明宇　项目　备注

	货物编号	货物名称	主计量单位	税率(%)	数量	无税单价	含税单价	税额	无税金额	价税合计	批号	累积收款	累积收款(本币)	科目
1	01002	A102商品	件	17.00	20.00	780.00	912.60	2652.00	15600.00	18252.00		0.00	0.00	1122
2	02001	B201商品	台	17.00	10.00	3570.00	4176.90	6069.00	35700.00	41769.00		0.00	0.00	1122
3														
4														
5														
6														
7														
8														
9														
10														
11														
12														
13														
14														
合计					30.00			8721.00	51300.00	60021.00		0.00	0.00	

图 4-9　销售专用发票录入(红光公司)

(7)绿谷公司期初余额资料和白理公司期初余额资料录入方法同上,录入结果如图 4-10、图 4-11。

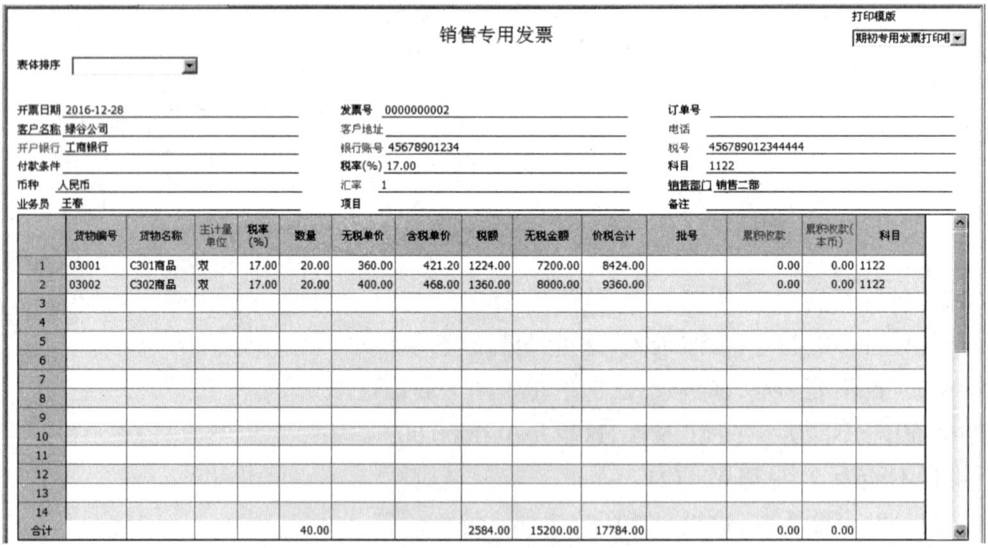

销售专用发票

打印模版 期初专用发票打印模

表体排序

开票日期 2016-12-28　发票号 0000000002　订单号

客户名称 绿谷公司　客户地址　电话

开户银行 工商银行　银行账号 45678901234　税号 456789012344444

付款条件　税率(%) 17.00　科目 1122

币种 人民币　汇率 1　销售部门 销售二部

业务员 王春　项目　备注

	货物编号	货物名称	主计量单位	税率(%)	数量	无税单价	含税单价	税额	无税金额	价税合计	批号	累积收款	累积收款(本币)	科目
1	03001	C301商品	双	17.00	20.00	360.00	421.20	1224.00	7200.00	8424.00		0.00	0.00	1122
2	03002	C302商品	双	17.00	20.00	400.00	468.00	1360.00	8000.00	9360.00		0.00	0.00	1122
3														
4														
5														
6														
7														
8														
9														
10														
11														
12														
13														
14														
合计					40.00			2584.00	15200.00	17784.00		0.00	0.00	

图 4-10　销售专用发票录入(绿谷公司)

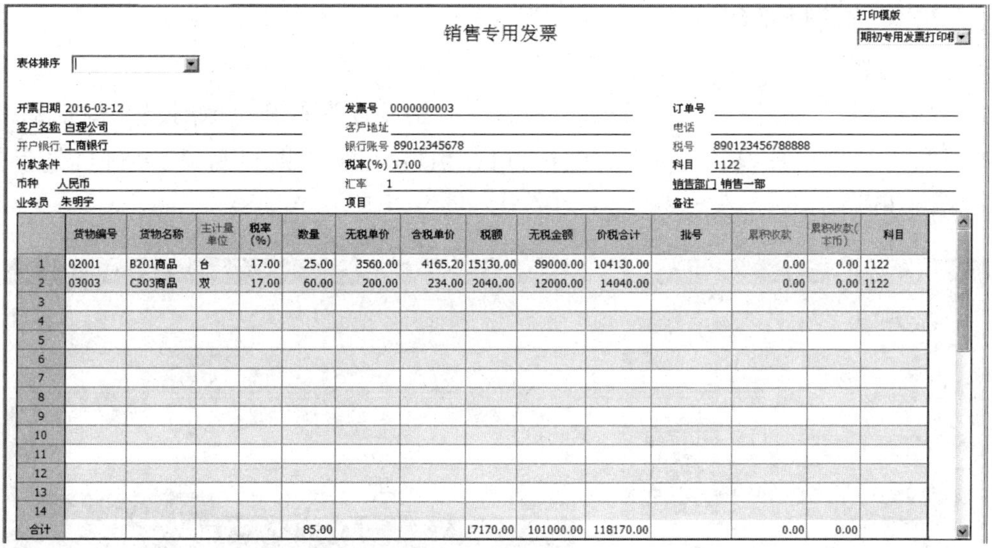

销售专用发票

打印模版　期初专用发票打印模

表体排序

开票日期 2016-03-12　发票号 0000000003　订单号

客户名称 白理公司　客户地址　电话

开户银行 工商银行　银行账号 89012345678　税号 890123456788888

付款条件　税率(%) 17.00　科目 1122

币种 人民币　汇率 1　销售部门 销售一部

业务员 朱明宇　项目　备注

	货物编号	货物名称	主计量单位	税率(%)	数量	无税单价	含税单价	税额	无税金额	价税合计	批号	累积收款	累积收款(本币)	科目
1	02001	B201商品	台	17.00	25.00	3560.00	4165.20	15130.00	89000.00	104130.00		0.00	0.00	1122
2	03003	C303商品	双	17.00	60.00	200.00	234.00	2040.00	12000.00	14040.00		0.00	0.00	1122
3														
4														
5														
6														
7														
8														
9														
10														
11														
12														
13														
14														
合计					85.00			17170.00	101000.00	118170.00		0.00	0.00	

图 4-11　销售专用发票录入(白理公司)

(8)录入青梅公司期初余额资料,单据名称应选择“预收单”,单据类型应选择“收款单”,根据资料录入收款单,如图 4-12 所示。

收款单

打印模版　应收收款单打印模

表体排序

单据编号 0000000001　日期 2016-12-31　客户 青梅公司

结算方式 转账支票　结算科目 100201　币种 人民币

汇率 1　金额 60000.00　本币金额 60000.00

客户银行 工商银行　客户账号 12345678901　票据号

部门 销售二部　业务员 徐咏梅　项目

摘要

	款项类型	客户	部门	业务员	金额	本币金额	科
1	预收款	青梅公司	销售二部	徐咏梅	60000.00	60000.00	220302
2							
3							
4							
5							
6							
7							
8							
9							
10							
11							
12							
13							
14							
合计					60000.00	60000.00	

图 4-12　收款单录入窗口

3)选项(参数设置)

选项(参数设置)在基础设置已经设置好,如果没有设置,这里执行“财务会计—应收款管理—设置—选项”,打开“账套参数设置”对话框,同样可以进行相应设置。

二、应付款管理系统

1)初始设置

(1)执行"财务会计—应付款管理—设置—初始设置",打开"初始设置"对话框,单击"设置科目—基本科目设置",输入"应付科目、预付科目、采购科目、税金科目"(参见资料),如图 4-13 所示。

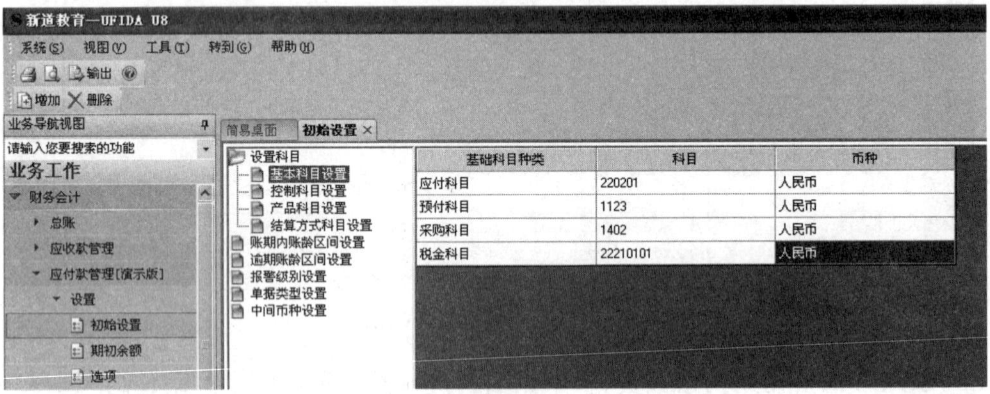

图 4-13　应付款基本科目设置

(2)单击"设置科目—结算方式科目设置",设置结算方相对应科目(参见资料),如图 4-14 所示。

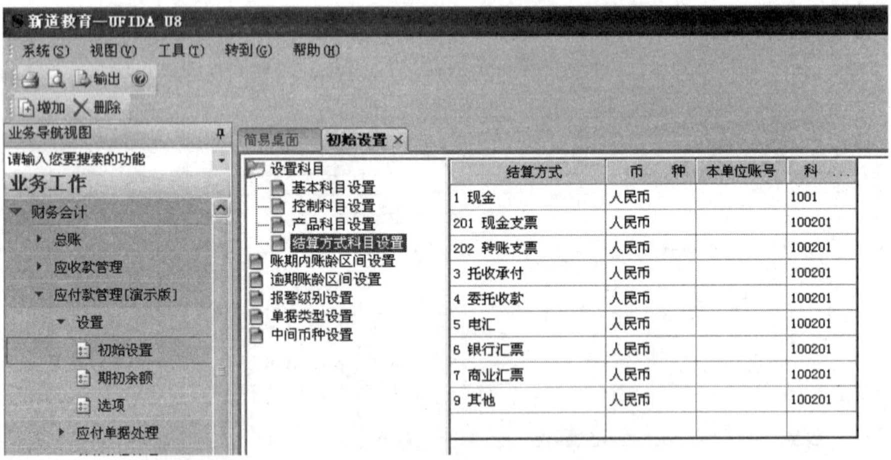

图 4-14　应付款结算方式设置

(3)单击"账期内账龄区间设置",设置账龄区间信息(参见资料),如图 4-15 所示。

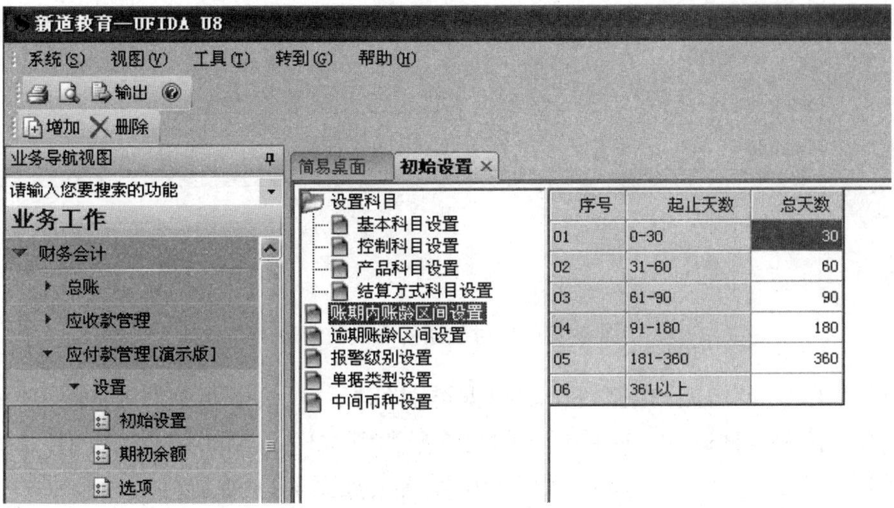

图 4-15　应付款账龄区间设置

（4）设置完成后，单击退出即可。

2）期初余额

（1）执行“财务会计—应付款管理—设置—期初余额”，打开“期初余额 -- 查询”对话框，如图 4-16 所示。

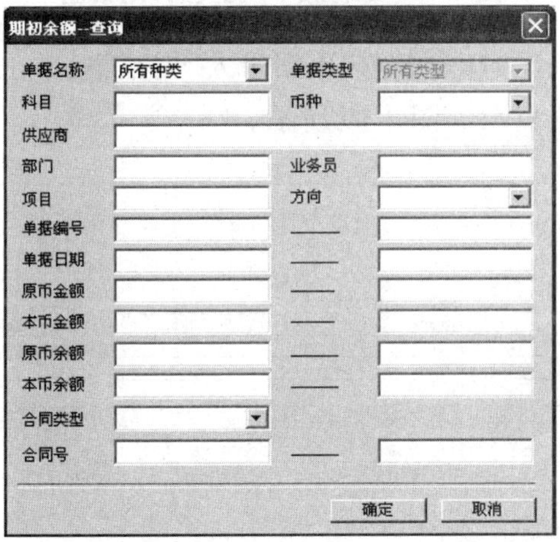

图 4-16　应付款“期初余额 -- 查询”对话框

（2）不需要输入任何信息，直接单击“确定”，打开“期初余额”对话框，如图 4-17 所示。

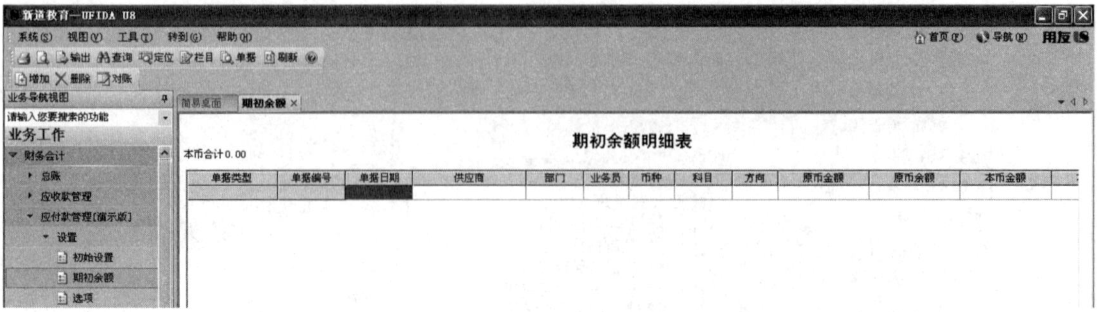

图 4-17　应付款期初余额明细表

(3)单击工具栏“增加”按钮,打开“单据类别”对话框,根据期初余额资料,从单据名称和单据类型下拉列表框选择相应单据名称和单据类型,如第一项期初余额资料,单据名称应选择“采购发票”,单据类型应选择“采购专用发票”,如图 4-18 所示。

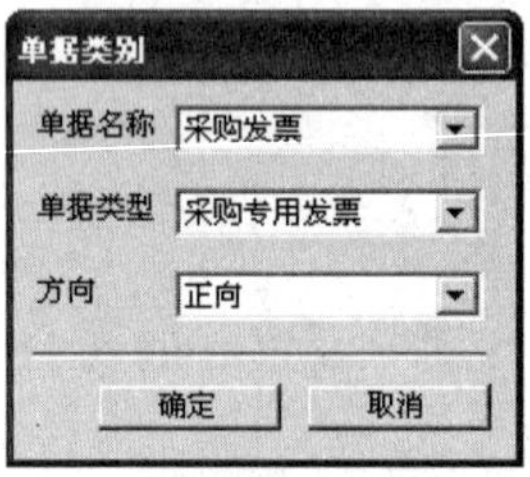

图 4-18　应付款“单据类别”对话框

(4)选好后,单击“确定”,打开“期初单据录入”对话框,单击工具栏“增加”按钮,录入采购专用发票信息(参见资料),如图 4-19 所示。

采购专用发票

打印模版：期初专用发票打印模

表体排序

发票号 0000000001　开票日期 2016-12-29　订单号
供应商 美美公司　付款条件　科目 220201
币种 人民币　汇率 1　部门 采购部
业务员 周密　项目　备注
税率 17.00

	存货编码	存货名称	主计量	税率(%)	数量	原币单价	原币金额	原币税额	原币价税合计	累计付款	累计付款(本币)	科目
1	03002	C302商品	双	17.00	30.00	310.000	9300.00	1581.00	10881.00	0.00	0.00	220201
2	03003	C303商品	双	17.00	50.00	158.000	7900.00	1343.00	9243.00	0.00	0.00	220201
合计					80.00		17200.00	2924.00	20124.00	0.00	0.00	

图 4-19　采购专用发票录入(美美公司)

(5)录入花花公司期初余额资料,单据名称应选择“预付款”,单据类型应选择“付款单”,根据资料录入付款单,如图 4-20 所示。

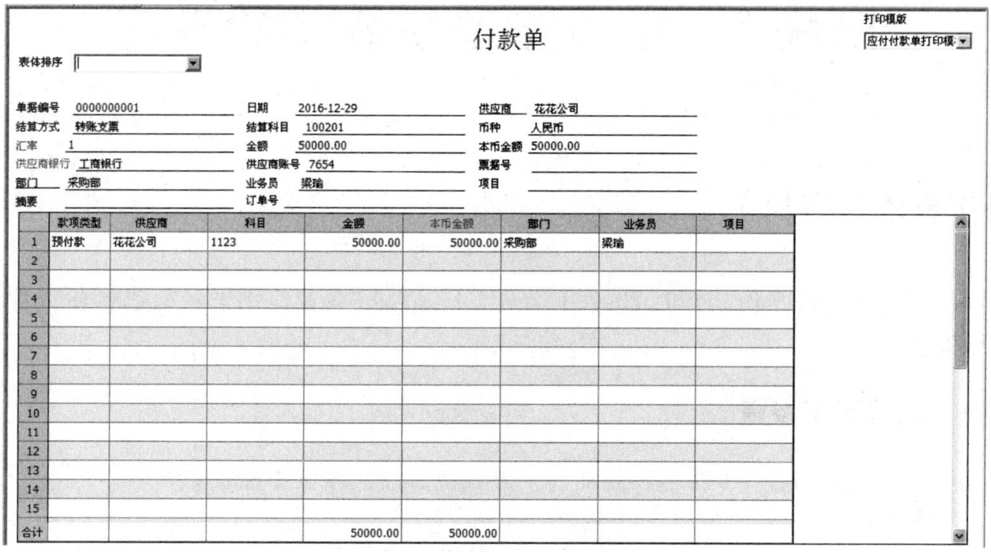

图 4-20　付款单录入(花花公司)

3)选项(参数设置)

选项(参数设置)在基础设置已经设置好,如果没有设置,这里执行“财务会计—应付款管理—设置—选项”,打开“账套参数设置”对话框,同样可以进行相应设置。

模块5 薪资管理系统初始设置

【操作要求与资料】

以薪酬经理李锋身份,时间:2017 年 1 月 1 日,登录“企业应用平台”,进行薪资管理系统初始设置。

项目1 人员档案设置

人员档案资料如表 5-1 所示。全部为中方人员、计税、薪资不停发。

表 5-1 人员档案资料

部门名称	人员编码	人员姓名	人员类别	银行账号
办公室	01001	赫广	经理人员	87654301001
办公室	01002	张立	经理人员	87654301002
办公室	01003	刘小璐	管理人员	87654301003
财务部	02001	学生姓名	经理人员	87654302001
财务部	02002	张敏	管理人员	87654302002
财务部	02003	李锋	管理人员	87654302003
财务部	02004	张林	管理人员	87654302004
采购部	03001	元华	经理人员	87654303001
采购部	03002	梁瑜	业务人员	87654303002
采购部	03003	周密	业务人员	87654303003
销售一部	04001	刘向	经理人员	87654304001
销售一部	04002	朱明宇	业务人员	87654304002
销售一部	04003	陈文斌	业务人员	87654304003
销售二部	04004	王春	管理人员	87654304004
销售二部	04005	徐咏梅	业务人员	87654304005
销售三部	04006	胡晓慧	管理人员	87654304006
销售三部	04007	曾一平	业务人员	87654304007
销售三部	04008	吴健	业务人员	87654304008
仓管部	05001	刘明	经理人员	87654305001
仓管部	05002	郑伟	业务人员	87654305002

项目 2　工资项目设置

工资项目如表 5-2 所示。

表 5-2　工资项目表

工资项目名称	类型	长度	小数	增减项
基本薪资	数字	8	2	增项
岗位薪资	数字	8	2	增项
奖金	数字	8	2	增项
交补	数字	8	2	增项
应发合计	数字	8	2	增项
事假天数	数字	2	0	其他
事假扣款	数字	8	2	减项
病假天数	数字	2	0	其他
病假扣款	数字	8	2	减项
养老保险	数字	8	2	减项
医疗保险	数字	8	2	减项
失业保险	数字	8	2	减项
住房公积金	数字	8	2	减项
代扣税	数字	8	2	减项
扣款合计	数字	8	2	减项
实发合计	数字	8	2	增项
计税基数	数字	8	2	其他
薪资分摊基数	数字	8	2	其他
五险一金计提基数	数字	8	2	其他

项目 3　工资项目公式设置

1. 岗位薪资

岗位薪资 = iff(人员类别 =" 经理人员 ",600,iff(人员类别 =" 管理人员 ",400,300))

注:人员类别为经理人员,岗位薪资为 600;人员类别为管理人员,岗位薪资为 400;人员类别为其他人员,岗位薪资为 300。

2. 交补

交补 =80。

3. 事假扣款

事假扣款 =(基本薪资 /30)× 事假天数

4. 病假扣款

病假扣款 =(基本薪资 /30)× 病假天数 ×0.3

5. 计税基数

计税基数 = 基本薪资 + 岗位薪资 + 奖金 + 交补 - 事假扣款 - 病假扣款 - 养老保险 - 医疗保险 - 失业保险 - 住房公积金

6. 薪资分摊基数

薪资分摊基数 = 基本薪资 + 岗位薪资 + 奖金 + 交补 - 事假扣款 - 病假扣款

7. 五险一金计提基数

五险一金计提基数 = 基本薪资 + 岗位薪资 + 奖金

8. 养老保险

养老保险 = 五险一金计提基数 ×0.08

9. 医疗保险

医疗保险 = 五险一金计提基数 ×0.02

10. 失业保险

失业保险 = 五险一金计提基数 ×0.01

11. 住房公积金

住房公积金 = 五险一金计提基数 ×0.1

项目 4　选项(参数设置)

扣税设置:将“个人所得税”的扣税依据修改为“计税基数”。将税率设置中个人所得税基数调整为 3 500 元,附加费用调整为 1 300 元。

【操作指导与注意事项】

一、人员档案

(1)执行“人力资源—薪资管理—设置—人员档案”,打开“人员档案”对话框,如图 5-1 所示。

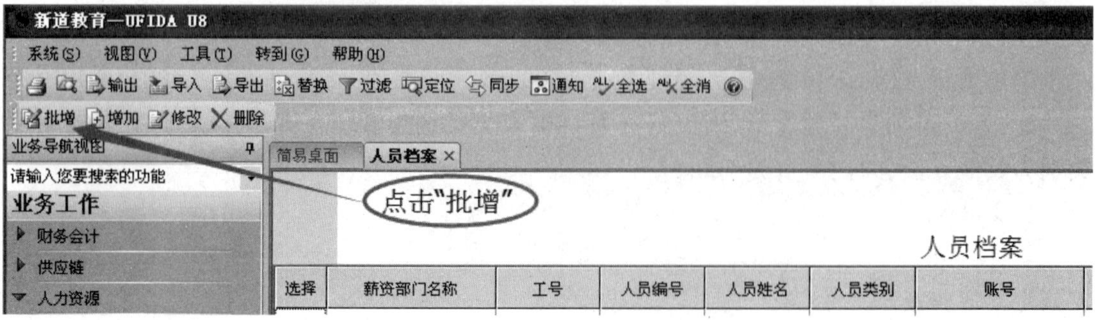

图 5-1　“人员档案”对话框

（2）单击工具栏中的“批增”按钮，打开“人员批量增加”对话框，如图 5-2 所示；在左侧列表框中选择部门，这里全选，在右侧列表框中点击“查询”，将显示已在“基础设置”中设置好的人员档案信息。

（3）单击“确定”按钮，将人员档案信息导入薪资管理系统中，如图 5-3 所示。

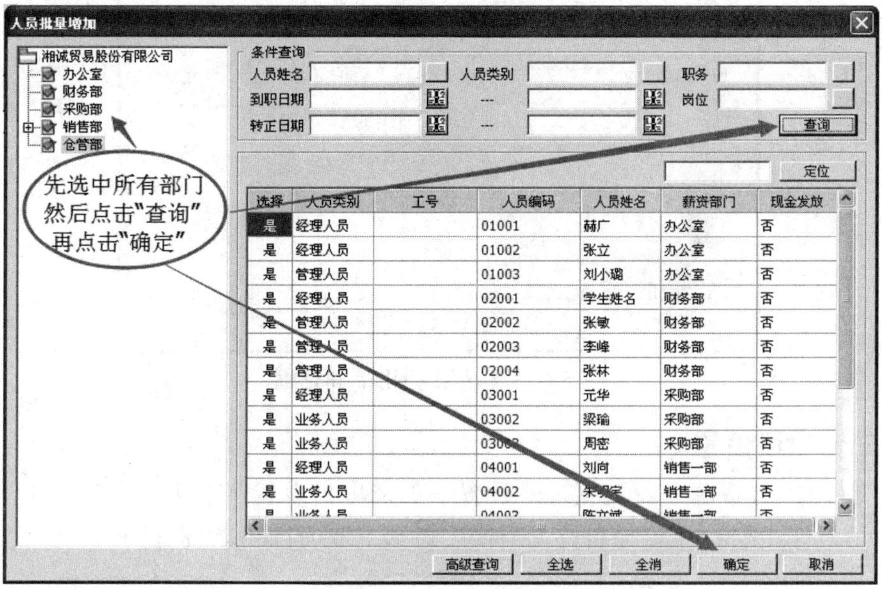

图 5-2　“人员批量增加”对话框

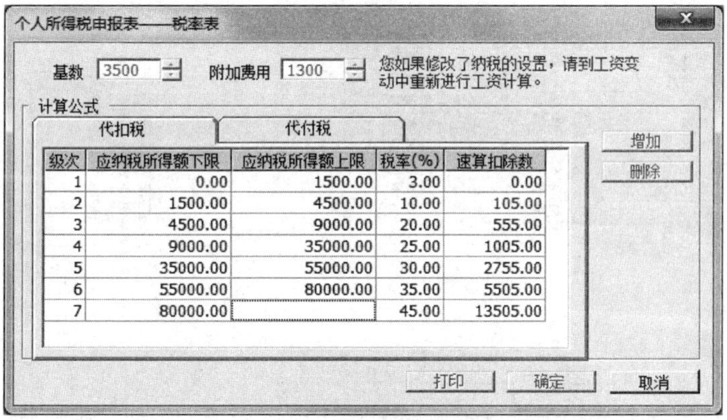

图 5-3　人员档案列表

（4）选中某人员，单击工具栏中的“修改”按钮，或直接双击某人员，打开“人员档案明细”对话框，如图 5-4 所示，修改或输入其他信息。

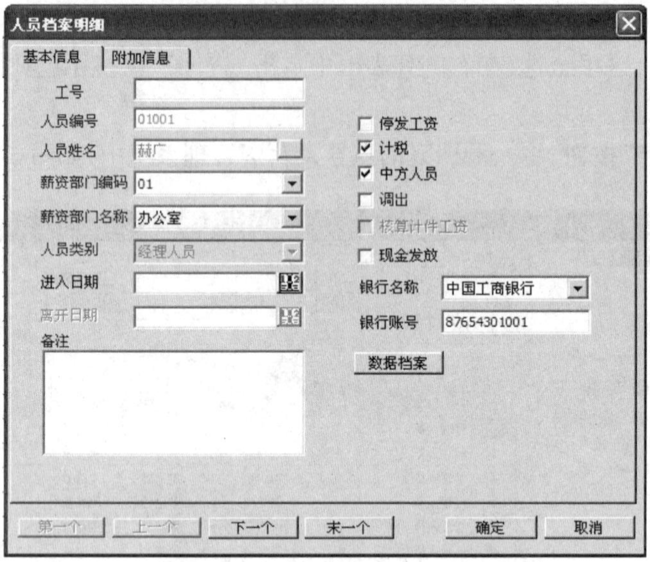

图 5-4 “人员档案明细”对话框

二、工资项目设置

(1)执行“人力资源—薪资管理—设置—工资项目设置”,打开“工资项目设置”对话框,如图 5-5 所示,选择“工资项目设置”标签,设置工资项目(参见资料)。

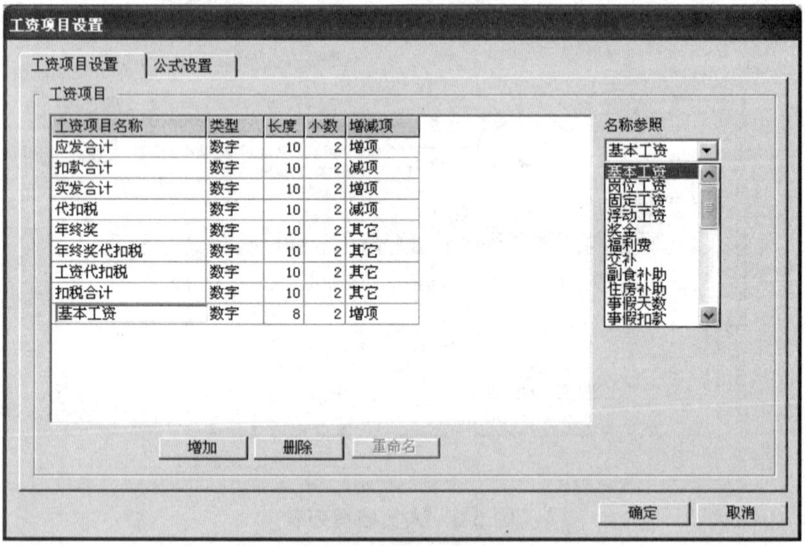

图 5-5 “工资项目设置”对话框

(2)单击“增加”按钮,从“名称参照”下拉列表框中选择“基本工资”,“基本工资”项目增加完成,单击“重命名”按钮,将“基本工资”修改为“基本薪资”。

注意:

a. 也可以在单击“增加”按钮后,直接在“工资项目名称”栏输入“基本薪资”,类型选择为“数字”,长度为“8”,小数为“2”,增减项为“增项”,完成此项目设置;

b. 增加工资项目,要正确设置此项目的数据类型、长度、小数位和增减项等信息;

c. 不需要增加系统中已有的工资项目。

(3)所有工资项目设置完成后,可以单击“上移”和“下移”按钮,如图 5-6 所示,重新排列工资项目顺序。

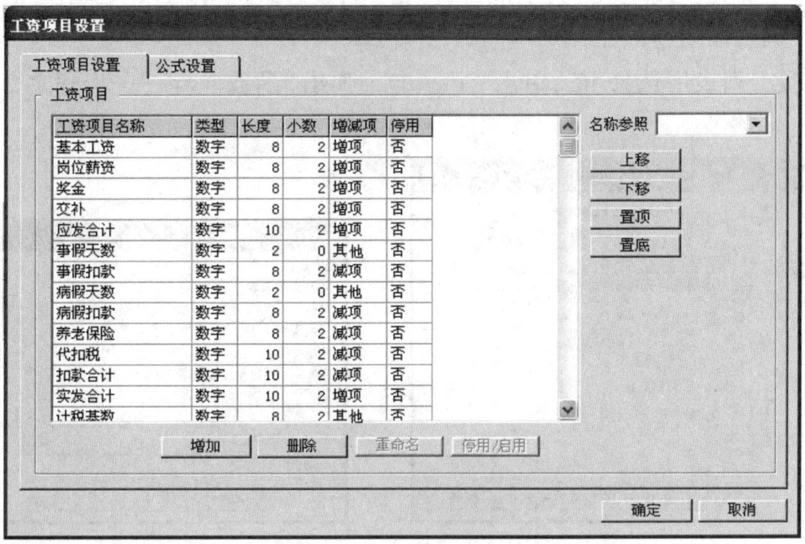

图 5-6 调整工资项目顺序

三、工资项目公式设置

(1)在“工资项目设置”对话框中,选择“公式设置”标签,如图 5-7 所示。

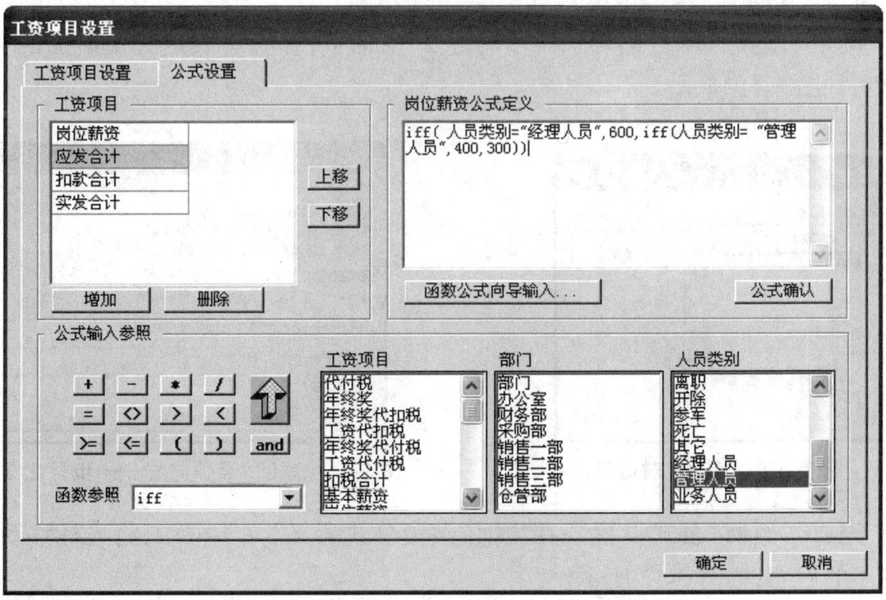

图 5-7 “公式设置”标签

(2)单击“增加”按钮,在工资项目列表中增加一空行,单击该行,在下拉列表中选择

“岗位薪资”,在“岗位薪资公式定义”文本框输入公式“iff(人员类别 =" 经理人员 ",600,iff(人员类别 =" 管理人员 ",400,300))”,单击“公式确认”,完成“岗位薪资”公式设置。

初学者可以采用“函数公式向导”方式进行设置。

①第一步,选择函数名。

单击“岗位薪资公式定义”文本框,再单击“函数公式向导输入”,弹出“函数向导——步骤之 1”对话框,如图 5-8 所示。

从“函数名”列表中选择 iff ,单击“下一步”,弹出“函数向导——步骤之 2”对话框,如图 5-9 所示。

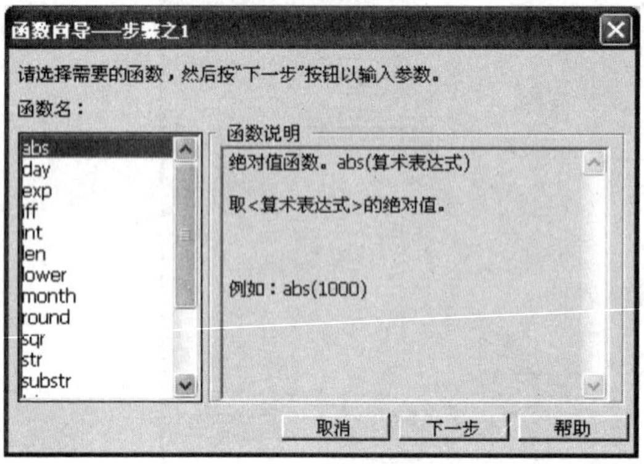

图 5-8 函数向导——步骤之 1 对话框

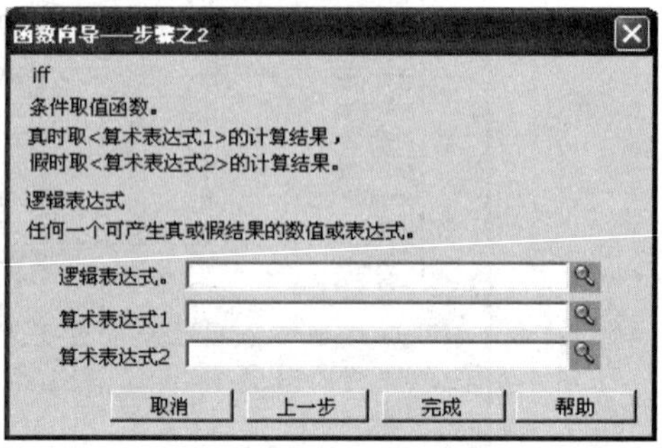

图 5-9 函数向导——步骤之 2 对话框

②第二步:输入函数参数。

单击“逻辑表达式”后的参照按钮,打开“参照”对话框,从“参照列表“中选择“人员类别”,从下面列表中选择“经理人员”,如图 5-10 所示。

单击“确定”,返回“函数向导——步骤之 2”对话框,在算术表达式 1 后面的文本框中输入“600”,如图 5-11 所示。

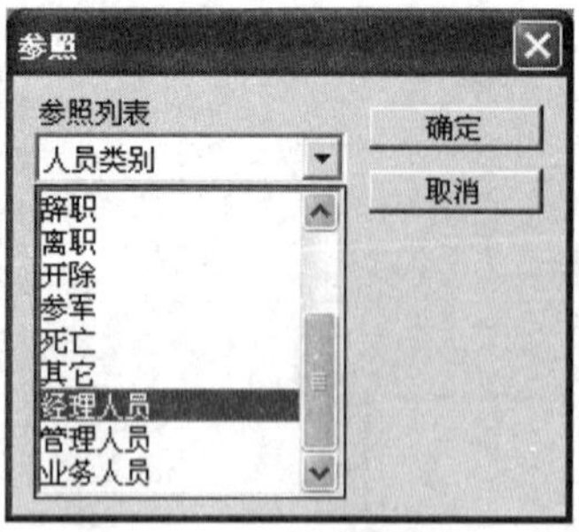

图 5-10 “参照”对话框

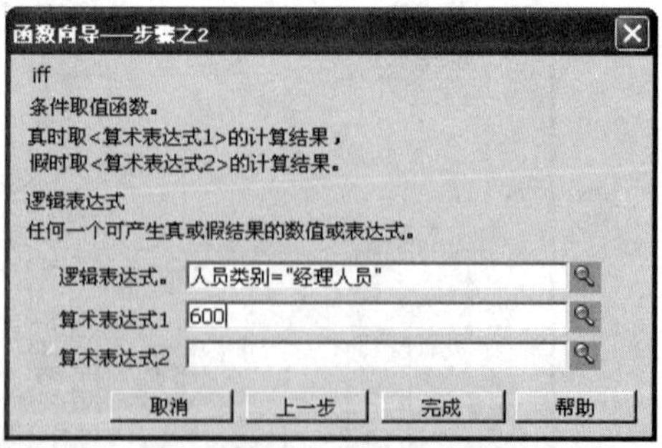

图 5-11 返回“函数向导——步骤之 2”对话框

单击“完成”,返回“公式设置”,在“岗位薪资公式定义”文本框中,将光标移动到 iff 函数中“600,”的后面,如图 5-12 所示。

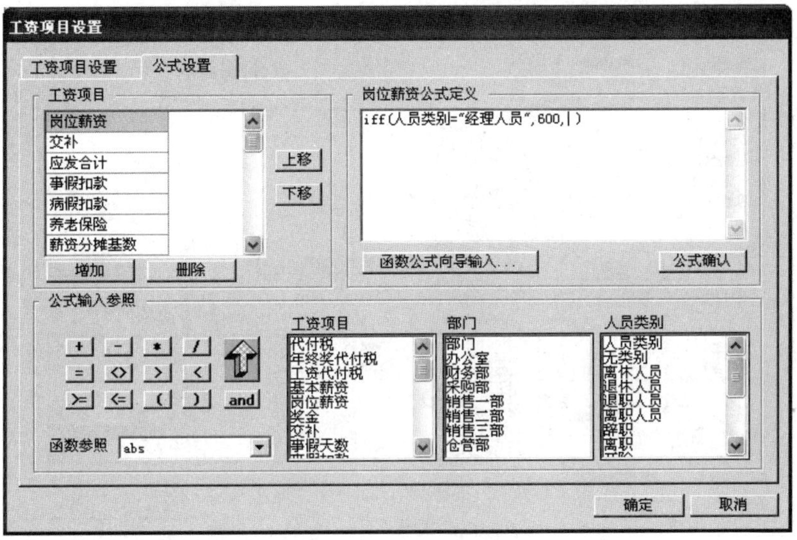

图 5-12 公式设置

再插入一个 iff 函数，重复上述步骤：单击“函数公式向导输入”，弹出“函数向导——步骤之 1”对话框，从“函数名”列表中选择 iff，单击“下一步”，弹出“函数向导——步骤之 2”，单击“逻辑表达式”后的参照按钮，打开“参照”对话框，从“参照列表”中选择“人员类别”选项，从下面的列表中选择“管理人员”，单击“确定”，在算术表达式 1 后面的文本框中输入 400，在算术表达式 2 后面的文本框中输入 300，单击“确定”，再单击“完成”得到“岗位薪资”公式，如图 5-13 所示。

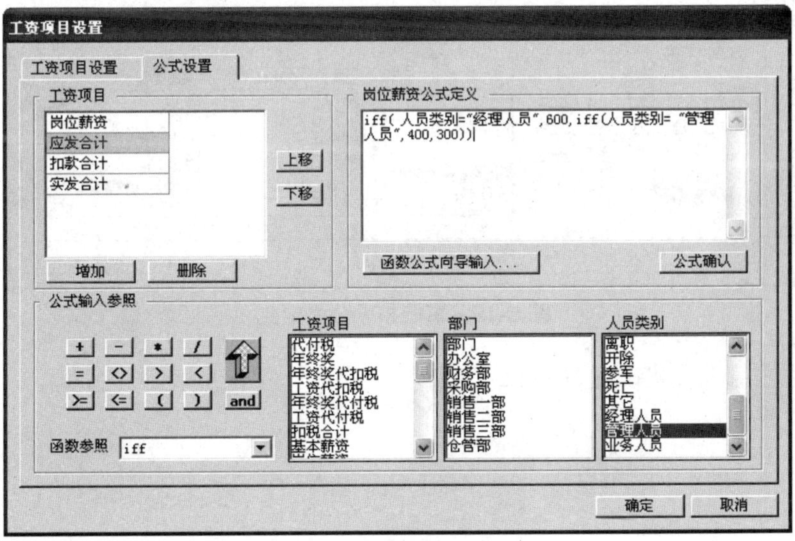

图 5-13 岗位薪资公式定义

③第三步：单击“公式确认”，完成岗位薪资公式设置。

(3)“交补”公式设置，如图 5-14 所示。

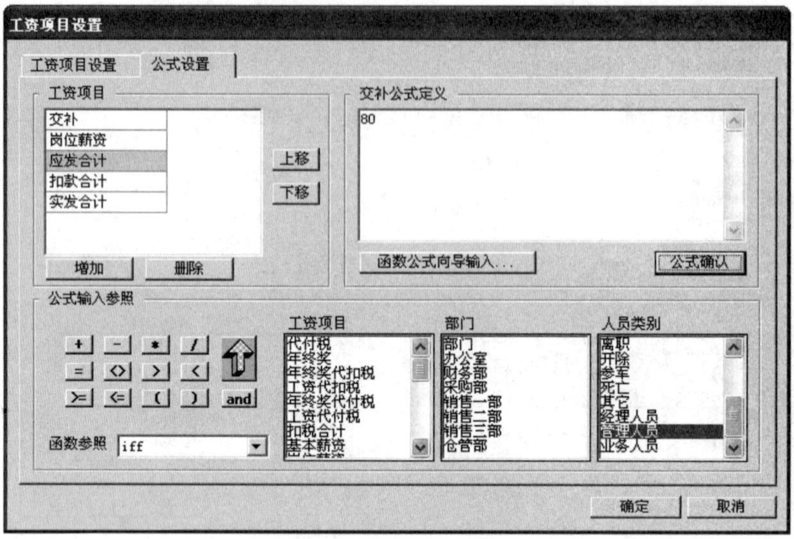

图 5-14　交补公式定义

(4)"事假扣款"公式设置,如图 5-15 所示。

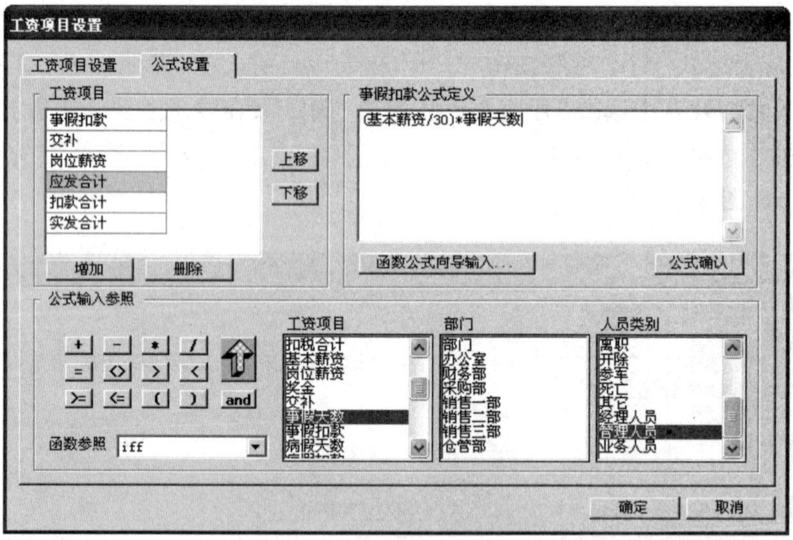

图 5-15　事假扣款公式定义

(5)"病假扣款"公式设置,如图 5-16 所示。

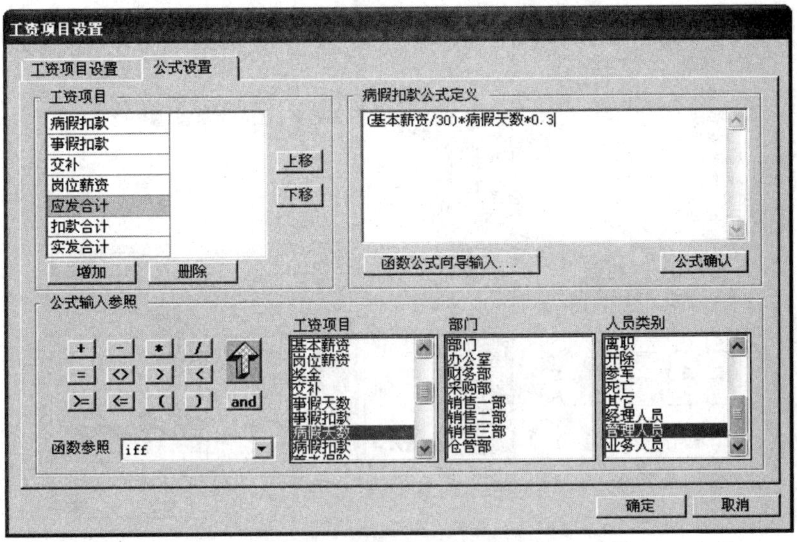

图 5-16　病假扣款公式定义

（6）“养老保险”公式设置，如图 5-17 所示。

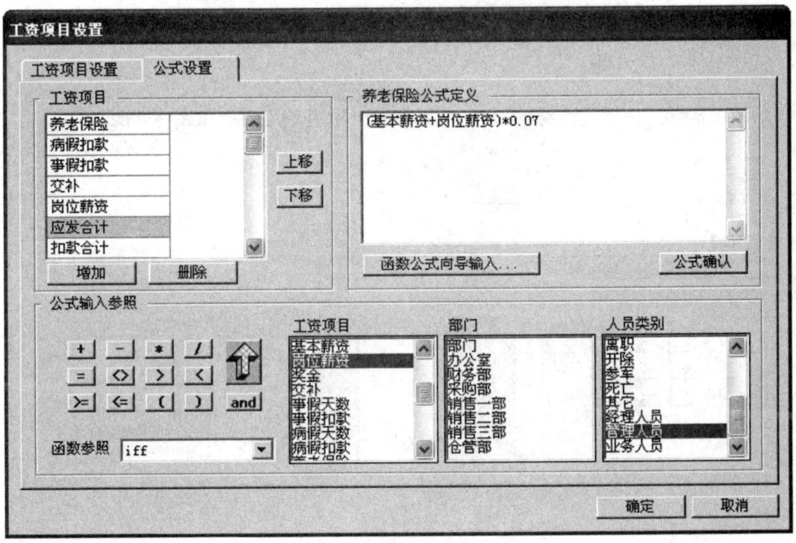

图 5-17　养老保险公式定义

（7）“计税基数”公式设置，如图 5-18 所示。

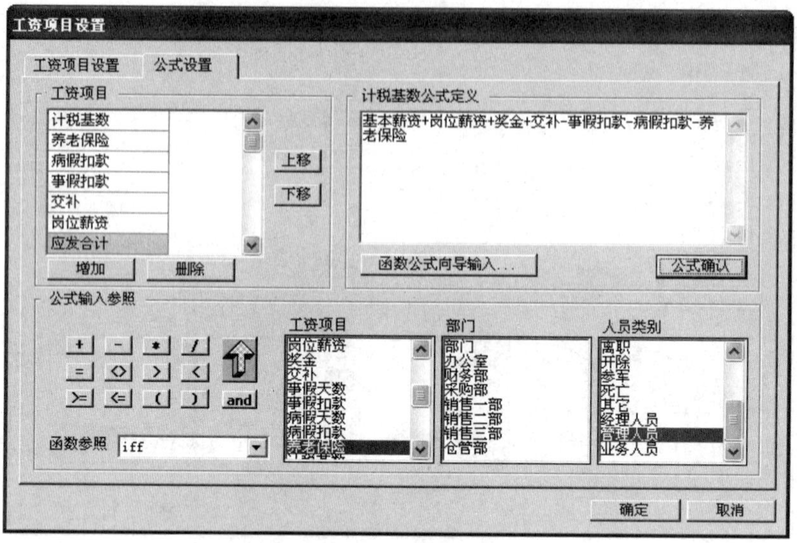

图 5-18 计税基数公式定义

(8)"薪资分摊基数"公式设置,如图 5-19 所示。

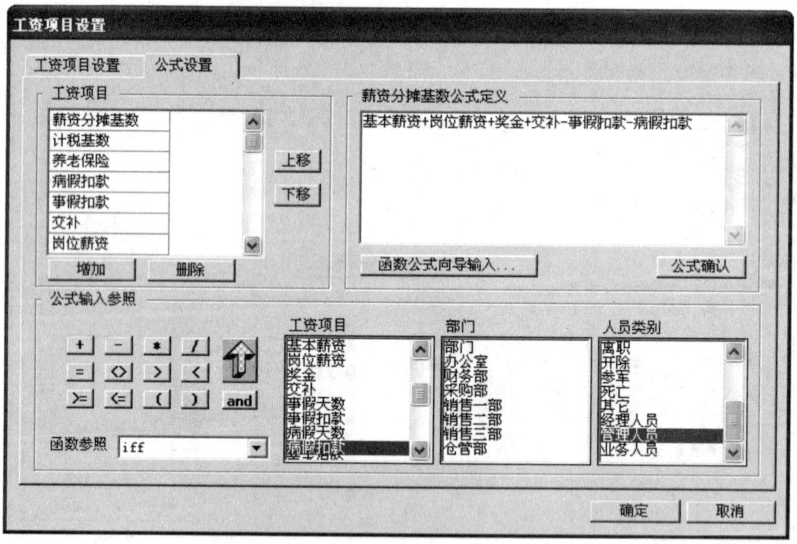

图 5-19 薪资分摊基数公式定义

四、选项(参数设置)

(1)以 W02 李锋身份,时间:2017 年 1 月 1 日,登录"企业应用平台";

(2)执行"人力资源—薪资管理—设置—选项",打开"选项"对话框,如图 5-20 所示。

(3)单击"编辑"按钮,进入编辑状态。

(4)选择"参数设置"标签,设置工资类别个数为"单个"。

(5)选择"扣税设置"标签,勾选"从工资中代扣个人所得税",如图 5-21 所示。

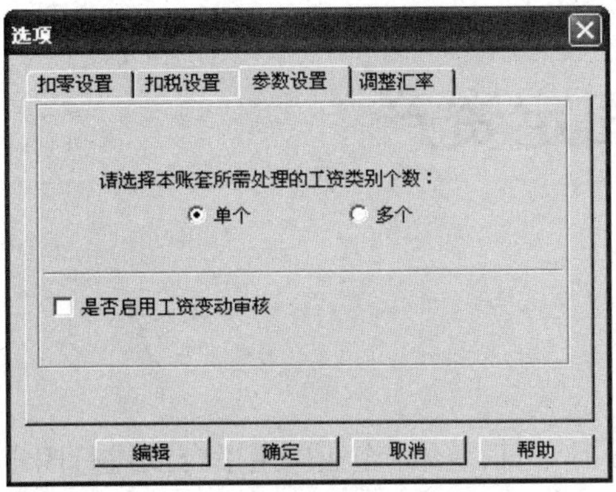

图 5-20　薪资管理“选项”对话框

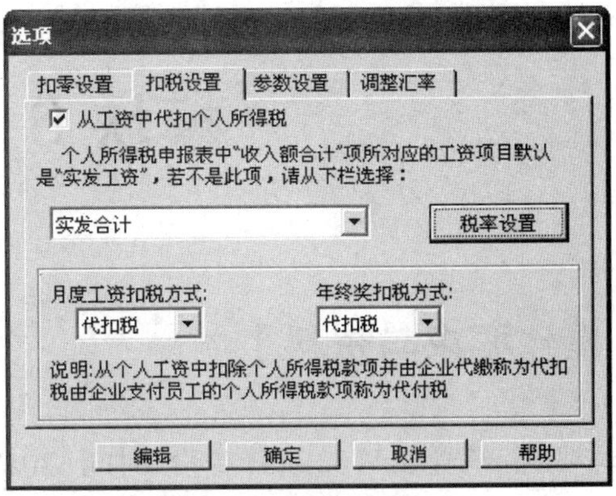

图 5-21　“扣税设置”标签

（6）单击“税率设置”按钮，打开“个人所得税申报表——税率表”对话框，如图 5-22 所示，修改基数为“3500”，附加费用为“2800”，修改后单击“确定”。

图 5-22　“个人所得税申报表——税率表”对话框

（7）选择“扣零设置”标签，不勾选“扣零”，如图 5-23 所示。

（8）选择“调整汇率”标签，币名选择“人民币”，如图 5-24 所示。

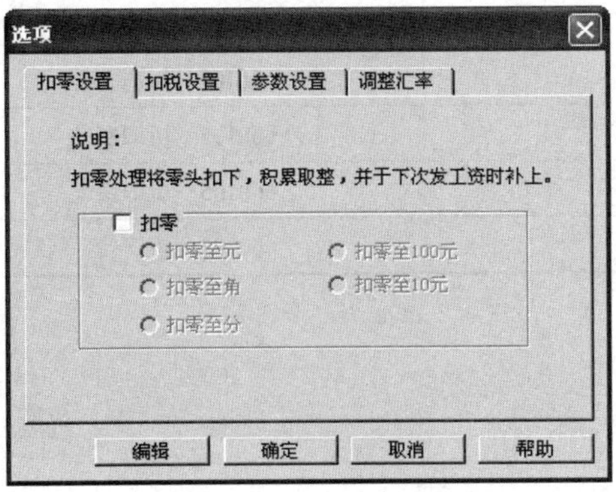

图 5-23　扣零设置

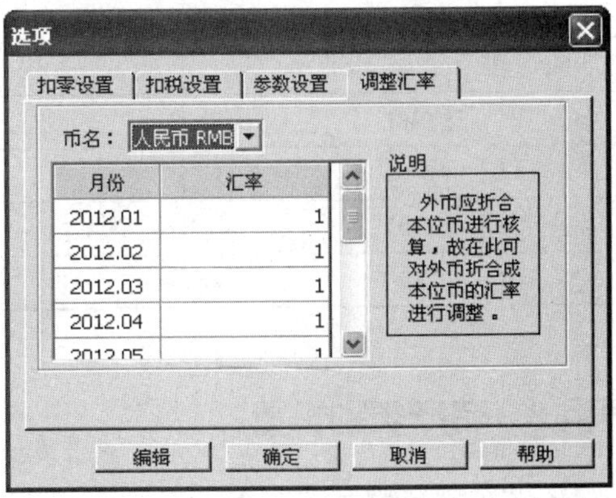

图 5-24　调整汇率

模块 6 固定资产

【操作要求与资料】

以资产管理 W02 李锋身份,时间:2017 年 1 月 1 日,登录“企业应用平台”,进行固定资产管理系统初始设置。

项目 1 选项(参数设置)

与财务系统接口如下。

[固定资产]缺省入账科目:1601。

[累计折旧]缺省入账科目:1602。

[减值准备]缺省入账科目:1603。

[增值税进项税额]缺省入账科目:22210101。

[固定资产清理]缺省入账科目:1606。

项目 2 部门对应折旧科目设置

部门对应折旧科目如表 6-1 所示。

表 6-1 部门对应折旧科目表

部门编码	部门名称	折旧科目
01	办公室	660203 折旧费
02	财务部	660203 折旧费
03	采购部	660203 折旧费
04	销售部	660203 折旧费
0401	销售一部	660105 折旧费
0402	销售二部	660105 折旧费
0403	销售三部	660105 折旧费
05	仓管部	660103 折旧费

项目 3 资产类别设置

资产分类资料如表 6-2 所示。

表 6-2　资产分类资料

类别编码	类别名称	使用年限	净残值率	计提属性	方法	卡片样式
01	房屋	30	5%	总提折旧	平均年限法(一)	通用样式(一)
02	营业设备	10	5%	正常计提	平均年限法(一)	通用样式(一)
03	办公设备		5%	正常计提	平均年限法(一)	通用样式(一)
04	运输设备	10	5%	正常计提	平均年限法(一)	通用样式(一)

项目 4　原始卡片录入

原始卡片资料如表 6-3 所示。

表 6-3　原始卡片资料

资产名称	类别号	增加方式	原值	使用年限	使用部门	累计折旧	开始使用时间
办公楼	01	在建工程转入	1 680 000	30	办公室、财务部、采购部、仓管部各 25%	240 240	5 年前 -05-28
营业楼	01	在建工程转入	3 000 000	30	销售一部 40%,销售二部 30%、销售三部 30%	499 200	6 年前 -08-12
仓库	01	在建工程转入	560 000	30	仓管部	65 520	4 年前 -03-22
5 吨卡车	04	直接购入	85 000	10	销售一部	21 488	3 年前 -04-02
10 吨卡车	04	直接购入	260 000	10	采购部	65 728	3 年前 -04-02
营业设备甲	02	直接购入	280 000	10	销售一部 40%,销售二部 30%、销售三部 30%	139 356	6 年前 -09-10
营业设备乙	02	直接购入	45 000	10	销售一部 50%,销售二部 50%	22 041	6 年前 -10-08
营业设备丙	02	直接购入	40 000	10	销售三部	18 960	6 年前 -12-05
计算机 8 台	03	直接购入	38 000	5	办公室、财务部、销售一部、采购部 25%	9 006	2 年前 -09-25
保险柜	03	直接购入	21 000	20	财务部	5 460	6 年前 -07-13
打印机 4 台	03	直接购入	12 000	5	办公室、财务部、采购部、销售一部各 25%	2 844	2 年前 -09-25

使用状况:均为在用。

【操作指导与注意事项】

一、选项(参数设置)

(1)以 W02 李锋身份,时间:2017 年 1 月 1 日,登录“企业应用平台”。

(2)执行“财务会计—固定资产—设置—选项”,打开“选项”对话框,选择“与账务系统接口”标签,如图 6-1 所示,单击“编辑”按钮,按业务资料进行参数设置。

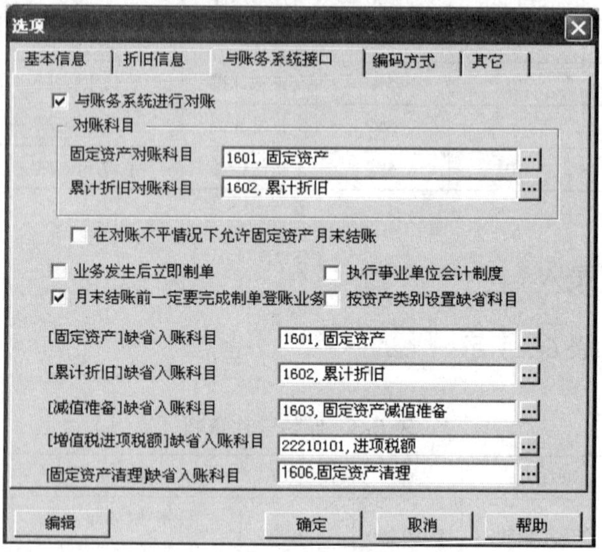

图 6-1 “与账务系统接口”标签

二、设置部门对应折旧科目

(1)执行“财务会计—固定资产—设置—部门对应折旧科目”,打开“部门对应折旧科目”对话框,如图 6-2 所示。

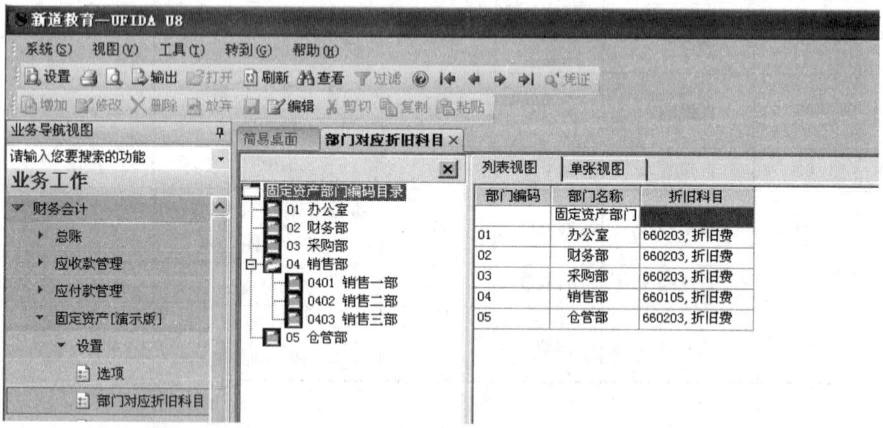

图 6-2 “部门对应折旧科目”对话框

(2)选择“单张视图”标签,设置各部门对应折旧科目(参见资料),如图 6-3 所示。

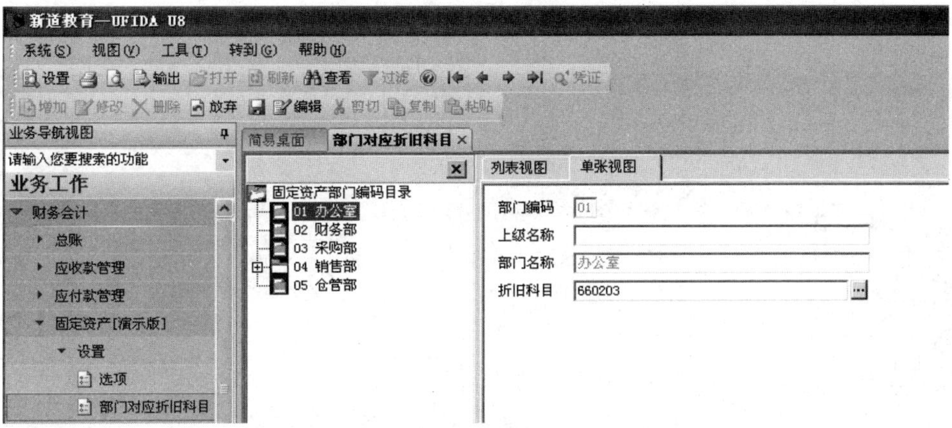

图 6-3　部门对应折旧科目设置——“单张视图”标签

（3）单击工具栏“保存”图标进行保存。

三、资产类别设置

（1）执行“财务会计—固定资产—设置—资产类别”，打开“资产类别”对话框，单击“单张视图”标签，输入资产分类信息（参见资料），如图 6-4 所示。

类别编码：自动输入。

类别名称：直接输入。

使用年限：直接输入。

净残值率：直接输入。

计提属性：选择输入。

折旧方法：选择输入。

卡片样式：选择输入。

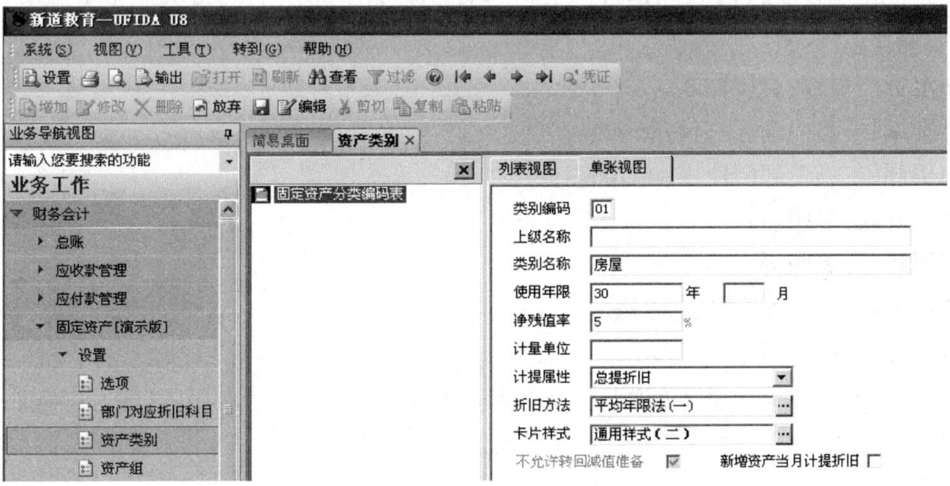

图 6-4　资产类别设置单张视图对话框

（2）单击工具栏“保存”图标，继续输入下一个分类信息。

(3)设置完后,单击“列表视图”标签,显示所有资产分类信息,如图 6-5 所示。

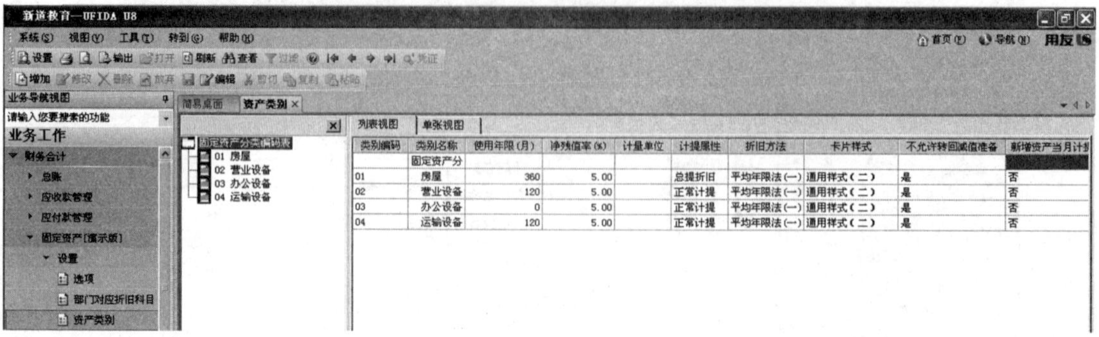

图 6-5 资产类别设置——“列表视图”标签

四、原始卡片

(1)执行“财务会计—固定资产—卡片—录入原始卡片”,打开“固定资产类别档案”对话框,如图 6-6 所示,确定新增固定资产所属资产类别,勾选相应资产类别。

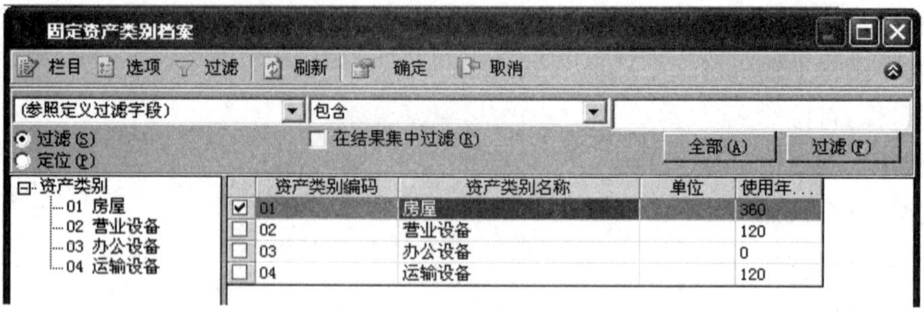

图 6-6 “固定资产类别档案”对话框

(2)单击“确定”,打开“固定资产卡片”对话框,如图 6-7 所示,输入固定资产卡片信息(参见资料)。

固定资产名称:直接输入。

类别编号:参照输入、直接输入或默认。

使用部门:分单部门使用和多部门使用。

增加方式:参照输入。

使用状况:参照输入。

使用年限(月):默认但可以修改。

折旧方法:默认但可以修改。

开始使用日期:修改输入(说明:资料所写“5 年前”是指账套启用年度的 5 年前,如,账套启用年度为 2017 年,则“5 年前”就是“2012 年”,以此类推)。

原值:直接输入。

累计折旧:直接输入。

其他:默认或为空。

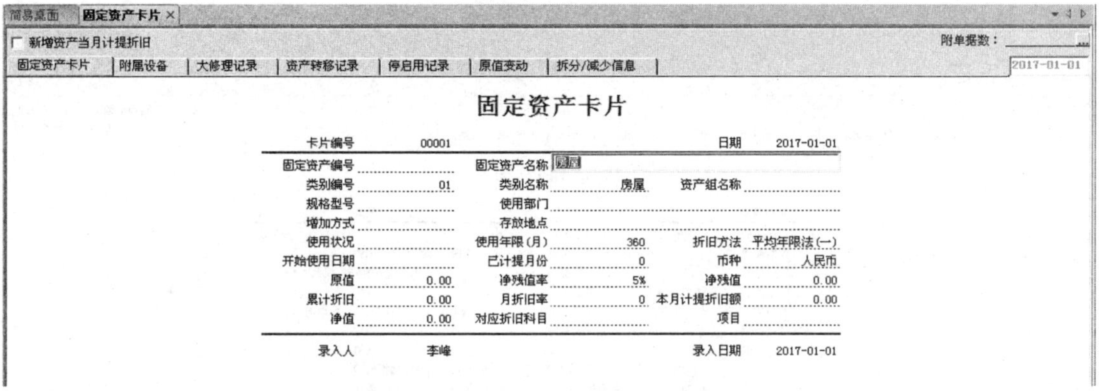

图 6-7　“固定资产卡片”对话框

下面看多部门使用的操作方法。

①单击“使用部门”，打开“固定资产”对话框，如图 6-8 所示。

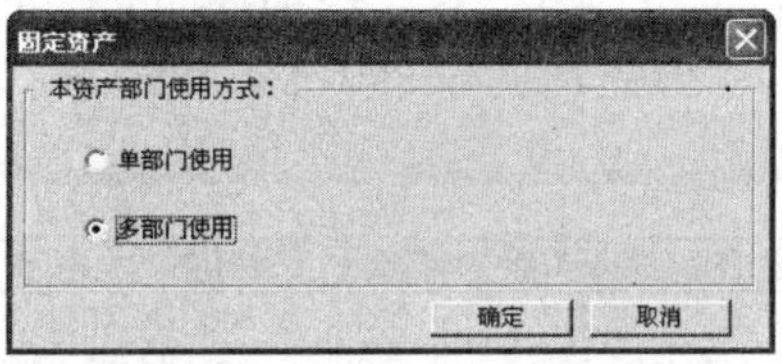

图 6-8　“固定资产”对话框

②选择“多部门使用”，单击“确定”，打开“使用部门”对话框，如图 6-9 所示。

使用部门

使用部门有效数量范围:2 ～ 999个

序号	使用部门	使用比例%	对应折旧科目	项目大类	对应项目	部门编码
1	办公室	25	660203, 折旧费			01
2	财务部	25	660203, 折旧费			02
3	采购部	25	660203, 折旧费			03
4	仓管部	25	660203, 折旧费			05

图 6-9　“使用部门”对话框

③单击“增加”按钮，输入“使用部门、使用比例、对应折旧科目”等内容，如图 6-10 所示。

使用部门

使用部门有效数量范围:2 ～ 999个

序号	使用部门	使用比例%	对应折旧科目	项目大类	对应项目	部门编码
1	办公室	25	660203, 折旧费			01
2	财务部	25	660203, 折旧费			02
3	采购部	25	660203, 折旧费			03
4	仓管部	25	660203, 折旧费			05

图 6-10　使用部门设置

④设置完成后，单击“确定”，固定资产卡片使用部门栏将显示多个部门，如图 6-11

所示。

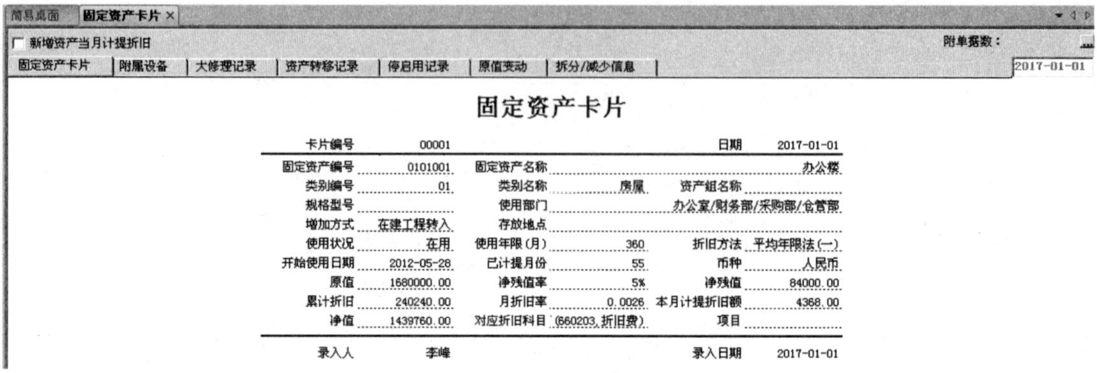

图 6-11 固定资产卡片

(3)设置完后，单击工具栏“保存”图标保存，继续输入下一张卡片。

(4)所有卡片输入完成后，都可以在“卡片管理”里面查看与修改，如图 6-12 所示。

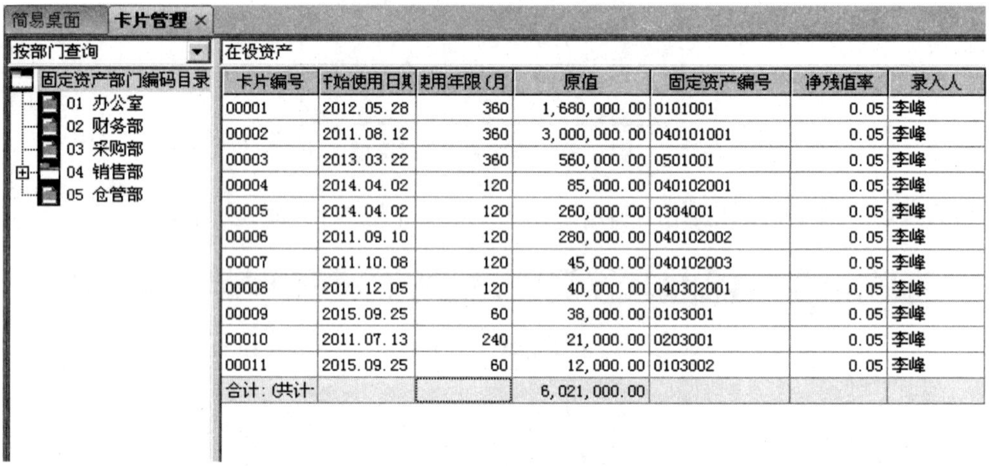

卡片编号	开始使用日期	使用年限(月)	原值	固定资产编号	净残值率	录入人
00001	2012.05.28	360	1,680,000.00	0101001	0.05	李峰
00002	2011.08.12	360	3,000,000.00	040101001	0.05	李峰
00003	2013.03.22	360	560,000.00	0501001	0.05	李峰
00004	2014.04.02	120	85,000.00	040102001	0.05	李峰
00005	2014.04.02	120	260,000.00	0304001	0.05	李峰
00006	2011.09.10	120	280,000.00	040102002	0.05	李峰
00007	2011.10.08	120	45,000.00	040102003	0.05	李峰
00008	2011.12.05	120	40,000.00	040302001	0.05	李峰
00009	2015.09.25	60	38,000.00	0103001	0.05	李峰
00010	2011.07.13	240	21,000.00	0203001	0.05	李峰
00011	2015.09.25	60	12,000.00	0103002	0.05	李峰
合计:(共计			6,021,000.00			

图 6-12 卡片管理

模块 7　采购、销售、库存、存货核算初始设置

项目 1　采购管理系统初始设置

【操作要求与资料】

以采购主管元华身份，时间：2017 年 1 月 1 日，登录“企业应用平台”，设置采购管理系统期初设置。

项目 1.1　采购期初录入、记账

（1）2016 年 12 月 30 日，采购部向艳艳公司采购 E502 赠品 200 个，不含税单价 56 元 / 个，已入赠品仓库，正常采购，入库类别为采购入库，发票未到，款未付。

（2）2016 年 12 月 30 日，收到乐乐公司发来受托代销商品，D401 商品 150 件单价 260 元 / 件；D402 商品 200 件，单价 210 元 / 件；D403 商品 184 件，单价 184 元 / 件。已入受托代销仓库，还未销售。

（3）无在途商品。

项目 1.2　选项（参数设置）

（1）普通业务必有订单。

（2）商业版费用不分摊到入库成本。

（3）其他默认。

【操作指导与注意事项】

一、采购期初录入、记账

（1）执行“供应链—采购管理—采购入库—采购入库单”，弹出“期初采购入库单”对话框（在执行期初采购记账前，执行“采购入库单”，打开的是“期初采购入库单”，录入期初采购入库单信息），如图 7-1、图 7-2 所示。

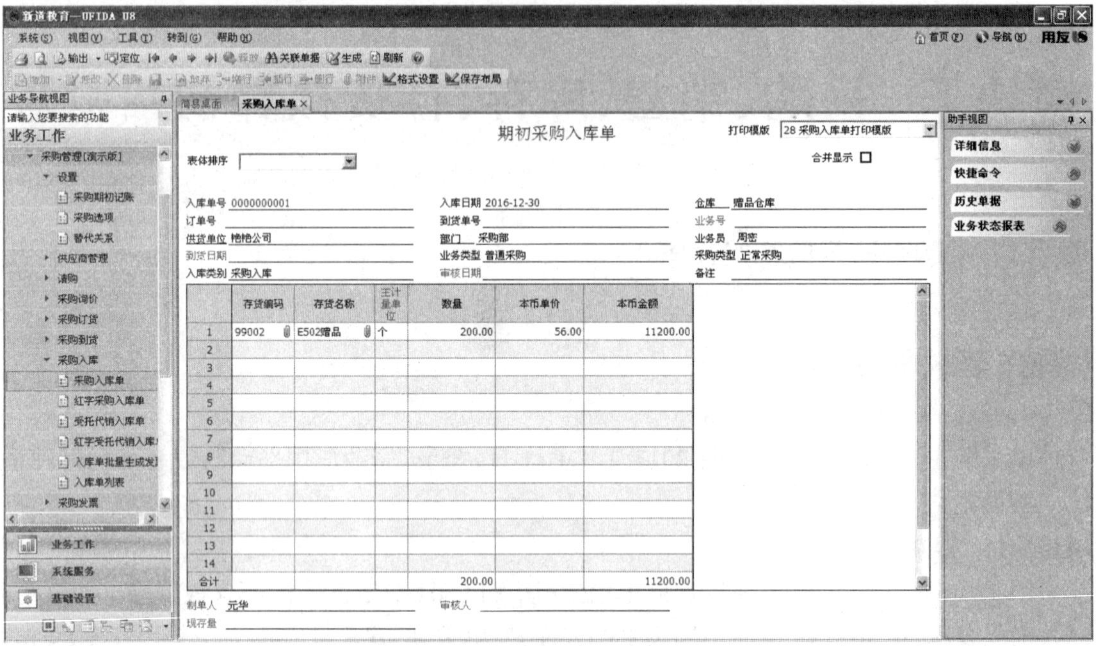

图 7-1 期初采购入库单

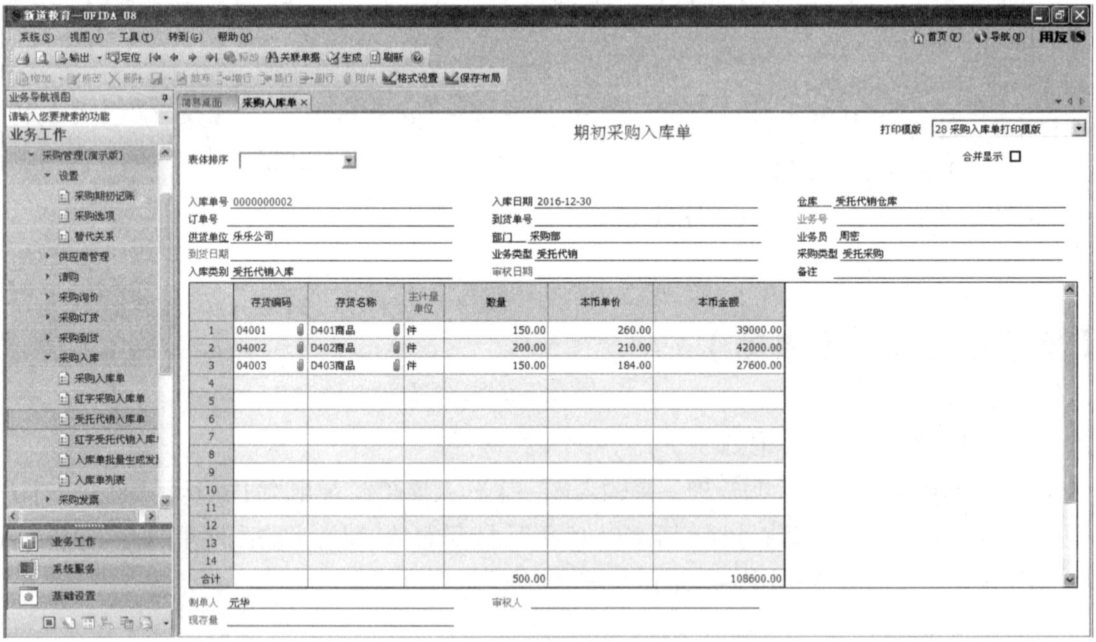

图 7-2 期初商品采购入库单

(3)执行“供应链—采购管理—设置—采购期初记账”,弹出以下“期初记账”对话框,如图 7-3 所示。

(2)单击“确定”,弹出“期初记账完毕”提示框,如图 7-4 所示,单击“确定”,完成记账操作。

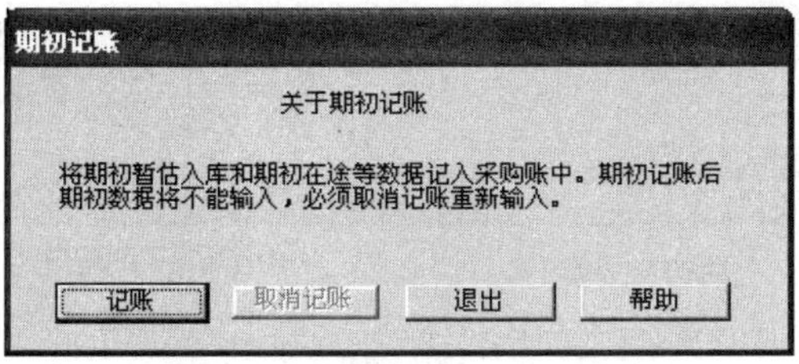

图 7-3　“期初记账”对话框

图 7-4　期初记账完毕提示框

二、选项(参数设置)

如果在基础设置时已经进行了采购选项设置,这里可以不需要再设置。如果没有设置,这里可以执行“供应链—采购管理—设置—采购选项”,打开“采购选项设置”对话框,进行相应设置。

项目 2　销售管理系统初始设置

【操作要求与资料】

以销售主管刘向身份,时间:2017 年 1 月 1 日,登录“企业应用平台”,设置销售管理系统期初设置。

项目 2.1　销售期初录入

无期初发货单。

项目 2.2　选项(参数设置)

(1)普通销售必有订单。

(2)允许存货超可用量发货。

(3)取消“是否销售生成出库单”。

(4)新增发票默认参照发货单生成。

(5)无委托代销业务。

(6)有分期收款业务。

(7)其他默认。

【操作指导与注意事项】

一、销售期初录入

因为无期初发货单,所以不需要执行销售期初录入,如果有期初发货单,则:

(1)执行“供应链—销售管理—设置—期初录入—期初发货单”,打开“期初发货单”对话框,如图 7-5 所示;

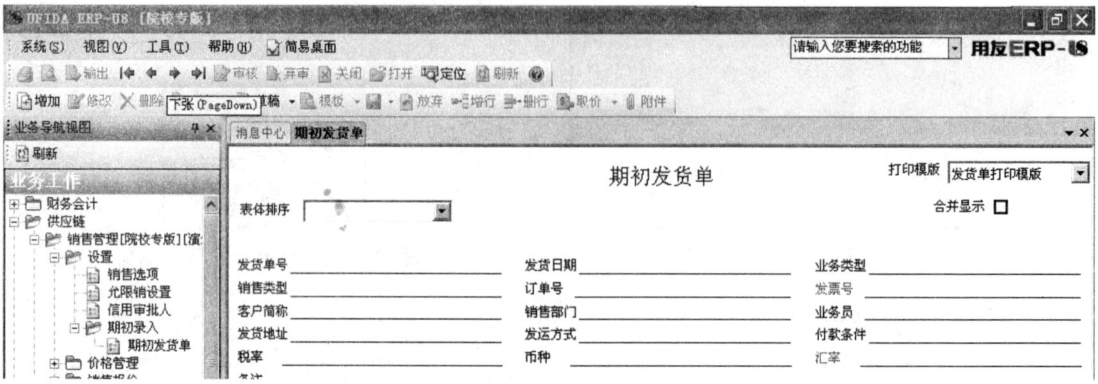

图 7-5 “期初发货单”对话框

(2)单击“增加”,输入期初发货单,保存即可。

二、选项(参数设置)

如果在基础设置时已经进行了销售选项设置,这里可以不需要再设置。如果没有设置,这里可以执行“供应链—销售管理—设置—销售选项”,打开“销售选项”对话框,如图 7-6 所示,对照资料进行相应设置。

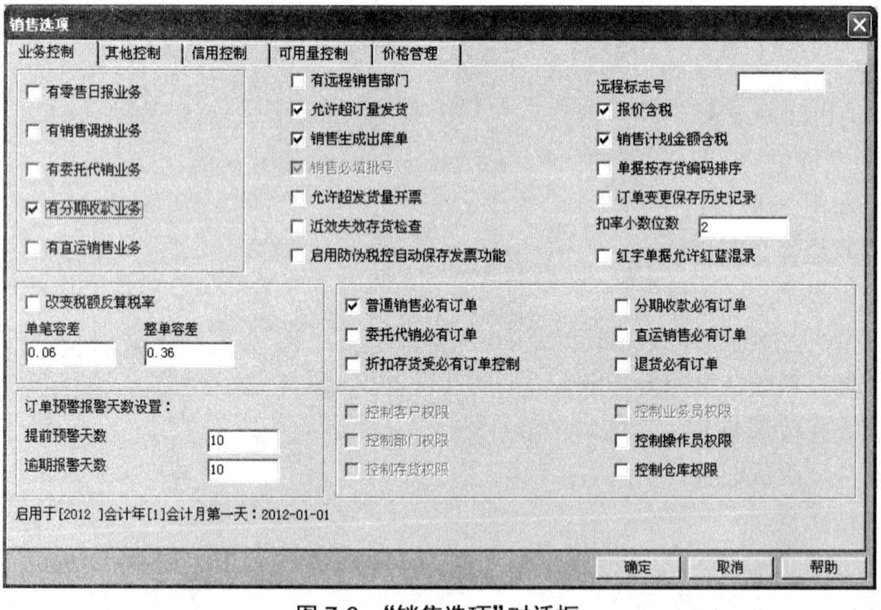

图 7-6 “销售选项”对话框

项目 3 存货核算系统初始设置

【操作要求与资料】

以存货核算员李锋身份,时间:2017 年 1 月 1 日,登录“企业应用平台”,进行存货核算系统初始设置。

项目 3.1 科目设置

1. 存货科目设置

存货科目设置资料如表 7-1 所示。

表 7-1 存货科目设置资料

仓库编码	仓库名称	存货科目编码	存货科目名称	委托代销发出商品科目编码	委托代销发出商品科目名称	直运科目编码	直运科目名称
01	1 号仓库	1405	库存商品	1406	发出商品	1402	在途商品
02	2 号仓库	1405	库存商品	1406	发出商品	1402	在途商品
03	3 号仓库	1405	库存商品	1406	发出商品	1402	在途商品
04	受托代销仓库	1321	受托代销商品				
05	赠品仓库	1405	库存商品				

2. 对方科目设置

存货对方科目设置资料如表 7-2 所示。

表 7-2 存货对方科目设置资料

收发类别编码	收发类别名称	对方科目编码	对方科目名称	暂估科目编码	暂估科目名称
101	采购入库	1402	在途商品	220202	暂估应付款
102	受托代销入库	2314	受托代销商品款	2314	受托代销商品款
103	盘盈入库	1901	待处理财产损溢		
104	采购退货	1402	在途商品		
201	销售出库	6401	主营业务成本		
202	委托代销出库	6401	主营业务成本		
203	盘亏出库	1901	待处理财产损溢		
204	销售退货	6401	主营业务成本		
205	赠品出库	660104	赠品费用		

项目 3.2 期初余额录入

（1）根据表 7-3 内容录入期初余额。

表 7-3 期初余额表

仓库	存货编码	存货名称	计量单位	数量	单价	金额
1 号仓库	01001	A101 商品	件	20	700	14 000
1 号仓库	01002	A102 商品	件	35	600	21 000
1 号仓库	01003	A103 商品	件	48	500	24 000

续表

仓库	存货编码	存货名称	计量单位	数量	单价	金额
2 号仓库	02001	B201 商品	台	12	2 750	33 000
2 号仓库	02002	B202 商品	台	25	2 160	54 000
2 号仓库	02003	B203 商品	台	19	1 530	29 070
3 号仓库	03001	C301 商品	双	190	280	53 200
3 号仓库	03002	C302 商品	双	70	310	21 700
3 号仓库	03003	C303 商品	双	100	158	15 800
受托代销仓库	04001	D401 商品	件	150	260	39 000
受托代销仓库	04002	D402 商品	件	200	210	42 000
受托代销仓库	04003	D403 商品	件	150	184	27 600
赠品仓库	99002	E502 赠品	个	200	56	11 200

（2）办理期初记账。

项目 3.3　选项（参数设置）

（1）核算方式：按仓库核算。

（2）暂估方式；月初回冲。

（3）销售成本核算方式；销售发票。

（4）其他默认。

【操作指导与注意事项】

一、科目设置

（1）执行“供应链—存货核算—初始设置—科目设置—存货科目”，打开“存货科目”对话框，如图 7-7 所示，单击“增加”录入存货科目（参见资料），设置完成后，保存并退出。

仓库编码	仓库名称	存货分类编码	存货分类名称	存货编码	存货名称	存货科目编码	存货科目名称	差异科...	差异...	分期收...	分期收...	委托代销发出...	委托代销发出...	直运科目编码	直运科目名称
01	1号仓库					1405	库存商品					1406	发出商品	1402	在途商品
02	2号仓库					1405	库存商品					1406	发出商品	1402	在途商品
03	3号仓库					1405	库存商品					1406	发出商品	1402	在途商品
04	受托代销仓库					1321	受托代销商品								
05	赠品仓库					1405	库存商品								

图 7-7　存货科目设置对话框

（2）执行“供应链—存货核算—初始设置—科目设置—对方科目”，打开“对方科目”对话框，如图 7-8 所示，单击“增加”录入对方科目（参见资料），设置完成后，保存并退出。

对方科目

输出　增加　插行　删除　栏目　定位　退出

对方科目

收发类别编码	收发类别名称	存货分类编码	存货分类名称	存货编码	存货名称	部门编码	部门名称	项目大类编码	项目大类名称	项目编码	项目名称	对方科目编码	对方科目名称	暂估科目编码	暂估科目名称	委外加工
101	采购入库											1402	在途商品	220202	暂估应付款	
102	受托代销入库											2314	受托代销商品款	2314	受托代销商品款	
103	盘盈入库											1901	待处理财产损溢			
104	采购退货											1402	在途商品			
201	销售出库											6401	主营业务成本			
202	委托代销出库											6401	主营业务成本			
203	盘亏出库											1901	待处理财产损溢			
204	销售退货											6401	主营业务成本			
205	赠品出库											660104	赠品费用			

图 7-8　“对方科目”对话框

二、期初余额

(1)执行“供应链—存货核算—初始设置—期初数据—期初余额”,打开“期初余额”对话框,如图 7-9 所示,在“仓库”下拉列表框中选择 1 号仓库,单击“增加”录入 1 号仓库期初存货余额(参见资料),设置完成后,再分别选择 2 号仓库、3 号仓库、受托代销仓库和赠品仓库并分别录入期初存货余额, 如图 7-10 至图 7-13 所示。

期初余额

输出　增加　删除　选择　取数　Σ 汇总　对账　定位　格式　恢复　升序　降序　退出

期初余额

年度 2017　仓库 01　1号仓库　计价方式:移动平均法　存货分类

存货编码	存货名称	规格型号	计量单位	数量	单价	金额	售价	售价金额	存货科...	存货科目
01001	A101商品		件	20.00	700.00	14,000.00			1405	库存商品
01002	A102商品		件	35.00	600.00	21,000.00			1405	库存商品
01003	A103商品		件	48.00	500.00	24,000.00			1405	库存商品
合计:				103.00		59,000.00				

图 7-9　“期初余额”对话框

期初余额

输出　增加　删除　选择　取数　Σ 汇总　对账　定位　格式　恢复　升序　降序　退出

期初余额

年度 2017　仓库 02　2号仓库　计价方式:移动平均法　存货分类

存货编码	存货名称	规格型号	计量单位	数量	单价	金额	售价	售价金额	存货科...	存货科目
02001	B201商品		台	12.00	2,750.00	33,000.00			1405	库存商品
02002	B202商品		台	25.00	2,160.00	54,000.00			1405	库存商品
02003	B203商品		台	19.00	1,530.00	29,070.00			1405	库存商品
合计:				56.00		116,070.00				

图 7-10　2 号仓库期初余额录入

期初余额

输出　增加　删除　选择　取数　Σ 汇总　对账　定位　格式　恢复　升序　降序　退出

期初余额

年度 2017　仓库 03　3号仓库　计价方式:移动平均法　存货分类

存货编码	存货名称	规格型号	计量单位	数量	单价	金额	售价	售价金额	存货科...	存货科目
03001	C301商品		双	190.00	280.00	53,200.00			1405	库存商品
03002	C302商品		双	70.00	310.00	21,700.00			1405	库存商品
03003	C303商品		双	100.00	158.00	15,800.00			1405	库存商品
合计:				360.00		90,700.00				

图 7-11　3 号仓库期初余额录入

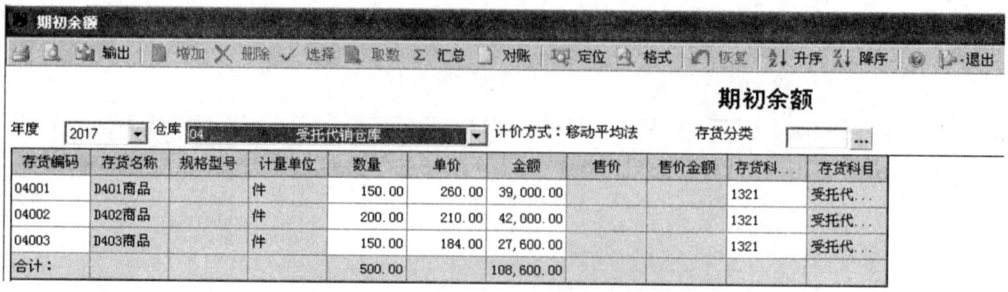

存货编码	存货名称	规格型号	计量单位	数量	单价	金额	售价	售价金额	存货科...	存货科目
04001	D401商品		件	150.00	260.00	39,000.00			1321	受托代...
04002	D402商品		件	200.00	210.00	42,000.00			1321	受托代...
04003	D403商品		件	150.00	184.00	27,600.00			1321	受托代...
合计：				500.00		108,600.00				

图 7-12　受托代销仓库期初余额录入

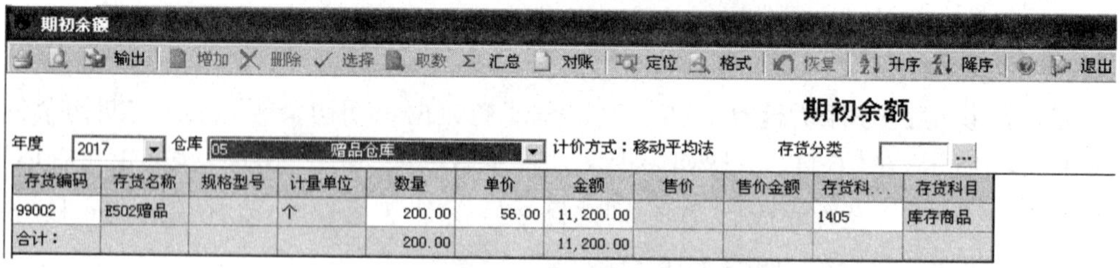

存货编码	存货名称	规格型号	计量单位	数量	单价	金额	售价	售价金额	存货科...	存货科目
99002	E502赠品		个	200.00	56.00	11,200.00			1405	库存商品
合计：				200.00		11,200.00				

图 7-13　赠品仓库期初余额录入

(2)余额录入完成后,单击工具栏"记账",进行期初余额,提示期初记账成功,如图 7-14 所示。

图 7-14　期初记账成功提示框

三、选项(参数设置)

如果在基础设置时已经进行了存货选项设置,这里可以不再设置。如果没有设置,这里可以执行"供应链—存货核算—设置—选项录入",打开"选项录入"对话框,如图 7-15 所示,参见资料进行相应设置。

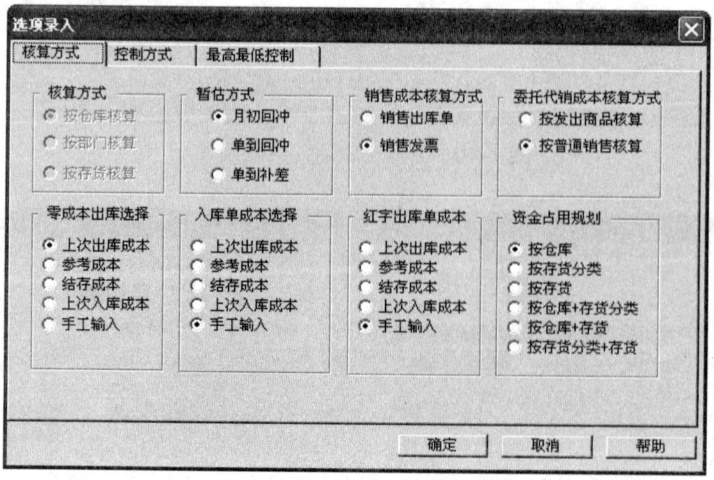

图 7-15　"选项录入"对话框

项目 4　库存管理系统初始设置

【操作要求与资料】

以仓库主管刘明身份，时间：2017 年 1 月 1 日，登录“企业应用平台”，进行库存管理系统初始设置。

项目 4.1　期初结存设置

（1）通过取数功能录入期初库存，并进行批审。

（2）与存货核算系统进行对账。

项目 4.2　选项（参数设置）

（1）允许超发货单出库。

（2）自动带出单价的单据：采购入库单、销售出库单。

（3）其他采用系统默认。

【操作指导与注意事项】

一、期初结存

（1）执行“供应链—库存管理—初始设置—期初结存”，打开“库存期初”对话框，如图 7-16 所示，在“仓库”下拉列表框中选中“（01）1 号仓库”，单击工具栏“修改”按钮，再单击工具栏“取数”按钮，进度条显示正在取数，待取数完成后，单击“保存”完成“（01）1 号仓库”期初库存取数，单击工具栏“批审”进行数据审核。

图 7-16　库存期初对话框

（2）用同样的方法完成“（02）2 号仓库”“（02）3 号仓库”“（04）受托代销仓库”和“（05）赠品仓库”的期初库存取数和批审，如图 7-17 至图 7-20 所示。

简易桌面 | 库存期初数据录入

库存期初

仓库 (02)2号仓库

表体排序

	仓库	仓库编码	存货编码	存货名称	主计量单位	数量	单价	金额	入库类别	部门	制单人	审核人	审核日期
1	2号仓库	02	02001	B201商品	台	12.00	2750...	33000.00			刘明	刘明	2017-01-01
2	2号仓库	02	02002	B202商品	台	25.00	2160...	54000.00			刘明	刘明	2017-01-01
3	2号仓库	02	02003	B203商品	台	19.00	1530...	29070.00			刘明	刘明	2017-01-01
4													
5													
6													

图 7-17　2 号仓库库存期初余额

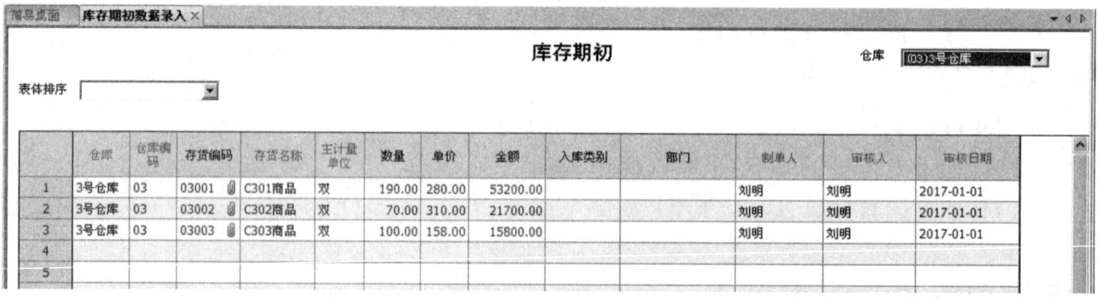

简易桌面 | 库存期初数据录入

库存期初

仓库 (03)3号仓库

表体排序

	仓库	仓库编码	存货编码	存货名称	主计量单位	数量	单价	金额	入库类别	部门	制单人	审核人	审核日期
1	3号仓库	03	03001	C301商品	双	190.00	280.00	53200.00			刘明	刘明	2017-01-01
2	3号仓库	03	03002	C302商品	双	70.00	310.00	21700.00			刘明	刘明	2017-01-01
3	3号仓库	03	03003	C303商品	双	100.00	158.00	15800.00			刘明	刘明	2017-01-01
4													
5													

图 7-18　3 号仓库库存期初余额

简易桌面 | 库存期初数据录入

库存期初

仓库 (04)受托代销仓库

表体排序

	仓库	仓库编码	存货编码	存货名称	主计量单位	数量	单价	金额	入库类别	部门	制单人	审核人	审核日期
1	受托代...	04	04001	D401商品	件	150.00	260.00	39000.00			刘明	刘明	2017-01-01
2	受托代...	04	04002	D402商品	件	200.00	210.00	42000.00			刘明	刘明	2017-01-01
3	受托代...	04	04003	D403商品	件	150.00	184.00	27600.00			刘明	刘明	2017-01-01
4													
5													
6													

图 7-19　受托代销仓库库存期初余额

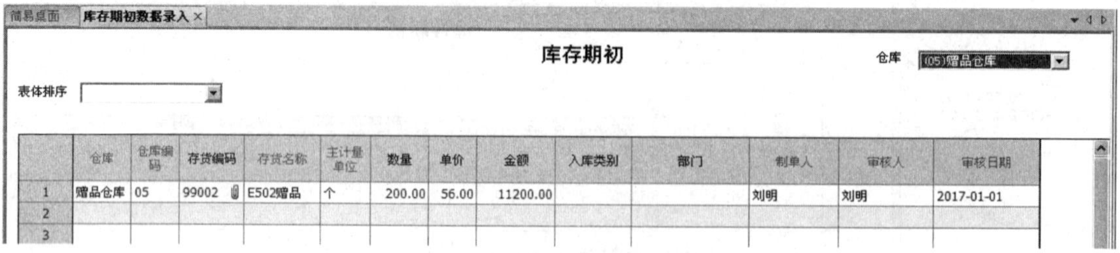

简易桌面 | 库存期初数据录入

库存期初

仓库 (05)赠品仓库

表体排序

	仓库	仓库编码	存货编码	存货名称	主计量单位	数量	单价	金额	入库类别	部门	制单人	审核人	审核日期
1	赠品仓库	05	99002	E502赠品	个	200.00	56.00	11200.00			刘明	刘明	2017-01-01
2													
3													

图 7-20　赠品仓库库存期初余额

(3)单击工具栏“对账”按钮,弹出“库存与存货期初对账查询条件”对话框,如图 7-21 所示,在“请选择仓库”多选框中全部勾选,单击“确定”,开始对账,对账完后,弹出“对账成功!”提示框,如图 7-22 所示。

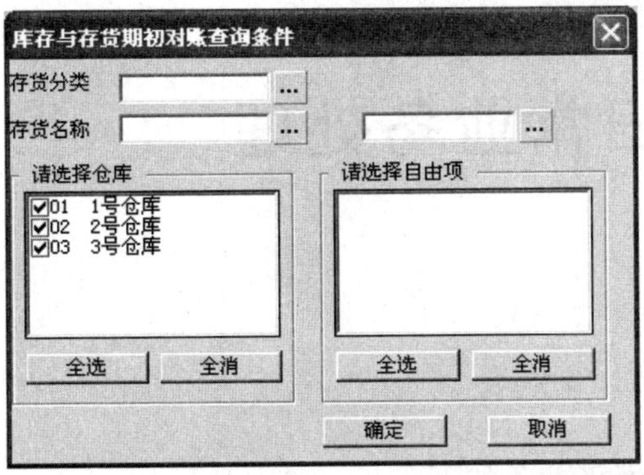

图 7-21　“库存与存货期初对账查询条件”对话框

图 7-22　对账成功提示框

二、选项(参数设置)

如果在基础设置时已经进行库存选项设置,这里可以不再设置。如果没有设置,这里可以执行“供应链—库存管理—初始设置—选项”,打开“库存选项设置”对话框,如图 7-23 所示,进行库存选项设置(参见资料)。

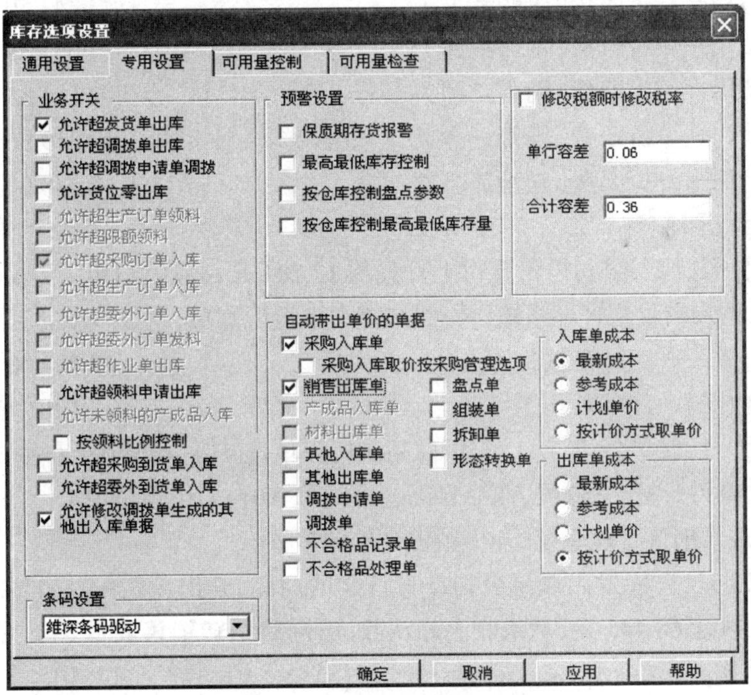

图 7-23　“库存选项设置”对话框

模块8 日常业务处理

【操作要求与资料】

湘诚贸易股份有限公司当年1月发生经济业务如下。

(注:本实训题中的单价均指不含税单价;都以工行存款结算。)

【业务一】1日,根据月初在用固定资产原值计提本月折旧。(折旧清单、折旧分配表)

W02 李锋进入固定资产管理系统,执行计提折旧功能,生成转账凭证:

借:管理费用——折旧费(办公室) 1 289.50

管理费用——折旧费(财务部) 1 373.50

管理费用——折旧费(采购部) 3 343.50

管理费用——折旧费(销售一部) 5 051.55

管理费用——折旧费(销售二部) 3 181.35

管理费用——折旧费(销售三部) 3 319.60

管理费用——折旧费(仓管部) 2 548.00

贷:累计折旧 20 107.00

【业务二】2日,绿谷公司电汇支付上月欠款 17 784 元,票据号 D01。(收款单)

W01 张敏进入应收款管理系统,录入收款单,审核后制单,生成收款凭证:

借:银行存款——工行存款 17 784.00

贷:应收账款(绿谷公司) 17 784.00

【业务三】2日,晨星公司订购 A101 商品 10 件,单价 910 元,A102 商品 30 件,单价 780 元,A103 商品 40 件,单价 650 元,商品自提。合同号 X01。(销售订单)

X01 刘向进入销售管理系统,开出销售订单并审核。

【业务四】3日,仓库发出晨星公司2日订购的商品,开出专用发票,计货款 58 500 元,税款 9 945 元,共计 68 445 元,款未收。确认收入,同时结转销售成本。(发货单、销售增值税专用发票、销售出库单)

(1)X01 刘向进入销售管理系统,开出发货单并审核。开出销售增值税专用发票并进行复核。

(2)C01 刘明进入库存管理系统,开出销售出库单并审核。

(3)W01 张敏进入应收款管理系统,审核销售专用发票,生成转账凭证:

借:应收账款(晨星公司) 68 445.00

贷:主营业务收入 58 500.00

应交税费——应交增值税——销项税额　9 945.00

(4)W03 李锋进入存货核算系统,对销售出库单进行记账,生成转账凭证。

借:主营业务成本　45 000

贷:库存商品　45 000

【业务五】3 日,收到晨星公司 2 日购货款,转账支票一张,票据号: Z01,金额 68 445 元。(收款单)

W01 张敏进入应收款管理系统,录入收款单并审核,生成收款凭证:

借:银行存款——工行存款　68 445.00

贷:应收账款(晨星公司)　68 445.00

【业务六】4 日,向京京公司订购 B201 商品 20 台,单价 2 750 元, B202 商品 30 台,单价 2 160 元。合同号 C01。(采购订单)

G01 元华进入采购管理系统,开出采购订单并审核。

【业务七】6 日,收到京京公司发来的 B201 商品 20 台,B202 商品 30 台,验收入 2 号库。(到货单、采购入库单)。同时,收到京京公司专用发票: B201 商品 20 台,单价 2 750 元,价款 55 000 元,税款 9 350 元;B202 商品 30 台,单价 2 160 元,价款 64 800 元,税款 11 016 元。款未付。(采购增值税专用发票)提示:先入库,后开票,开发票后直接结算。(注:先发票制单再入库单制单)

(1)G01 元华进入采购管理系统,开出采购到货单。

(2)C01 刘明进入库存管理系统,开出采购入库单并审核。

(3)G01 元华进入采购管理系统,开出采购增值税专用发票,并办理采购结算。

(4)W01 张敏进入应付款管理系统,审核增值税专用发票,生成转账凭证:

借:在途商品　119 800.00

应交税费——应交增值税——进项税额　20 366.00

贷:应付账款——一般应付款(京京公司)　140 166.00

(5)W02 李锋进入存货核算系统,对采购入库单进行记账;并根据采购入库单生成转账凭证:

借:库存商品　119 800.00

贷:在途商品　119 800.00

【业务八】7 日,开出转账支票一张,票据号: Z02,金额 140 166 元,支付京京公司货款。(付款单)

W01 张敏进入应付款管理系统,开出付款单并审核,生成付款凭证:

借:应付账款——一般应付款(京京公司)　140 166.00

贷:银行存款——工行存款　140 166.00

【业务九】7 日,电汇给美美公司 20 124 元,支付上月欠款,票据号 D02。(付款单)

W01 张敏进入应付款管理系统,开出付款单并审核,生成付款凭证:

借:应付账款——一般应付款(美美公司)　20 124.00

贷:银行存款——工行存款　　20 124.00

【业务十】7 日,销售一部朱明宇出差归来,报销差旅费 1 820 元,原预借 1 500 元,差额以现金付给。

W01 张敏进入总账系统,直接填制付款凭证:

借:管理费用——差旅费　　1 820.00
　贷:其他应收款(朱明宇)　　1 500.00
　　现金　　320.00

【业务十一】7 日,交上月应交增值税 38 250 元,应交所得税 29 700 元,应交城市维护建设税 2 677.5 元,应交个人所得税 2 490.2 元,应交教育费附加 1 530 元,共计 74 647.7 元。结算方式:其他。

W01 张敏进入总账系统,直接填制付款凭证:

借:应交税费——未交增值税　　38 250.00
　应交税费——应交所得税　　29 700.00
　应交税费——应交城市维护建设税　　2 677.50
　应交税费——应交个人所得税　　2 490.20
　应交税费 ——应交教育费附加　　1 530.00
　贷:银行存款——工行存款　　74 647.70

【业务十二】7 日,向花花公司订购 B203 商品 50 台,单价 1 500 元,要求 8 日到货。合同号 C02。(采购订单)

G01 元华进入采购管理系统,开出采购订单并审核。

【业务十三】8 日,收到花花公司发来的 B203 商品 50 台,验收入 2 号仓库。(到货单、采购入库单)。同日,收到花花公司开来的专用发票, B203 商品 50 台,单价 1 500 元,货款 75 000 元,税款 12 750 元,共计 87 750 元,款未付。(采购增值税专用发票)提示:先入库,后开票,开票后直接结算。

(1)G01 元华进入采购管理系统,开出采购到货单。

(2)C01 刘明进入库存管理系统,开出采购入库单并审核。

(3)G01 元华进入采购管理系统,开出采购增值税专用发票,并办理采购结算。

(4)W01 张敏进入应付款管理系统,审核增值税专用发票,生成转账凭证:

借:在途商品　　75 000.00
　应交税费——应交增值税——进项税额　　12 750.00
　贷:应付账款——一般应付款(花花公司)　　87 750.00

(5)W02 李锋进入存货核算系统,对采购入库单进行记账;并根据采购入库单生成转账凭证:

借:库存商品　　75 000.00
　贷:在途商品　　75 000.00

【业务十四】8 日开出转账支票一张,票据号: Z03,金额 37 750 元,支付给花花公司货

款，并冲预付款 50 000 元。（付款单、预付冲应付单）

（1）W01 张敏进入应付款管理系统，录入付款单，审核后制单，生成付款凭证：

借：应付账款——一般应付款（花花公司）　37 750.00

　贷：银行存款——工行存款　37 750.00

（2）进行预付冲应付操作，生成转账凭证：

借：应付账款——一般应付款（花花公司）　50 000.00

　贷：预付账款（花花公司）　50 000.00

【业务十五】8 日，青梅公司订购 B202 商品 20 台，协议价格 2 780 元 / 台，C301 商品 80 双，协议价格 350 元 / 双。合同号 X02。（销售订单）

X01 刘向进入销售管理系统，开出销售订单并审核。

【业务十六】9 日，仓库发出青梅公司 8 日所订商品，并开出专用发票，价款 83 600 元，税款 14 212 元，价税合计 97 812 元，款未收。确认收入，同时结转销售成本。（发货单、销售增值税专用发票、销售出库单）

（1）X01 刘向进入销售管理系统，开出发货单并审核。开出销售专用发票并进行复核。

（2）C01 刘明进入库存管理系统，开出销售出库单并审核。

（3）W01 张敏进入应收款管理系统，审核销售专用发票，生成转账凭证：

借：应收账款（青梅公司）　97 812.00

　贷：主营业务收入　83 600.00

　　应交税费——应交增值税——销项税额　14 212.00

（4）W03 李锋进入存货核算系统，对销售出库单进行记账，生成转账凭证。

借：主营业务成本　65 600.00

　贷：库存商品　65 600.00

【业务十七】10 日，收到青梅公司转账支票一张，票据号 Z04，金额 37 812 元，支付 7 日货款，并以预收款 60 000 元冲应收该公司账款。（收款单，预收冲应收单）

（1）W01 张敏进入应收款管理系统，录入收款单，审核后制单，生成收款凭证：

借：银行存款——工行存款　37 812.00

　贷：应收账款（青梅公司）　37 812.00

（2）办理预收冲应收操作，生成转账凭证：

借：预收账款（青梅公司）　60 000.00

　贷：应收账款（青梅公司）　60 000.00

W03 张林对上旬记账凭证进行出纳审核并签字，A01 本人姓名对上旬记账凭证进行审核并签字，A01 本人姓名对上旬记账凭证进行主管签字，A01 本人姓名对上旬记账凭证进行记账。

【业务十八】11 日，向美美公司订购 C302 商品 200 双，单价 300 元，C303 商品 150 双，单价 160 元，13 日自备车辆提货。合同号：C03。（采购订单）

G01 元华进入采购管理系统，开出采购订单并审核。

【业务十九】11 日,黄河公司订购 B203 商品 30 台,单价 1 980 元, C302 商品 30 双,单价 400 元,要求 12 日发货。合同号:X03。(销售订单)

X01 刘向进入销售管理系统,开出销售订单并审核。

【业务二十】11 日,向倍倍公司订购 A101 商品 130 件,单价 680 元, A102 商品 150 件,单价 590 元, A103 商品 80 件,单价 500 元。合同约定赠送价值 36 元 / 个的 E503 赠品 100 个。合同号:C04。(采购订单)

G01 元华进入采购管理系统,开出采购订单并审核。

【业务二十一】11 日,收到倍倍公司发来 A101 商品 130 件, A102 商品 150 件, A103 商品 80 件,验收入 1 号仓库。合同约定赠送价值 36 元 / 个的 E503 赠品 100 个,验收入 05 赠品仓库。(到货单、采购入库单、其他入库单)

(1)G01 元华进入采购管理系统,开出采购到货单。

(2)C01 刘明进入库存管理系统,开出采购入库单并审核。录入其他入库单并审核。

【业务二十二】11 日,收到倍倍公司开来专用发票, A101 商品 130 件,单价 680 元, A102 商品 150 件,单价 590 元, A103 商品 80 件,单价 500 元,共计货款 269 000 元,税款 36 873 元,价税合计 253 773 元。立即开出转账支票,票据号 Z03,金额 253 773 元。(采购专用发票)提示:采用现结功能。

(1)G01 元华进入采购管理系统,开出采购增值税专用发票,现结并办理采购结算。

(2)W01 张敏进入应付款管理系统,审核增值税专用发票,生成转账凭证:

借:在途商品	216 900.00	
应交税费——应交增值税——进项税额	36 873.00	
贷:银行存款——工行存款		253 773.00

(3)W02 李锋进入存货核算系统,对采购入库单和其他入库单进行记账;根据采购入库单生成转账凭证:

借:库存商品	216 900.00	
贷:在途商品		216 900.00

根据其他入库单生成转账凭证:

借:库存商品	3 600.00	
贷:营业外收入		3 600.00

【业务二十三】11 日,开出现金支票 XJ01,提现 56 919 元以备发放工资。

W01 张敏进入总账系统,直接填制付款凭证:

借:库存现金	56 919.00	
贷:银行存款——工行存款		56 919.00

【业务二十四】11 日,发放上月薪资,并代扣社会保险和个人所得税。上月薪资表如下:

表 8-1　工资发放表(略)

人员编号	姓名	基本薪资	岗位薪资	奖金	交补	应发合计	社会保险	代扣税	扣款合计	实发合计
01001	敖广	3500	600	800	80	4980	287	382	669	4311
01002	张立	3000	600	800	80	4480	252	307	559	3921
01003	刘小璐	1800	400	500	80	2780	154	93	247	2533
02001	学生姓名	2600	600	550	80	3830	224	209.5	433.5	3 396.5
	……									
合　计		42600	8400	10650	1600	63250	3570	2761	6331	56919

提示:个人缴纳的社会保险通过“其他应付款”处理,直接在总账系统填制凭证。

W01 张敏进入总账系统,直接填制付款凭证:

借:应付职工薪酬　　63 250.00

　　贷:其他应付款　　3 570.00

　　　　应交税费——应交个人所得税　　2 761.00

　　　　库存现金　　56 919.00

【**业务二十五**】11 日,销售一部报销业务招待费 780 元,以现金支付。

W01 张敏进入总账系统,直接填制付款凭证:

借:销售费用——业务招待费　　780.00

　　贷:库存现金　　780.00

【**业务二十六**】11 日,收到红光公司转账支票一张,票据号 Z05,系上月货款 60 021 元。(收款单)

W01 张敏进入应收款管理系统,录入收款单并审核,生成收款凭证:

借:银行存款——工行存款　　60 021.00

　　贷:应收账款(红光公司)　　60 021.00

【**业务二十七**】11 日,办公室向天天商城订购传真机一台,订单号 C05,价款 2 600 元,税款 442 元,开出转账支票一张,票据号:Z05,当天下午送来安装,当即交付使用,预计使用年限为 5 年。(采购订单、到货单、采购增值税专用发票、固定资产卡片)

(1)G01 元华进入采购管理系统,开出采购订单并审核。开出到货单并审核。

(2)C01 刘明进入库存管理系统,开出采购入库单并审核。

(3)G01 元华进入采购管理系统,开出采购增值税专用发票,现结并办理结算。

(4)W01 张敏进入应付款管理系统,审核增值税专业发票。

(5)W02 李峰进入固定资产管理系统,生成固定资产卡片。

(6)W01 张敏进入应付款管理系统,进行制单处理,生成付款凭证:

借:固定资产　　2 600.00

　　应交税费——应交增值税——进项税额　　442.00

　　贷:银行存款——工行存款　　3 042.00

【**业务二十八**】12 日,仓库发出黄河公司 11 日订购的 B203 商品 30 台,C302 商品 30

双;以现金代垫运费 350 元,开出销售专用发票,货款 71 400 元,税款 12 138 元,价税合计 83 538 元,款未收。(发贷单、销售增值税专用发票、代垫运费单、销售出库单)

(1)X01 刘向进入销售管理系统,开出发货单并审核。开出销售增值税专业发票并复核。开出代垫费用单(其他应收单)。

(2)C01 刘明进入库存管理系统,开出销售出库单并审核。

(3)W01 张敏进入应收款管理系统,审核销售增值税专用发票,并进行发票制单,生成转账凭证:

借:应收账款(黄河公司) 83 538.00

  贷:主营业务收入 71 400.00

    应交税费——应交增值税——销项税额 12 138.00

根据其他应收单,生成付款凭证:

借:应收账款(黄河公司) 350.00

  贷:库存现金 350.00

(4)W02 李锋进入存货核算系统,对销售出库单进行记账,生成转账凭证。

借:主营业务成本 54 547.80

  贷:库存商品 54 547.80

【业务二十九】13 日销售给黄河公司的 C302 商品中有一部分不达标,经过协商,给予对方 10% 的现金折让,开出红字专用发票数量为 0,金额 7 140 元,税款 1 213.8 元。收到转账支票一张,票据号:Z06,金额 75 534.2 元,结清款项。(设置 C302 存货属性“折扣”,红字销售专用发票、收款单)

(1)X01 刘向进入销售管理系统,开出红字销售增值税专业发票并复核。

(2)W01 张敏进入应收款管理系统,审核红字销售增值税专业发票,生成红字转账凭证:

借:应收账款(黄河公司) −8 353.80

  贷:主营业务收入 −7 140.00

    应交税费——应交增值税——销项税额 −1 213.80

(3)W01 张敏进入应收款管理系统,录入收款单,审核后制单,生成收款凭证:

借:银行存款——工行存款 75 534.20

  贷:应收账款(黄河公司) 75 534.2

【业务三十】13 日,收到仓库通知,向美美公司订购的 C302 商品 200 双, C303 商品 150 双,已到货验收入库。收到专用发票,货款 84 000 元,税款 14 280 元,共计 98 280 元,同时收到运费发票金额为 840 元,增值税 92.4 元,当即开出 1 个月到期的银行承兑汇票付讫,票据号:Y01;账号 6549。(到货单、采购入库单、采购增值税专用发票)提示:采用手动结算功能,运费计库存商品成本,按金额进行分配。

(1)G01 元华进入采购管理系统,开出到货单并审核。

(2)C01 刘明进入库存管理系统,开出采购入库单并审核。

（3）G01 元华进入采购管理系统，开出采购增值税专用发票并进行复核。开出运费发票。进行采购结算。

（4）W01 张敏进入应付款管理系统，审核采购增值税专用发票和运费发票，根据采购增值税专用发票生成转账凭证：

借：在途商品 84 000.00
　应交税费——应交增值税——进项税额 14 280.00
　　贷：应付账款——一般应付款（美美公司） 98 280.00

根据运费发票生成转账凭证：

借：在途商品 747.60
　应交税费—应交增值税—进项税额 92.40
　　贷：应付账款——一般应付款（美美公司） 840.00

（5）W01 张敏进入应付款管理系统，开出银行承兑汇票，生成转账凭证：

借：应付账款——一般应付款（美美公司） 99 120.00
　　贷：应付票据（美美公司） 99 120.00

（6）W02 李峰进入存货核算系统，进行采购入库单正常记账，生成转账凭证：

借：库存商品 84 747.60
　　贷：在途商品 84 747.60

【业务三十一】16 日，紫微公司上年 12 月 16 日签发的应收票据到期，款项收存银行，结算方式：其他。（票据处理单）

W01 张敏进入应收款管理系统，进行票据处理，生成收款凭证：

借：银行存款——工行存款 120 000.00
　　贷：应收票据（紫微公司） 120 000.00

【业务三十二】16 日，红光公司订购 A101 商品 40 件，单价 910 元，A102 商品 50 件，单价 780 元，A103 商品 30 件，单价 650 元，合同号 X04。（销售订单）

X01 刘向进入销售管理系统，开出销售订单并审核。

【业务三十三】16 日，仓库发出红光公司 16 日订购的 A101 商品 40 件，A102 商品 50 件，A103 商品 30 件，开出专用发票，计价款 94 900 元，税款 16 133 元，价税合计 111 033 元。（发货单、销售增值税专用发票、销售出库单）

（1）X01 刘向进入销售管理系统，开出发货单并审核。开出销售增值税专业发票并复核。

（2）C01 刘明进入库存管理系统，开出销售出库单并审核。

（3）W01 张敏进入应收款管理系统，审核销售增值税专用发票，并进行发票制单，生成转账凭证：

借：应收账款（红光公司） 111 033.00
　　贷：主营业务收入 94 900.00
　　　应交税费——应交增值税——销项税额 16 133.00

(4)W02 李锋进入存货核算系统,对销售出库单进行记账,生成转账凭证。

借:主营业务成本 71 773.20

贷:库存商品 71 773.20

【业务三十四】19 日,收到红光公司转账支票一张,票据号:Z07,金额 31 033 元,两个月期限的银行承兑汇票一张,票据号 Y02,面值 80 000 元,结清前欠货款。(收款单)

W01 张敏进入应收款管理系统,录入收款单和银行承兑汇票并审核,根据收款单生成收款凭证:

借:银行存款——工行存款 31 033.00

贷:应收账款(红光公司) 31 033.00

根据银行承兑汇票生成转账凭证:

借:应收票据(红光公司) 80 000.00

贷:应收账款(红光公司) 80 000.00

【业务三十五】19 日,向艳艳公司订购 C301 商品 150 双,单价 280 元,合同号:C06。(采购订单)

G01 元华进入采购管理系统,开出采购订单并审核。

【业务三十六】20 日,蓝带公司业务员持 100 000 元银行汇票前来购货,订购 C301 商品 60 双,单价 360 元, C302 商品 100 双,单价 400 元, C303 商品 100 双,单价 200 元,计价款 81 600 元,税款 13 872 元,价税合计 95 472 元。开出专用发票,填写进账单将银行汇票送存银行,实际结算 95 472 元,票据号:J01。商品已由 3 号仓库发出,合同号 X05。(销售订单、销售增值税专用发票、发货单、销售出库单)提示:先开票,自动生成发货单)

(1)X01 刘向进入销售管理系统,开出销售订单并审核。接着开出销售增值税专业发票并复核,会自动生成发货单。

(2)C01 刘明进入库存管理系统,开出销售出库单并审核。

(3)W01 张敏进入应收款管理系统,审核销售增值税专用发票,并进行发票制单,生成转账凭证:

借:应收账款(蓝带公司) 95 472.00

贷:主营业务收入 81 600.00

应交税费——应交增值税——销项税额 13 872.00

(4)W01 张敏进入应收款管理系统,录入收款单并审核,生成收款凭证:

借:银行存款——工行存款 95 472.00

贷:应收账款(蓝带公司) 95 472.00

(5)W02 李锋进入存货核算系统,对销售出库单进行记账,生成转账凭证。

借:主营业务成本 63 194.00

贷:库存商品 63 194.00

【业务三十七】20 日,短期借款 200 000 元今日到期,开出工行转账支票 Z07 归还。

W01 张敏进入总账系统直接填制付款凭证:

借:短期借款　200 000.00

　贷:银行存款——工行存款　200 000.00

W03 张林对中旬记账凭证进行出纳审核并签字，A01 本人姓名对上旬记账凭证进行审核并签字,A01 本人姓名对上旬记账凭证进行主管签字,A01 本人姓名对上旬记账凭证进行记账。

【业务三十八】23 日,紫微公司订购 C301 商品 70 双,单价 350 元，C302 商品 70 双,单价 390 元，C303 商品 70 双,单价 200 元,合同号 X06,合同约定,发货前需交纳 10 000 元定金。(销售订单)

X01 刘向进入销售管理系统,开出销售订单。

【业务三十九】23 日,收到艳艳公司上年 12 月 30 日发来的 E502 赠品 200 个的发票,不含税单价为 56 元。(采购专用发票——应付单 / 结算成本处理——红、蓝入库单)

(1)G01 元华进入采购管理系统,开出采购增值税专用发票并复核。

(2)W01 张敏进入应付款管理系统,审核采购增值税专用发票,根据发票制单生成转账凭证:

借:在途商品　11 200.00

　应交税费——应交增值税——进项税额　1 904.00

　贷:应付账款——一般应付款　13 104.00

(3)W02 李峰进入存货核算系统,进行暂估成本处理,根据红字入库单生成转账凭证:

借:库存商品　-11 200.00

　贷:应付账款——暂估应付款　-11 200.00

根据蓝字入库单生成转账凭证:

借:库存商品　11 200.00

　贷:在途商品　11 200.00

【业务四十】23 日，19 日向艳艳公司购进的 150 双 C301 商品验收入库,同时收到专用发票,价款 42 000 元,税款 7 140 元,价税合计 49 140 元,款未付。(到货单、采购入库单、采购增值税专用发票)

(1)G01 元华进入采购管理系统,开出到货单并审核。

(2)C01 刘明进入库存管理系统,开出采购入库单并审核。

(3)G01 元华进入采购管理系统,开出采购增值税专用发票并进行复核。进行采购结算。

(4)W01 张敏进入应付款管理系统,审核采购增值税专用发票,根据采购增值税专用发票生成转账凭证:

借:在途商品　42 000.00

　应交税费——应交增值税——进项税额　7 140.00

　贷:应付账款——一般应付款(艳艳公司)　49 140.00

(5)W02 李峰进入存货核算系统,进行采购入库单正常记账,生成转账凭证:

借：库存商品　　42 000.00

　贷：在途商品　　42 000.00

【业务四十一】24 日，售出持有的股票，收入 138 600 元，购入成本 105 000 元，获利 33 600 元。

W01 张敏进入总账系统，直接填制转账凭证：

借：其他货币资金　　138 600.00

　贷：交易性金融资产　　105 000.00

　　投资收益　　33 600.00

【业务四十二】24 日，收到紫微公司转来的定金 10 000 元，结算方式为转账支票，票据号 Z08。（收款单，款项类型：销售定金）

W01 张敏进入应收款管理系统，开出收款单并审核，生成收款凭证：

借：银行存款——工行存款　　10 000.00

　贷：预收账款——定金　　10 000.00

【业务四十三】24 日，仓库发出紫微公司 23 日订购的商品，销售部开出专用发票，价款 65 800 元，税款 11 186 元，价税合计 76 986 元，收到转账支票一张，票据号 Z09，金额 66 986 元，结清货款。（发货单、销售出库单、销售增值税专用发票）提示：定金转货款。

（1）X01 刘向进入销售管理系统，审核销售订单。开出发货单并审核。开出销售增值税专业发票，现结并复核。

（2）C01 刘明进入库存管理系统，开出销售出库单并审核。

（3）W01 张敏进入应收款管理系统，审核销售增值税专用发票，并进行现结制单，生成转账凭证：

借：应收账款（紫微公司）　　10 000.00

　银行存款　　66 986.00

　贷：主营业务收入　　65 800.00

　　应交税费——应交增值税——销项税额　　11 186.00

（4）W01 张敏进入应收款管理系统，将定金收款单转货款生成收款单并审核，生成收款凭证：

借：预收账款——定金　　10 000.00

　贷：应收账款（紫微公司）　　10 000.00

（5）W02 李锋进入存货核算系统，对销售出库单进行记账，生成转账凭证。

借：主营业务成本　　52 076.50

　贷：库存商品　　52 076.50

【业务四十四】25 日，绿谷公司订购 B201 商品 20 台，单价 3 560 元，B202 商品 20 台，单价 2 750 元，B203 商品 20 台，单价 1 950 元，合同号：X07。（销售订单）

X01 刘向进入销售管理系统，开出销售订单并审核。

【业务四十五】26 日，仓库发出绿谷公司 25 日订购的商品，销售部开出专用发票，价款

165 200 元，税款 28 084 元，价税合计 193 284 元，款未收。（发货单、销售出库单、销售增值税专用发票）

（1）X01 刘向进入销售管理系统，开出发货单并审核。开出销售增值税专业发票并复核。

（2）C01 刘明进入库存管理系统，开出销售出库单并审核。

（3）W01 张敏进入应收款管理系统，审核销售增值税专用发票，并进行发票制单，生成转账凭证：

借：应收账款（绿谷公司）　　193 284.00

　贷：主营业务收入　　165 200.00

　　应交税费——应交增值税——销项税额　　28 084.00

（4）W02 李锋进入存货核算系统，对销售出库单进行记账，生成转账凭证。

借：主营业务成本　　128 365.20

　贷：库存商品　　128 365.20

【业务四十六】31 日，计算本月职工薪酬，并进行工资分配设置，生成凭证。王春事假 1 天，徐咏梅病假 2 天，本月薪资表如下：

人员编号	姓名	基本薪资	岗位薪资	奖金	交补	应发合计	事假扣款	病假扣款	养老保险	医疗保险	失业保险	住房公积金	代扣税	扣款合计	实发合计
01 001	赫广	3 800	600	500	80	4 980			344	86	43	430	22.55	935.7	4 044.3
01 002	张立	3 500	600	500	80	4 680			320	80	40	400	17.00	857	3 823
01 003	刘小璐	2 500	400	300	80	3 280			224	56	28	280		588	2 692
02 001	学生姓名	3 000	600	350	80	4 030			268	67	33.5	335		703.5	3 326.5
02 002	张敏	2 500	400	300	80	3 280			224	56	28	280		588	2 692
02 003	李峰	2 800	400	300	80	3 580			248	62	31	310		651	2 929
02 004	张林	2 500	400	300	80	3 280			224	56	28	280		588	2 692
03 001	元华	3 000	600	350	80	4 030			268	67	33.5	335		703.5	3 326.5
03 002	梁瑜	2 500	300	300	80	3 180			224	56	28	280		588	2 592
03 003	周密	2 800	300	300	80	3 480			248	62	31	310		651	2 829
04 001	刘向	3 000	600	350	80	4 030			268	67	33.5	335		703.5	3 326.5
04 002	朱明宇	2 800	300	300	80	3 480			248	62	31	310		651	2 829
04 003	陈文斌	2 500	300	270	80	3 150			221.6	55.4	27.7	277		581.7	2 568.3
04 004	王春	2 500	400	300	80	3 280	83.33		224	56	28	280		671.33	2 608.67
04 005	徐咏梅	3 100	300	280	80	3 760		62	270.4	67.6	33.8	338		771.8	2 988.2
04 006	胡晓慧	2 800	400	300	80	3 580			248	62	31	310		651	2 929
04 007	曾一平	2 500	300	270	80	3 150			221.6	55.4	27.7	277		581.7	2 568.3
04 008	吴健	2 800	300	270	80	3 450			245.6	61.4	30.7	307		644.7	2 805.3

续表

05 001	刘明	3 000	600	350	80	4 030			268	67	33.5	335		703.5	3 326.5
05 002	郑伟	2 500	300	270	80	3 150			221.6	55.4	27.7	277		581.7	2 568.3
合　计		56 400	8 400	6 460	1 600	72 860	83.33	62	5 700.8	1 425.2	712.6	7 126	49.7	13 395.63	59 464.37

薪资分摊设置表

部门	人员类别	项目	薪资分摊	
			借方科目	贷方科目
全部部门	经理人员	薪资分摊基数	660204	2211
全部部门	管理人员		660204	2211
全部部门	业务人员		660103	2211

W02 李峰进入薪资管理系统,录入工资表,计算职工工资。进行工资分摊设置,生成转账凭证:

借:销售费用——薪资及福利费　26 738.00

　管理费用——薪资及福利费　45 976.67

　贷:应付职工薪酬　72 714.67

【业务四十七】31 日,根据五险一金计提基数计算企业负担的养老保险(12%)、医疗保险(8%)、失业保险(2%)、住房公积金(10%),并生成凭证。

社会保险和住房公积金分摊设置表

部门	人员类别	项目	养老保险,医疗保险,失业保险		住房公积金	
			借方科目	贷方科目	借方科目	贷方科目
全部部门	经理人员	五险一金计提基数	660210	2211	660211	2211
全部部门	管理人员		660210	2211	660211	2211
全部部门	业务人员		660108	2211	660109	2211

W02 李峰进入薪资管理系统,进行社会保险和住房公积金分摊设置,生成转账凭证。

养老保险分摊转账凭证:

借:销售费用——社会保险　3 139.20

　管理费用——社会保险　5 412.00

　贷:应付职工薪酬　8 551.20

医疗保险分摊转账凭证:

借:销售费用——社会保险　2 092.80

　管理费用——社会保险　3 608.00

　贷:应付职工薪酬　5 700.80

失业保险分摊转账凭证:

借:销售费用——社会保险　523.20

管理费用——社会保险　902.00
贷:应付职工薪酬　1 425.20

住房公积金分摊转账凭证:

借:销售费用——住房公积金　2 616.00
管理费用——住房公积金　4 510.00
贷:应付职工薪酬　7 126.00

【业务四十八】31 日,计提本月短期借款利息 2 500 元。

W01 张敏进入总账系统,直接填制转账凭证:

借:财务费用　2 500.00
贷:应付利息　2 500.00

【业务四十九】31 日,从工商银行账户预交增值税 25 000 元,结算方式:其他。

W01 张敏进入总账系统,直接填制付款凭证:

借:应交税费——应交增值税——已交税金　25 000.00
贷:银行存款——工行存款　25 000.00

【业务五十】31 日,摊销本月应分摊费用:长期待摊费用 2 800 元,无形资产 1 250 元。

W01 张敏进入总账系统,直接填制付款凭证:

借:管理费用——其他　4 050.00
贷:长期待摊费用　2 800.00
累计摊销　1 250.00

【业务五十一】31 日,蓝带公司 20 日购入的 C303 商品中有 20 双因质量问题退货,双方协商按原价 200 元 / 双办理退款。当日以现金支票办理退款并开出增值税红字专用发票,现金支票号 X05。

(1)X01 刘向进入销售管理系统,开出退货单并审核。开出红字销售增值税专用发票,现结并复核。

(2)C01 刘明进入库存管理系统,开出红字销售出库单并审核。

(3)W01 张敏进入应收款管理系统,审核红字销售增值税专用发票,现结制单,生成付款凭证:

借:银行存款——工行存款　−4 680.00
贷:主营业务收入　−4 000.00
应交税费——应交增值税——销项税额　−680.00

(4)W02 李峰进入存货核算系统,对红字销售出库单进行正常单据记账,生成转账凭证:

借:主营业务成本　−3 201.20
贷:库存商品　−3 201.20

【业务五十二】31 日,从艳艳公司购入的 C301 商品 20 双有质量问题,已协商按原价 280 元 / 双办理退货退款,收到对方开来的现金支票,票据号 X06。(退货单——红字入库

单——红字发票)

(1)G01 元华进入采购管理系统,开出红字到货单并审核。

(2)C01 刘明进入库存管理系统,开出红字采购入库单并审核。

(3)G01 元华进入采购管理系统,开出红字采购增值税专用发票,现结并复核。进行采购结算。

(4)W01 张敏进入应付款管理系统,审核红字采购增值税专用发票,根据红字采购增值税专用发票生成转账凭证:

借:在途商品　　-5 600.00

　应交税费——应交增值税——进项税额　　-952.00

　贷:银行存款——工行存款　　-6 552.00

(5)W02 李峰进入存货核算系统,对红字采购入库单进行正常单据记账,生成转账凭证:

借:库存商品　　-5 600.00

　贷:在途商品　　-5 600.00

【业务五十三】31 日,向花花公司订购 B203 商品 80 台,单价 1 450 元 / 台,货已验收入 2 号仓库,发票仍未收到,款未付。(采购订单——采购入库单——暂估成本录入——正常单据记账)

(1)G01 元华进入采购管理系统,开出采购订单并审核,开出到货单并审核。

(2)C01 刘明进入库存管理系统,开出采购入库单并审核。

(3)W02 李峰进入存货核算系统,进行暂估成本录入,正常单据记账,生成转账凭证:

借:库存商品　　116 000.00

　贷:应付账款——暂估应付款　　116 000.00

【操作指导与注意事项】

业务一　计提本月固定资产折旧。

(1)以李峰的身份(李峰编号:W02),用当年 1 月 1 日的时间登入企业应用平台。

(2)执行“业务工作—财务会计—固定资产—处理—计提本月折旧”命令,弹出“是否要查看折旧清单?”提示框,如图 8-1 所示。

(3)选择“是”按钮,弹出“本操作将计提本月折旧,并花费一定时间,是否要继续?”提示框,如图 8-2 所示。

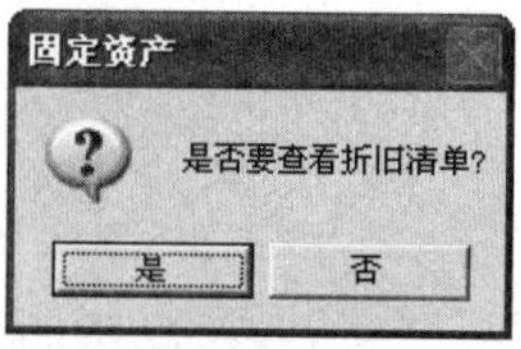

图 8-1　“是否要查看折旧清单?”窗口

图 8-2　“是否计提折旧”窗口

(4)选择“是”按钮,会生成当月的“折旧清单”,如图 8-3 所示。

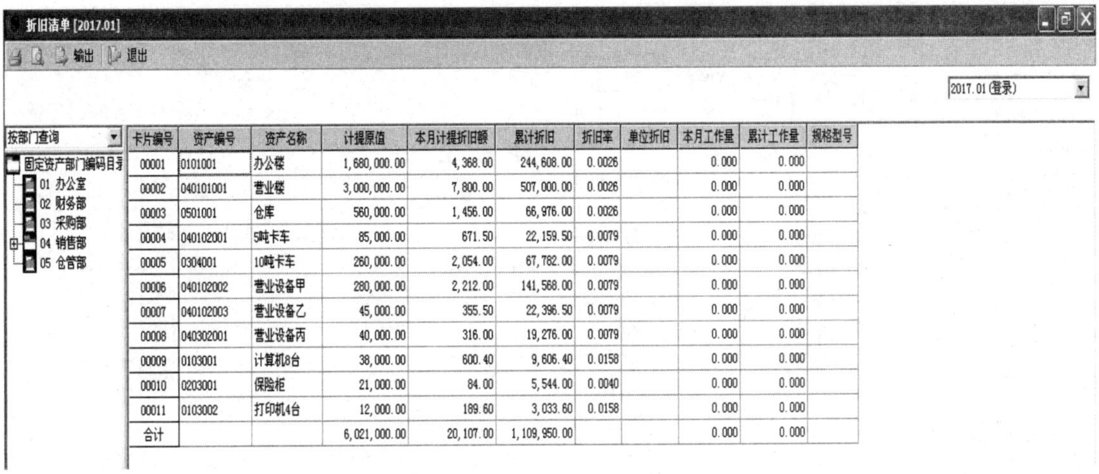

卡片编号	资产编号	资产名称	计提原值	本月计提折旧额	累计折旧	折旧率	单位折旧	本月工作量	累计工作量	规格型号
00001	0101001	办公楼	1,680,000.00	4,368.00	244,608.00	0.0026		0.000	0.000	
00002	040101001	营业楼	3,000,000.00	7,800.00	507,000.00	0.0026		0.000	0.000	
00003	0501001	仓库	560,000.00	1,456.00	66,976.00	0.0026		0.000	0.000	
00004	040102001	5吨卡车	85,000.00	671.50	22,159.50	0.0079		0.000	0.000	
00005	0304001	10吨卡车	260,000.00	2,054.00	67,782.00	0.0079		0.000	0.000	
00006	040102002	营业设备甲	280,000.00	2,212.00	141,568.00	0.0079		0.000	0.000	
00007	040102003	营业设备乙	45,000.00	355.50	22,396.50	0.0079		0.000	0.000	
00008	040302001	营业设备丙	40,000.00	316.00	19,276.00	0.0079		0.000	0.000	
00009	0103001	计算机8台	38,000.00	600.40	9,606.40	0.0158		0.000	0.000	
00010	0203001	保险柜	21,000.00	84.00	5,544.00	0.0040		0.000	0.000	
00011	0103002	打印机4台	12,000.00	189.60	3,033.60	0.0158		0.000	0.000	
合计			6,021,000.00	20,107.00	1,109,950.00			0.000	0.000	

图 8-3　“折旧清单”窗口

折旧清单说明:折旧清单显示所有应计提折旧的资产所计提折旧数额的列表,单期的折旧清单中列示了资产名称、计提原值、月折旧率、单位折旧、月工作量、本月计提折旧额等信息。点击右上角的日期可查看当年每个会计期及全部会计期的折旧清单。点击部门可查看某个部门的折旧清单。

(5)单击“退出”,退出“折旧清单”,生成“折旧分配表”,如图 8-4 所示。

(注:可以选择“按部门分配”,也可以选择“按类别分配”,这里选择“按部门分配”。)

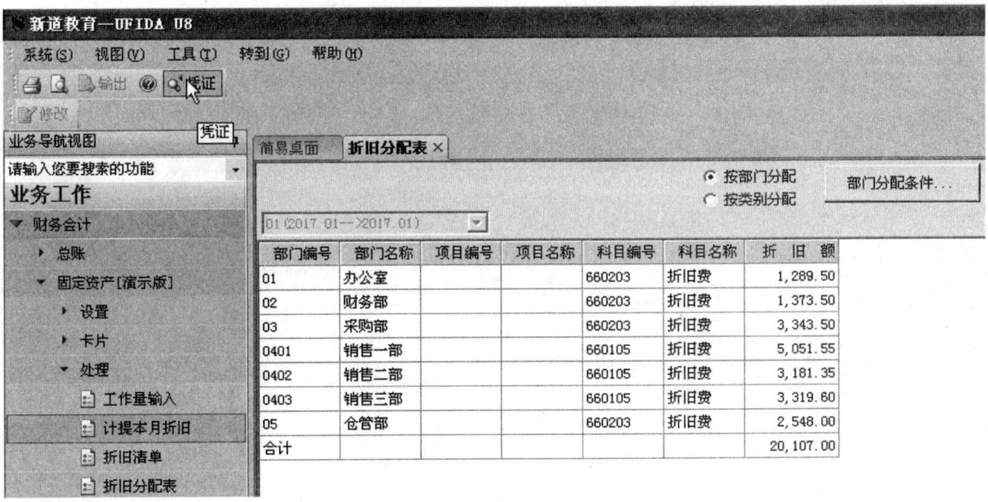

部门编号	部门名称	项目编号	项目名称	科目编号	科目名称	折旧额
01	办公室			660203	折旧费	1,289.50
02	财务部			660203	折旧费	1,373.50
03	采购部			660203	折旧费	3,343.50
0401	销售一部			660105	折旧费	5,051.55
0402	销售二部			660105	折旧费	3,181.35
0403	销售三部			660105	折旧费	3,319.60
05	仓管部			660203	折旧费	2,548.00
合计						20,107.00

图 8-4　“折旧分配表”窗口

折旧分配表说明:折旧分配表是编制记账凭证,把计提折旧额分配到成本和费用的依据。折旧分配表有两种类型:部门折旧分配表和类别折旧分配表,只能选择一个制作记账凭证。单击日期可选择需要查看不同会计期的折旧分配表。

(6)单击“凭证”按钮,可以生成计提折旧的记账凭证,设置好贷方科目“累计折旧”,单击"保存"按钮,保存记账凭证,完成计提折旧业务如图 8-5 所示。

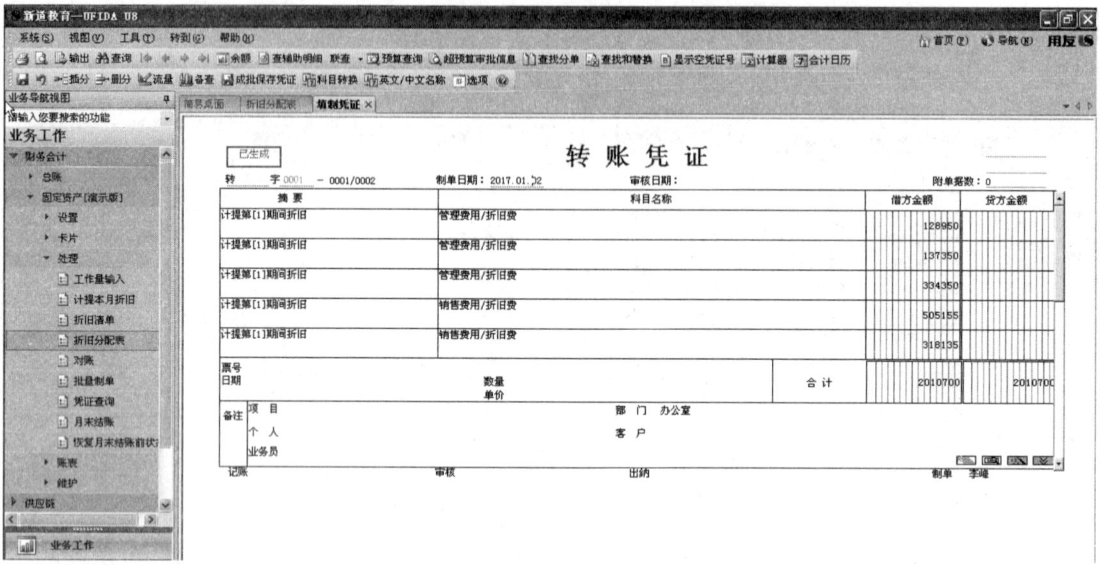

图 8-5 "填制凭证"窗口

业务二 收到前欠货款

(1)以张敏(W01)的身份,用当年 1 月 2 日的时间登入企业应用平台。

(2)执行"业务工作→财务会计→应收款管理→收款单据处理→收款单据录入"命令,打开收款单据录入界面,单击"增加"按钮,录入收款单,注意款项类型为应收款,然后单击"保存"按钮,保存收款单。如图 8-6 所示。

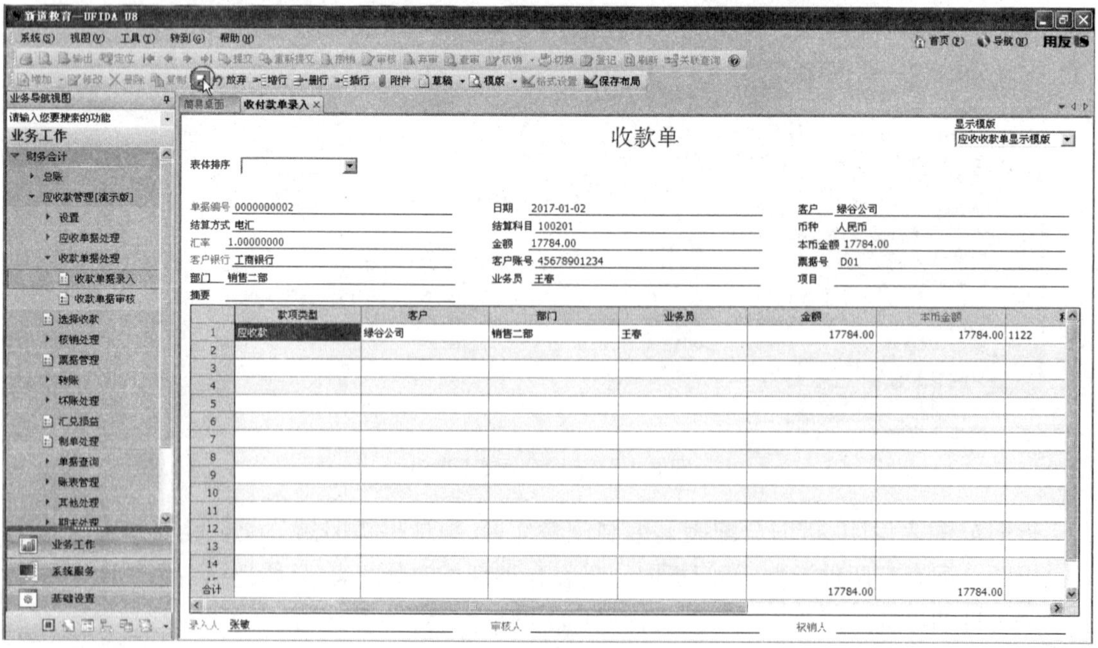

图 8-6 "收款单录入"窗口

（3）执行"业务工作→财务会计→应收款管理→收款单据处理→收款单据审核"命令，对录入的收款单进行审核，或直接在收款单录入界面，单击"审核"按钮，审核收款单，并弹出"是否立即制单？"提示，如图 8-7 所示。

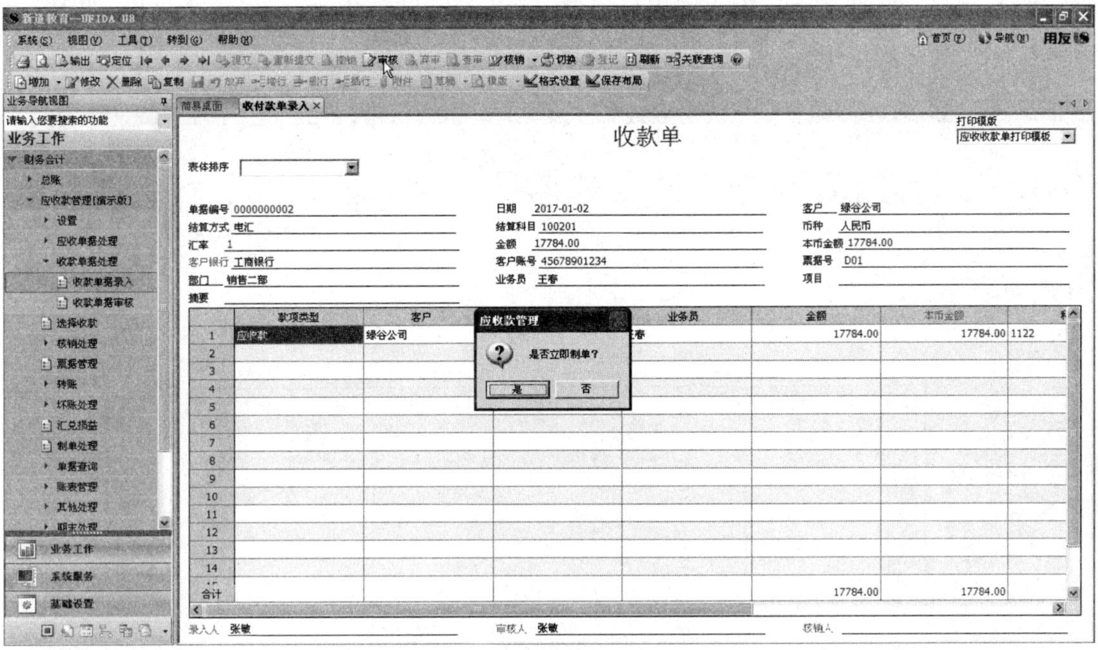

图 8-7　"收款单录入"窗口

（4）单击"是"按钮，立即制单，生成凭证，单击"保存"按钮，保存凭证，如图 8-8 所示。

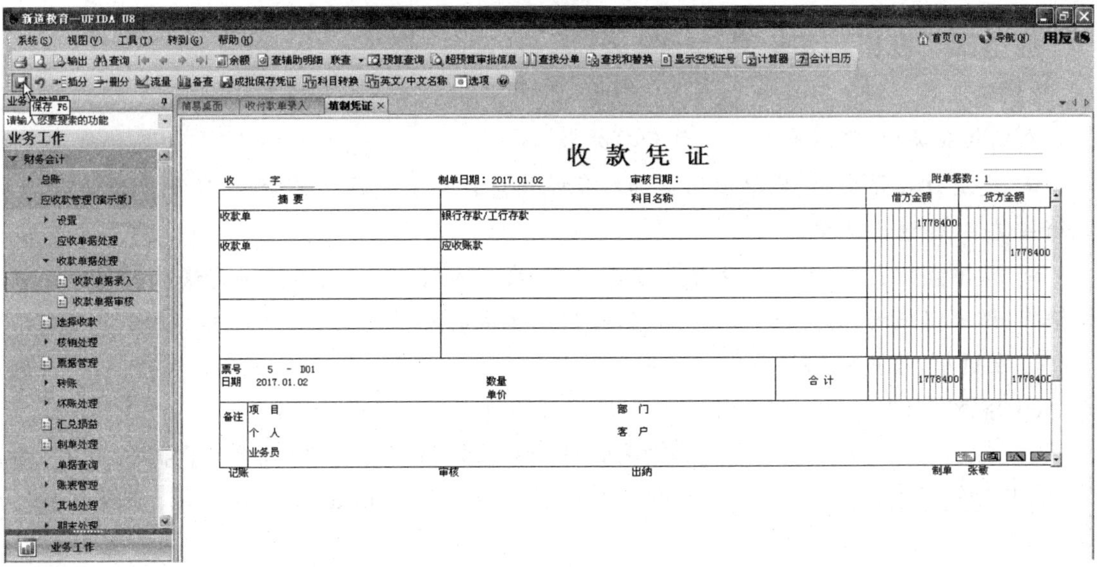

图 8-8　"记账凭证"窗口

业务三　销售订购商品

（1）以刘向（X01）的身份，用当年 1 月 3 日的时间登入企业应用平台；

（2）执行“业务工作→供应链→销售管理→销售订货→销售订单”命令，打开“销售订单”窗口，单击“增加”按钮，录入销售订单，然后单击“审核”按钮，审核销售订单，如图 8-9 所示。

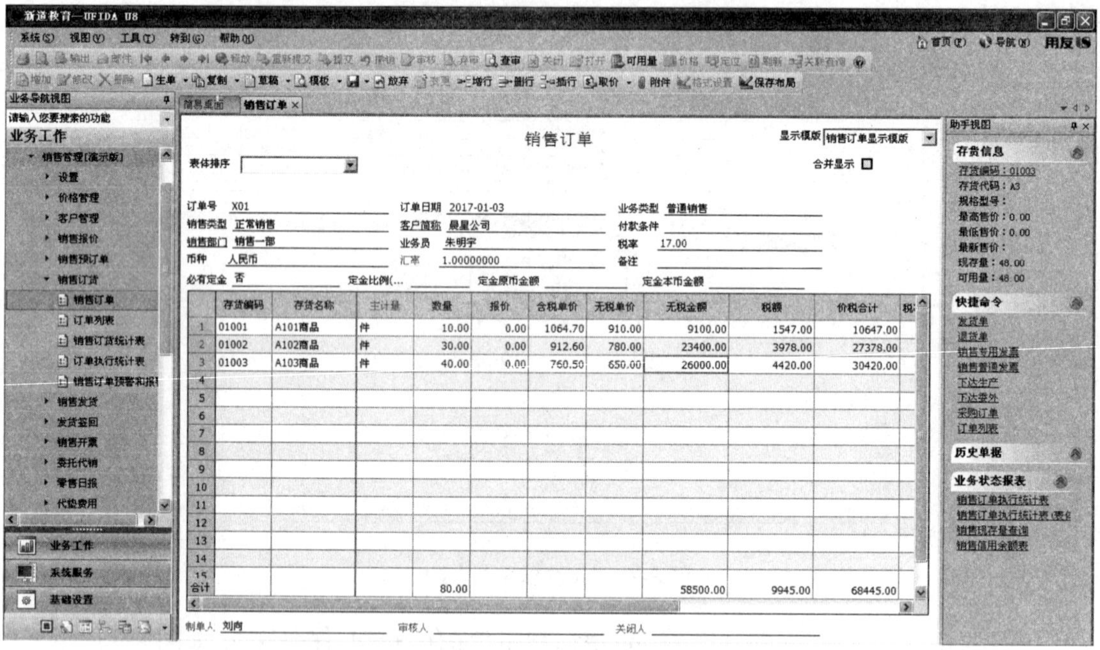

图 8-9　“销售订单”窗口

业务四　发出销售商品

［销售业务说明］

在销售业务中，可以有以下两种开单方式。

● 先发货后开票：发货单由销售部门参照销售订单生成或手工输入；发货单审核后，生成销售发票、销售出库单。

● 开票直接发货：发货单由销售发票产生，发货单可以浏览，不能进行修改、删除、弃审等操作，但可以关闭、打开；销售出库单根据自动生成的发货单生成。

1）发货单（根据销售订单生成发货单）

（1）以刘向（X01）的身份，用当年 1 月 3 日的时间登入企业应用平台。

（2）执行“业务工作→供应链→销售管理→销售发货→发货单”命令，打开“发货单”窗口，单击“增加”按钮，弹出“过滤条件选择—参照订单”窗口，如图 8-10 所示，选择查询条件。

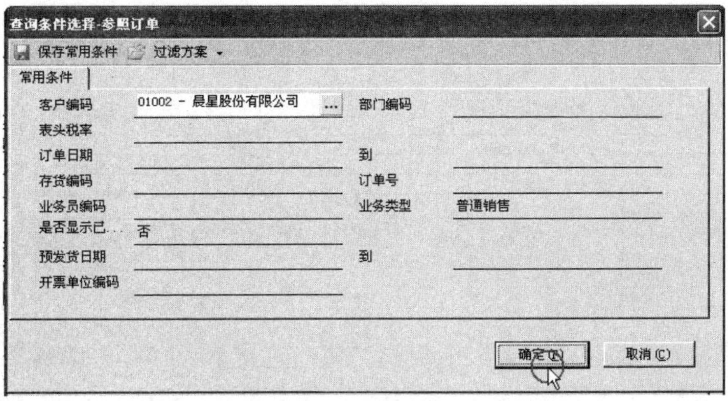

图 8-10　“过滤条件选择—参照订单”窗口

（3）单击“确定”按钮，在“参照生单”窗口的订单列表中，选择晨星公司的订单，在“发货单参照订单”列表中显示订单内容，如图 8-11 所示。

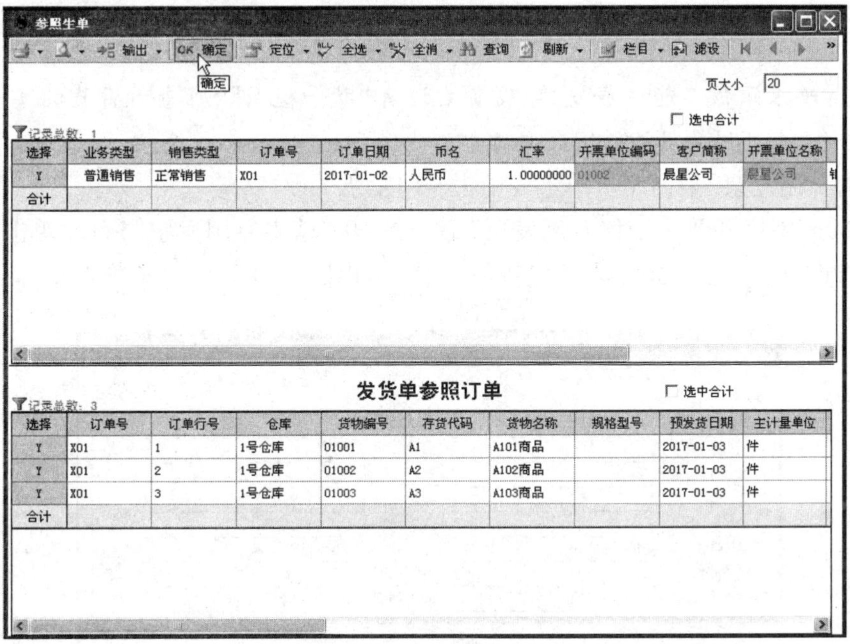

图 8-11　“参照生单”窗口

（4）单击“确定”按钮，生成“发货单”，单击工具栏里的“保存”，然后单击“审核”，审核发货单，如图 8-12 所示。

图 8-12 “发货单”窗口

注:发货单未审核不能生成发票;发货右边有“助手视图”,可查看存货的实时情况、历史单据等信息,当可用量不足的情况发货单不能保存。

2)销售专用发票(根据发货单生成销售专用发票)

(1)执行“销售开票→销售专用发票”命令,打开“销售专用发票”窗口,单击“增加”按钮,弹出“查询条件选择—发票参照发货单”窗口,如图 8-13 所示,选择查询条件。

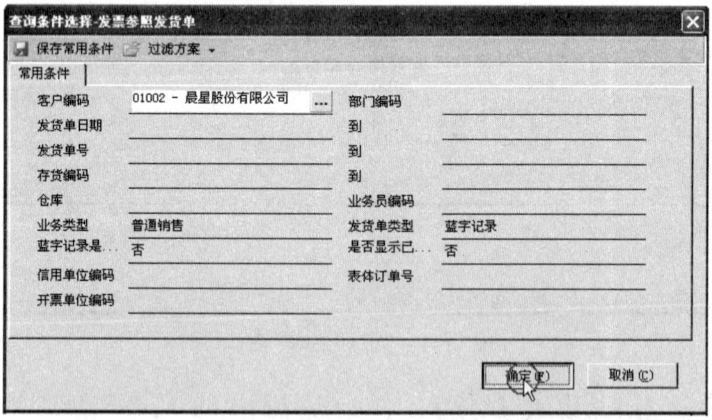

图 8-13 “查询条件选择—发票参照发货单”窗口

(2)单击“确定”按钮,在“参照生单”窗口发货单列表中,选择晨星公司的发货单,在“发票参照发货单”列表中显示发货单的内容,如图 8-14 所示。

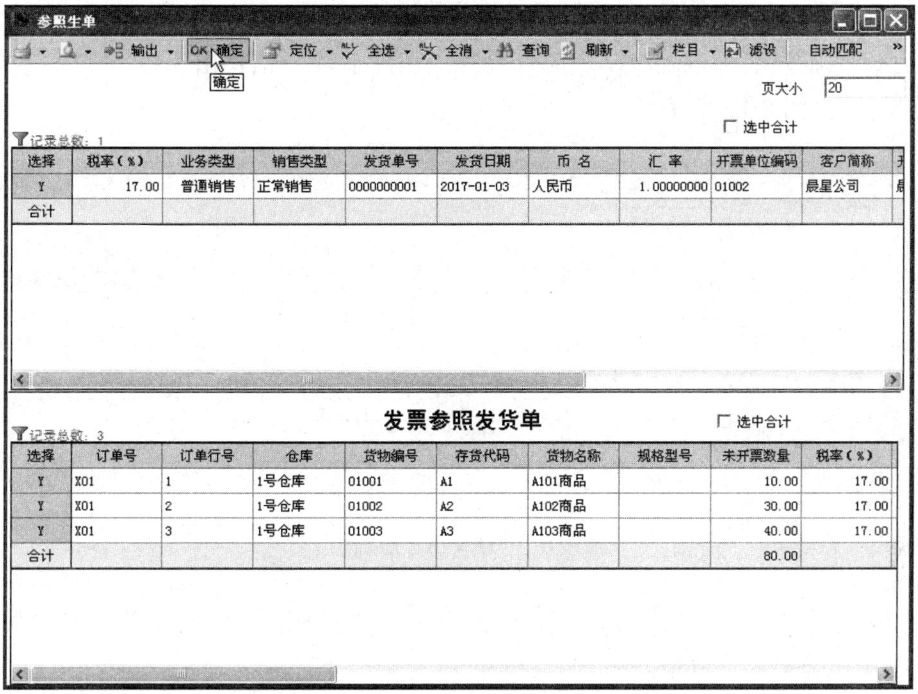

图 8-14　“发票参照发货单”窗口

（3）单击“确定”按钮，生成“销售专用发票”，单击工具栏里的“保存”，然后单击“复核”，复核销售专用发票，如图 8-15 所示。

图 8-15　“销售专用发票”窗口

3）销售出库单（根据发货单生成销售出库单）

(1)以刘明(C01)的身份,用当年 1 月 3 日的时间登入企业应用平台。

(2)执行“业务工作→供应链→库存管理→出库业务→销售出库单”命令,打开“销售出库单”窗口,如图 8-16 所示

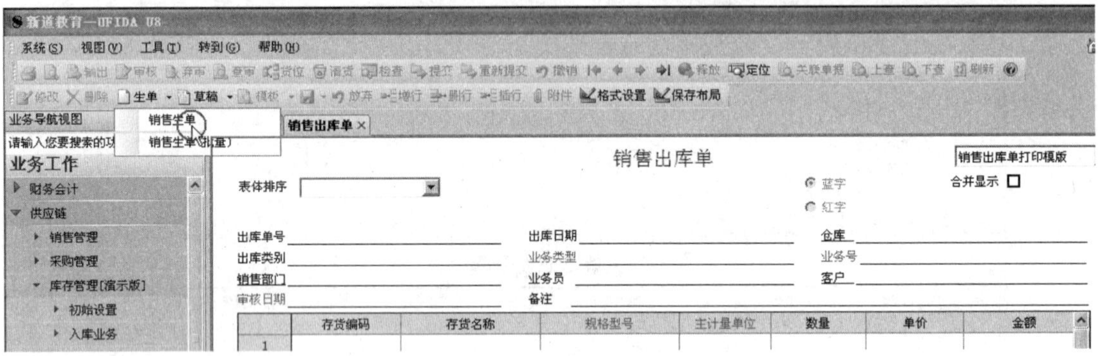

图 8-16 “销售出库单”窗口

(3)单击“生单”旁边的 ▾ 按钮,选择“销售生单”会弹出选择“发货单”窗口,如图 8-17 所示,选择晨星公司的发货单。

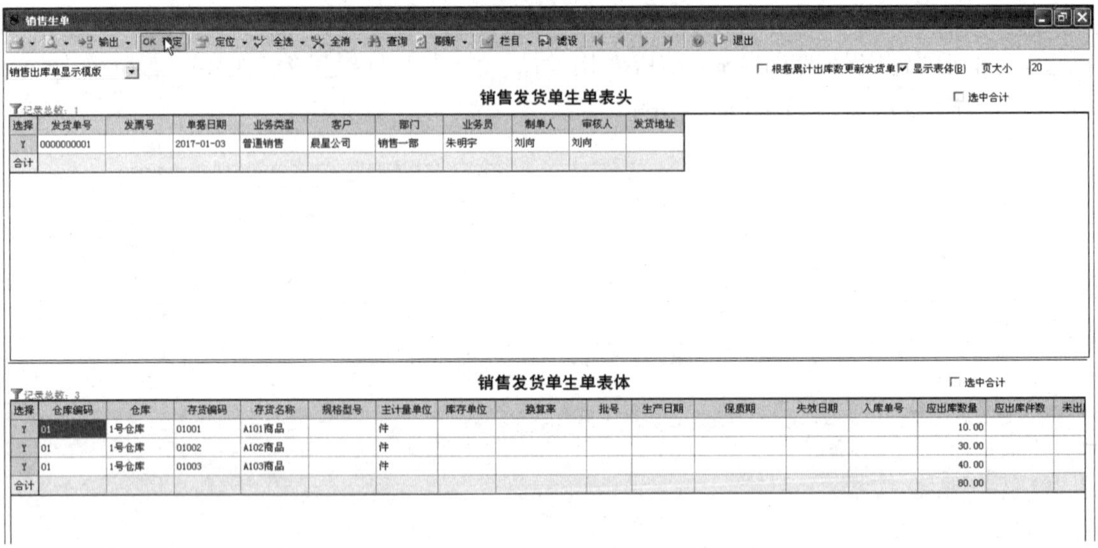

图 8-17 “销售生单”窗口

(4)单击“确定”按钮,生成“销售出库单”,如图 8-18 所示;保存后单击“审核”,审核后会弹出“该单据审核成功!”提示,单击“确定”按钮;

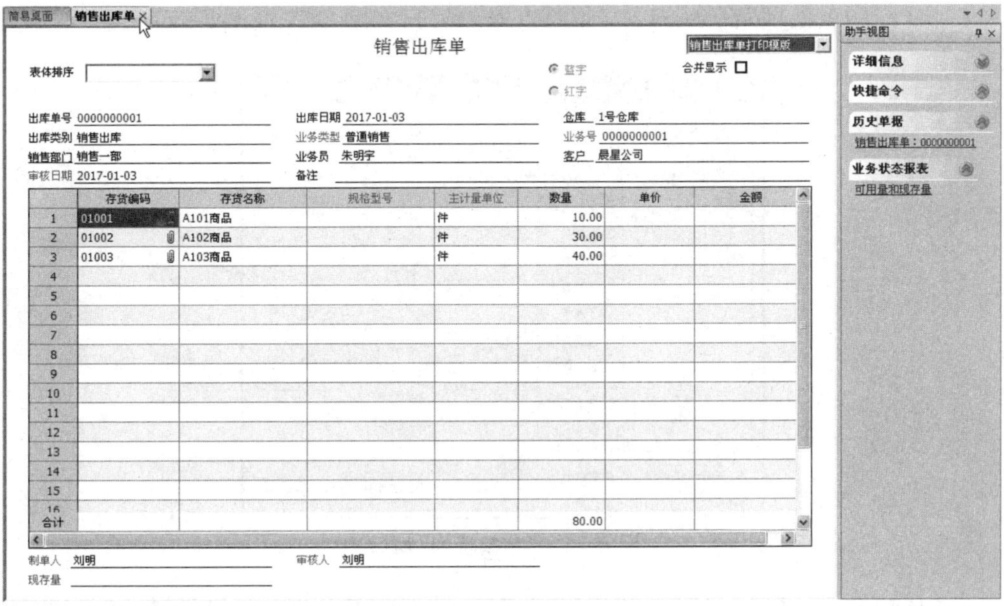

图 8-18　“销售出库单”窗口

4）应收单据审核与制单

（1）以张敏（W01）的身份，用当年 1 月 3 日的时间登入企业应用平台。

（2）执行“业务工作→财务会计→应收款管理→应收单据处理→应收单据审核”命令，打开“单据处理”窗口，如图 8-19 所示。

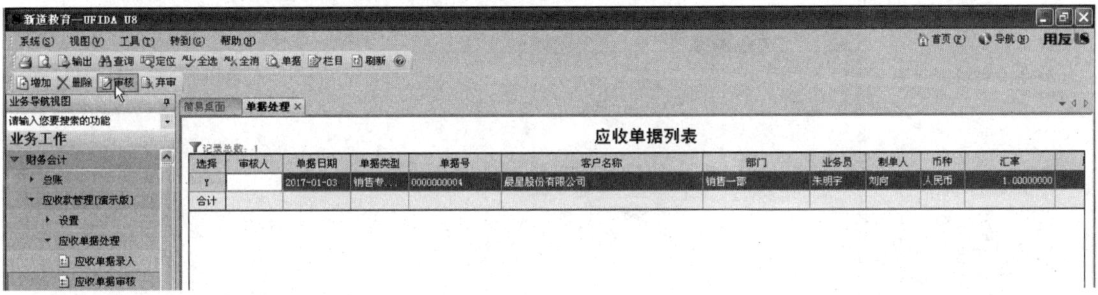

图 8-19　“单据处理”窗口

（3）在“应收单据列表”中选择要审核的“销售专用发票”，单击“审核”按钮，会弹出“提示”窗口，如图 8-20 所示，单击“确定”按钮。

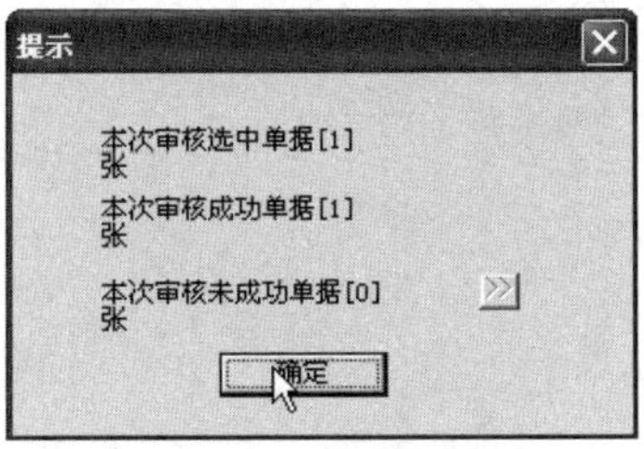

图 8-20　“提示”窗口

(4)执行“制单处理”命令,打开“制单查询”窗口,如图 8-21 所示。

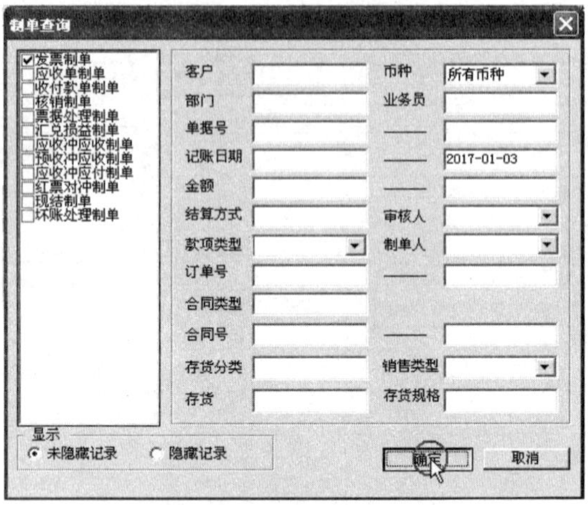

图 8-21 “制单查询”窗口

(5)勾选“发票制单”,然后单击“确定”按钮;进入销售发票制单界面,如图 8-22 所示。

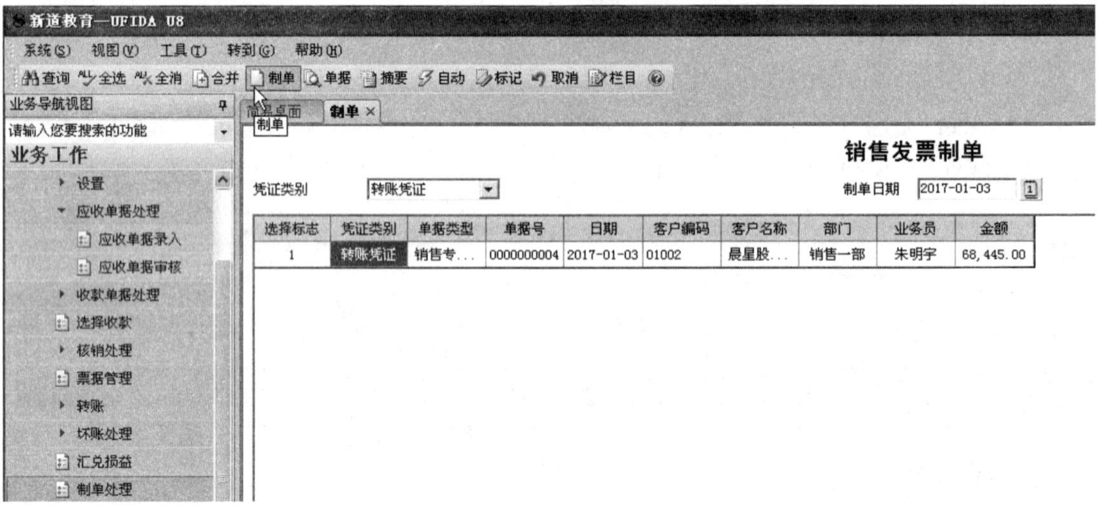

图 8-22 “销售发票制单”窗口

(6)凭证类别选择“转账凭证”,选择要制单的发票,单击“制单”按钮,生成相关凭证,单击“保存”按钮,如图 8-23 所示。

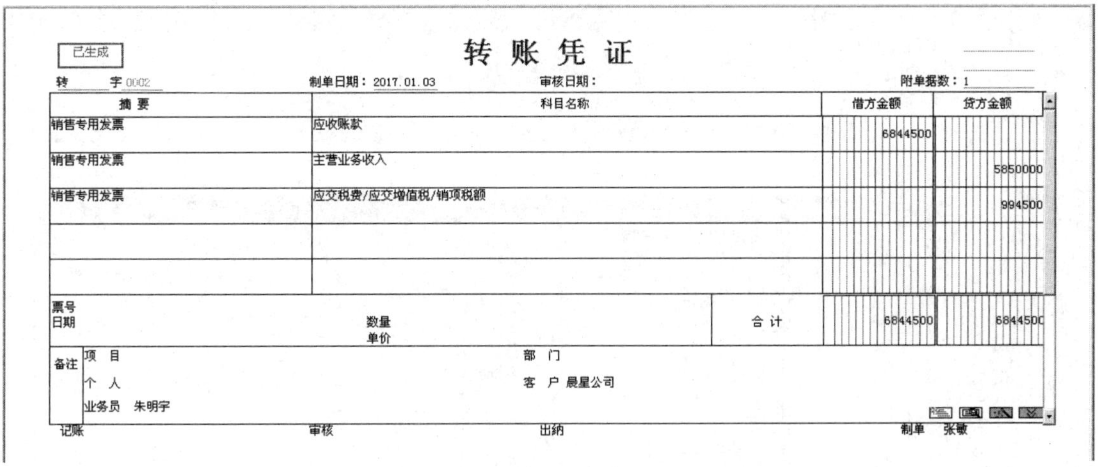

图 8-23 “转账凭证”窗口

5）销售出库单生成凭证（结转销售成本）

（1）以李峰（W02）的身份，用当年 1 月 3 日的时间登入企业应用平台。

（2）执行“业务工作→供应链→存货核算→业务核算→正常单据记账”命令，打开“正常单据记账列表”窗口，如图 8-24 所示。

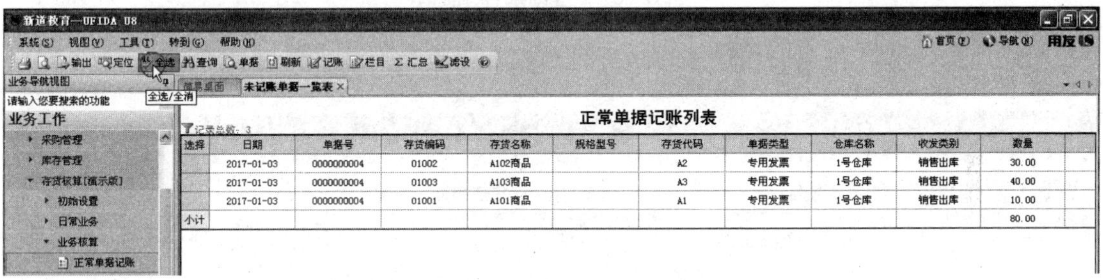

图 8-24 “正常单据记账列表”窗口

（3）选择需要记账的单据，单击“记账”按钮，对销售专用发票进行记账，系统提示“记账成功”窗口，如图 8-25 所示。

图 8-25 “记账成功”窗口

（4）执行“财务核算→生成凭证”命令，单击“选择”按钮，打开“查询条件”窗口，如图 8-26 所示。

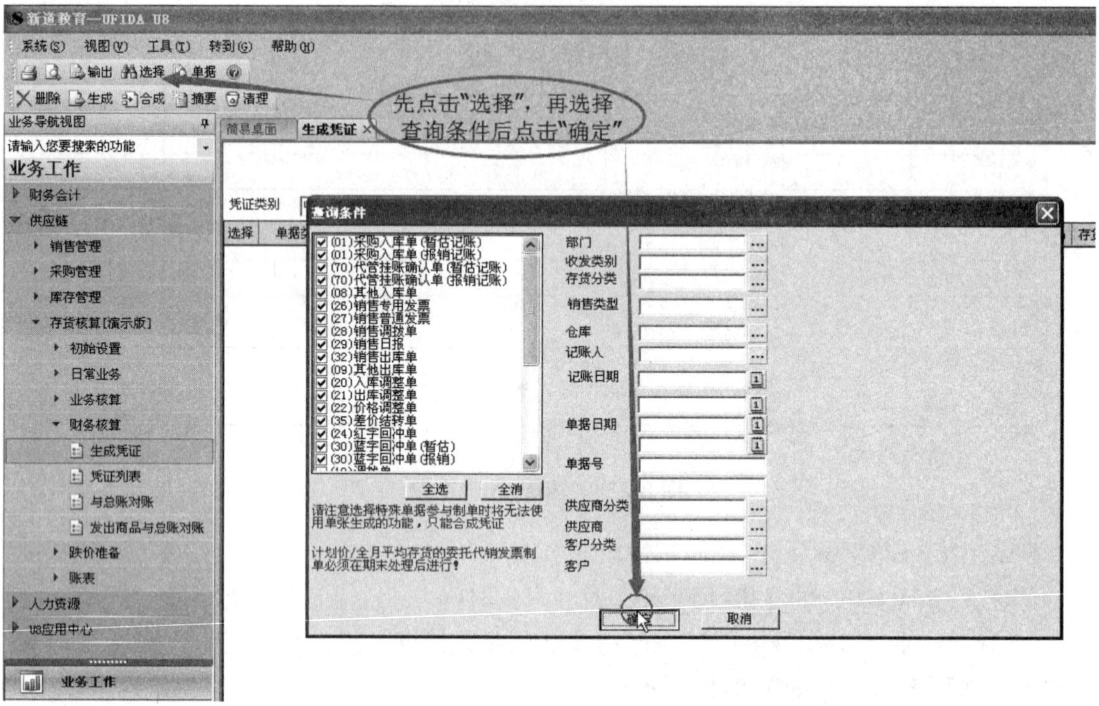

图 8-26 “查询条件”窗口

(5)单击“确定”按钮,打开“未生成凭证单据一览表”窗口,如图 8-27 所示。

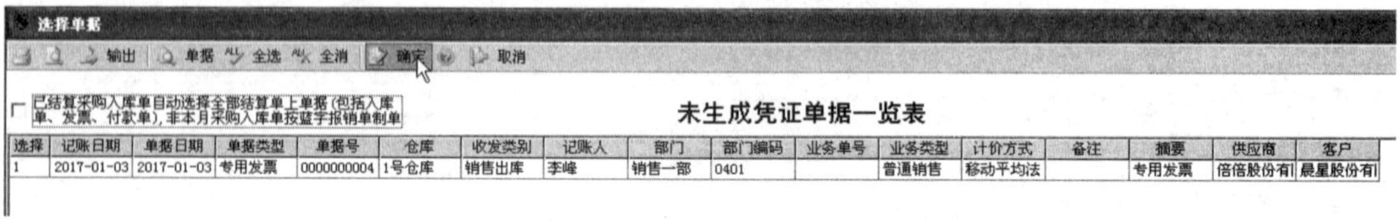

图 8-27 “未生成凭证单据一览表”窗口

(6)双击选择对应单据,单击“确定”按钮,弹出“生成凭证”窗口,如图 8-28 所示。

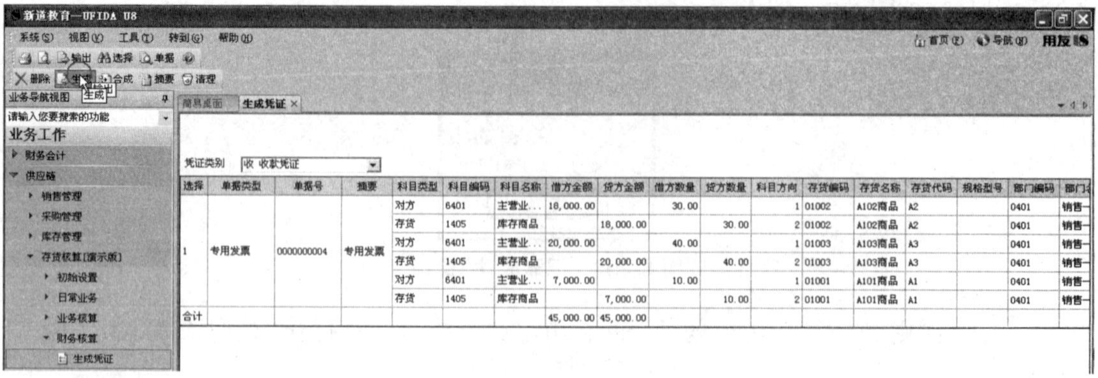

图 8-28 “生成凭证”窗口

(7)凭证类别选择“转账凭证”,单击“生成”按钮,单击“保存”按钮,生成一张结转成本的凭证，如图 8-29 所示。

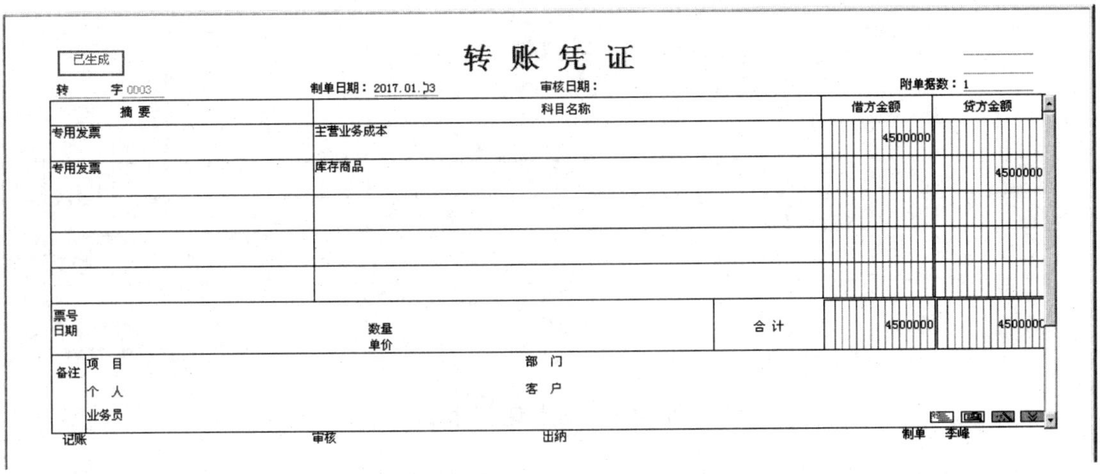

图 8-29　“转账凭证”窗口

业务五　收到销售货款

（1）以张敏（W01）的身份，用当年 1 月 3 日的时间登入企业应用平台。

（2）执行“业务工作→财务会计→应收款管理→收款单据处理→收款单据录入”命令，打开“收款单录入”窗口，录入收款单，保存后审核，立即制单。如图 8-30 和图 8-31 所示。

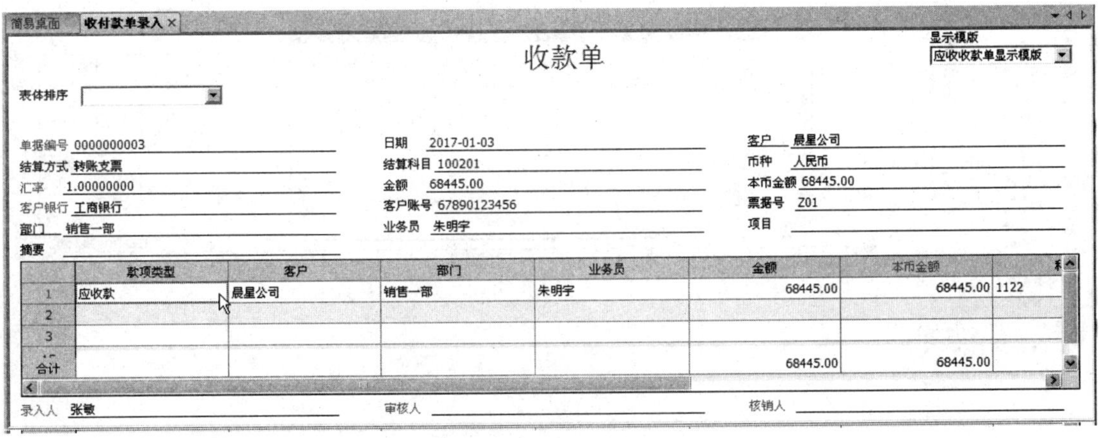

图 8-30　“收款单”窗口

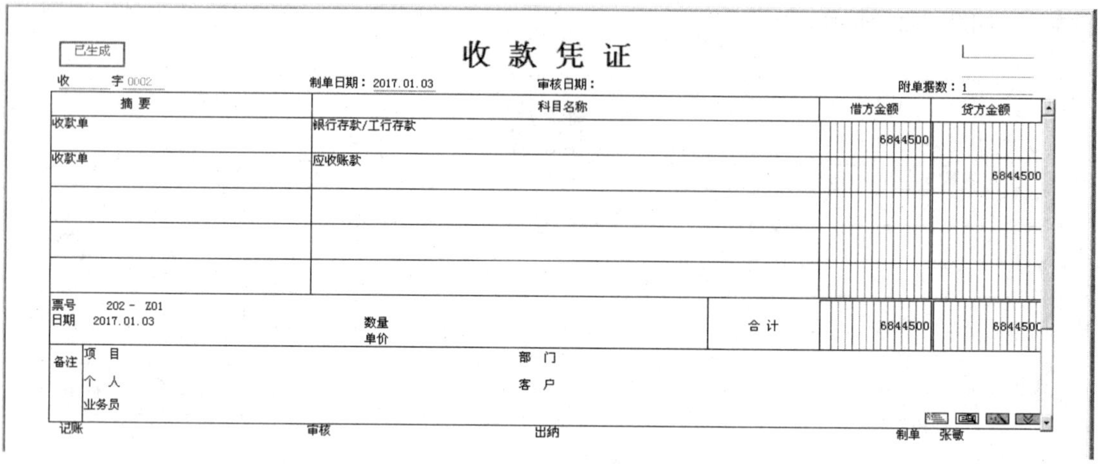

图 8-31 “收款凭证”窗口

(3)单击需要查看余额的科目,单击“余额”按钮可查询科目的最新余额,如图 8-32 所示。

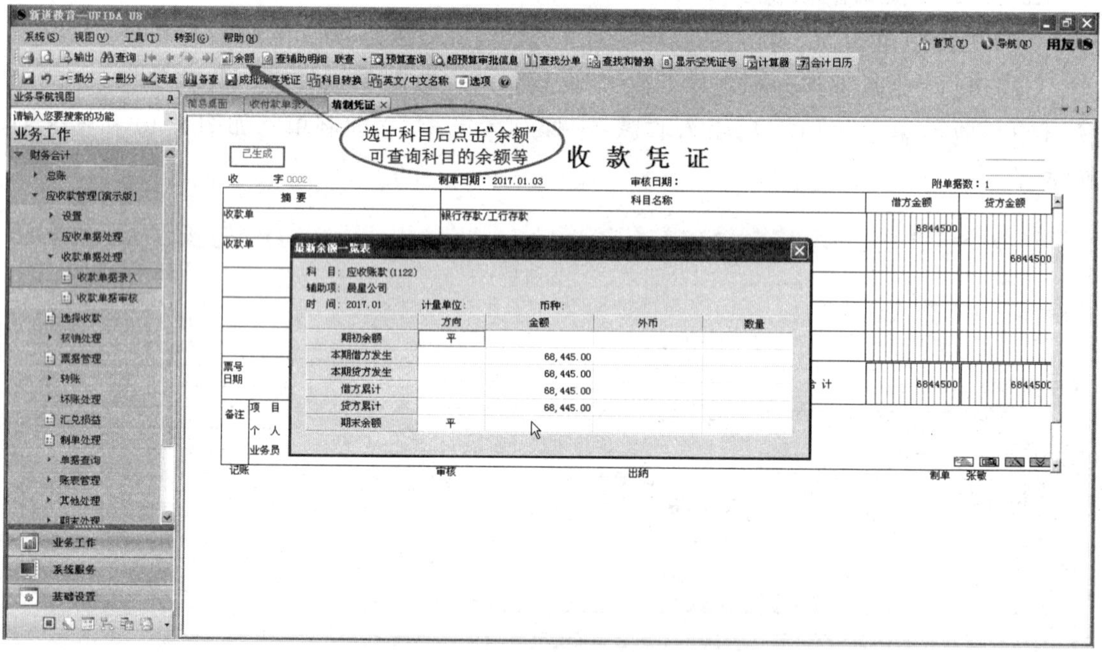

图 8-32 “最新余额一览表”窗口

业务六 采购订货

(1)以元华(G01)的身份,用当年 1 月 4 日的时间登入企业应用平台。

(2)执行“业务工作→供应链→采购管理→采购订货→采购订单”命令,打开“采购订单”窗口,单击“增加”按钮,录入采购订单,然后单击“审核”按钮,审核采购订单,如图 8-33 所示。

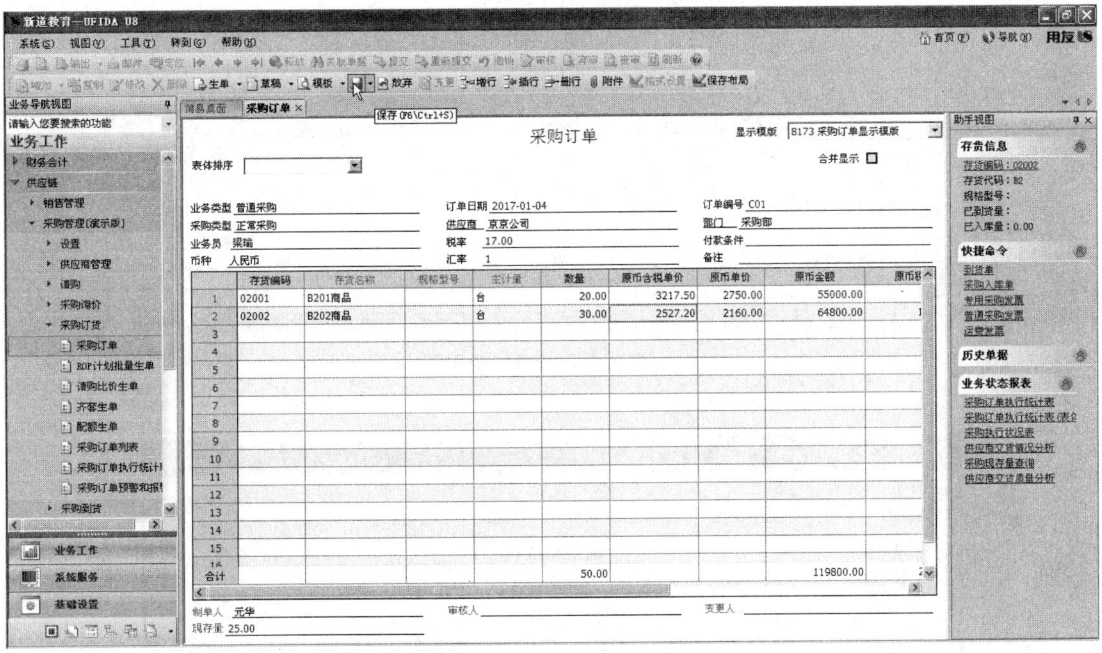

图 8-33　“采购订单”窗口

业务七　收到采购货物和采购发票

[采购业务说明]

采购业务中，发票和货物存在三种情况：

● 单货同行，此种情况，可以在系统中同时完成入库和发票，并进行结算。

● 货到票未到，此种情况下进行暂估入库业务，等收到发票后进行结算，如果暂估单价与发票单价不一致，则在“存货核算”系统进行暂估处理，系统提供了三种暂估回冲的方式：月初回冲、单到回冲、单到补差。

● 票到货未到，此种情况将发票先录入到系统中，采购系统做在途处理，等货到入库后再与发票进行结算，确定入库成本。

1)到货单(根据采购订单生成；注：如实际采购到货与订单有差别，可根据实际到货录入到货单信息，或修改根据订单生成的到货单信息)

(1)以元华(G01)的身份，用当年 1 月 6 日的时间登入企业应用平台；

(2)执行“业务工作→供应链→采购管理→采购到货→到货单”命令，打开“到货单”窗口，如图 8-34 所示，单击“增加”按钮，再单击“生单”旁边的 ▾ 按钮，选择“采购订单”，会弹出“查询条件选择—采购订单列表过滤”窗口，如图 8-35 所示。

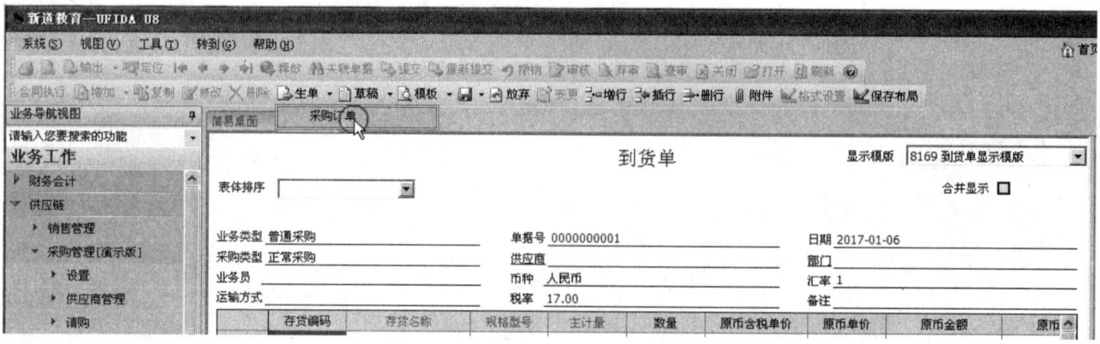

图 8-34 “到货单”

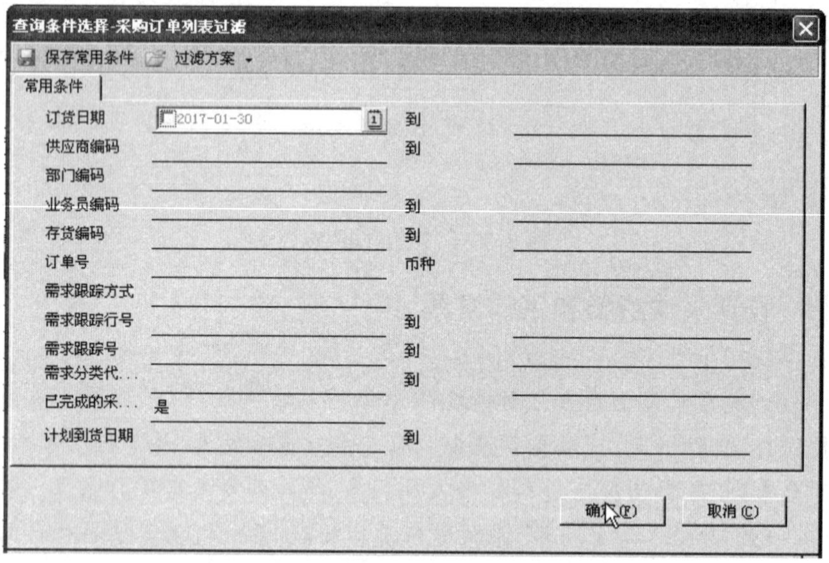

图 8-35 “查询条件选择—采购订单列表过滤”窗口

(3)输入查询条件,单击“确定”按钮,弹出“到货单拷贝订单”窗口,如图 8-36 所示。

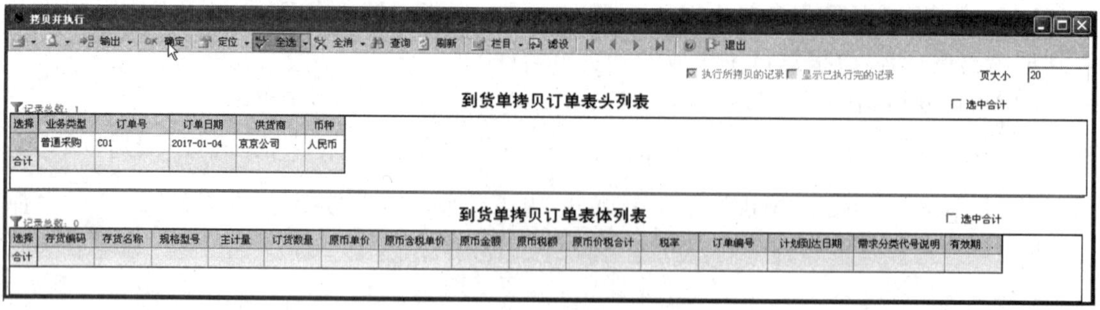

图 8-36 “到货单拷贝订单”窗口

(4)选择京京公司采购订单,单击“确定”按钮,生成“到货单”,保存并审核,如图 8-37 所示。

图 8-37　“到货单”窗口

2）采购入库单（采购入库单根据采购到货单（蓝字）生成）

（1）以刘明（C01）的身份，用当年 1 月 6 日的时间登入企业应用平台。

（2）执行“业务工作→供应链→库存管理→入库业务→采购入库单”命令，打开“采购入库单”窗口，如图 8-38 所示。

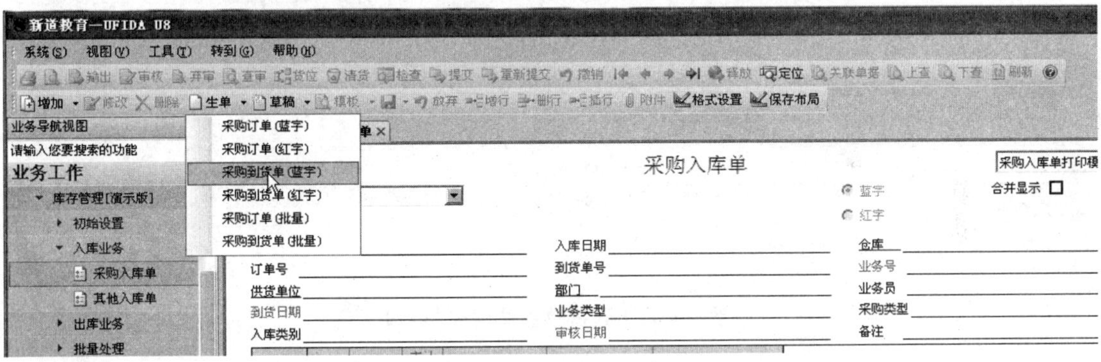

图 8-38　“采购入库单”窗口

（3）单击“生单”旁边的▾按钮，选择“采购到货单（蓝字）”，会弹出“查询条件选择—采购到货单列表”窗口，如图 8-39 所示。

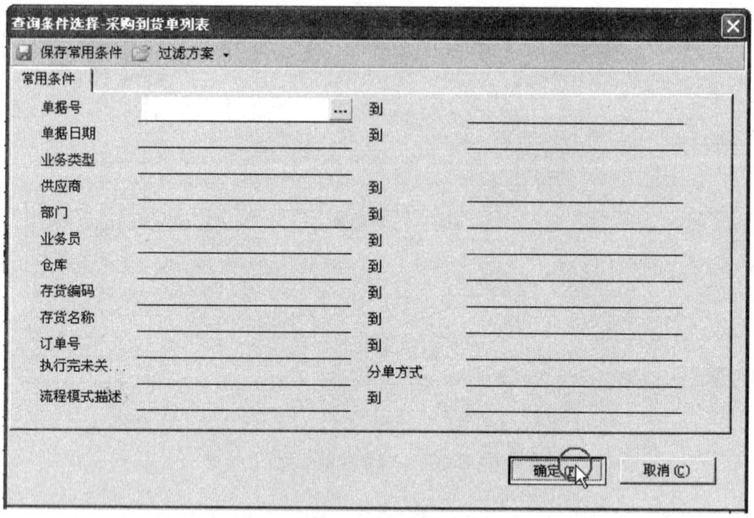

图 8-39 “查询条件选择—采购到货单列表”窗口

(4)录入查询条件,单击“确定”按钮,弹出“到货单生单列表”窗口,如图 8-40 所示。

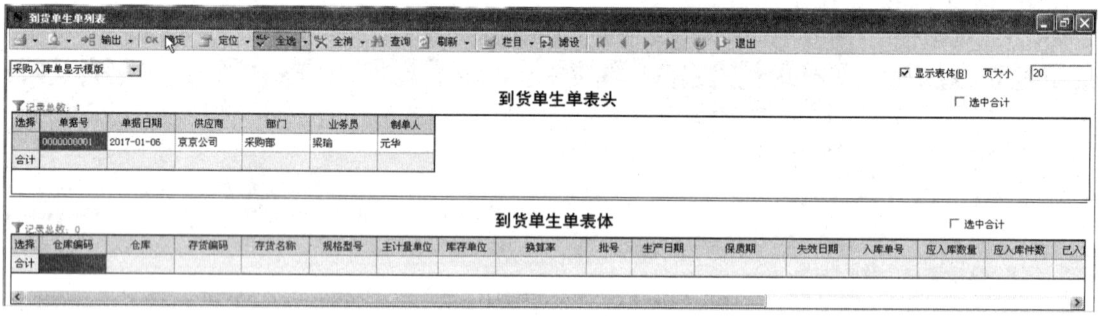

图 8-40 “到货单生单列表”窗口

(5)选择京京公司到货单,单击“确定”按钮,生成“采购入库单”,保存并审核,如图 8-41 所示。

图 8-41 “采购入库单”窗口

3）采购发票（采购专用发票根据入库单生成）

（1）以元华（G01）的身份，用当年 1 月 6 日的时间登入企业应用平台。

（2）执行“业务工作→供应链→采购管理→采购发票→专用采购发票”命令，打开“专用采购发票”窗口，如图 8-42 所示；单击“增加”按钮，再单击“生单”旁边的 ▾ 按钮，选择“入库单”，会弹出“查询条件选择—采购入库单列表过滤”窗口，如图 8-43 所示。

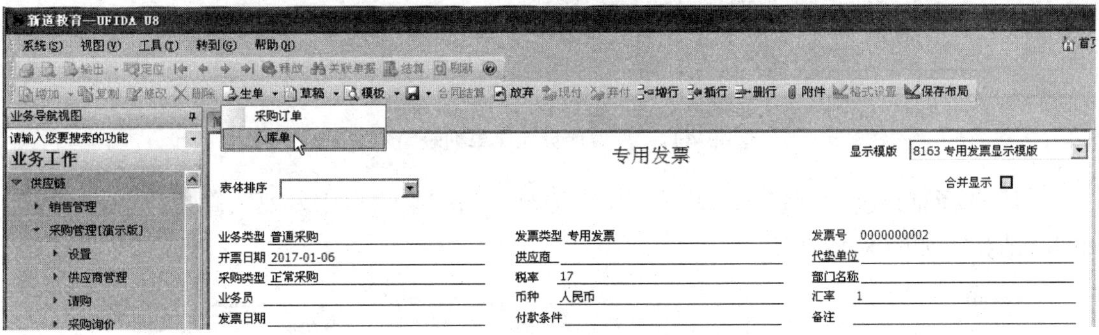

图 8-42　“采购专用发票”窗口

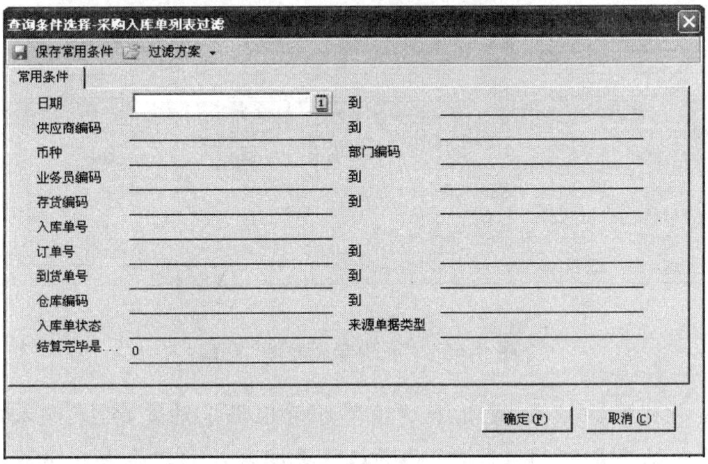

图 8-43　“查询条件选择—采购入库单列表过滤”窗口

（3）录入查询条件，单击“确定”按钮，弹出“发票拷贝入库单列表”窗口，如图 8-44 所示。

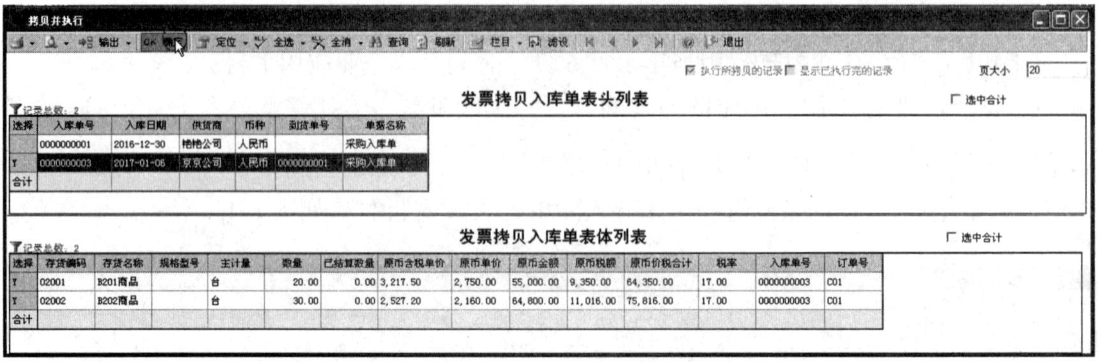

图 8-44 “发票拷贝入库单列表”窗口

(4)选择京京公司到货单,单击“确定”按钮,生成“采购专用发票”,单击“保存”按钮,单击“结算”,如图 8-45 所示。

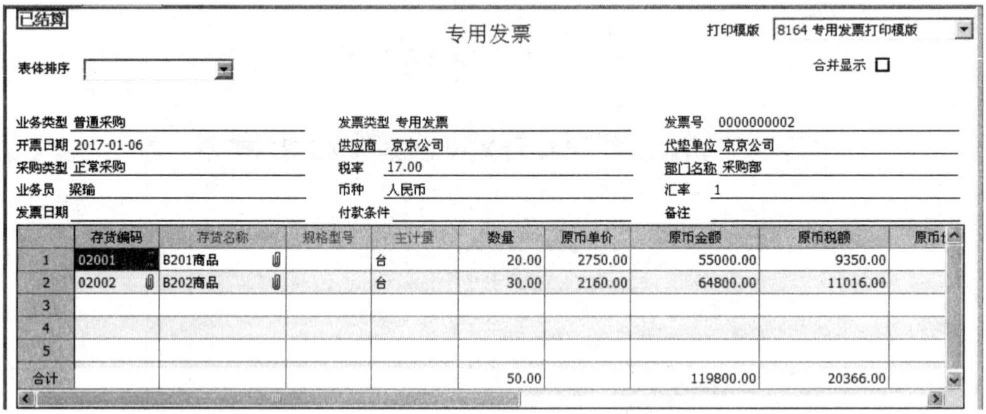

图 8-45 “采购专用发票”窗口

注:采购结算也称采购报账,是指采购核算人员根据采购发票、采购入库单核算采购入库成本;采购结算的结果是采购结算单,它是记载采购入库单记录与采购发票记录对应关系的结算对照表。采购结算从操作处理上分为自动结算、手工结算两种方式;另外运费发票可以单独进行费用折扣结算。

4)应付单据审核与制单

(1)以张敏(W01)的身份,用当年 1 月 6 日的时间登入企业应用平台。

(2)执行“业务工作→财务会计→应付款管理→应付单据处理→应付单据审核”命令,打开“应付单据查询条件”窗口,如图 8-46 所示。

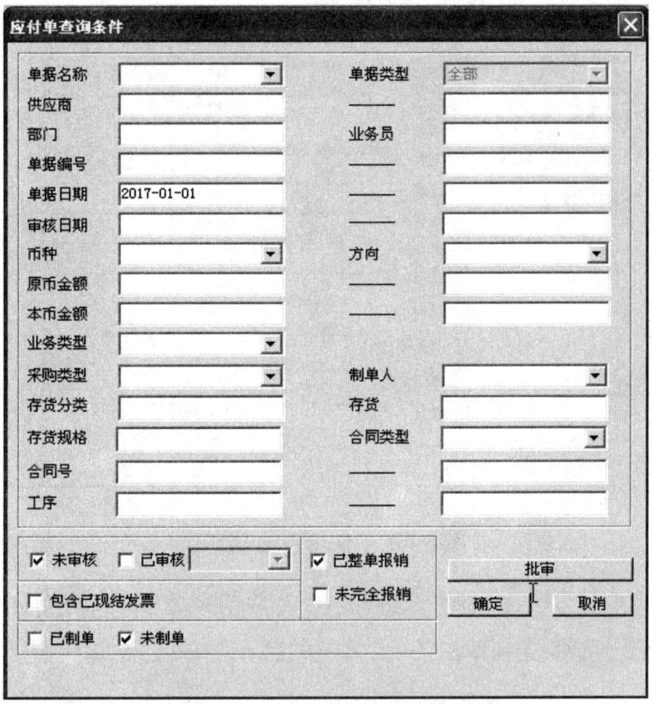

图 8-46 “应付单据查询条件”窗口

（3）录入查询条件，单击“确定”按钮，系统弹出“应付单据列表”如图 8-47 所示，在“应付单据列表”中选择要审核的“采购专用发票”，单击“审核”按钮，会弹出“提示”窗口，如图 8-48 所示，单击“确定”按钮。

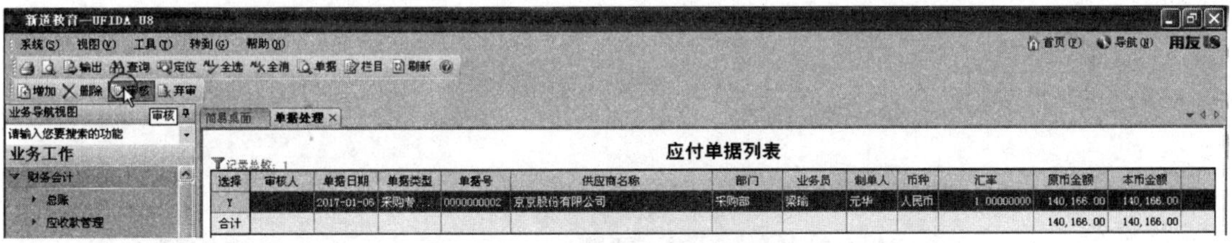

图 8-47 “应付单据列表”窗口

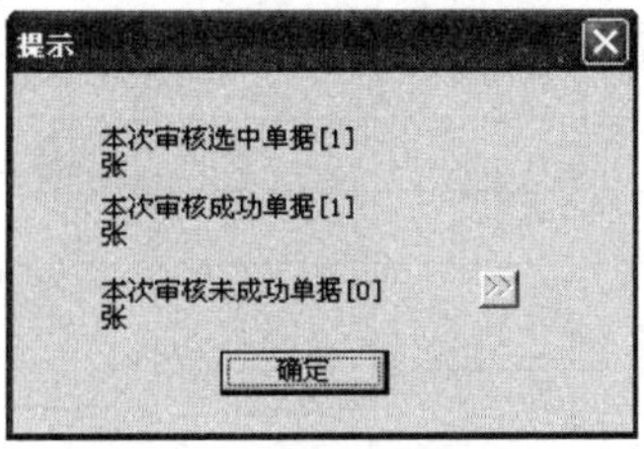

图 8-48 “提示”窗口

（4）执行“制单处理”命令，打开“制单查询”窗口，如图 8-49 所示。

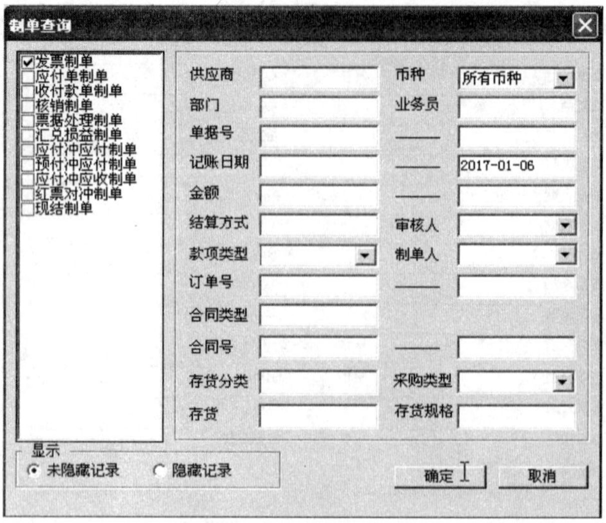

图 8-49　“制单查询”窗口

(5)勾选“发票制单”,单击“确定”按钮;进入采购发票制单界面,如图 8-50 所示;凭证类别选择“转账凭证”,选择要制单的发票,单击“制单”按钮,生成相关凭证,单击“保存”按钮,如图 8-51 所示。

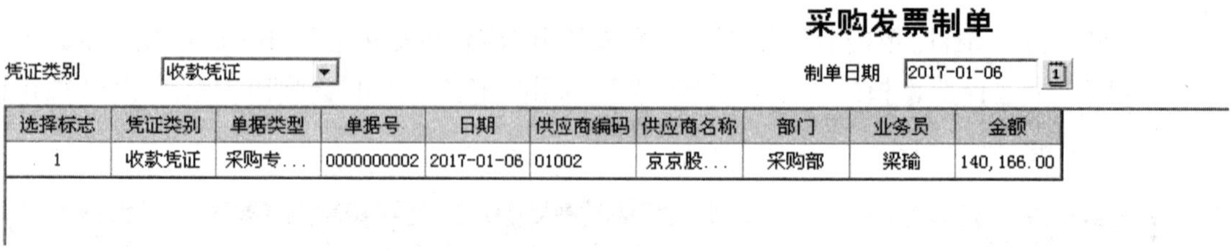

图 8-50　“采购发票制单”窗口

图 8-51　“转账凭证”窗口

5）入库单制单

（1）以李峰（W02）的身份，用当年 1 月 6 日的时间登入企业应用平台。

（2）执行“业务工作→供应链→存货核算→业务核算→正常单据记账”命令，打开“正常单据记账列表”窗口，如图 8-52 所示。

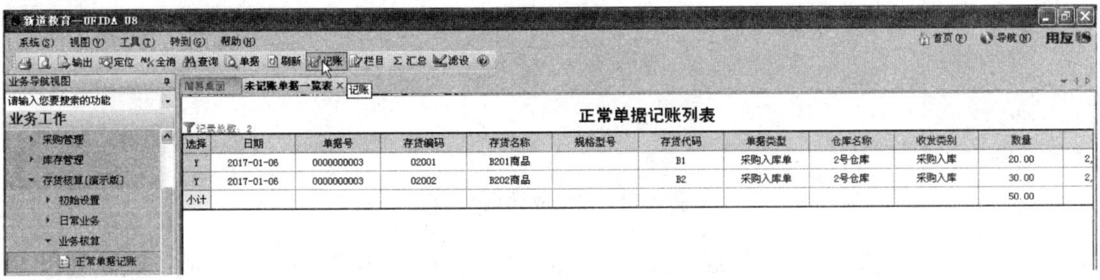

图 8-52　“正常单据记账列表”窗口

（3）选择需要记账的单据，单击“记账”按钮，对采购专用发票进行记账，系统提示“记账成功”窗口，如图 8-53 所示；

图 8-53　“记账成功”窗口

（4）执行“财务核算→生成凭证”命令，单击“选择”按钮，打开“查询条件”窗口，单击“确定”按钮，打开“未生成凭证单据一览表”窗口，如图 8-54 所示。

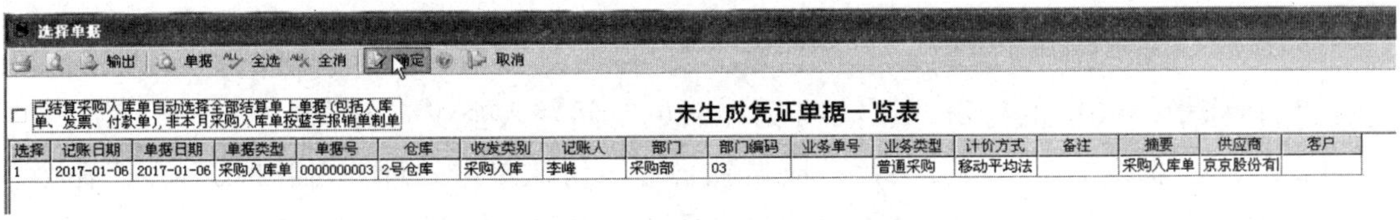

图 8-54　“未生成凭证单据一览表”窗口

（5）双击选择对应单据，单击“确定”按钮，弹出“生成凭证”窗口，如图 8-55 所示。

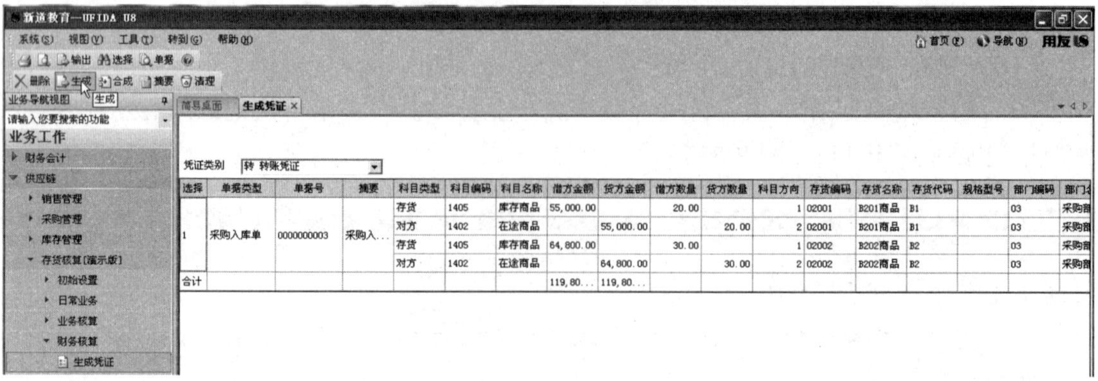

图 8-55 "生成凭证"窗口

(6)凭证类别选择"转账凭证",单击"生成"按钮,单击"保存"按钮,生成一张结转成本的凭证,如图 8-56 所示。

图 8-56 "转账凭证"窗口

业务八 支付采购货款

(1)以张敏(W01)的身份,用当年 1 月 7 日的时间登入企业应用平台。

(2)执行"业务工作→财务会计→应付款管理→付款单据处理→付款单据录入"命令,打开"付收款单录入"窗口,单击"增加"按钮,录入付款单并保存,如图 8-57 所示。

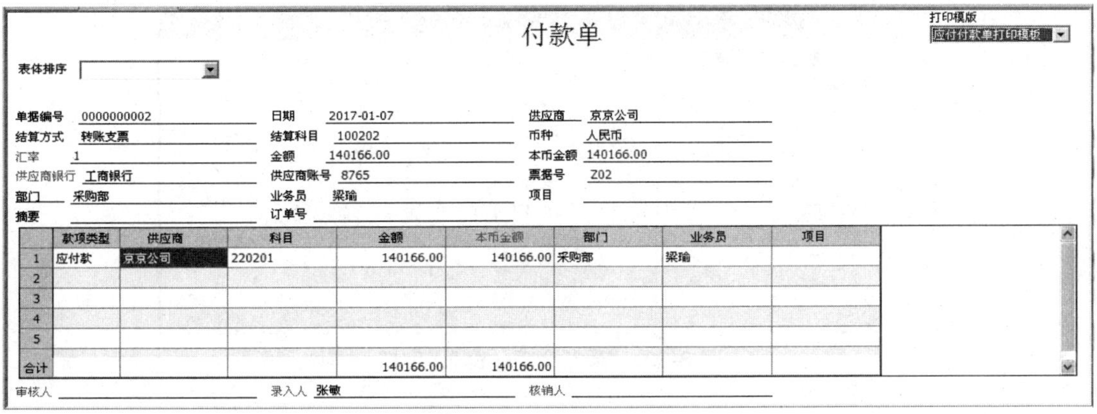

图 8-57　“付款单”窗口

（3）执行“业务工作→财务会计→应付款管理→付款单据处理→付款单据审核”命令，对付款单进行审核，或直接在付款单录入界面点“审核”，弹出“是否立即制单?”窗口，如图 8-58 所示。

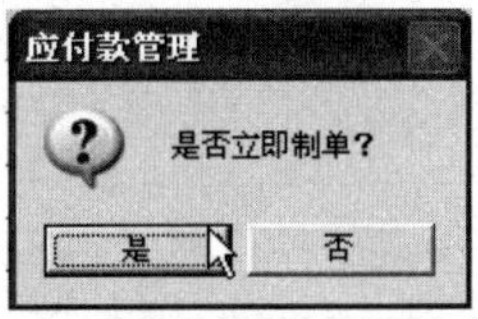

图 8-58　“是否立即制单?”窗口

（4）选择“是”按钮，立即生成记账凭证，选择凭证类型并保存，如图 8-59 所示。

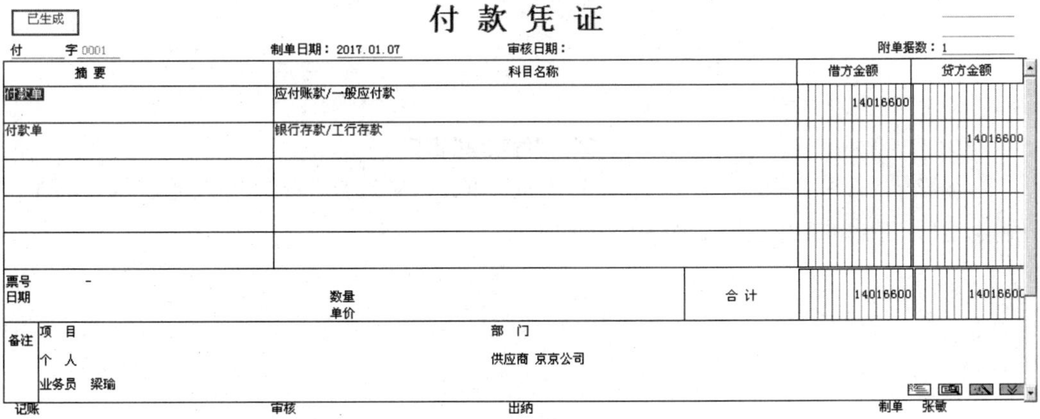

图 8-59　“付款凭证”窗口

（5）单击需要查看余额的科目，单击“余额”按钮可查询科目的最新余额，如图 8-60 所示。

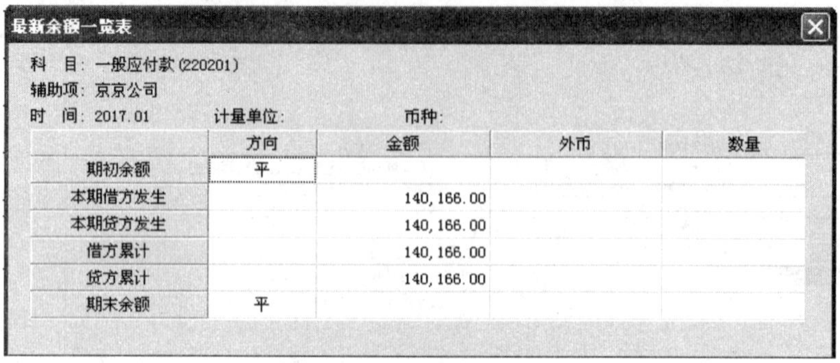

最新余额一览表

科　目：一般应付款(220201)
辅助项：京京公司
时　间：2017.01　　计量单位：　　币种：

	方向	金额	外币	数量
期初余额	平			
本期借方发生		140,166.00		
本期贷方发生		140,166.00		
借方累计		140,166.00		
贷方累计		140,166.00		
期末余额	平			

图 8-60　“最新余额一览表”窗口

业务九　支付上月货款

(1)以张敏(W01)的身份,用当年 1 月 7 日的时间登入企业应用平台。

(2)执行“业务工作→财务会计→应付款管理→付款单据处理→付款单据录入”命令,录入付款单,如图 8-61 所示,保存并审核。

付款单

表体排序

单据编号 0000000003　日期 2017-01-07　供应商 美美公司
结算方式 电汇　结算科目 100201　币种 人民币
汇率 1.00000000　金额 20124.00　本币金额 20124.00
供应商银行 工商银行　供应商账号 5432　票据号 D02
部门 采购部　业务员 周密　项目
摘要　订单号

	款项类型	供应商	科目	金额	本币金额	部门	业务员	项目
1	应付款	美美公司	220201	20124.00	20124.00	采购部	周密	
2								
3								
4								
合计				20124.00	20124.00			

审核人　录入人 张敏　核销人

图 8-61　“付款单”窗口

(3)审核后,在弹出的“是否立即制单?”提示框,如果选择“否”,可以通过执行“制单处理”命令,打开“制单查询”窗口,如图 8-62 所示。

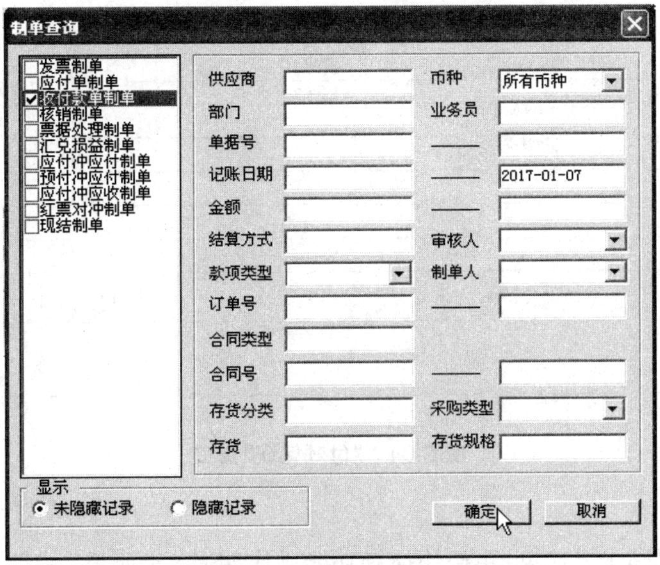

图 8-62　“制单查询”窗口

（4）勾选“收付款单制单”，单击“确定”按钮，选择凭证类别，选择要制单的发票，单击“制单”按钮，生成收款凭证并保存，如图 8-63 所示。

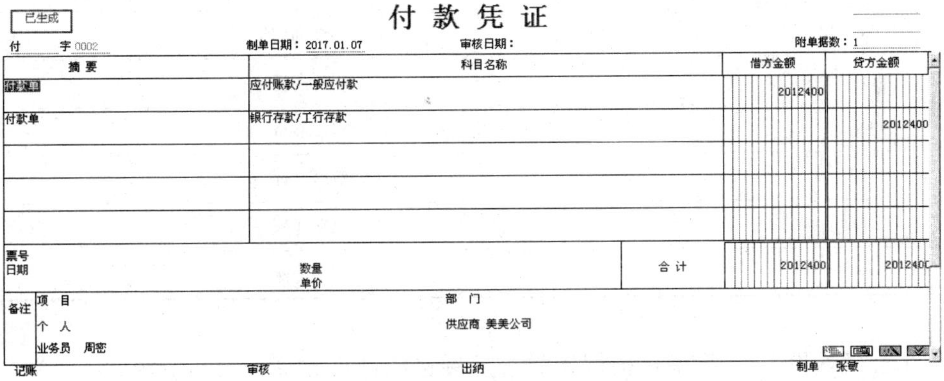

图 8-63　“付款凭证”窗口

业务十　报销差旅费

（1）以张敏（W01）的身份，用当年 1 月 7 日的时间登入企业应用平台。

（2）执行“业务工作→财务会计→总账→凭证→填制凭证”命令，打开“填制凭证”窗口，填制付款凭证并保存，如图 8-64 所示。

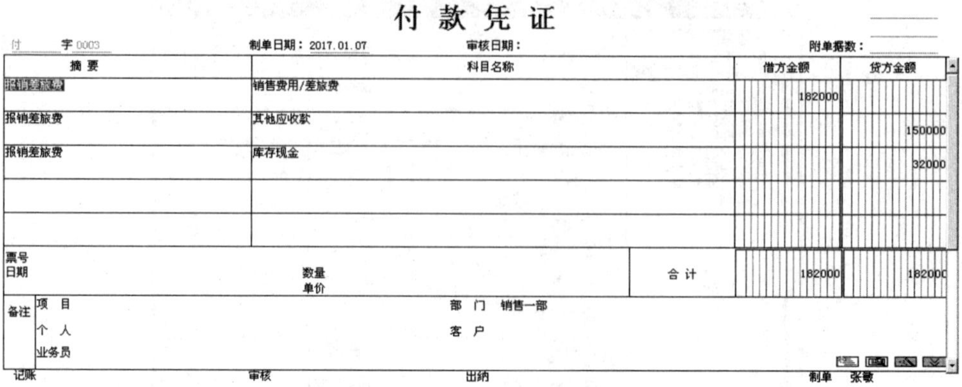

图 8-64 “付款凭证”窗口

【应用技巧】

使用快捷键提高录入速度,主要快捷键功能操作如表 8-1 所示。

表 8-1 快捷键功能表

快捷键名称	功能
CTRL+I	插入一条分录
CTRL+D	删除光标当前行分录
CTRL+M	查询辅助明细
F4	调用常用凭证
空格键	自动转换借贷方向
F5	新增凭证
F6	保存凭证
-	红字金额

● 在金额处按”=”,系统将根据借贷方差额自动计算此笔分录的金额。

● 在录入凭证时,数量、单价和金额,外币、汇率和金额,可以录两项,由系统自动计算另一项。

业务十一　缴纳上月税费

(1)以张敏(W01)的身份,用当年 1 月 7 日的时间登入企业应用平台。

(2)执行”业务工作→财务会计→总账→凭证→填制凭证“命令,填制付款凭证并保存,如图 8-65 所示。

付 款 凭 证

付　字 0004　制单日期：2017.01.07　审核日期：　附单据数：

摘要	科目名称	借方金额	贷方金额
交上月税金	应交税费/应交所得税	2970000	
交上月税金	应交税费/应交城市维护建设税	267750	
交上月税金	应交税费/应交个人所得税	249020	
交上月税金	应交税费/应交教育费附加	153000	
交上月税金	银行存款/工行存款		7464770
票号 9 - 日期 2017.01.07	数量 单价　合 计	7464770	7464770

备注　项 目　部 门
个 人　客 户
业务员

记账　审核　出纳　制单 张敏

图 8-65 “付款凭证”窗口

业务十二　采购订货

（1）以元华（G01）的身份，用当年 1 月 7 日的时间登入企业应用平台。

（2）执行”业务工作→供应链→采购管理→采购订货→采购订单“命令，录入采购订单并审核，如图 8-66 所示。

采购订单　打印模版 8174 采购订单打印模版

表体排序　合并显示 □

业务类型 普通采购　订单日期 2017-01-07　订单编号 C02
采购类型 正常采购　供应商 花花公司　部门 采购部
业务员 梁瑜　税率 17.00　付款条件
币种 人民币　汇率 1　备注

	存货编码	存货名称	主计量	数量	原币含税单价	原币单价	原币金额	原币税额	原币价税合计	税率	计划到货日期
1	02003	B203商品	台	50.00	1755.00	1500.00	75000.00	12750.00	87750.00	17.00	2017-01-08
2											
3											
合计				50.00			75000.00	12750.00	87750.00		

制单人 元华　审核人 元华　变更人
现存量

图 8-66 “采购订单”窗口

业务十三　收到采购货物和采购发票

1）到货单

（1）以元华（G01）的身份，用当年 1 月 8 日的时间登入企业应用平台。

（2）执行业务工作→供应链→采购管理→采购到货→到货单命令，参照订单生成到货单，如图 8-67 所示。

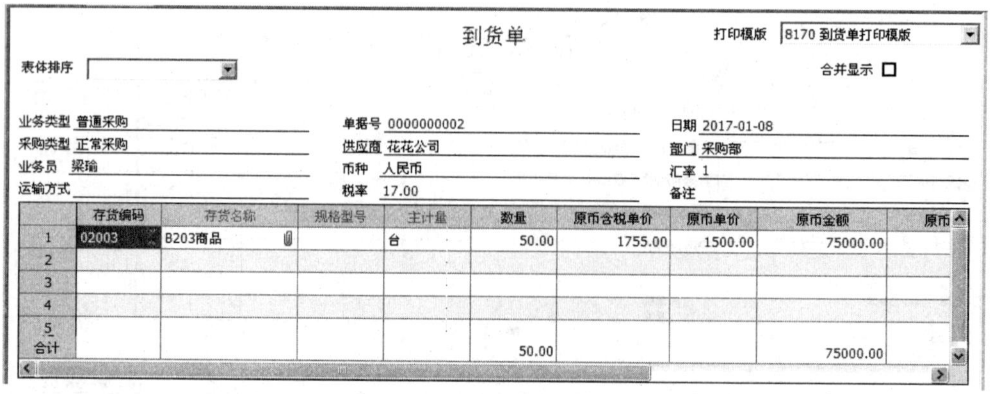

图 8-67 “到货单”窗口

2)采购入库单

(1)以刘明(C01)的身份,用当年 1 月 8 日的时间登入企业应用平台。

(2)执行”业务工作→供应链→库存管理→入库业务→采购入库单“命令,根据到货单生成采购入库单,保存并审核,如图 8-68 所示。

3)采购发票

(1)以元华(G01)的身份,用当年 1 月 8 日的时间登入企业应用平台。

(2)执行”业务工作→供应链→采购管理→采购发票→专用采购发票“命令,参照入库单生成专用发票,保存并结算,如图 8-69 所示。

图 8-68 “采购入库单”窗口

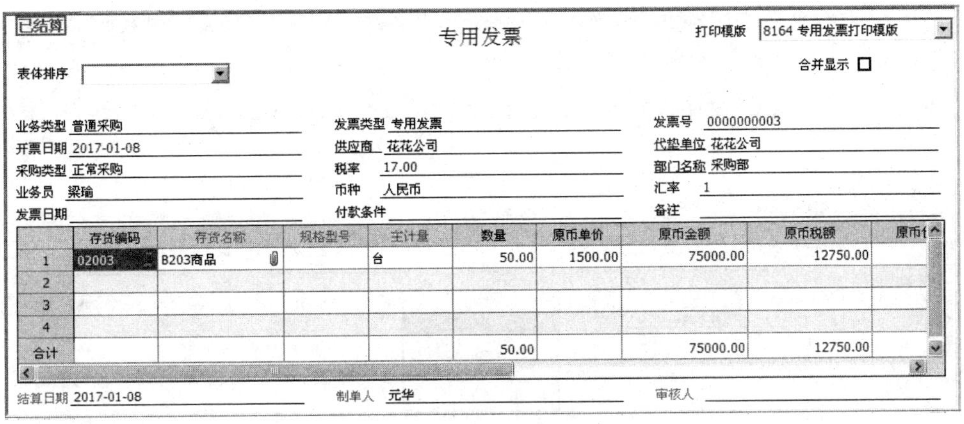

图 8-69　“采购专用发票”窗口

4)应付单据审核与制单

(1)以张敏(W01)的身份,用当年 1 月 8 日的时间登入企业应用平台。

(2)执行“业务工作→财务会计→应付款管理→应付单据处理→应付单据审核”命令,审核采购专用发票并制单,如图 8-70、图 8-71 和图 8-72 所示。

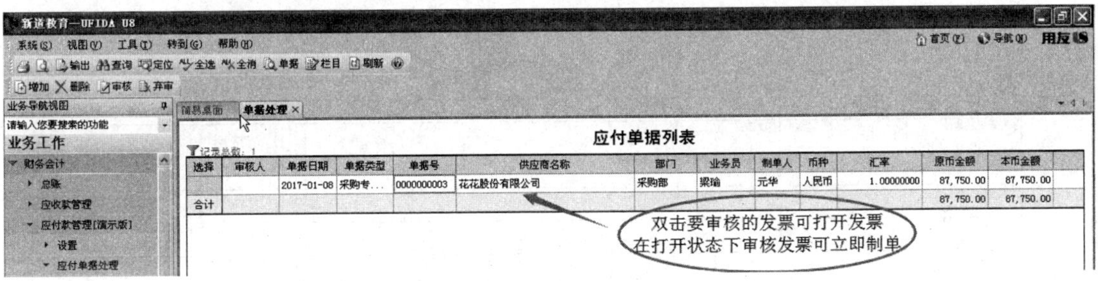

图 8-70　“应付单据列表”窗口

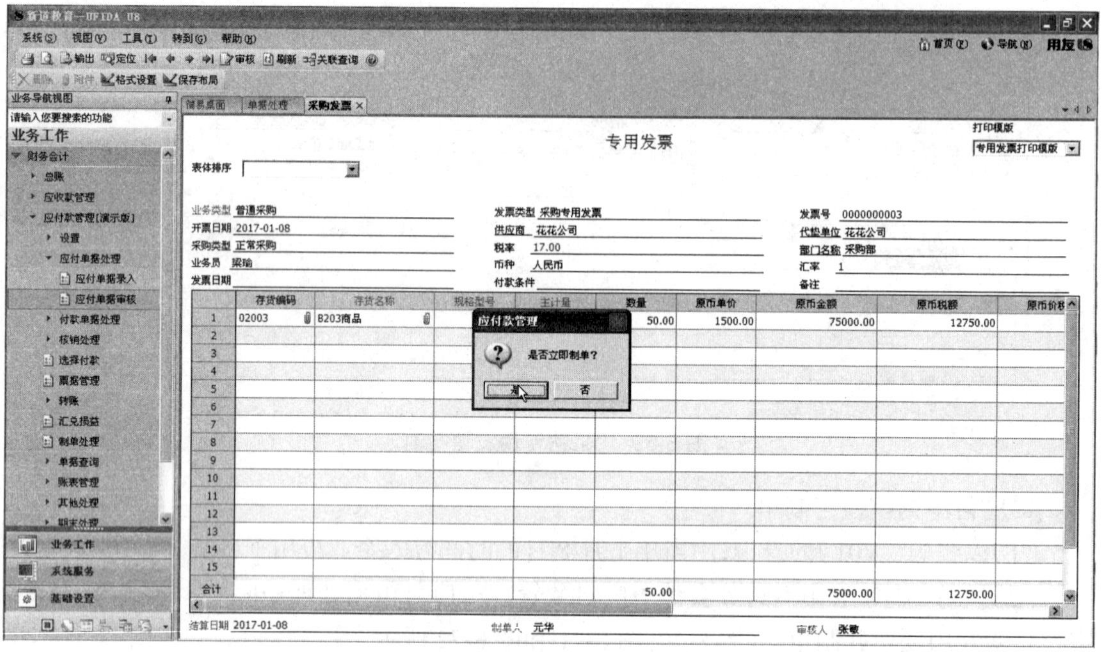

图 8-71 “是否立即制单?”窗口

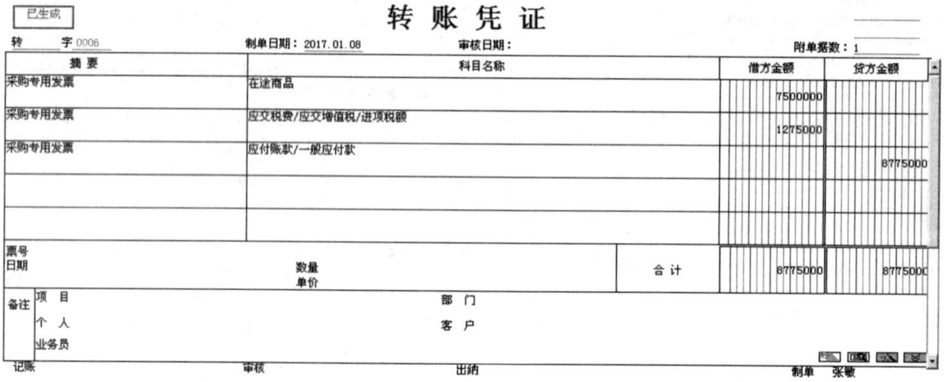

图 8-72 “转账凭证”窗口

5)入库单制单

(1)以李峰(W02)的身份,用当年 1 月 8 日的时间登入企业应用平台。

(2)执行“业务工作→供应链→存货核算→业务核算→正常单据记账”命令,对采购入库单进行记账,如图 8-73 所示。

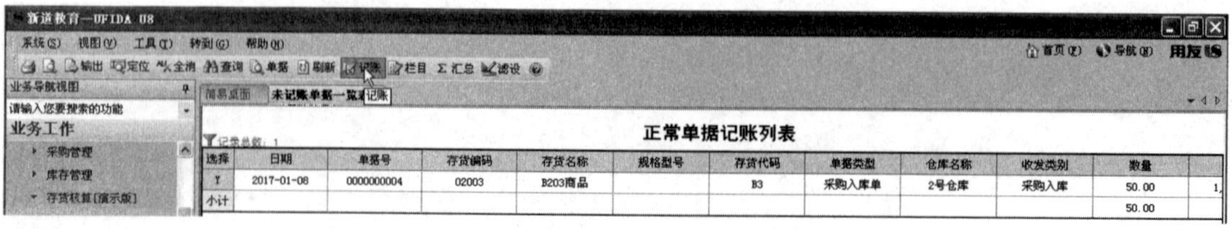

图 8-73 “正常单据记账列表”窗口

（3）执行“财务核算→生成凭证”命令，根据采购入库单生成记账凭证，如图 8-74 所示。

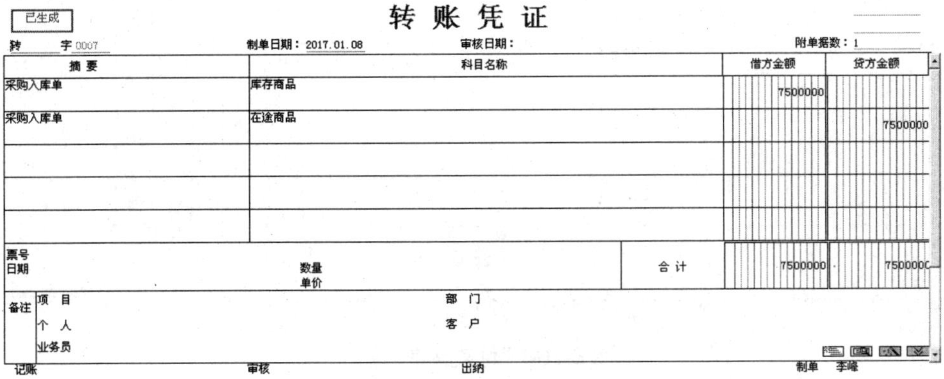
已生成

转 账 凭 证

转 字 0007　制单日期：2017.01.08　审核日期：　附单据数：1

摘要	科目名称	借方金额	贷方金额
采购入库单	库存商品	7500000	
采购入库单	在途商品		7500000
票号 日期	数量 单价 合计	7500000	7500000

备注　项目　部门
个人　客户
业务员

记账　审核　出纳　制单 李峰

图 8-74 “转账凭证”窗口

业务十四　支付部分货款，欠款用预付款对冲

1）支付货款

（1）以张敏（W01）的身份，用当年 1 月 8 日的时间登入企业应用平台。

（2）执行“业务工作→财务会计→应付款管理→付款单据处理→付款单据录入”命令，录入付款单并保存，如图 8-75 所示。

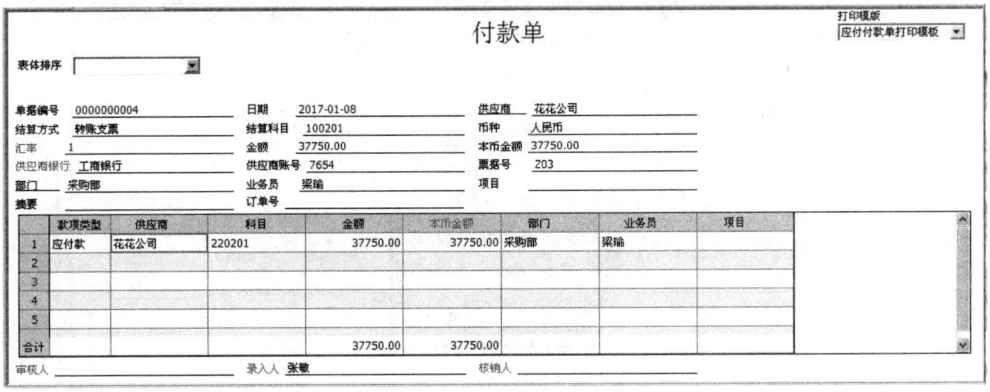
付款单

打印模版　应付付款单打印模板

表体排序

单据编号 0000000004　日期 2017-01-08　供应商 花花公司
结算方式 转账支票　结算科目 100201　币种 人民币
汇率 1　金额 37750.00　本币金额 37750.00
供应商银行 工商银行　供应商账号 7654　票据号 Z03
部门 采购部　业务员 梁瑜　项目
摘要　订单号

	款项类型	供应商	科目	金额	本币金额	部门	业务员	项目
1	应付款	花花公司	220201	37750.00	37750.00	采购部	梁瑜	
2								
3								
4								
5								
合计				37750.00	37750.00			

审核人　录入人 张敏　核销人

图 8-75 “付款单”窗口

（3）审核并立即制单，生成付款凭证，如图 8-76 所示。

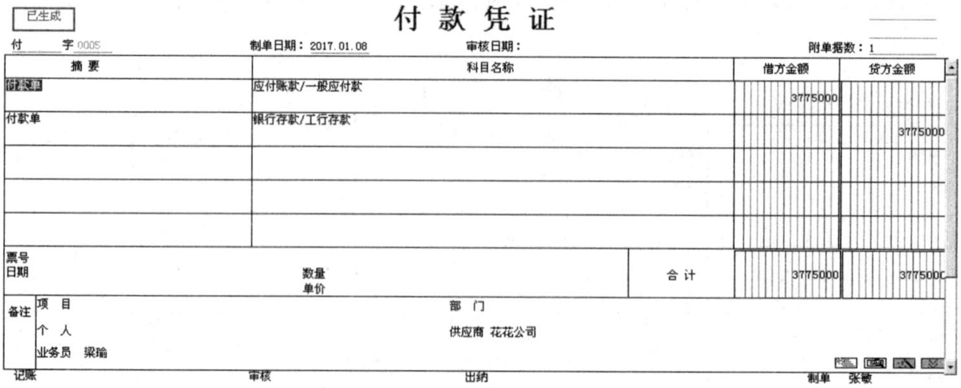

图 8-76 “付款凭证”窗口

2)预付冲应付

注:转账业务分自动转账和手动转账,本题讲解的操作为自动转账操作。

(1)执行“业务工作→财务会计→应付款管理→转账→预付冲应付”命令,打开“预付冲应付”窗口,如图 8-77 所示,在“预付款”页面的“供应商”栏选择“花花股份有限公司”;在“转账总金额”栏输入需要转账的金额(本业务是冲减 50000);单击“自动转账”,弹出“是否进行自动转账”窗口。

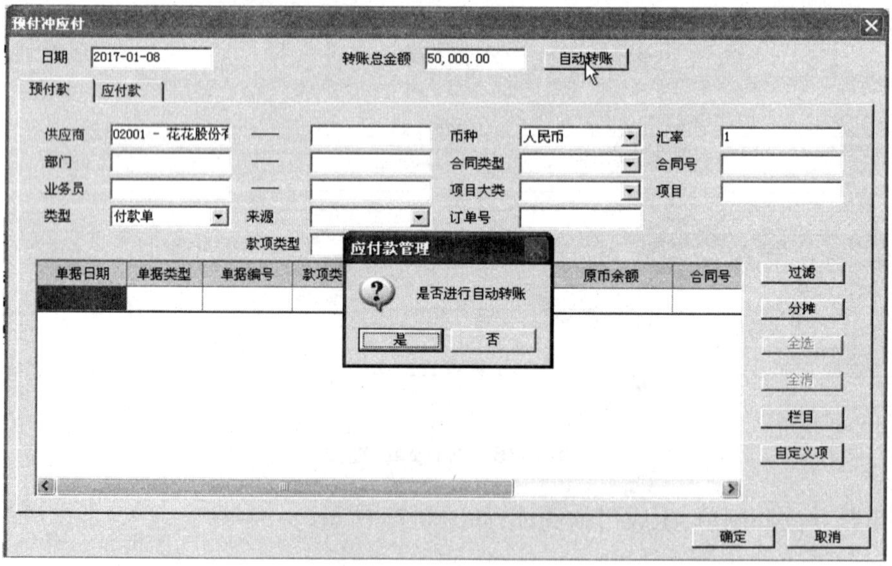

图 8-77 “预付冲应付”

(2)单击“是”按钮,系统弹出“是否立即制单”窗口,如图 8-78 所示。

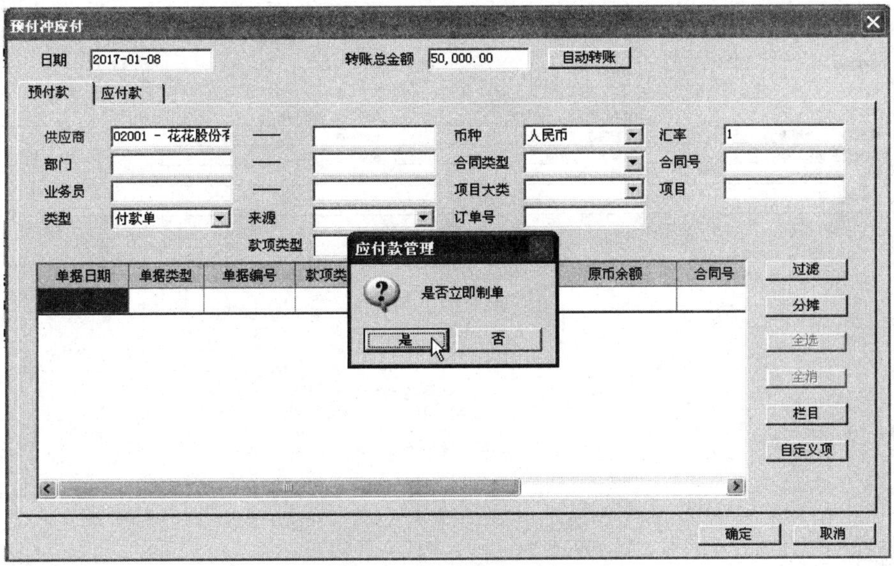

图 8-78　“是否立即制单”窗口

(3)选择“是”按钮,生成记账凭证,如图 8-79 所示。

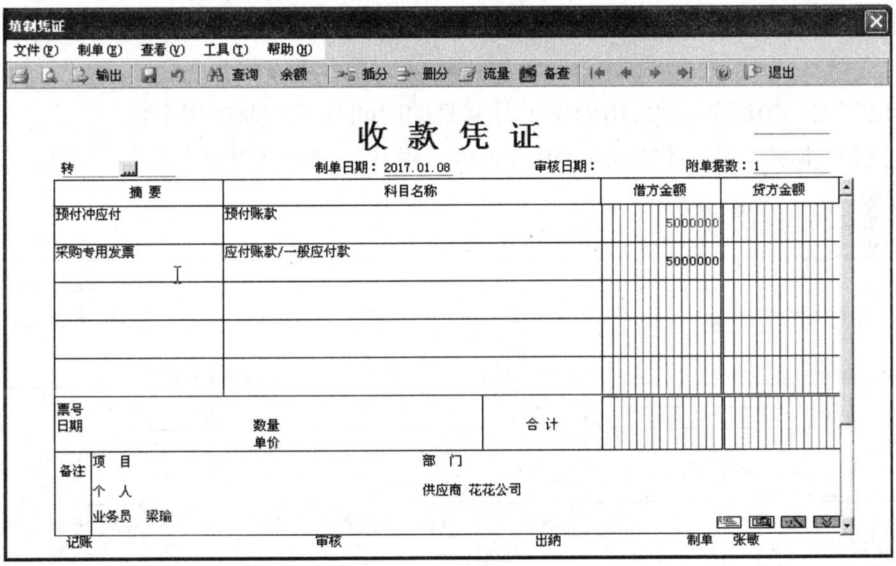

图 8-79　“转账凭证”窗口

业务十五　销售订货

(1)以刘向(X01)的身份,用当年 1 月 8 日的时间登入企业应用平台。

(2)执行“业务工作→供应链→销售管理→销售订货→销售订单”命令,录入销售订单,保存并审核,如图 8-80 所示。

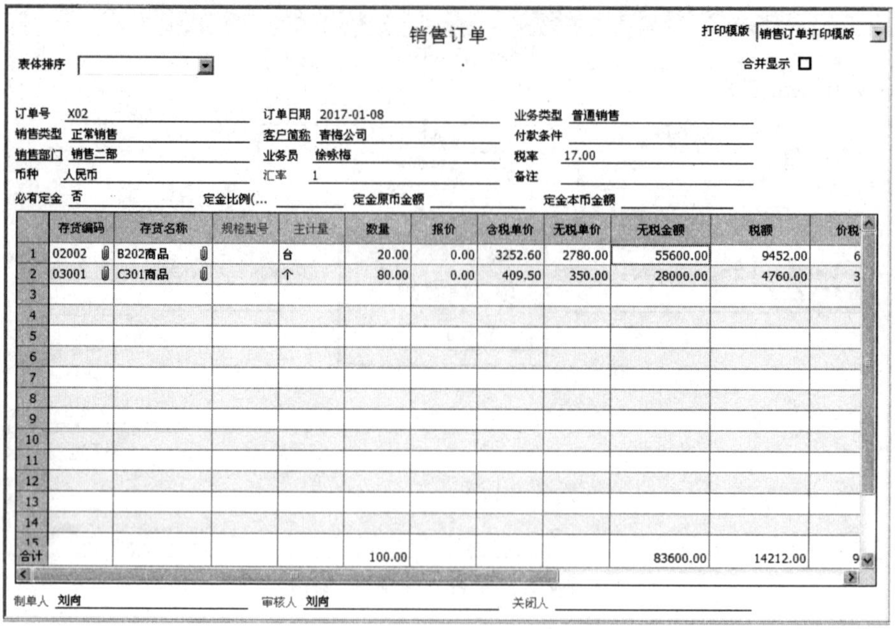

图 8-80 “销售订单”窗口

业务十六　销售发货,开出销售发票

1)发货单

(1)以刘向(X01)的身份,用当年 1 月 9 日的时间登入企业应用平台。

(2)执行“业务工作→供应链→销售管理→销售发货→发货单”命令,参照订单生成发货单,保存并审核,如图 8-81 所示。

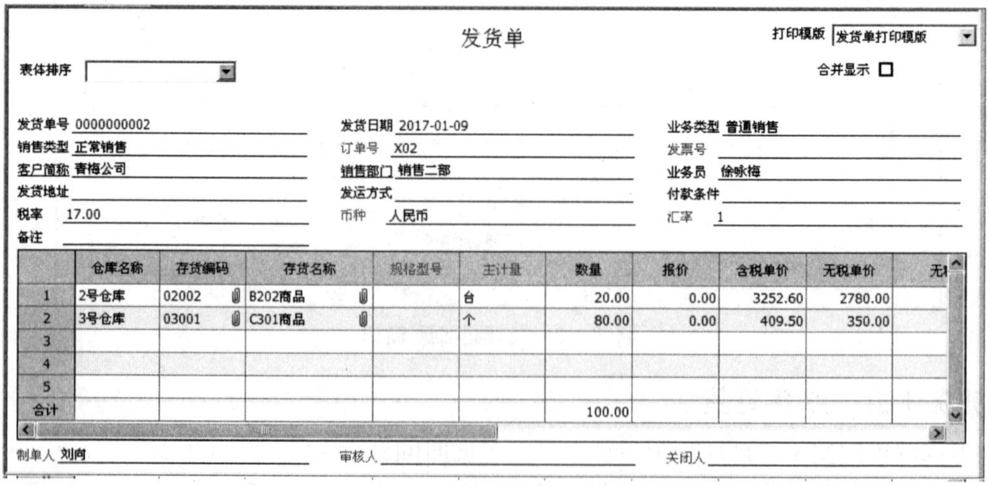

图 8-81 “发货单”窗口

2)销售专用发票

(1)执行“销售开票→销售专用发票”命令,参照发货单生成销售专用发票,保存并复核,如图 8-82 所示;

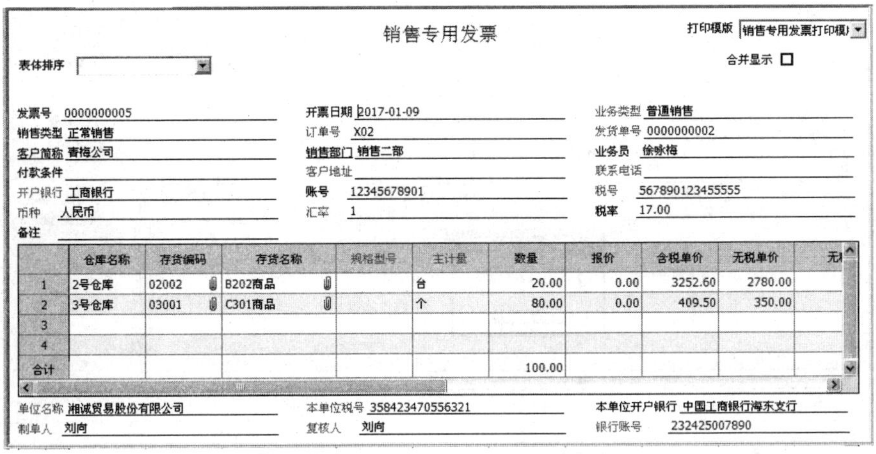

图 8-82 “销售专用发票”窗口

3)销售出库单(根据发货单批量生成)

(1)以刘明(C01)的身份,用当年 1 月 9 日的时间登入企业应用平台。

(2)执行“业务工作→供应链→库存管理→出库业务→销售出库单”命令,参照发货单生成销售出库单,保存并审核,如图 8-83 和图 8-84 所示。

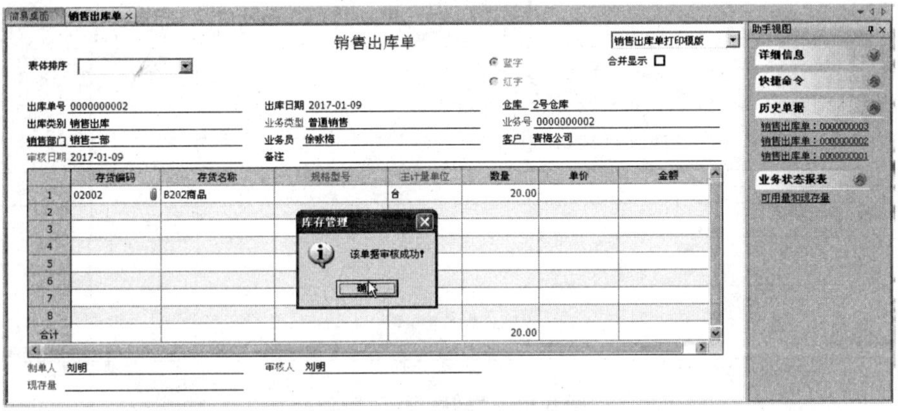

图 8-83 2 号仓库“销售出库单”窗口

图 8-84　3 号仓库“销售出库单”窗口

4)应收单据审核与制单(发票审核、制单)

(1)以张敏(W01)的身份,用当年 1 月 9 日的时间登入企业应用平台。

(2)执行“业务工作→财务会计→应收款管理→应收单据处理→应收单据审核”命令,审核销售专用发票并立即制单,如图 8-85 所示。

图 8-85　“转账凭证”窗口

5)销售出库单生成凭证(结转销售成本)

(1)以李峰(W02)的身份,用当年 1 月 9 日的时间登入企业应用平台。

(2)执行“业务工作→供应链→存货核算→业务核算→正常单据记账”命令,对正常单据进行记账,如图 8-86 所示。

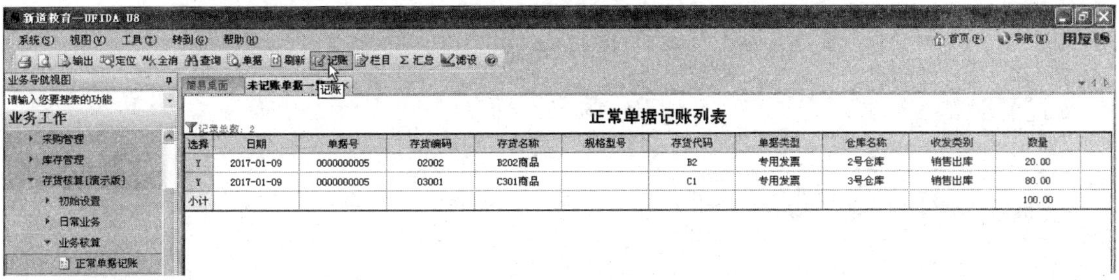

图 8-86　“正常单据记账列表”窗口

（3）执行“财务核算→生成凭证”命令，生成结转成本的记账凭证，如图 8-87 所示。

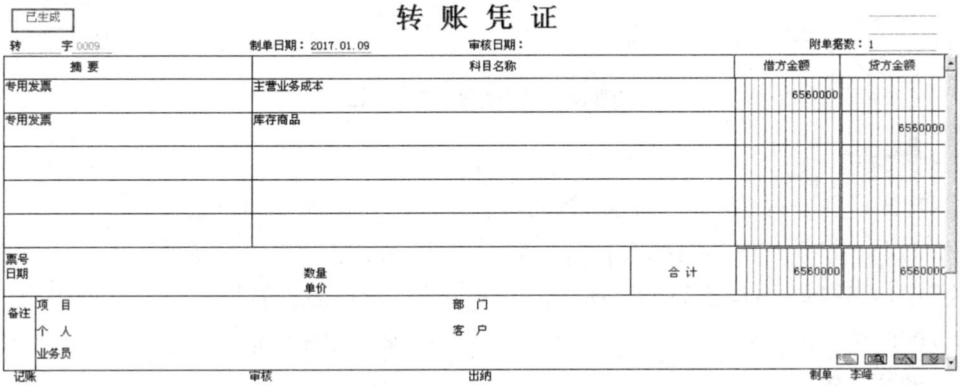

图 8-87　“转账凭证”窗口

业务十七　收到部分货款，余款用预付款对冲

1）收到货款

（1）以张敏（W01）的身份，用当年 1 月 10 日的时间登入企业应用平台。

（2）执行“业务工作→财务会计→应收款管理→收款单据处理→收款单据录入”命令，录入收款单并保存，如图 8-88 所示。

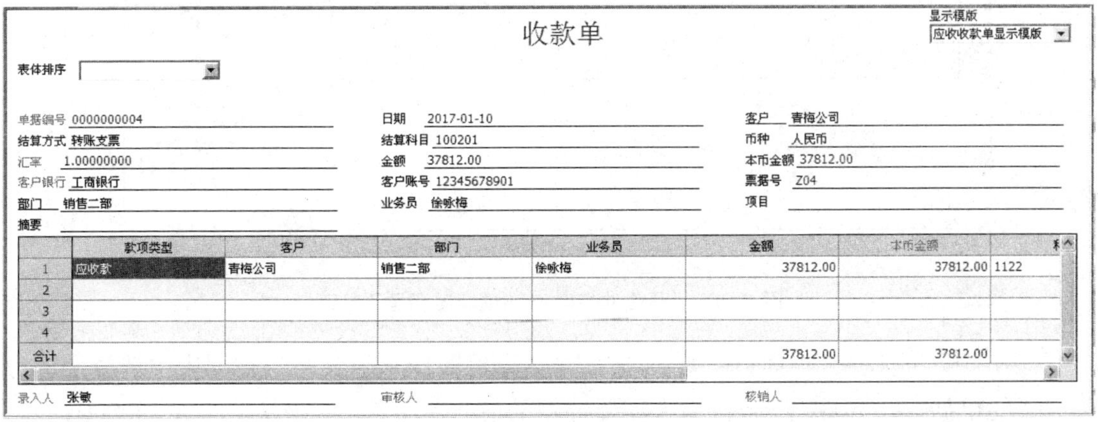

图 8-88　“收款单”窗口

(3)审核收款单并立即制单,生成收款凭证,如图 8-89 所示。

图 8-89 “收款凭证”窗口

2)预收冲应收

注:转账业务分自动转账和手动转账,本题讲解的操作为手动转账操作。

(1)执行“业务工作→财务会计→应收款管理→转账→预收冲应收”命令,打开“预收冲应收”窗口,选择“预收款”页面,在“客户”栏选择“青梅股份有限公司”;在列表中选择金额为 60 000 的“预收单”,在“转账金额”栏输入需要转出的预收款金额(本业务是冲减 60000),如图 8-90 所示。

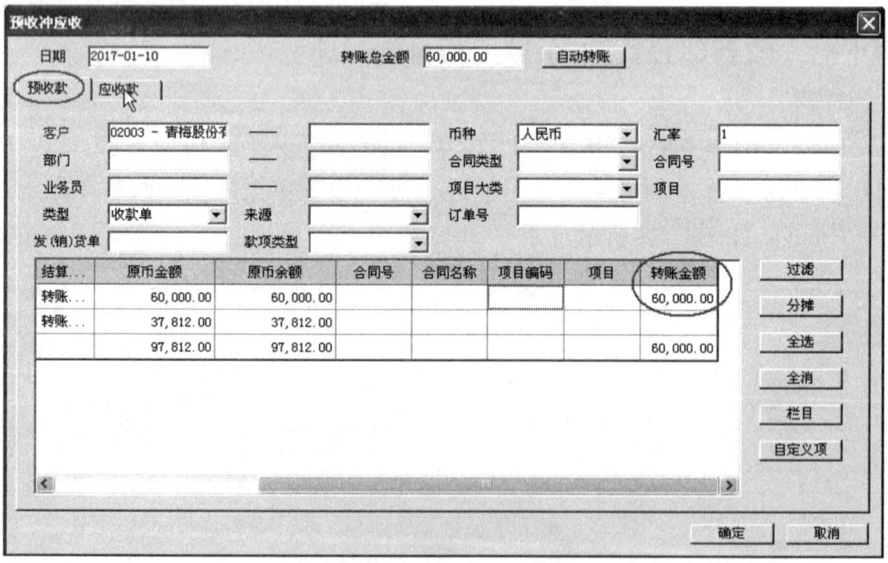

图 8-90 “预收冲应收——预收款页面”窗口

(2)选择“应收款”页面,在“客户”栏选择“青梅股份有限公司”;在列表中选择余额为 97 812 的单据,在“转账金额”栏输入需要冲销的应收款金额(本业务是冲减 60000),如图 8-91 所示。

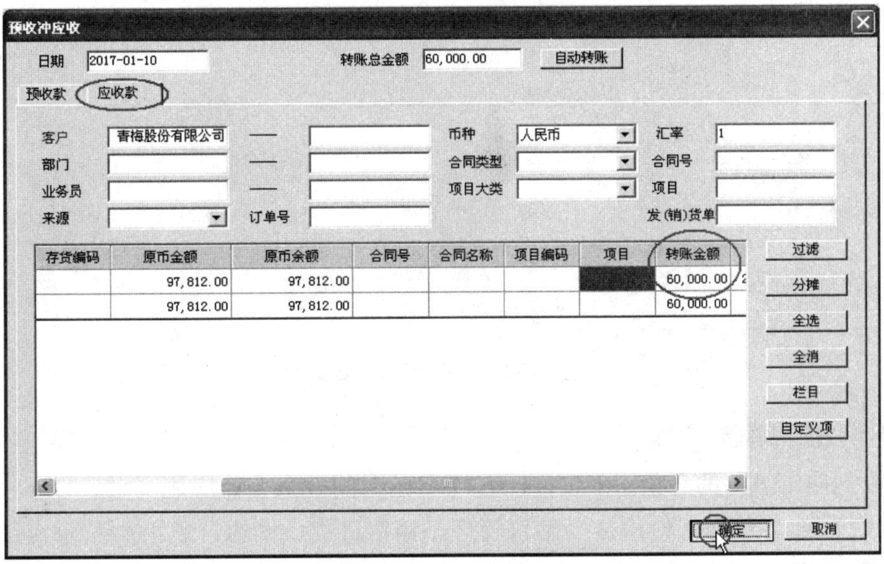

图 8-91　“预收冲应收——应收款页面”窗口

（3）单击“确定”按钮，系统弹出“是否立即制单”窗口，选择“是”按钮，生成转账凭证，如图 8-92 所示。

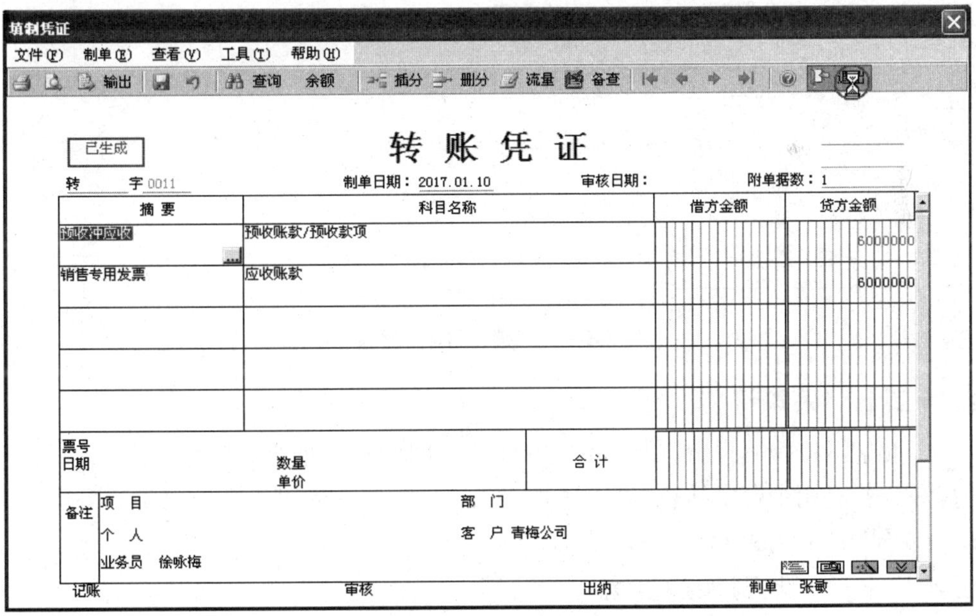

图 8-92　“转账凭证”窗口

业务十八　采购订货

（1）以元华（G01）的身份，用当年 1 月 11 日的时间登入企业应用平台。

（2）执行“业务工作→供应链→采购管理→采购订货→采购订单”命令，录入采购订单，保存并审核，如图 8-93 所示。

采购订单

打印模版 8174 采购订单打印模版

表体排序

合并显示 □

业务类型 普通采购　　订单日期 2017-01-11　　订单编号 c03

采购类型 正常采购　　供应商 美美公司　　部门 采购部

业务员 周密　　税率 17.00　　付款条件

币种 人民币　　汇率 1　　备注 自提

	存货编码	存货名称	规格型号	主计量	数量	原币含税单价	原币单价	原币金额	原币税额
1	03002	C302商品		双	200.00	351.00	300.00	60000.00	10
2	03003	C303商品		双	150.00	187.20	160.00	24000.00	4
3									
4									
合计					350.00			84000.00	14

制单人 元华　　审核人 元华　　变更人

现存量 100.00

图 8-93 “采购订单”窗口

业务十九　销售订货

(1)以刘向(X01)的身份,用当年 1 月 11 日的时间登入企业应用平台。

(2)执行“业务工作→供应链→销售管理→销售订货→销售订单”命令,录入销售订单,保存并审核,如图 8-94 所示。

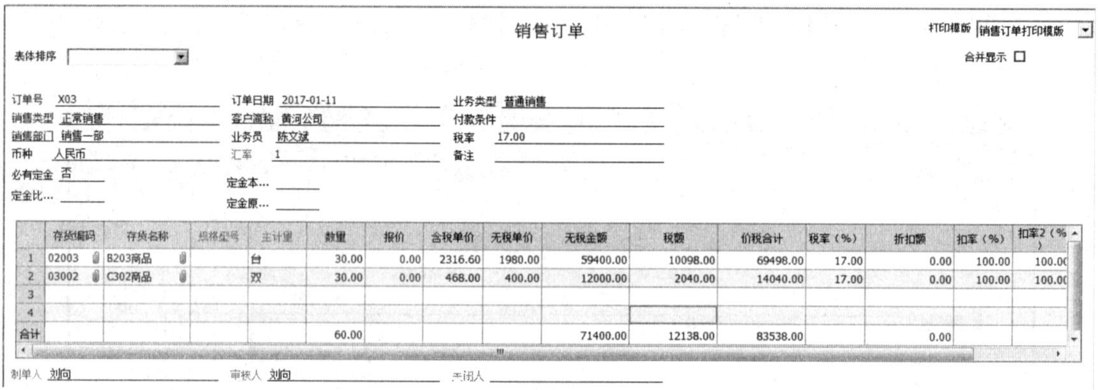

销售订单

打印模版 销售订单打印模版

表体排序

合并显示 □

订单号 X03　　订单日期 2017-01-11　　业务类型 普通销售

销售类型 正常销售　　客户简称 黄河公司　　付款条件

销售部门 销售一部　　业务员 陈文斌　　税率 17.00

币种 人民币　　汇率 1　　备注

必有定金 否　　定金本...

定金比...　　定金原...

	存货编码	存货名称	规格型号	主计量	数量	报价	含税单价	无税单价	无税金额	税额	价税合计	税率（%）	折扣额	扣率（%）	扣率2（%）
1	02003	B203商品		台	30.00	0.00	2316.60	1980.00	59400.00	10098.00	69498.00	17.00	0.00	100.00	100.0(
2	03002	C302商品		双	30.00	0.00	468.00	400.00	12000.00	2040.00	14040.00	17.00	0.00	100.00	100.0(
3															
4															
合计					60.00				71400.00	12138.00	83538.00		0.00		

制单人 刘向　　审核人 刘向　　关闭人

图 8-94 “销售订单”窗口

业务二十　采购订货

(1)以元华(G01)的身份,用当年 1 月 11 日的时间登入企业应用平台。

(2)在企业应用平台中执行“业务工作→供应链→采购管理→采购订货→采购订单”命令,录入采购订单,保存并审核,如图 8-95 所示。

业务二十一　收到采购货物

1)到货单

(1)以元华(G01)的身份,用当年 1 月 11 日的时间登入企业应用平台。

(2)在企业应用平台中执行“业务工作→供应链→采购管理→采购到货→到货单”命令,参照采购订单生成到货单并保存,如图 8-96 所示。

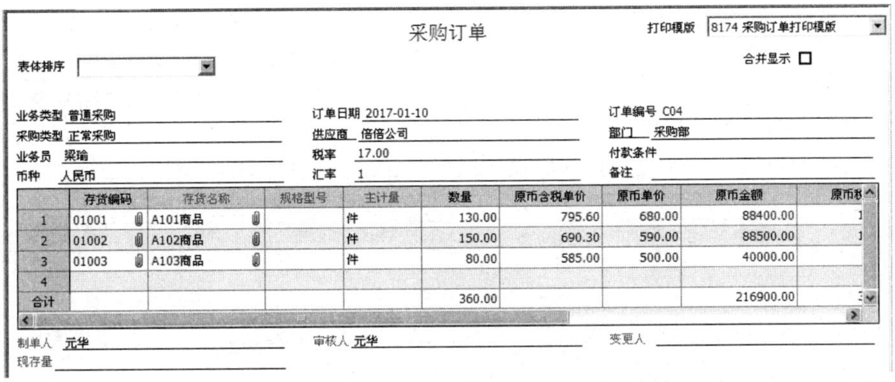

采购订单　打印模版 8174 采购订单打印模版

表体排序　合并显示

业务类型 普通采购　订单日期 2017-01-10　订单编号 C04
采购类型 正常采购　供应商 倍倍公司　部门 采购部
业务员 梁瑜　税率 17.00　付款条件
币种 人民币　汇率 1　备注

	存货编码	存货名称	规格型号	主计量	数量	原币含税单价	原币单价	原币金额
1	01001	A101商品		件	130.00	795.60	680.00	88400.00
2	01002	A102商品		件	150.00	690.30	590.00	88500.00
3	01003	A103商品		件	80.00	585.00	500.00	40000.00
4								
合计					360.00			216900.00

制单人 元华　审核人 元华　变更人
现存量

图 8-95 “采购订单”窗口

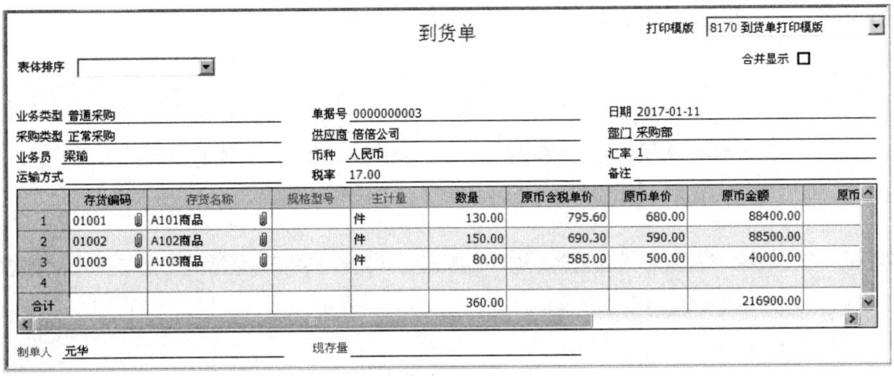

到货单　打印模版 8170 到货单打印模版

表体排序　合并显示

业务类型 普通采购　单据号 0000000003　日期 2017-01-11
采购类型 正常采购　供应商 倍倍公司　部门 采购部
业务员 梁瑜　币种 人民币　汇率 1
运输方式　税率 17.00　备注

	存货编码	存货名称	规格型号	主计量	数量	原币含税单价	原币单价	原币金额
1	01001	A101商品		件	130.00	795.60	680.00	88400.00
2	01002	A102商品		件	150.00	690.30	590.00	88500.00
3	01003	A103商品		件	80.00	585.00	500.00	40000.00
4								
合计					360.00			216900.00

制单人 元华　现存量

图 8-96 “到货单”窗口

2）采购入库单

（1）以刘明（C01）的身份，用当年 1 月 11 日的时间登入企业应用平台。

（2）执行“业务工作→供应链→库存管理→入库业务→采购入库单”命令，参照到货单生成采购入库单，保存并审核，如图 8-97 所示。

采购入库单　采购入库单打印模版

表体排序　蓝字　红字　合并显示

入库单号 0000000005　入库日期 2017-01-11　仓库 1号仓库
订单号 C04　到货单号 0000000003　业务号
供货单位 倍倍公司　部门 采购部　业务员 梁瑜
到货日期 2017-01-11　业务类型 普通采购　采购类型 正常采购
入库类别 采购入库　审核日期 2017-01-11　备注

	存货编码	存货名称	主计量单位	数量	本币单价	本币金额
1	01001	A101商品	件	130.00	680.00	88400.00
2	01002	A102商品	件	150.00	590.00	88500.00
3	01003	A103商品	件	80.00	500.00	40000.00
4						
合计				360.00		216900.00

制单人 刘明　审核人 刘明
现存量

图 8-97 “采购入库单”

（3）执行“业务工作→供应链→库存管理→入库业务→其他入库单”命令，录入其他入库单,保存并审核,如图 8-98 所示。

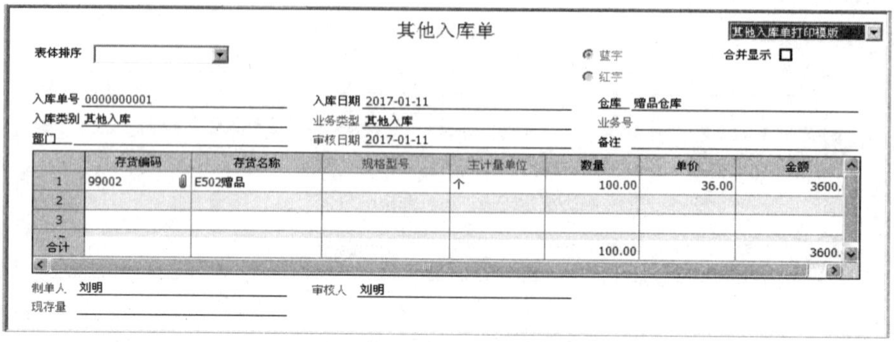

图 8-98 “其他入库单”窗口

业务二十二　收到采购发票

1)采购发票

(1)以元华(G01)的身份,用当年 1 月 11 日的时间登入企业应用平台。

(2)执行“业务工作→供应链→采购管理→采购发票→专用采购发票”命令,参照入库单生成采购专用发票并单击,如图 8-99 所示。

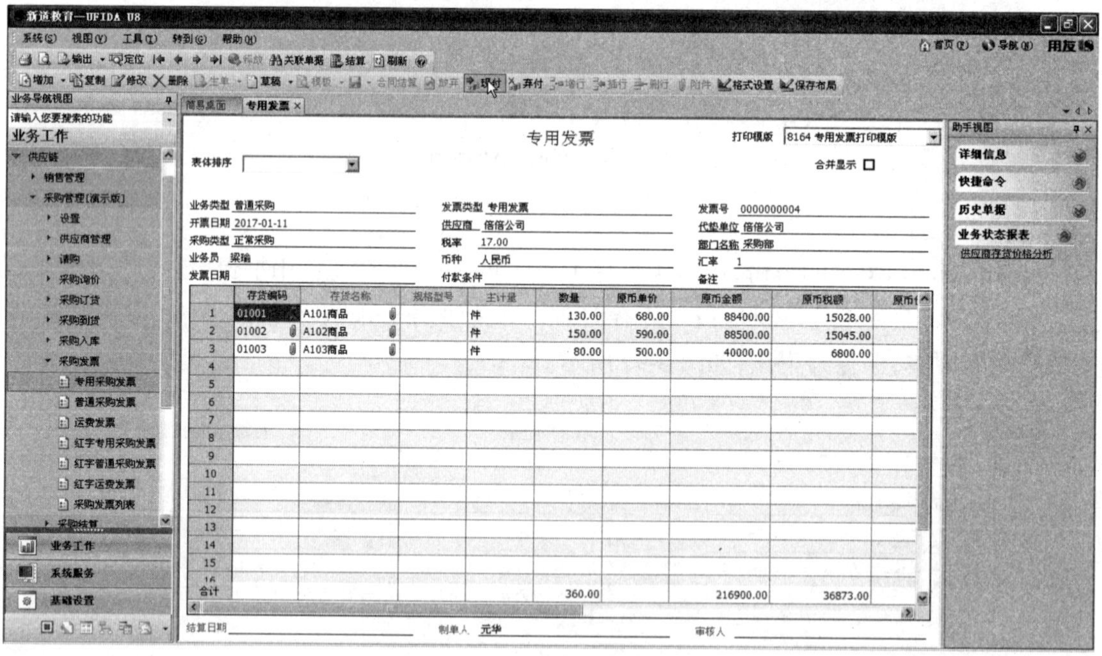

图 8-99 “采购专用发票”窗口

(3)单击“现付”按钮,系统弹出“采购现付”窗口,输入本次付款的金额:253 773.00,票据号:Z03,如图 8-100 所示。

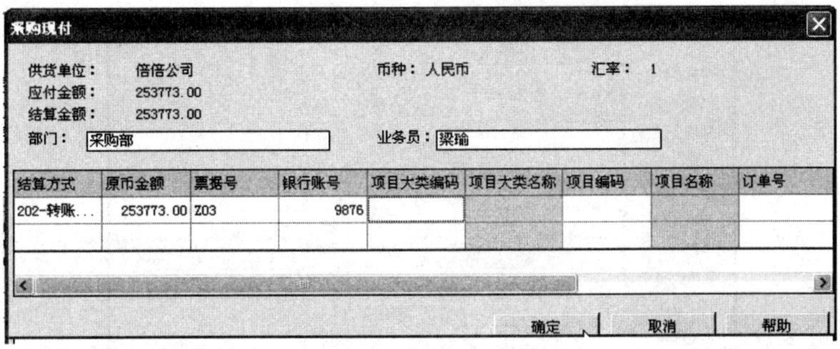

图 8-100　“采购现付”窗口

（4）单击“确定”按钮，然后单击“结算”，进行采购结算，如图 8-101 所示。

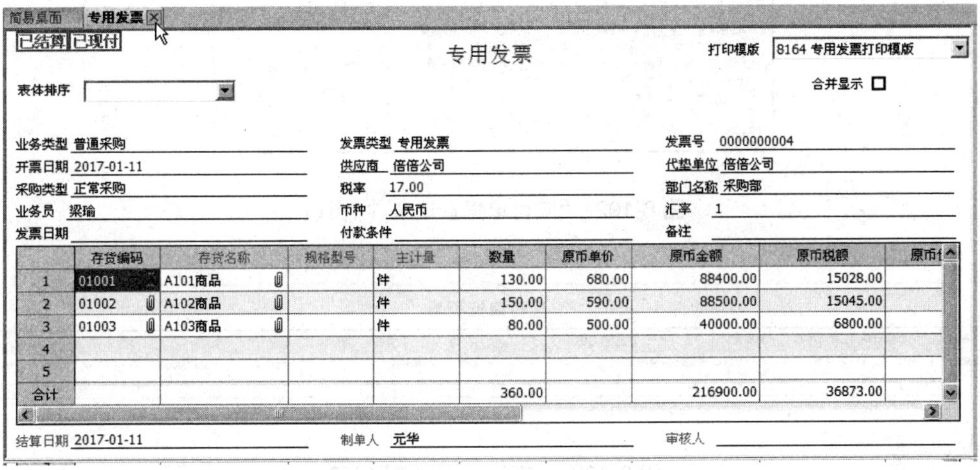

图 8-101　“采购专用发票”窗口

注：“现付”业务指在采购业务发生时，立即付款开发票。在采购发票保存后就可以进行现付款处理，已审核的发票不能再做现付处理；“结算”也称采购报账，是指采购核算人员根据采购发票、采购入库单核算采购入库成本；采购结算的结果是采购结算单，它是记载采购入库单记录与采购发票记录对应关系的结算对照表。采购结算从操作处理上分为自动结算、手工结算两种方式；另外运费发票可以单独进行费用折扣结算。

2）应付单据审核与制单

（1）以张敏（W01）的身份，用当年 1 月 11 日的时间登入企业应用平台。

（2）执行“业务工作→财务会计→应付款管理→应付单据处理→应付单据审核”命令，打开“应付单据查询条件”窗口，勾选“包含已现结发票”，如图 8-102 所示。

（3）单击“确定”按钮，系统弹出“应付单据列表”，在“应付单据列表”中选择要审核的“采购专用发票”，单击“审核”按钮，审核采购专用发票，如图 8-103 所示。

（4）执行“制单处理”命令，打开“制单查询”窗口，勾选“现结制单”，如图 8-104 所示。

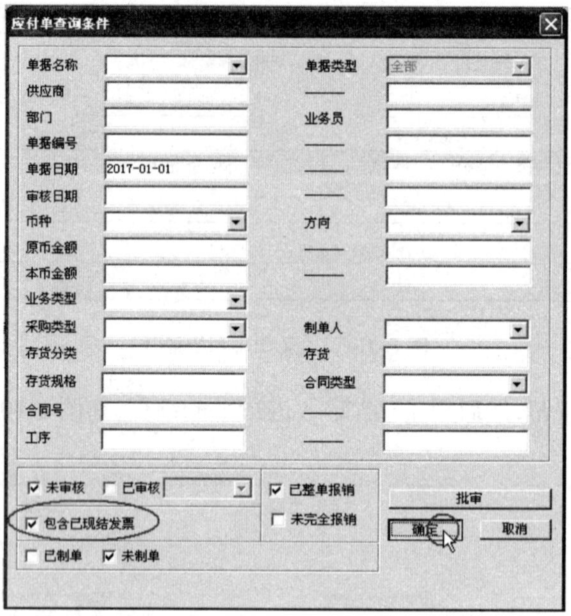

图 8-102 “应付单据查询条件”窗口

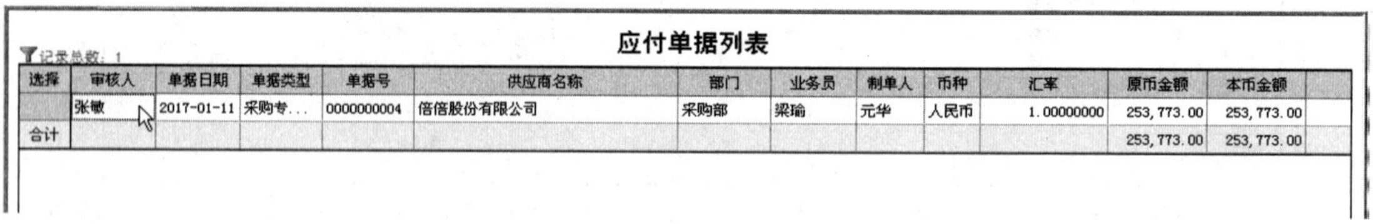

应付单据列表

记录总数：1

选择	审核人	单据日期	单据类型	单据号	供应商名称	部门	业务员	制单人	币种	汇率	原币金额	本币金额
	张敏	2017-01-11	采购专...	0000000004	倍倍股份有限公司	采购部	梁瑜	元华	人民币	1.00000000	253,773.00	253,773.00
合计											253,773.00	253,773.00

图 8-103 “应付单据列表”窗口

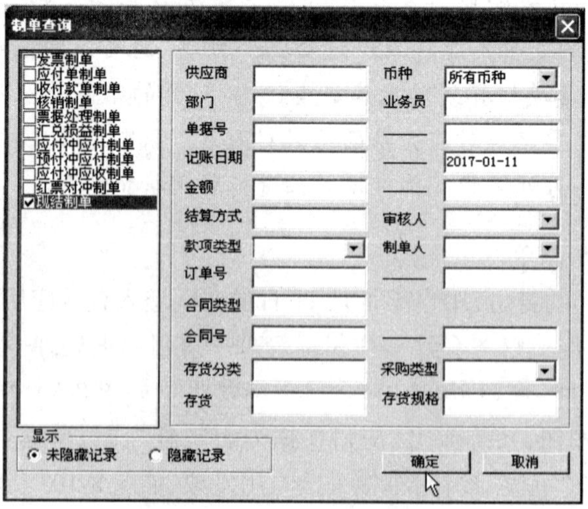

图 8-104 “制单查询”窗口

(5)单击“确定”按钮,进行现结制单,生成付款凭证,如图 8-105 所示。

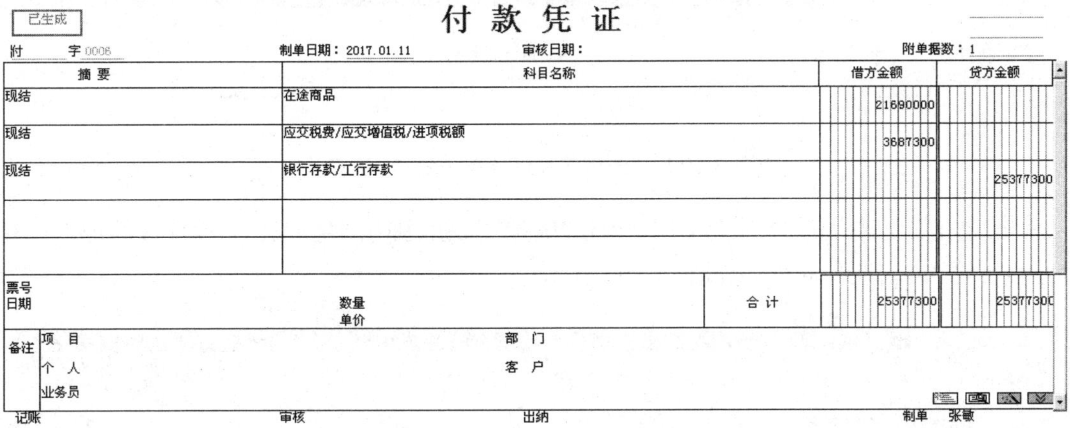

图 8-105　“付款凭证”窗口

3)库单制单

(1)以李峰(W02)的身份,用当年 1 月 11 日的时间登入企业应用平台。

(2)执行“业务工作→供应链→存货核算→业务核算→正常单据记账”命令,进行正常单据记账,如图 8-106 和图 8-107 所示。

注:图 8-106 为“采购入库单”,图 8-107 为赠品的“其他入库单”,查询条件如果全选,采购入库单和其他入库单会同时显示,也可以同时记账。

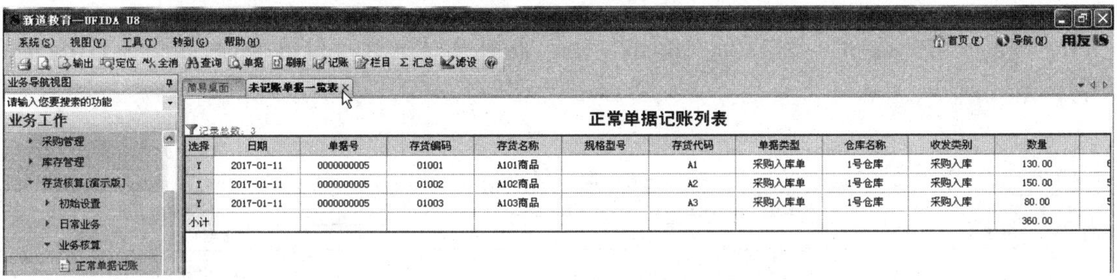

图 8-106　“正常单据记账列表——采购入库单”窗口

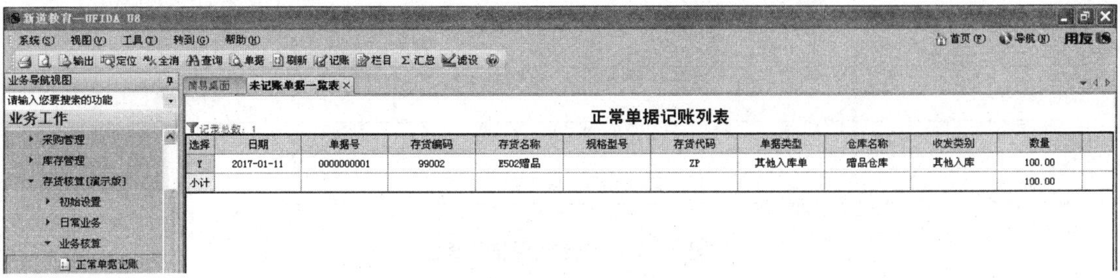

图 8-107　“正常单据记账列表——其他入库单”窗口

(3)执行“财务核算→生成凭证”命令,单击“选择”按钮,打开“查询条件窗口,单击“确定”按钮,打开“未生成凭证单据一览表”窗口,如图 8-108 所示。

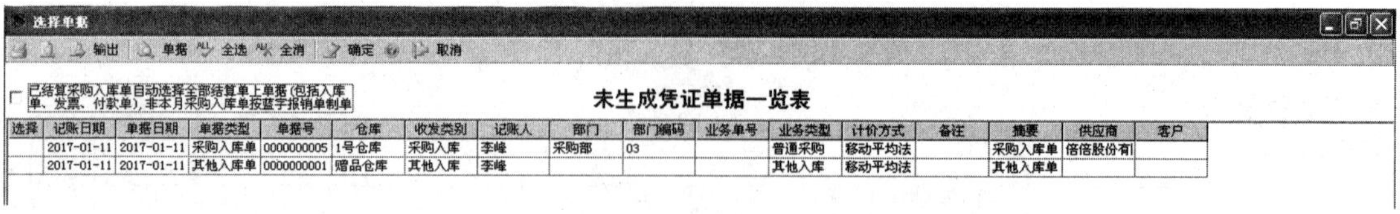

图 8-108　“未生成凭证单据一览表”窗口

(4)单击“全选”,选择对应单据,单击“确定”按钮,弹出“生成凭证”窗口,其他入库单对方科目输入“营业外收入”,如图 8-109 所示。

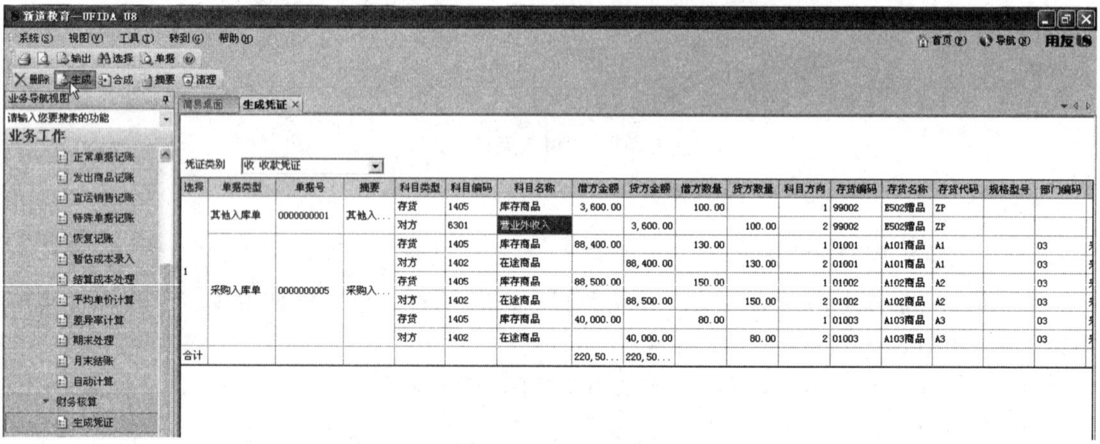

图 8-109　“生成凭证”窗口

(5)凭证类别选择“转账凭证”,单击“生成”按钮生成转账凭证并保存,如图 8-110 和图 8-111 所示。

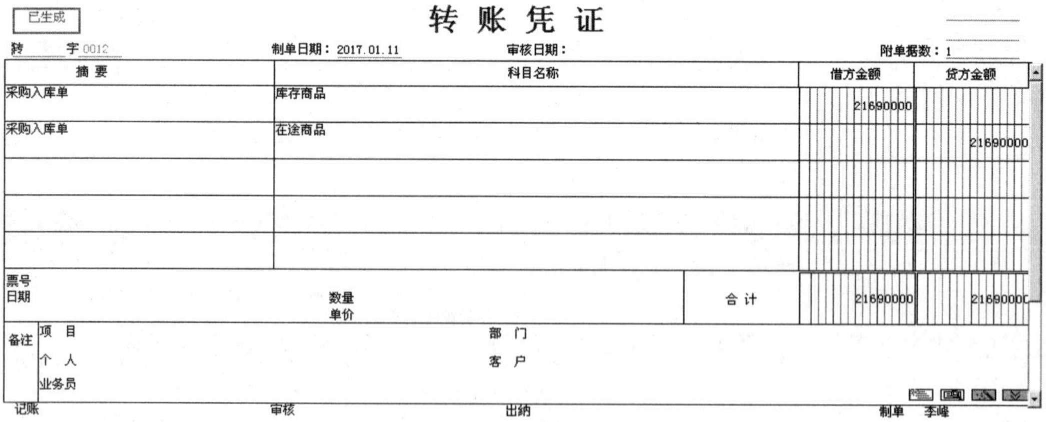

图 8-110　“转账凭证”窗口

已生成

转 账 凭 证

转　字 0013　　制单日期：2017.01.11　　审核日期：　　附单据数：1

摘要	科目名称	借方金额	贷方金额
其他入库单	库存商品	360000	
其他入库单	营业外收入		360000
票号 日期	数量 单价	合计 360000	360000

备注　项　目　　部　门
个　人　　客　户
业务员

记账　审核　出纳　制单　李峰

图 8-111　“转账凭证”窗口

业务二十三　提取现金

（1）以张敏（W01）的身份，用当年 1 月 11 日的时间登入企业应用平台。

（2）执行”业务工作→财务会计→总账→凭证→填制凭证“命令，直接填制付款凭证，如图 8-112 所示。

付 款 凭 证

付　字 0007　　制单日期：2017.01.11　　审核日期：　　附单据数：

摘要	科目名称	借方金额	贷方金额
提现备用	库存现金	5691900	000
提现备用	银行存款/工行存款		5691900
票号　201 - XJ01 日期　2017.01.11	数量 单价	合计 5691900	5691900

备注　项　目　　部　门
个　人　　客　户
业务员

记账　审核　出纳　制单　张敏

图 8-112　“付款凭证”窗口

业务二十四　发放上月工资

（1）以张敏（W01）的身份，用当年 1 月 11 日的时间登入企业应用平台。

（2）执行“业务工作→财务会计→总账→凭证→填制凭证”命令，直接填制付款凭证，如图 8-113 所示。

付 款 凭 证

付 字 0008　　制单日期：2017.01.11　　审核日期：　　附单据数：

摘要	科目名称	借方金额	贷方金额
发放上月工资	应付职工薪酬	6325000	
发放上月工资	其他应付款		357000
发放上月工资	应交税费/应交个人所得税		276100
发放上月工资	库存现金		5691900
票号 日期	数量 单价	合计 6325000	6325000

备注　项 目　　部 门

个 人　　客 户

业务员

记账　审核　出纳　制单 张敏

图 8-113 “付款凭证”窗口

业务二十五　支付业务招待费

（1）以张敏（W01）的身份，用当年 1 月 11 日的时间登入企业应用平台。

（2）执行“业务工作→财务会计→总账→凭证→填制凭证”命令，直接填制付款凭证，如图 8-114 所示。

付 款 凭 证

付 字 0009　　制单日期：2017.01.11　　审核日期：　　附单据数：

摘要	科目名称	借方金额	贷方金额
报销业务招待费	销售费用/业务招待费	78000	
报销业务招待费	库存现金		78000
票号 日期	数量 单价	合计 78000	78000

备注　项 目　　部 门 销售一部

个 人　　客 户

业务员

记账　审核　出纳　制单 张敏

图 8-114 “付款凭证”窗口

业务二十六　收到上月货款

（1）以张敏（W01）的身份，用当年 1 月 11 日的时间登入企业应用平台。

（2）执行“业务工作→财务会计→应收款管理→收款单据处理→收款单据录入”命令，录入收款单，保存并审核，立即生成凭证，如图 8-115 所示。。

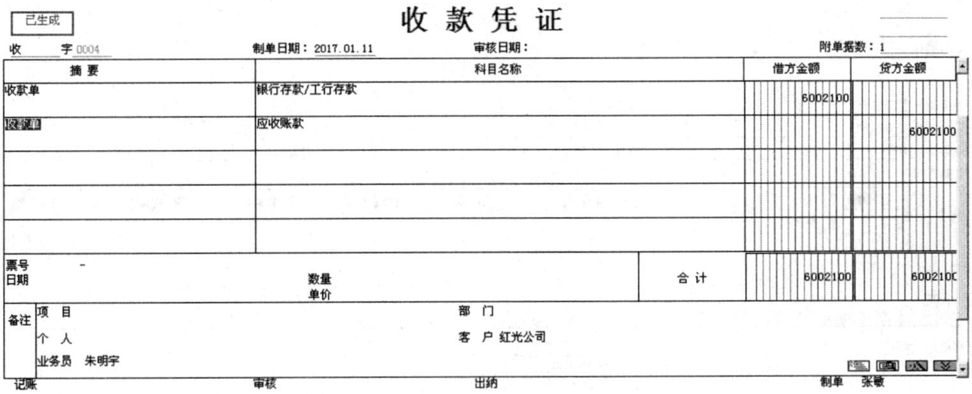
已生成

收款凭证

收　字 0004　制单日期：2017.01.11　审核日期：　附单据数：1

摘要	科目名称	借方金额	贷方金额
收款单	银行存款/工行存款	6002100	
收款单	应收账款		6002100

票号 -　日期　数量　单价　合计　6002100　6002100

备注　项目　部门

个人　客户 红光公司

业务员 朱明宇

记账　审核　出纳　制单 张敏

图 8-115 “收款凭证”窗口

业务二十七　购买固定资产

1)采购订单、到货单

(1)以元华(G01)的身份,用当年 1 月 11 日的时间登入企业应用平台。

(2)执行“业务工作→供应链→采购管理→采购订货→采购订单”命令,录入采购订单,保存并审核,如图 8-116 所示。

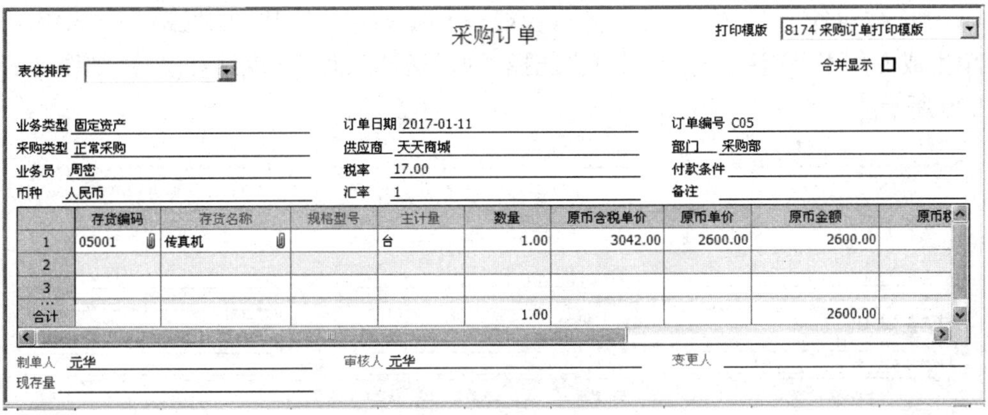
采购订单　打印模版 8174 采购订单打印模版

表体排序　合并显示 □

业务类型 固定资产　订单日期 2017-01-11　订单编号 C05

采购类型 正常采购　供应商 天天商城　部门 采购部

业务员 周密　税率 17.00　付款条件

币种 人民币　汇率 1　备注

	存货编码	存货名称	规格型号	主计量	数量	原币含税单价	原币单价	原币金额	原币税
1	05001	传真机		台	1.00	3042.00	2600.00	2600.00	
2									
3									
合计					1.00			2600.00	

制单人 元华　审核人 元华　变更人

现存量

图 8-116 “采购订单”窗口

(3)执行“采购管理→采购到货→到货单”命令,参照采购订单生成到货单并保存,如图 8-117 所示。

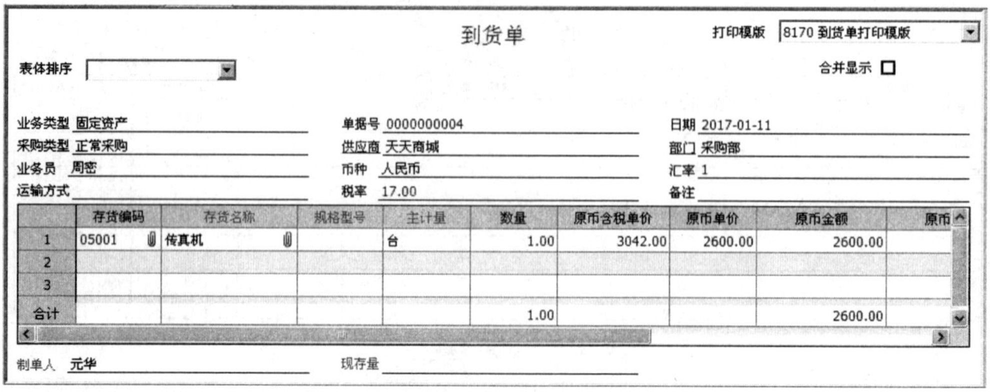
到货单

打印模版 8170 到货单打印模版

表体排序

合并显示

业务类型 固定资产　单据号 0000000004　日期 2017-01-11

采购类型 正常采购　供应商 天天商城　部门 采购部

业务员 周密　币种 人民币　汇率 1

运输方式　税率 17.00　备注

	存货编码	存货名称	规格型号	主计量	数量	原币含税单价	原币单价	原币金额	原币
1	05001	传真机		台	1.00	3042.00	2600.00	2600.00	
2									
3									
合计					1.00			2600.00	

制单人 元华　现存量

图 8-117 “到货单”窗口

2）采购入库单

（1）以刘明（C01）的身份，用当年 1 月 11 日的时间登入企业应用平台。

（2）执行“业务工作→供应链→库存管理→入库业务→采购入库单”命令，参照到货单生成采购入库单，保存并审核，如图 8-118 所示。

3. 采购专用发票

（1）以元华（G01）的身份，用当年 1 月 11 日的时间登入企业应用平台。

（2）执行“业务工作→供应链→采购管理→采购发票→专用采购发票”命令，参照采购入库单生成专用发票，注意“业务类型”选择“固定资产”，保存、现结和结算，如图 8-119 和图 8-120 所示。

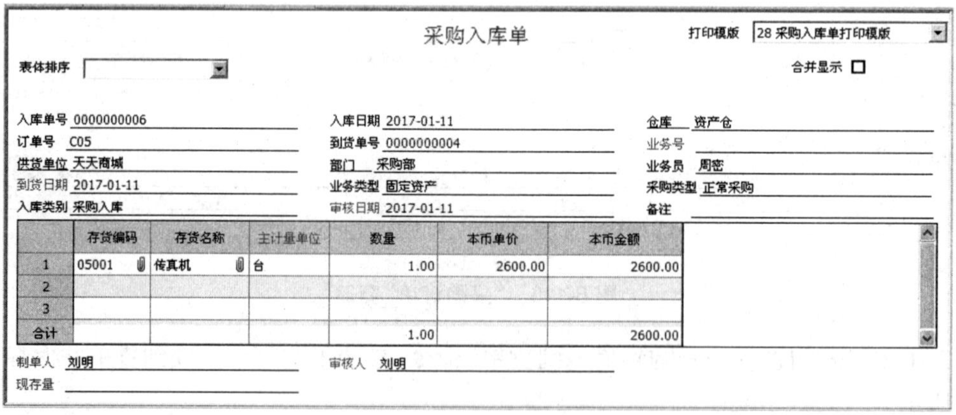
采购入库单

打印模版 28 采购入库单打印模版

表体排序

合并显示

入库单号 0000000006　入库日期 2017-01-11　仓库 资产仓

订单号 C05　到货单号 0000000004　业务号

供货单位 天天商城　部门 采购部　业务员 周密

到货日期 2017-01-11　业务类型 固定资产　采购类型 正常采购

入库类别 采购入库　审核日期 2017-01-11　备注

	存货编码	存货名称	主计量单位	数量	本币单价	本币金额
1	05001	传真机	台	1.00	2600.00	2600.00
2						
3						
合计				1.00		2600.00

制单人 刘明　审核人 刘明

现存量

图 8-118 “采购入库单”窗口

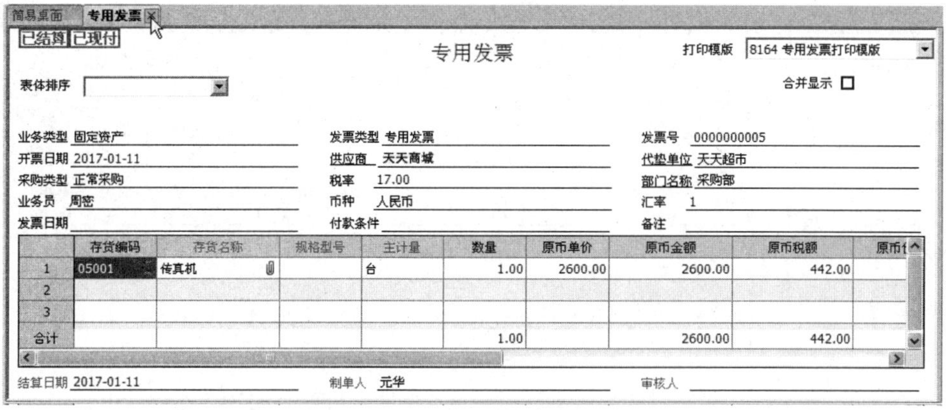

图 8-119　“采购专用发票”窗口

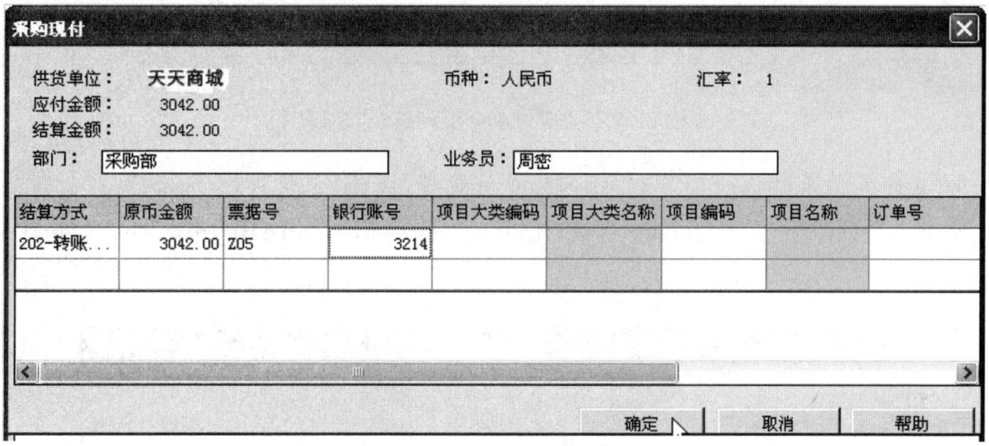

图 8-120　“采购现付”窗口

4）审核采购专用发票

（1）以张敏（W01）的身份，用当年 1 月 11 日的时间登入企业应用平台。

（2）执行“业务工作→财务会计→应付款管理→应付单据处理→应付单据审核”命令，审核专用发票，如图 8-121 所示。

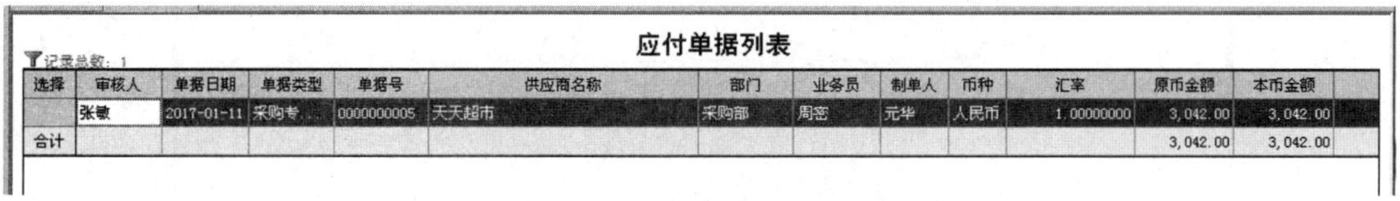

图 8-121　“应付单据列表”窗口

5）增加固定资产卡片

（1）以李峰（W02）的身份，用当年 1 月 11 日的时间登入企业应用平台。

（2）执行“业务工作→财务会计→固定资产→卡片→采购资产”命令，打开“采购资产”窗口，如图 8-122 所示。

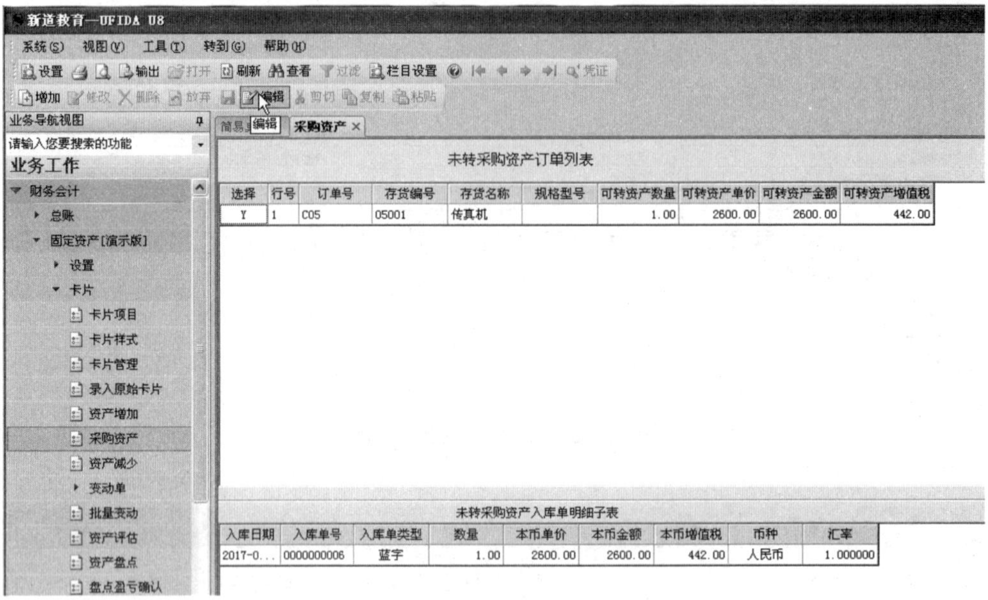

图 8-122　“应付单据查询条件”窗口

(3)选择未转采购资产订单,单击“编辑→新增”按钮,系统弹出“采购资产分配设置”窗口,修改“类别编号”“类别名称”“使用部门”“使用状况”“使用年限(月)”,如图 8-123 和图 8-124 所示。

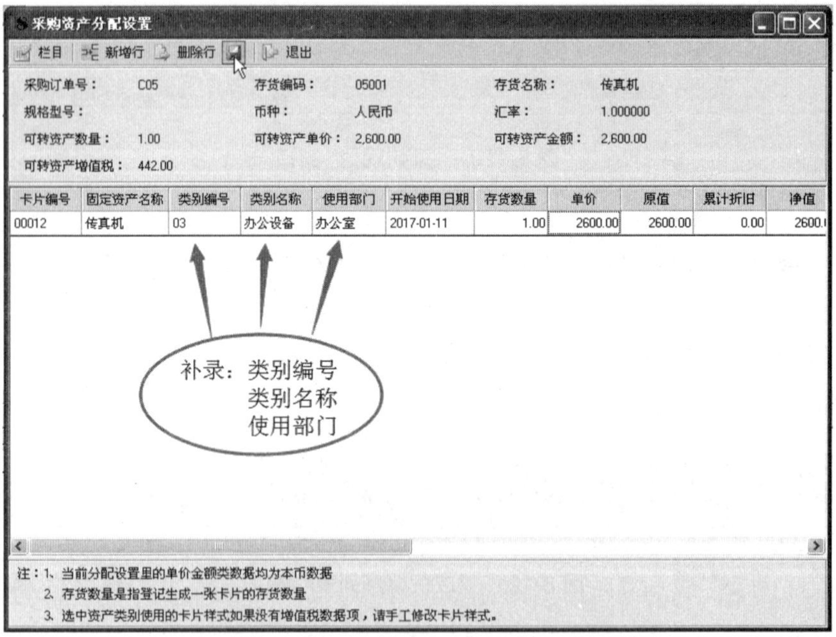

图 8-123　“采购资产分配设置”窗口

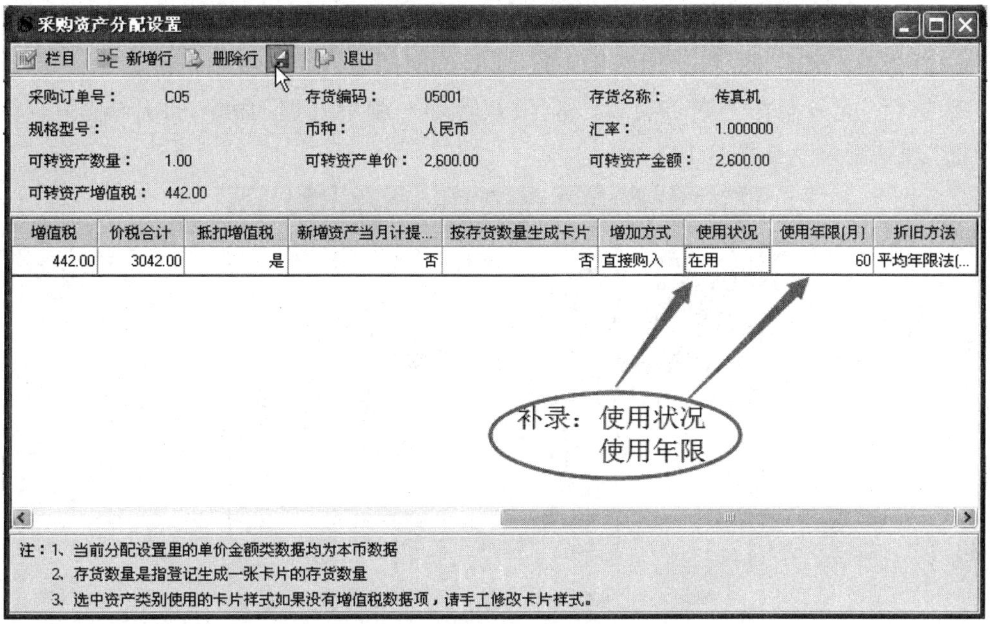

图 8-124　“采购资产分配设置”窗口

（4）单击“保存”按钮，生成“固定资产卡片”，如图 8-125 所示，单击“保存”按钮，提示固定资产卡片保存成功，如图 8-126 所示。

图 8-125　“固定资产卡片”窗口

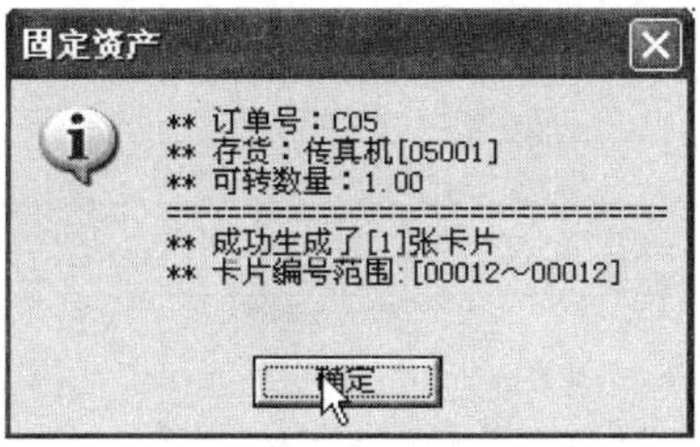

图 8-126　“固定资产卡片保存成功”提示窗口

6)固定资产发票制单

(1)以张敏(W01)的身份,用当年1月11日的时间登入企业应用平台。

(2)执行“业务工作→财务会计→应付款管理→制单处理”命令,打开“制单查询”窗口,勾选“现结制单”,如图8-127所示。

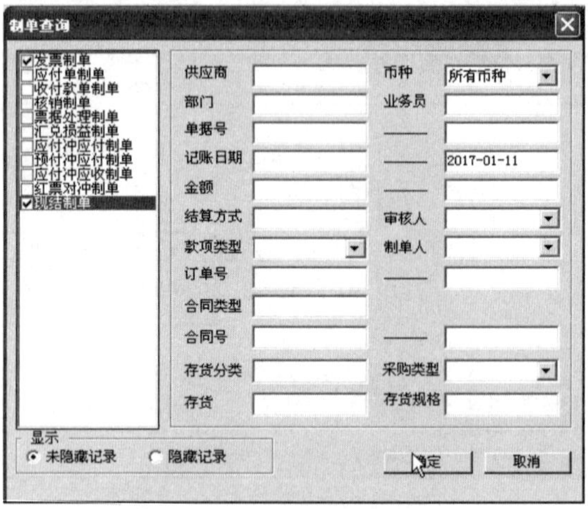

图 8-127 “制单查询”窗口

(3)单击“确定”按钮,进入应付制单界面,选择凭证类别,选择要制单的发票,单击“制单”按钮,生成付款凭证,如图8-128和图8-129所示。

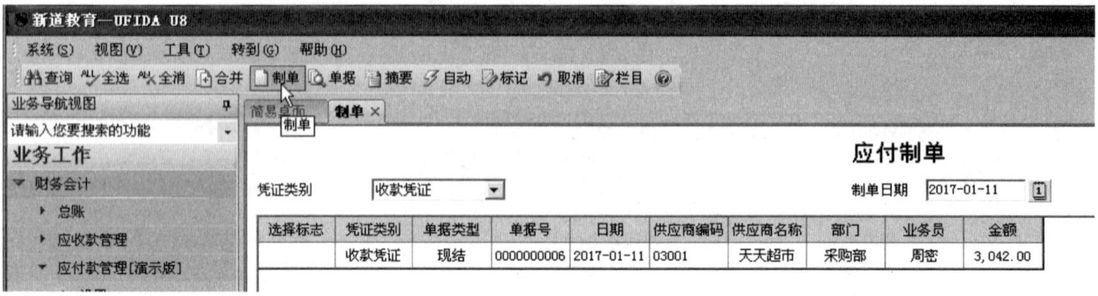

图 8-128 “应付制单”窗口

图 8-129 生成付款凭证 010

业务二十八 销售发货、开票、代垫运费

1)发货单、销售专用发票、代垫运费单

(1)以刘向(X01)的身份,用当年 1 月 12 日的时间登入企业应用平台。

(2)执行“业务工作→供应链→销售管理→销售发货→发货单”命令,参照黄河公司的订单生成发货单,保存并审核,如图 8-130 所示。

发货单

打印模版 发货单打印模版

表体排序

合并显示

发货单号 0000000003 发货日期 2017-01-12 业务类型 普通销售

销售类型 正常销售 订单号 X03 发票号

客户简称 黄河公司 销售部门 销售一部 业务员 陈文斌

发货地址 发运方式 付款条件

税率 17.00 币种 人民币 汇率 1

备注

	仓库名称	存货编码	存货名称	规格型号	主计量	数量	报价	含税单价	无税单价	无
1	2号仓库	02003	B203商品		台	30.00	0.00	2316.60	1980.00	
2	3号仓库	03002	C302商品		双	30.00	0.00	468.00	400.00	
3										
4										
合计						60.00				

制单人 刘向 审核人 刘向 关闭人

图 8-130 生成发货单 003

(3)执行“业务工作→供应链→销售管理→销售开票→销售专用发票”命令,参照黄河公司的发货单,生成销售专用发票,保存并复核,如图 8-131 所示。

销售专用发票

打印模版 销售专用发票打印模版

表体排序

合并显示

发票号 0000000006 开票日期 2017-01-12 业务类型 普通销售

销售类型 正常销售 订单号 X03 发货单号 0000000003

客户简称 黄河公司 销售部门 销售一部 业务员 陈文斌

付款条件 客户地址 联系电话

开户银行 工商银行 账号 56789012345 税号 345678901233333

币种 人民币 汇率 1 税率 17.00

备注

	仓库名称	存货编码	存货名称	规格型号	主计量	数量	报价	含税单价	无税单价	无
1	2号仓库	02003	B203商品		台	30.00	0.00	2316.60	1980.00	
2	3号仓库	03002	C302商品		双	30.00	0.00	468.00	400.00	
3										
合计						60.00				

单位名称 湘诚贸易股份有限公司 本单位税号 358423470556321 本单位开户银行 中国工商银行海东支行

制单人 刘向 复核人 刘向 银行账号 232425007890

图 8-131 生成销售专用发票 006

(4)单击“代垫”按钮,系统弹出“代垫费用单”窗口,录入代垫费用单,保存并审核,如图 8-132 所示。

代垫费用单

打印模版 代垫费用单打印模版

表体排序

代垫单号 0000000001　代垫日期 2017-01-12　发票号 0000000006

客户简称 黄河公司　销售部门 销售一部　业务员 陈文斌

币种 人民币　汇率 1　备注

	费用项目	代垫金额	存货编码	存货名称
1	代垫运费	350.00		
2				
3				
合计		350.00		

制单人 刘向　审核人 刘向

图 8-132　生成代垫费用单 001

2)销售出库单(根据发货单批量生成)

(1)以刘明(C01)的身份,用 2017 年 1 月 12 日的时间登入企业应用平台。

(2)执行"业务工作→供应链→库存管理→出库业务→销售出库单"命令,参照黄河公司的发货单生成销售出库单,保存并审核,如图 8-133 和图 8-134。

销售出库单

销售出库单打印模版

表体排序　蓝字　红字　合并显示

出库单号 0000000004　出库日期 2017-01-12　仓库 2号仓库

出库类别 销售出库　业务类型 普通销售　业务号 0000000003

销售部门 销售一部　业务员 陈文斌　客户 黄河公司

审核日期 2017-01-12　备注

	存货编码	存货名称	规格型号	主计量单位	数量	单价	金额
1	02003	B203商品		台	30.00		
2							
3							
合计					30.00		

制单人 刘明　审核人 刘明

现存量

图 8-133　2 号仓库"销售出库单"窗口

销售出库单

销售出库单打印模版

表体排序　蓝字　红字　合并显示

出库单号 0000000005　出库日期 2017-01-12　仓库 3号仓库

出库类别 销售出库　业务类型 普通销售　业务号 0000000003

销售部门 销售一部　业务员 陈文斌　客户 黄河公司

审核日期 2017-01-12　备注

	存货编码	存货名称	规格型号	主计量单位	数量	单价	金额
1	03002	C302商品		双	30.00		
2							
3							
合计					30.00		

制单人 刘明　审核人 刘明

现存量

图 8-134　3 号仓库"销售出库单"窗口

3)应收单据审核与制单

(1)以张敏(W01)的身份,用当年 1 月 12 日的时间登入企业应用平台。

（2）执行“业务工作→财务会计→应收款管理→应收单据处理→应收单据审核”命令，打开“应收单据列表”，单击“全选”，单击“批审”进行审核，如图 8-135 所示。

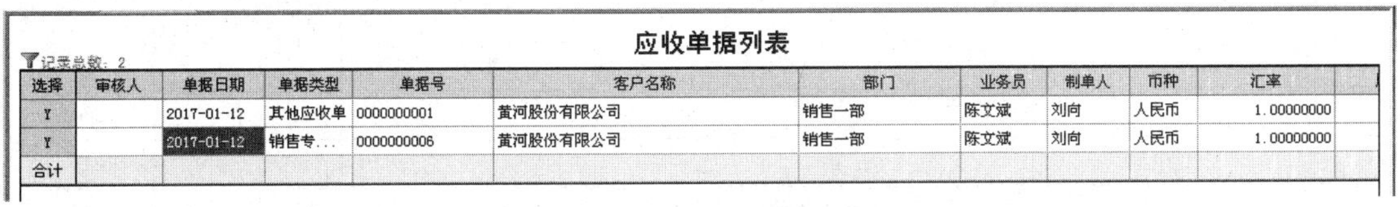

应收单据列表

记录总数：2

选择	审核人	单据日期	单据类型	单据号	客户名称	部门	业务员	制单人	币种	汇率
Y		2017-01-12	其他应收单	0000000001	黄河股份有限公司	销售一部	陈文斌	刘向	人民币	1.00000000
Y		2017-01-12	销售专...	0000000006	黄河股份有限公司	销售一部	陈文斌	刘向	人民币	1.00000000
合计										

图 8-135　“应收单据列表”对话框

（3）执行“制单处理”命令，打开“制单查询”窗口，如图 8-136 所示。

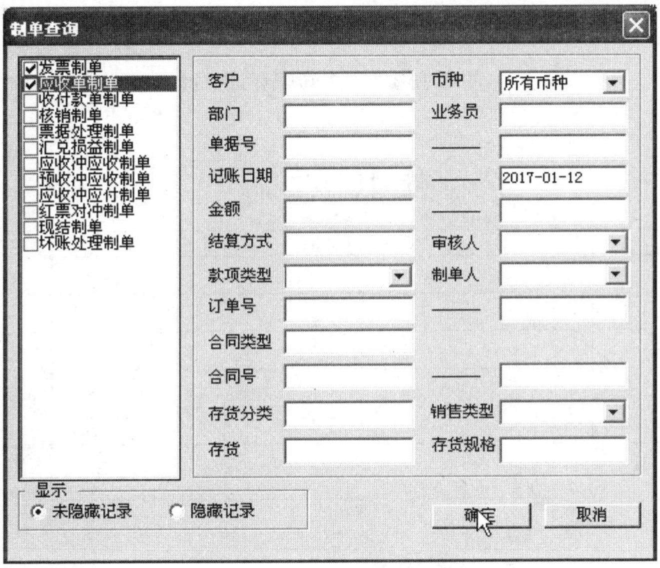

图 8-136　“制单查询”窗口

（4）勾选“发票制单”和“应收单制单”，单击“确定”，进入“应收制单”界面，如图 8-137，选择单据，单击“制单”，生成转账凭证，如图 8-138 和图 8-139 所示。

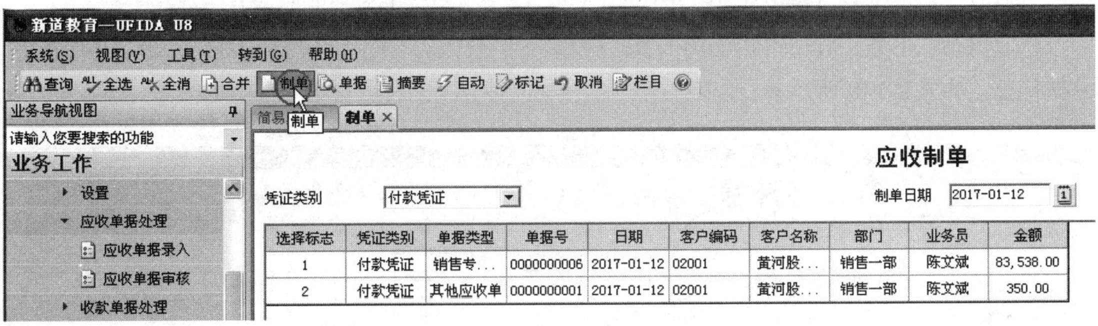

选择标志	凭证类别	单据类型	单据号	日期	客户编码	客户名称	部门	业务员	金额
1	付款凭证	销售专...	0000000006	2017-01-12	02001	黄河股...	销售一部	陈文斌	83,538.00
2	付款凭证	其他应收单	0000000001	2017-01-12	02001	黄河股...	销售一部	陈文斌	350.00

图 8-137　“应收制单”窗口

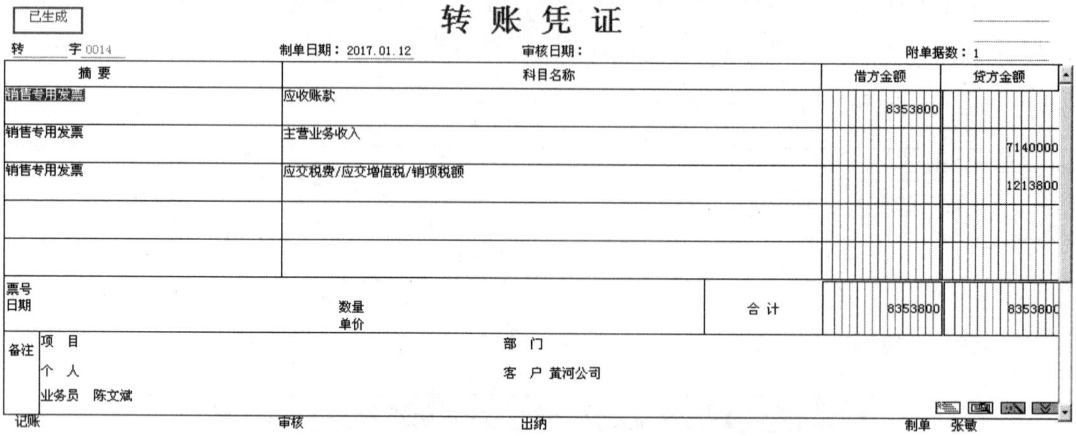

图 8-138　生成转账凭证 011

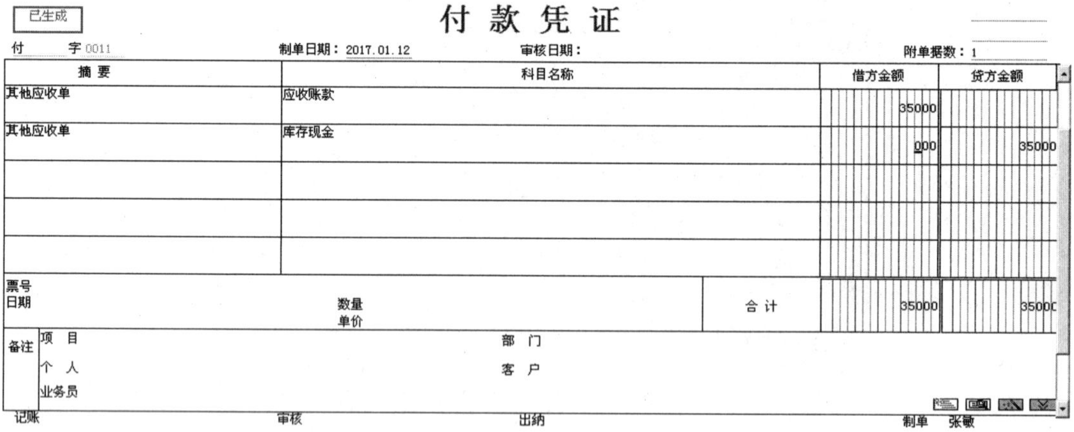

图 8-139　生成付款凭证 011

4)销售出库单生成凭证(结转销售成本)

(1)以李峰(W02)的身份,用2017年1月12日的时间登入企业应用平台。

(2)执行"业务工作→供应链→存货核算→业务核算→正常单据记账"命令,进行正常单据记账,如图8-140所示。

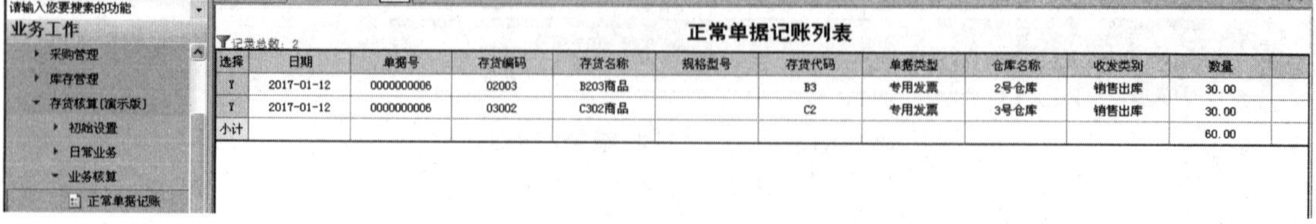

图 8-140　"正常单据记账列表"窗口

（3）执行“财务核算→生成凭证”命令，进行生成凭证处理，如图 8-141、图 8-142 和图 8-143 所示。

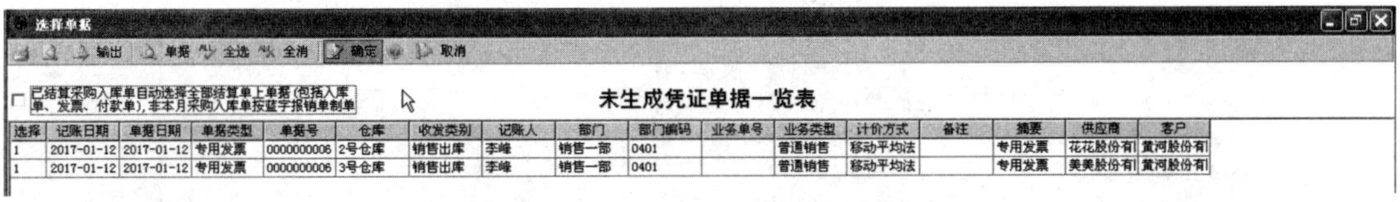

选择	记账日期	单据日期	单据类型	单据号	仓库	收发类别	记账人	部门	部门编码	业务单号	业务类型	计价方式	备注	摘要	供应商	客户
1	2017-01-12	2017-01-12	专用发票	0000000006	2号仓库	销售出库	李峰	销售一部	0401		普通销售	移动平均法		专用发票	花花股份有	黄河股份有
1	2017-01-12	2017-01-12	专用发票	0000000006	3号仓库	销售出库	李峰	销售一部	0401		普通销售	移动平均法		专用发票	美美股份有	黄河股份有

图 8-141　“未生成凭证单据一览表”窗口

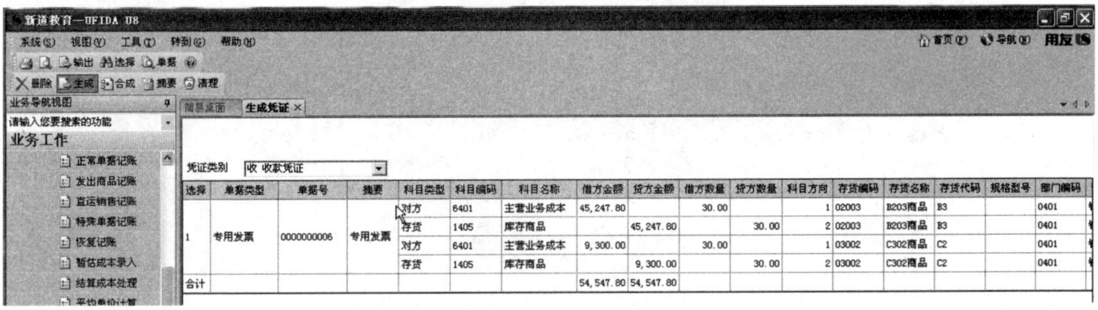

选择	单据类型	单据号	摘要	科目类型	科目编码	科目名称	借方金额	贷方金额	借方数量	贷方数量	科目方向	存货编码	存货名称	存货代码	规格型号	部门编码
1	专用发票	0000000006	专用发票	对方	6401	主营业务成本	45,247.80		30.00		1	02003	B203商品	B3		0401
				存货	1405	库存商品		45,247.80		30.00	2	02003	B203商品	B3		0401
				对方	6401	主营业务成本	9,300.00		30.00		1	03002	C302商品	C2		0401
				存货	1405	库存商品		9,300.00		30.00	2	03002	C302商品	C2		0401
合计							54,547.80	54,547.80								

图 8-142　“生成凭证”窗口

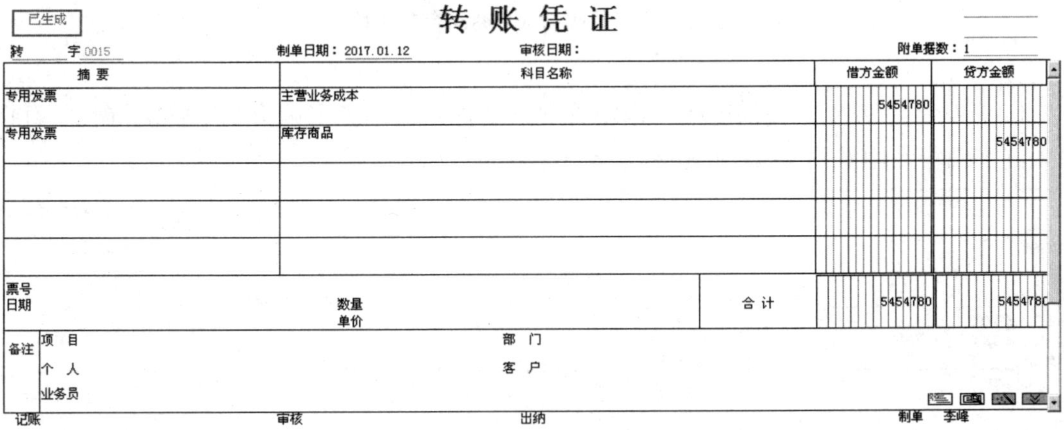

摘要	科目名称	借方金额	贷方金额
专用发票	主营业务成本	5454780	
专用发票	库存商品		5454780
票号 日期　数量 单价	合计	5454780	5454780

图 8-143　生成转账凭证 015

业务二十九　现金折让

1）红字销售专用发票（折让金额）

（1）以刘向（X01）的身份，用当年 1 月 13 日的时间登入企业应用平台。

（2）执行“基础设置→基础档案→存货→存货档案”命令，修改 C302 商品存货属性，勾选“折扣”并保存，如图 8-144 所示。

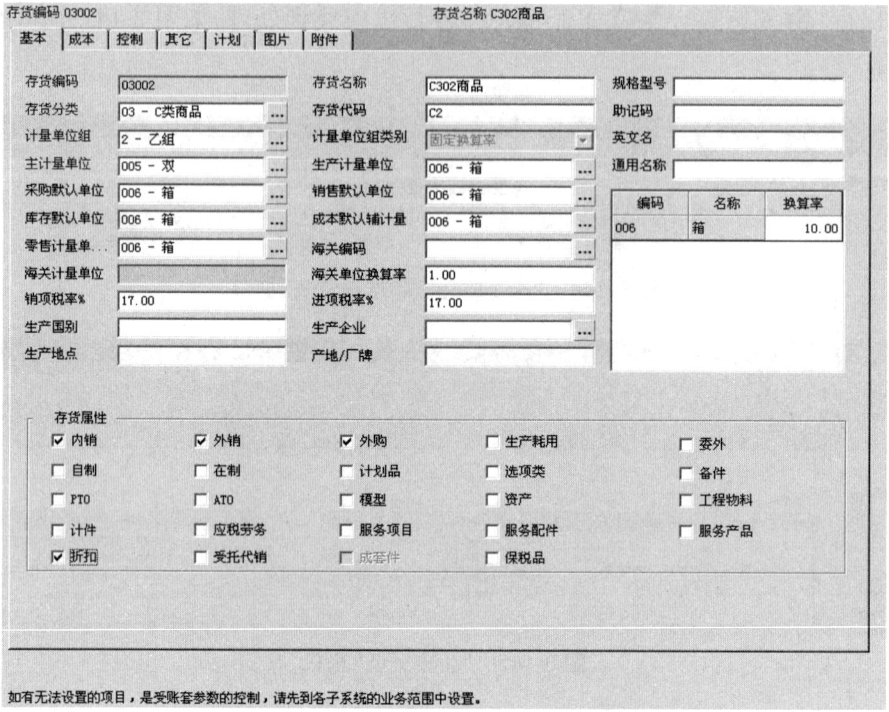

图 8-144 修改 C302 商品存货属性

(3)执行“业务工作→供应链→销售管理→销售开票→红字销售专用发票”命令,直接录入红字销售专用发票,保存并复核,见图 8-145。

图 8-145 录入红字销售专用发票

注:因为是给予现金折让,并没有退货,所以开出有金额无数量单价的红字专用发票,冲减收入及应收款项。

2）应收单据审核与制单

（1）以张敏（W01）的身份，用当年 1 月 13 日的时间登入企业应用平台。

（2）执行“业务工作→财务会计→应收款管理→应收单据处理→应收单据审核”命令，审核红字销售专用发票并制单，如图 8-146 所示。

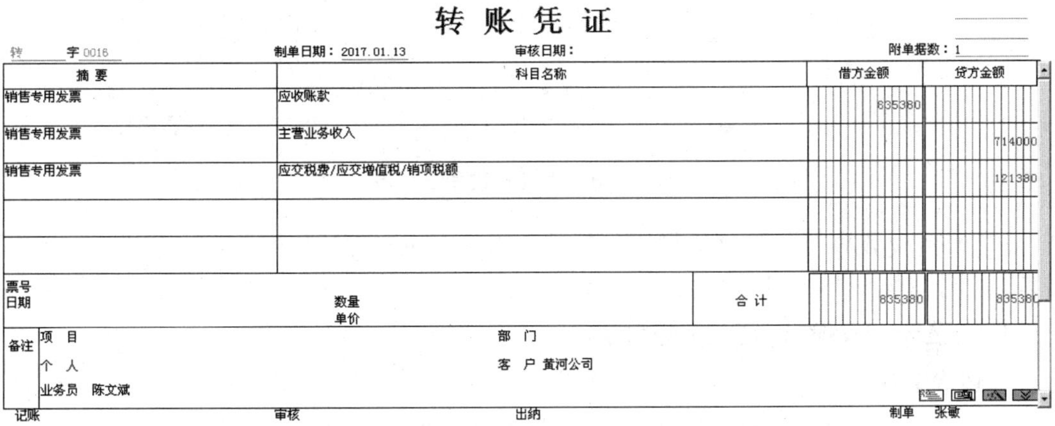

转账凭证

转 字 0016　制单日期：2017.01.13　审核日期：　附单据数：1

摘要	科目名称	借方金额	贷方金额
销售专用发票	应收账款	835380	
销售专用发票	主营业务收入		714000
销售专用发票	应交税费/应交增值税/销项税额		121380
票号 日期	数量 单价 合计	835380	835380

备注　项目　部门　个人　客户 黄河公司　业务员 陈文斌

记账　审核　出纳　制单 张敏

图 8-146　生成转账凭证 016

3）收到货款

（1）执行“应收款管理→收款单据处理→收款单据录入”命令，录入收款单并保存，如图 8-147，审核后立即制单生成收款凭证，如图 8-148 所示。

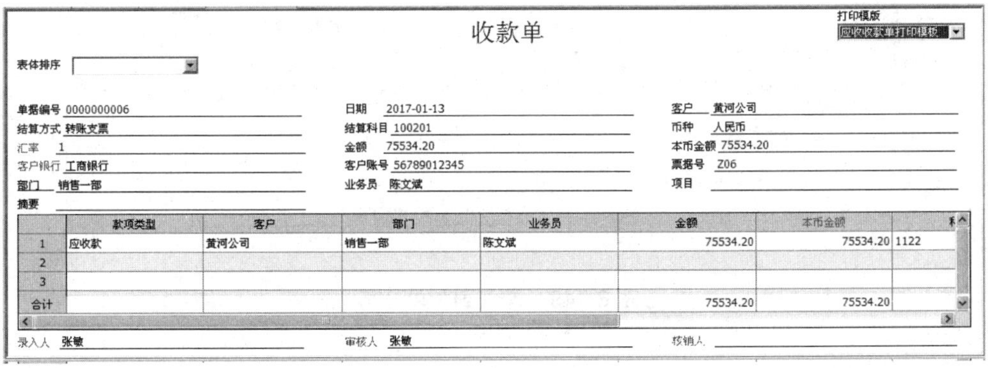

收款单

打印模版 应收收款单打印模板

表体排序

单据编号 0000000006　日期 2017-01-13　客户 黄河公司

结算方式 转账支票　结算科目 100201　币种 人民币

汇率 1　金额 75534.20　本币金额 75534.20

客户银行 工商银行　客户账号 56789012345　票据号 Z06

部门 销售一部　业务员 陈文斌　项目

摘要

	款项类型	客户	部门	业务员	金额	本币金额	科
1	应收款	黄河公司	销售一部	陈文斌	75534.20	75534.20	1122
2							
3							
合计					75534.20	75534.20	

录入人 张敏　审核人 张敏　核销人

图 8-147　录入收款单 006

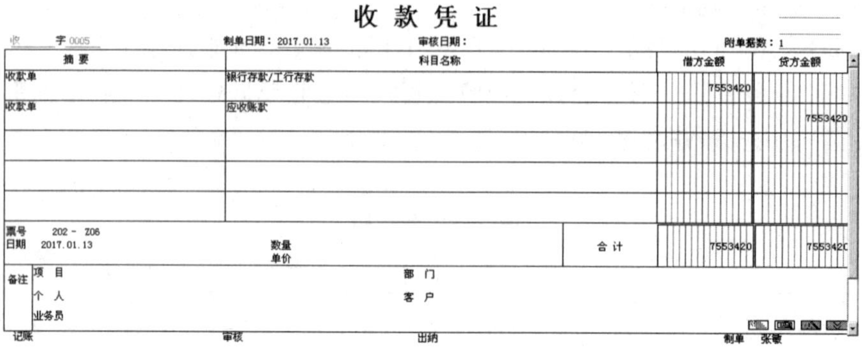

收款凭证

收 字 0005　制单日期：2017.01.13　审核日期：　附单据数：1

摘要	科目名称	借方金额	贷方金额
收款单	银行存款/工行存款	7553420	
收款单	应收账款		7553420
票号 202 - Z06 日期 2017.01.13	数量 单价　合计	7553420	7553420

备注　项目　部门

个人　客户

业务员

记账　审核　出纳　制单 张敏

图 8-148　生成收款凭证 005

(2)完成业务后,执行“基础设置→基础档案→存货→存货档案”命令,修改 C302 商品档案,在“存货属性”中取消勾选的“折扣”。

业务三十　采购到货,运费分摊

1)到货单

(1)以元华(G01)的身份,用 2017 年 1 月 13 日的时间登入企业应用平台。

(2)执行“业务工作→供应链→采购管理→采购到货→到货单”命令,参照美美公司采购订单生成到货单并保存,如图 8-149 所示。

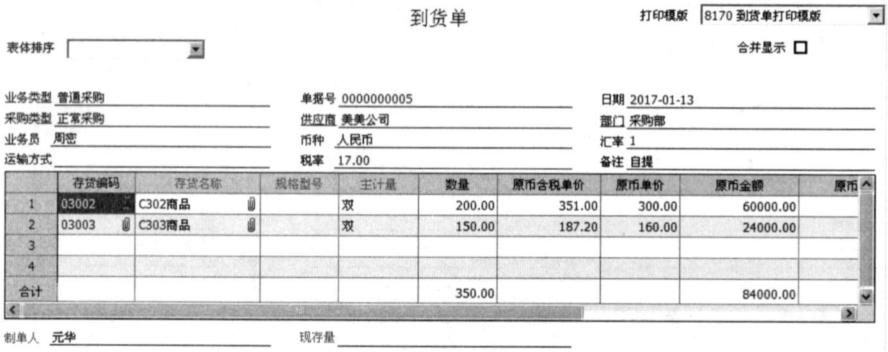

到货单　打印模版 8170 到货单打印模版

表体排序　合并显示

业务类型 普通采购　单据号 0000000005　日期 2017-01-13

采购类型 正常采购　供应商 美美公司　部门 采购部

业务员 周密　币种 人民币　汇率 1

运输方式　税率 17.00　备注 自提

	存货编码	存货名称	规格型号	主计量	数量	原币含税单价	原币单价	原币金额	原币
1	03002	C302商品		双	200.00	351.00	300.00	60000.00	
2	03003	C303商品		双	150.00	187.20	160.00	24000.00	
3									
4									
合计					350.00			84000.00	

制单人 元华　现存量

图 8-149　录入到货单 005

2)采购入库单

(1)以刘明(C01)的身份,用当年 1 月 13 日的时间登入企业应用平台。

(2)执行“业务工作→供应链→库存管理→入库业务→采购入库单”命令,参照到货单生成采购入库单,保存并审核,如图 8-150 所示。

采购入库单

采购入库单打印模版

表体排序

◉ 蓝字　○ 红字　合并显示 □

入库单号 0000000007　入库日期 2017-01-13　仓库 3号仓库

订单号 C03　到货单号 0000000005　业务号

供货单位 美美公司　部门 采购部　业务员 周密

到货日期 2017-01-13　业务类型 普通采购　采购类型 正常采购

入库类别 采购入库　审核日期 2017-01-13　备注 自提

	存货编码	存货名称	主计量单位	数量	本币单价	本币金额
1	03002	C302商品	双	200.00	300.00	60000.00
2	03003	C303商品	双	150.00	160.00	24000.00
3						
4						
合计				350.00		84000.00

制单人 刘明　审核人 刘明

现存量

图 8-150　生成采购入库单 007

3）采购发票、运费发票

（1）以元华（G01）的身份，用 2017 年 1 月 13 日的时间登入企业应用平台。

（2）执行"业务工作→供应链→采购管理→采购发票→专用采购发票"命令，参照入库单生成采购专用发票并保存，如图 8-151 所示。

专用发票

显示模版 8163 专用发票显示模版

表体排序　合并显示 □

业务类型 普通采购　发票类型 专用发票　发票号 0000000006

开票日期 2017-01-13　供应商 美美公司　代垫单位 美美公司

采购类型 正常采购　税率 17.00　部门名称 采购部

业务员 周密　币种 人民币　汇率 1

发票日期　付款条件　备注 自提

	存货编码	存货名称	规格型号	主计量	数量	原币单价	原币金额	原币税额	原币(
1	03002	C302商品		双	200.00	300.00	60000.00	10200.00	
2	03003	C303商品		双	150.00	160.00	24000.00	4080.00	
3									
4									
合计					350.00		84000.00	14280.00	

结算日期　制单人 元华　审核人

图 8-151　生成采购专用发票 006

（3）执行"采购管理→采购发票→运费发票"命令，填制运费发票并审核，如图 8-152 所示。

已结算 已审核

运费发票

打印模版 8168 运费发票打印模版

表体排序　合并显示 □

业务类型 普通采购　发票类型 运费发票　发票号 0000000001

开票日期 2017-01-13　供应商 美美公司　代垫单位 美美公司

采购类型 正常采购　税率 7.00　部门名称 采购部

业务员 周密　币种 人民币　汇率 1

发票日期　付款条件　备注

	存货编码	存货名称	规格型号	主计量	数量	原币金额	原币税额	税率
1	99001	运费		元	1.00	840.00	92.40	11.00
2								
3								
合计					1.00	840.00	92.40	

审核人 张敏　结算日期 2017-01-13　制单人 元华

图 8-152　填制运费发票 001

4)采购结算、分摊运费

(1)执行“采购管理→采购结算→手工结算”命令,打开“手工结算”窗口,如图 8-153 所示。

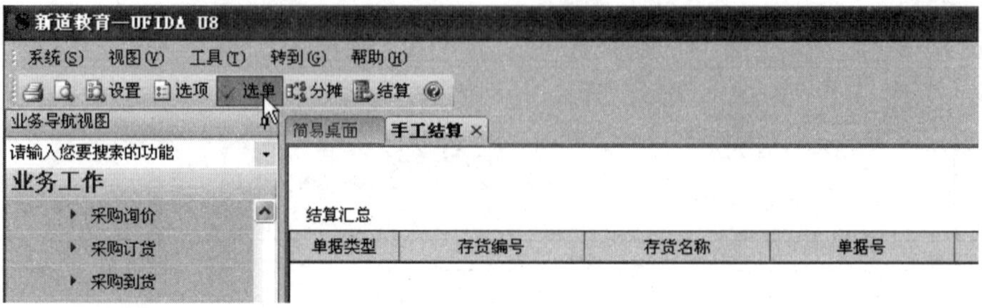

图 8-153 “手工结算”窗口

(2)单击“选单”,打开“结算选单”窗口,在这个窗口通过“查询”功能找到并选择相应的“采购发票”和“入库单”,如图 8-154 所示。

图 8-154 “结算选单”窗口

(3)单击“确定”,进入手工结算界面,选择费用分摊方式“按金额”,单击“分摊”系统进行费用分摊,如图 8-155 所示。

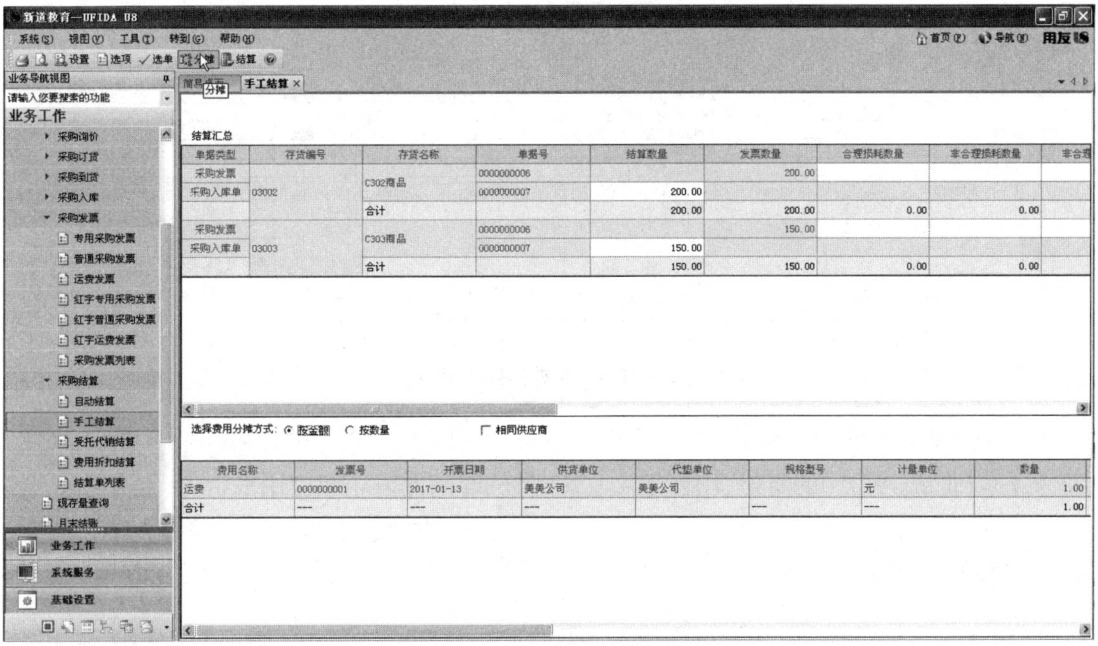

图 8-155　“手工结算”窗口

（4）分摊完后，单击“结算”按钮，直到完成结算，如图 8-156 和图 8-157 所示。

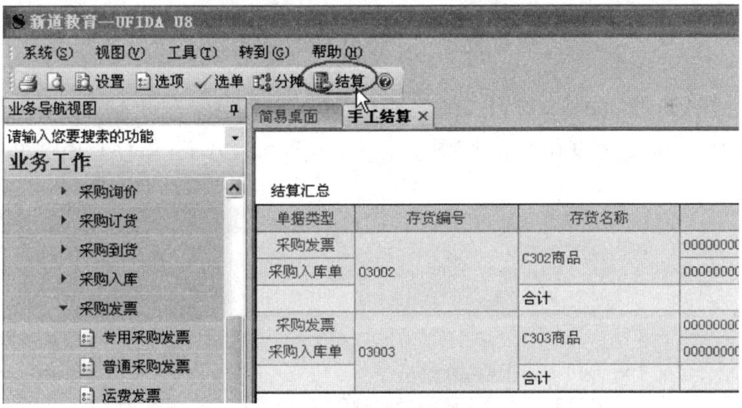

图 8-156　进行结算

图 8-157　“完成结算!”窗口

（5）结算完成后可查看一下“采购入库单”运费成本已分摊入成本单价了，如图 8-158 所示。

图 8-158　查看采购入库单

5)应付单据审核与制单

(1)以张敏(W01)的身份,用当年 1 月 13 日的时间登入企业应用平台。

(2)执行“业务工作→财务会计→应付款管理→应付单据处理→应付单据审核”命令,审核应付单,如图 8-159 所示。

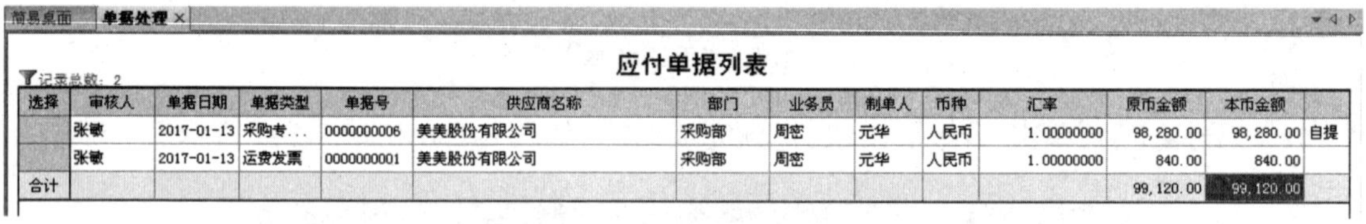

图 8-159　“应付单据列表”窗口

(3)执行“制单处理”命令,打开“制单查询”窗口,勾选“发票制单”,单击“确定”,进入制单界面,选择单据,单击“制单”生成转账凭证,如图 8-160、图 8-161 和图 8-162 所示。

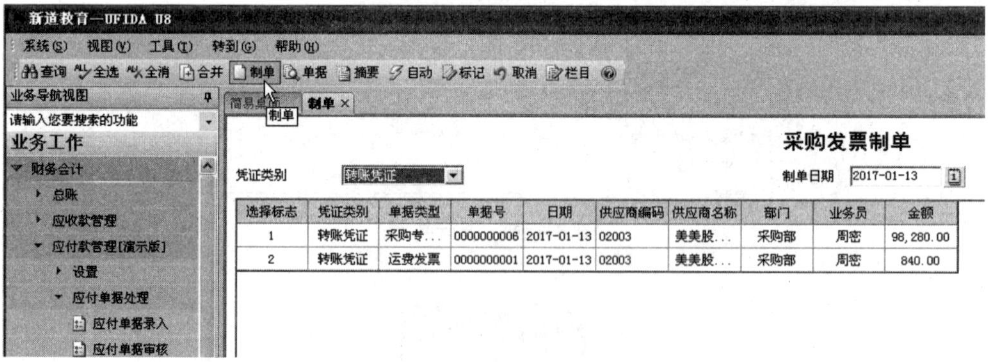

图 8-160　“采购发票制单”窗口

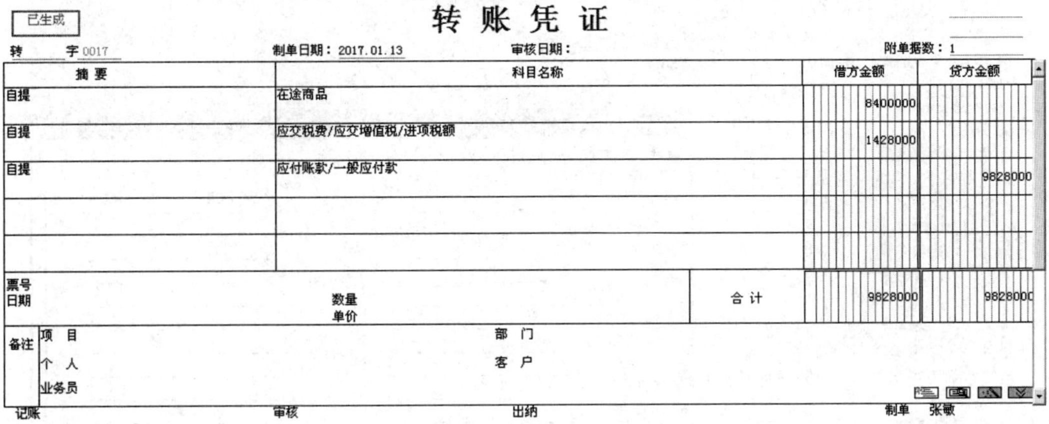

已生成

转账凭证

转 字 0017　制单日期：2017.01.13　审核日期：　附单据数：1

摘要	科目名称	借方金额	贷方金额
自提	在途商品	8400000	
自提	应交税费/应交增值税/进项税额	1428000	
自提	应付账款/一般应付款		9828000
票号 日期	数量 单价 合计	9828000	9828000

备注　项目　部门　个人　客户　业务员

记账　审核　出纳　制单 张敏

图 8-161　生成转账凭证 007

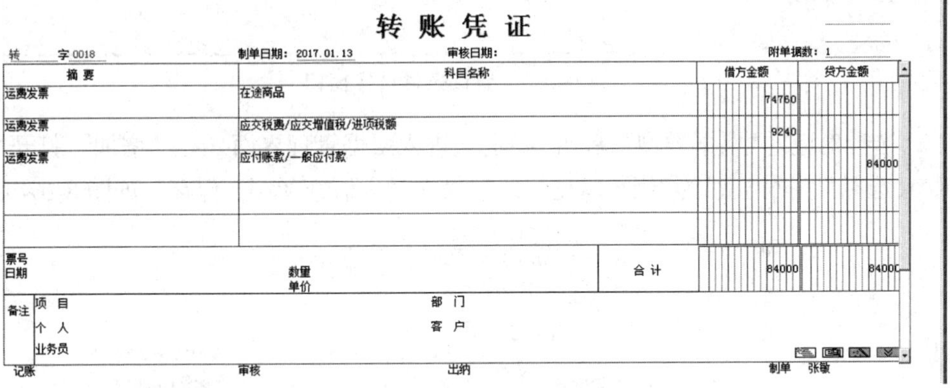

转账凭证

转 字 0018　制单日期：2017.01.13　审核日期：　附单据数：1

摘要	科目名称	借方金额	贷方金额
运费发票	在途商品	74760	
运费发票	应交税费/应交增值税/进项税额	9240	
运费发票	应付账款/一般应付款		84000
票号 日期	数量 单价 合计	84000	84000

备注　项目　部门　个人　客户　业务员

记账　审核　出纳　制单 张敏

图 8-162　生成转账凭证 018

6）开出银行承兑汇票

（1）以张敏（W01）的身份，执行“应付款管理→票据管理”命令，打开“查询条件选择”窗口，如图 8-163 所示。

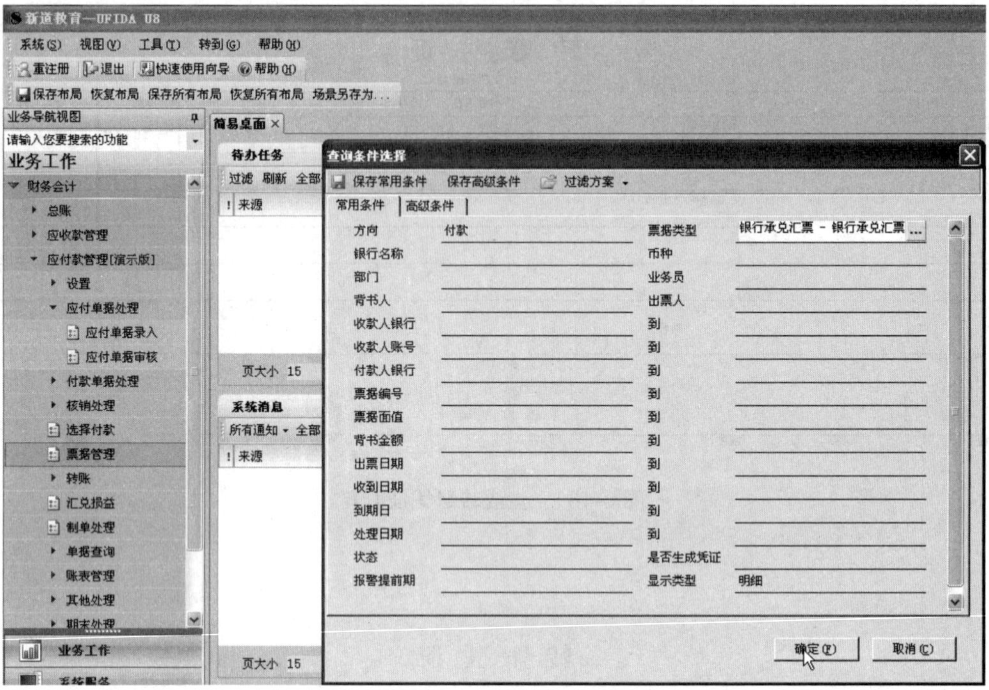

图 8-163 查询条件选择窗口

（2）选择对应的“票据类型”，单击“确定”，进入票据管理界面，单击“增加”，打开“商业汇票”窗口，选择“票据类型”为“银行承兑汇票”，录入对应信息，单击“保存”，如图 8-164 所示。

打印模版组 30657 商业汇票打印模版

商业汇票

银行名称
票据类型 银行承兑汇票
方向 付款
票据编号 Y01
结算方式 商业汇票
收到日期 2017-01-13
出票日期 2017-01-13
到期日 2017-02-13
出票人 湘诚贸易股份有限公司
出票人账号 232425007890
付款人银行 中国工商银行海东支行
收款人 美美股份有限公司
收款人账号 5432
收款人开户银行 工商银行
币种 人民币
金额 99120.00
票面利率 0.00000000
汇率 1.000000
付款行行号
付款行地址
背书人
背书金额
备注
业务员 周密
部门 采购部
票据摘要
交易合同号码
制单人 张敏

图 8-164 录入商业汇票

（3）执行“应付款管理→付款单据处理→付款单据审核”命令，审核商业汇票，如图 8-165 所示。

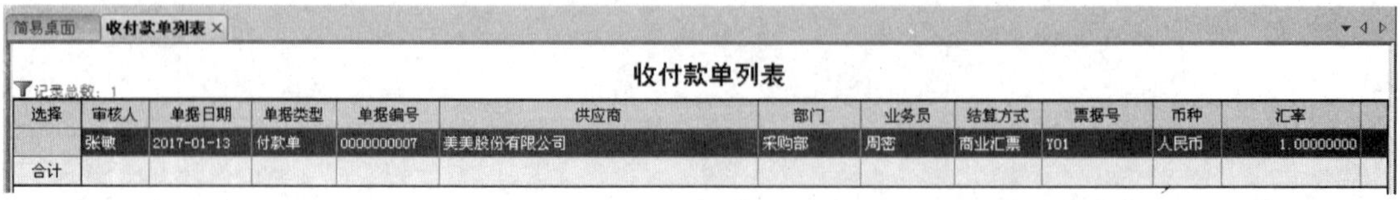
简易桌面 收付款单列表

收付款单列表

记录总数：1

选择	审核人	单据日期	单据类型	单据编号	供应商	部门	业务员	结算方式	票据号	币种	汇率
	张敏	2017-01-13	付款单	0000000007	美美股份有限公司	采购部	周密	商业汇票	Y01	人民币	1.00000000
合计											

图 8-165 审核商业汇票

（4）执行“制单处理”命令，打开“制单查询”窗口，勾选“收付款单制单”，单击“确定”，进入制单界面，单击“制单”，生成相关凭证，如图 8-166 和图 8-167。

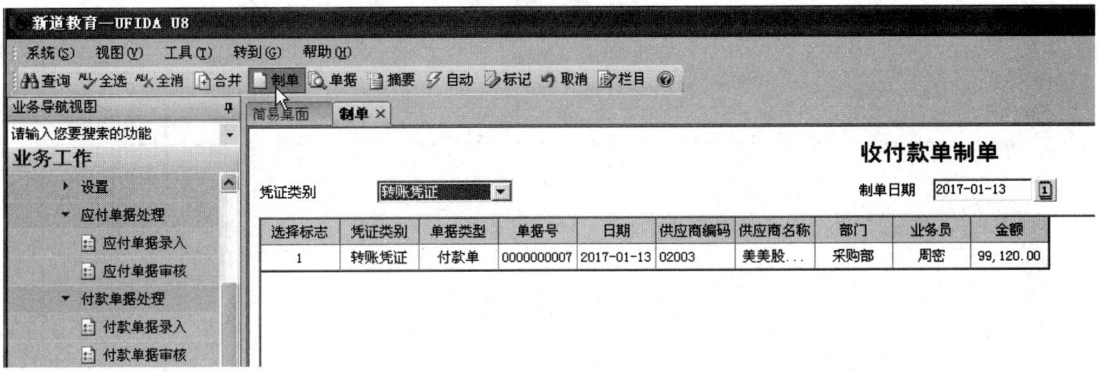

图 8-166　“收付款单制单”窗口

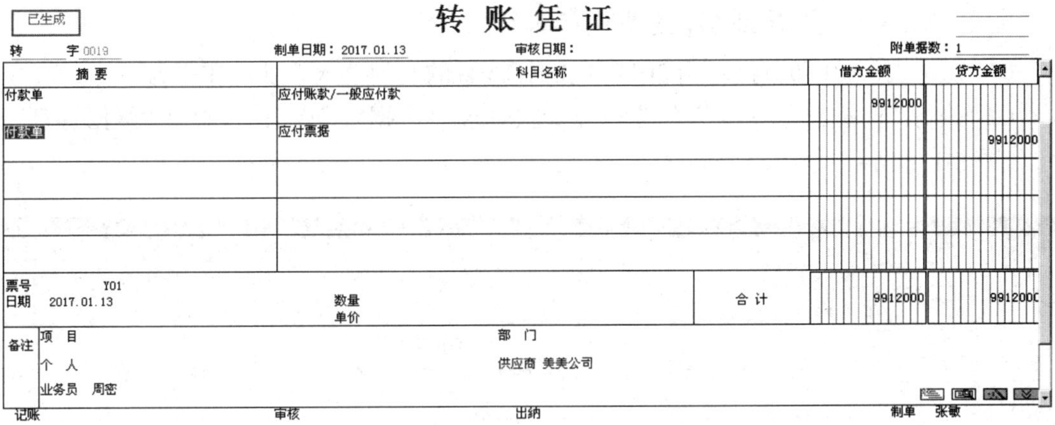

图 8-167　生成转账凭证 019

7）入库单制单

（1）以李峰（W02）的身份，用 2017 年 1 月 13 日的时间登入企业应用平台。

（2）执行“业务工作→供应链→存货核算→业务核算→正常单据记账”命令，进行正常单据记账，如图 8-168 所示。

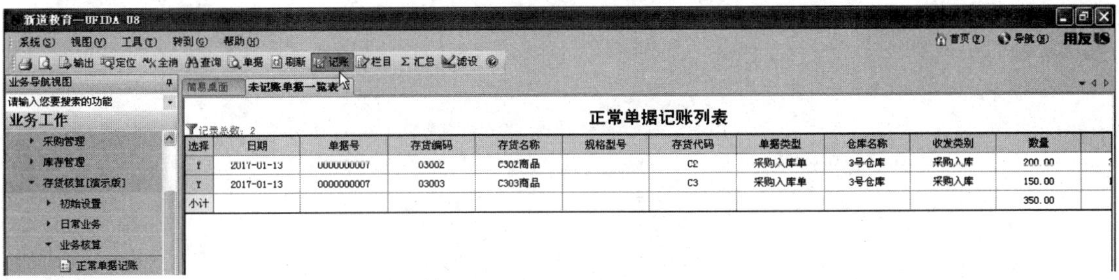

图 8-168　“正常单据记账列表”窗口

(3)执行“财务核算→生成凭证”命令,生成转账凭证,如图 8-169 所示。

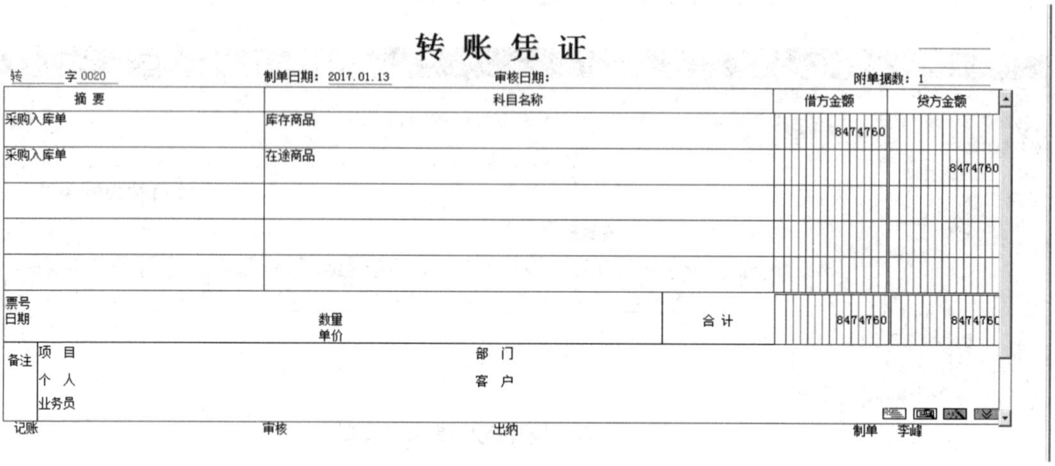

图 8-169　生成转账凭证 020

业务三十一　票据到期,款项收存银行

(1)以本人(A01)的身份,用 2017 年 1 月 16 日的时间登入企业应用平台。

(2)执行“业务工作→财务会计→应收款管理→票据管理”命令,打开“票据管理”窗口,如图 8-170 所示。

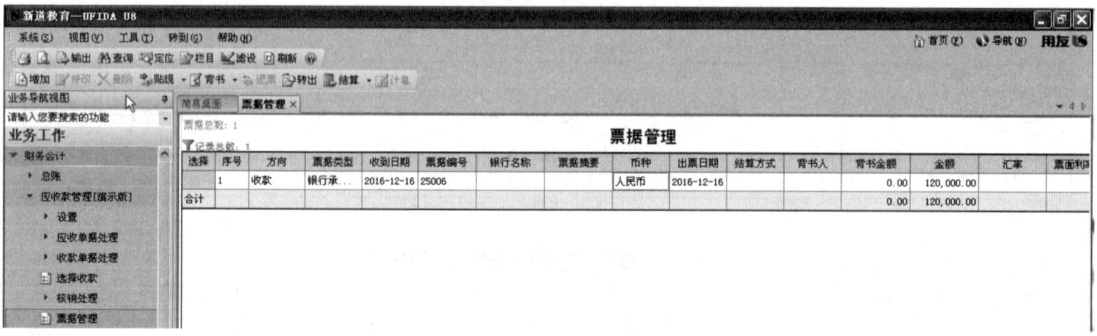

图 8-170　“票据管理”窗口

(3)双击“紫微公司”银行承兑汇票,进入应收票据界面,如图 8-171 所示。

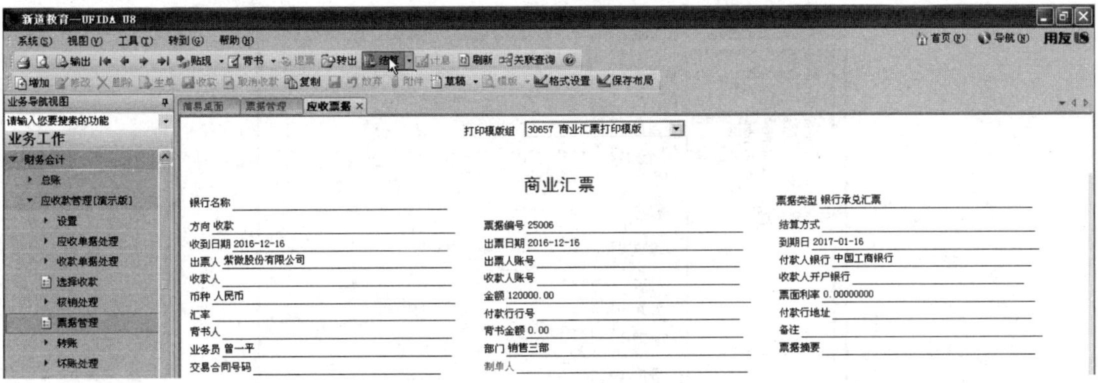

图 8-171　“应收票据”窗口

（4）单击“结算”按钮，系统弹出“票据结算”窗口，输入“结算金额”（本业务为 120000）、“结算科目”（本业务为 100201）等，如图 8-172 所示。

图 8-172　“票据结算”窗口

（5）单击“确定”按钮，系统弹出“是否立即制单”对话框，如图 8-173 所示，选择“是”，会立即制单，制单人就会是“A01”，这里要求选择“否”，执行第六步。

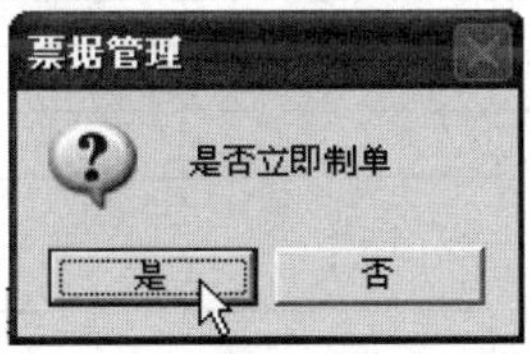

图 8-173　“是否立即制单”对话框

（6）以张敏（W01）的身份进入企业应用平台，执行“财务会计→应收款管理→应收款管理→制单处理”命令，打开“制单查询”窗口，勾选“票据处理制单”，单击“确定”，进入制单界面，单击“制单”，生成收款凭证，如图 8-174、图 8-175 和图 8-176 所示。

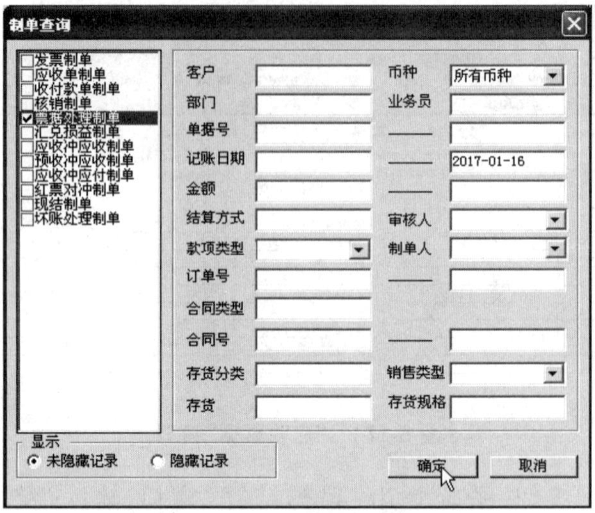

图 8-174 “制单查询”窗口

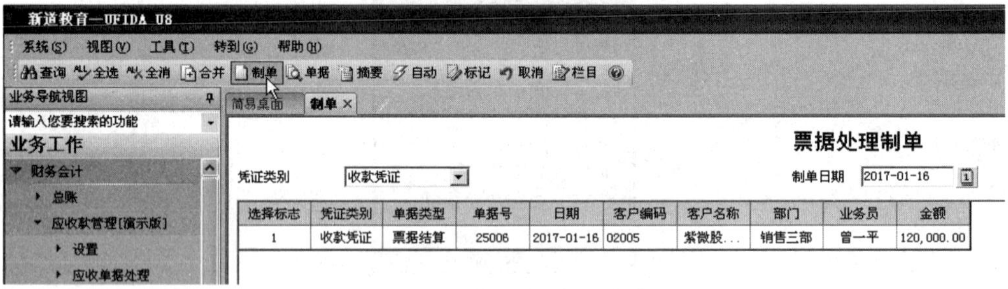

图 8-175 “票据处理制单”窗口

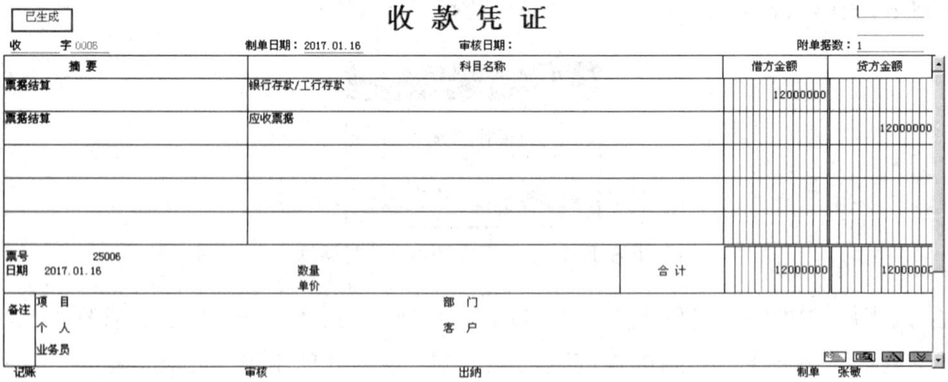

图 8-176 生成收款凭证 006

业务三十二 销售订货

(1)以刘向(X01)的身份,用 2017 年 1 月 16 日的时间登入企业应用平台。

(2)执行“业务工作→供应链→销售管理→销售订货→销售订单”命令,录入销售订单,保存并审核,如图 8-177。

销售订单

打印模版 销售订单打印模版

表体排序

合并显示 □

订单号 X04　订单日期 2017-01-16　业务类型 普通销售
销售类型 正常销售　客户简称 红光公司　付款条件
销售部门 销售一部　业务员 朱明宇　税率 17.00
币种 人民币　汇率 1　备注
必有定金 否　定金比例(...　定金原币金额　定金本币金额

	存货编码	存货名称	规格型号	主计量	数量	报价	含税单价	无税单价	无税金额	税额	价税
1	01001	A101商品		件	40.00	0.00	1064.70	910.00	36400.00	6188.00	4
2	01002	A102商品		件	50.00	0.00	912.60	780.00	39000.00	6630.00	4
3	01003	A103商品		件	30.00	0.00	760.50	650.00	19500.00	3315.00	2
4											
合计					120.00				94900.00	16133.00	11

制单人 刘向　审核人 刘向　关闭人

图 8-177　录入销售订单 X04

业务三十三　销售发货,开出销售发票,未收款

1)发货单

(1)以刘向(X01)的身份,用当年 1 月 16 日的时间登入企业应用平台。

(2)执行"业务工作→供应链→销售管理→销售发货→发货单"命令,参照红光公司的订单生成发货单,保存并审核,如图 8-178 所示。

发货单

打印模版 发货单打印模版

表体排序

合并显示 □

发货单号 0000000005　发货日期 2017-01-16　业务类型 普通销售
销售类型 正常销售　订单号 X04　发票号
客户简称 红光公司　销售部门 销售一部　业务员 朱明宇
发货地址　发运方式　付款条件
税率 17.00　币种 人民币　汇率 1
备注

	仓库名称	存货编码	存货名称	规格型号	主计量	数量	报价	含税单价	无税单价	无
1	1号仓库	01001	A101商品		件	40.00	0.00	1064.70	910.00	
2	1号仓库	01002	A102商品		件	50.00	0.00	912.60	780.00	
3	1号仓库	01003	A103商品		件	30.00	0.00	760.50	650.00	
4										
合计						120.00				

制单人 刘向　审核人 刘向　关闭人

图 8-178　生成发货单 005

(3)执行"销售开票→销售专用发票"命令,参照红光公司的发货单,生成销售专用发票,保存并复核,如图 8-179。

2)销售出库单(根据发货单生成销售出库单)

(1)以刘明(C01)的身份,用 2017 年 1 月 16 日的时间登入企业应用平台。

(2)执行"业务工作→供应链→库存管理→出库业务→销售出库单"命令,参照红光公司的发货单生成销售出库单,保存并审核,如图 8-180。

销售专用发票

打印模版 销售专用发票打印模版

表体排序

合并显示 □

发票号 0000000008　开票日期 2017-01-16　业务类型 普通销售

销售类型 正常销售　订单号 X04　发货单号 0000000005

客户简称 红光公司　销售部门 销售一部　业务员 朱明宇

付款条件　客户地址　联系电话

开户银行 工商银行　账号 78901234567　税号 12345678901111

币种 人民币　汇率 1　税率 17.00

备注

	仓库名称	存货编码	存货名称	规格型号	主计量	数量	报价	含税单价	无税单价	无
1	1号仓库	01001	A101商品		件	40.00	0.00	1064.70	910.00	
2	1号仓库	01002	A102商品		件	50.00	0.00	912.60	780.00	
3	1号仓库	01003	A103商品		件	30.00	0.00	760.50	650.00	
4										
合计						120.00				

单位名称 湘诚贸易股份有限公司　本单位税号 358423470556321　本单位开户银行 中国工商银行海东支行

制单人 刘向　复核人 刘向　银行账号 232425007890

图 8-179　生成销售专用发票 008

销售出库单

销售出库单显示模版

表体排序

蓝字

红字

合并显示 □

出库单号 0000000006　出库日期 2017-01-16　仓库 1号仓库

出库类别 销售出库　业务类型 普通销售　业务号 0000000005

销售部门 销售一部　业务员 朱明宇　客户 红光公司

审核日期　备注

	存货编码	存货名称	规格型号	主计量单位	数量	单价	金额
1	01001	A101商品		件	40.00		
2	01002	A102商品		件	50.00		
3	01003	A103商品		件	30.00		
4							
合计					120.00		

制单人 刘明　审核人

现存量

图 8-180　生成销售出库单 006

3)应收单据审核与制单

(1)以张敏(W01)的身份,用 2017 年 1 月 16 日的时间登入企业应用平台。

(2)执行“业务工作→财务会计→应收款管理→应收单据处理→应收单据审核”命令,审核销售专用发票。

(3)执行“制单处理”命令,根据发票制单,生成转账凭证,如图 8-181 所示。

已生成

转 账 凭 证

转　字 0021　　制单日期：2017.01.16　　审核日期：　　附单据数：1

摘要	科目名称	借方金额	贷方金额
销售专用发票	应收账款	11103300	
销售专用发票	主营业务收入		9490000
销售专用发票	应交税费/应交增值税/销项税额		1613300
票号 日期　数量 单价	合计	11103300	11103300

备注　项　目　　部　门
个　人　　客　户　红光公司
业务员　朱明宇

记账　　审核　　出纳　　制单　张敏

图 8-181　生成转账凭证 021

4)销售出库单,结转销售成本

(1)以李峰(W02)的身份,用 2017 年 1 月 3 日的时间登入企业应用平台。

(2)执行“业务工作→供应链→存货核算→业务核算→正常单据记账”命令,对销售专用发票进行记账。

(3)执行“财务核算→生成凭证”命令,生成转账凭证,如图 8-182 所示。

已生成

转 账 凭 证

转　字 0022　　制单日期：2017.01.16　　审核日期：　　附单据数：1

摘要	科目名称	借方金额	贷方金额
专用发票	主营业务成本	7177320	
专用发票	库存商品		7177320
票号 日期　数量 单价	合计	7177320	7177320

备注　项　目　　部　门
个　人　　客　户
业务员

记账　　审核　　出纳　　制单　李峰

图 8-182　生成转账凭证 022

业务三十四　收到银行存款和银行承兑汇票

1)收到银行存款

(1)以张敏(W01)的身份,用 2017 年 1 月 19 日的时间登入企业应用平台。

(2)执行“业务工作→财务会计→应收款管理→收款单据处理→收款单据录入”命令,录入收款并保存,如图 8-183;审核后立即制单,生成收款凭证,如图 8-184 所示。

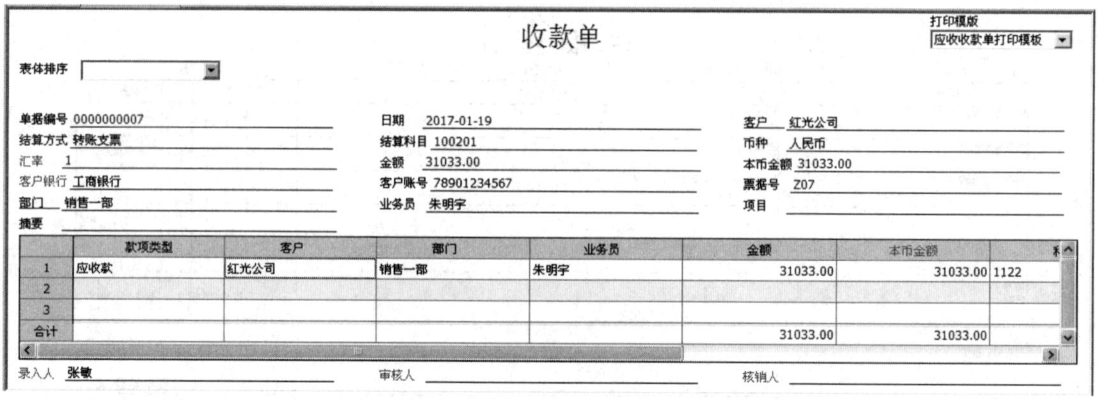

收款单

打印模版 应收收款单打印模板

表体排序

单据编号 0000000007　日期 2017-01-19　客户 红光公司
结算方式 转账支票　结算科目 100201　币种 人民币
汇率 1　金额 31033.00　本币金额 31033.00
客户银行 工商银行　客户账号 78901234567　票据号 Z07
部门 销售一部　业务员 朱明宇　项目
摘要

	款项类型	客户	部门	业务员	金额	本币金额	科
1	应收款	红光公司	销售一部	朱明宇	31033.00	31033.00	1122
2							
3							
合计					31033.00	31033.00	

录入人 张敏　审核人　核销人

图 8-183　录入收款单 007

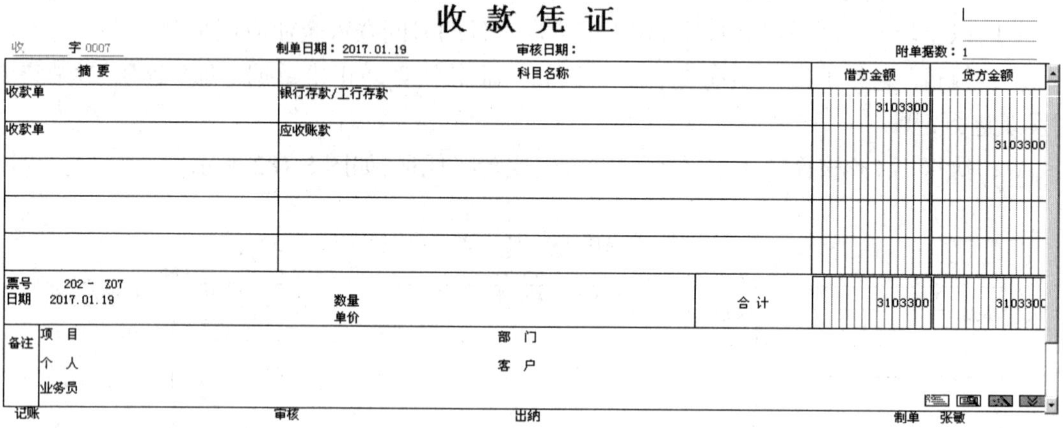

收 款 凭 证

收 字 0007　制单日期：2017.01.19　审核日期：　附单据数：1

摘 要	科目名称	借方金额	贷方金额
收款单	银行存款/工行存款	3103300	
收款单	应收账款		3103300
票号 202 - Z07 日期 2017.01.19	数量 单价	合 计 3103300	3103300

备注　项 目　部 门
个 人　客 户
业务员

记账　审核　出纳　制单 张敏

图 8-184　生成收款凭证 007

2）收到银行承兑汇票

（1）以张敏（W01）的身份，执行“应收款管理→票据管理”命令，增加商业汇票，录入银行承兑汇票并保存，如图 8-185 所示。

商业汇票

银行名称　票据类型 银行承兑汇票
方向 收款　票据编号 Y02　结算方式 商业汇票
收到日期 2017-01-19　出票日期 2017-01-19　到期日 2017-03-19
出票人 红光股份有限公司　出票人账号 78901234567　付款人银行 工商银行
收款人 湘诚贸易股份有限公司　收款人账号 232425007890　收款人开户银行 中国工商银行海东支行
币种 人民币　金额 80000.00　票面利率 0.00000000
汇率 1.000000　付款行行号　付款行地址
背书人　背书金额　备注
业务员 朱明宇　部门 销售一部　票据摘要
交易合同号码　制单人 张敏

图 8-185　录入商业汇票 Y02

（2）执行“应收款管理→收款单据处理→收款单据审核”命令，审核红光公司商业汇票，如图 8-186 所示。

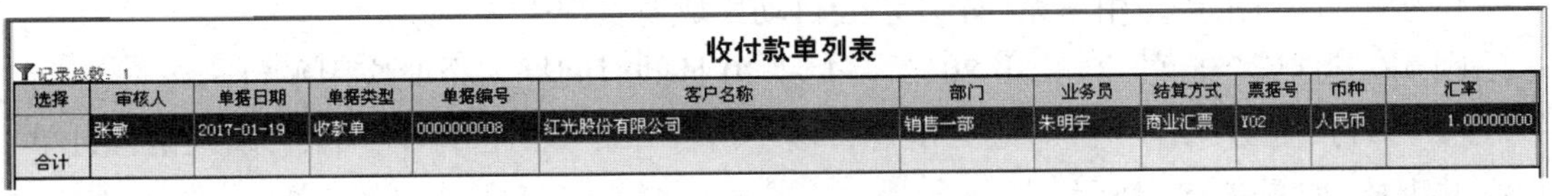
收付款单列表

记录总数：1

选择	审核人	单据日期	单据类型	单据编号	客户名称	部门	业务员	结算方式	票据号	币种	汇率
	张敏	2017-01-19	收款单	0000000008	红光股份有限公司	销售一部	朱明宇	商业汇票	Y02	人民币	1.00000000
合计											

图 8-186　审核商业汇票 Y02

（3）执行“制单处理”命令，根据收付款单制单，生成转账凭证，如图 8-187 所示。

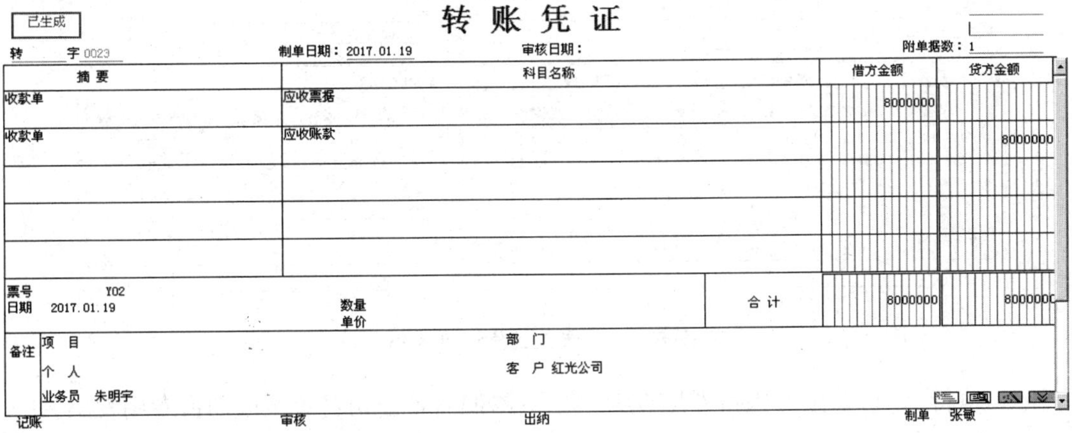
已生成

转账凭证

转　字 0023　制单日期：2017.01.19　审核日期：　附单据数：1

摘要	科目名称	借方金额	贷方金额
收款单	应收票据	8000000	
收款单	应收账款		8000000
票号 Y02 日期 2017.01.19	数量 单价 合计	8000000	8000000

备注　项目　部门

个人　客户 红光公司

业务员 朱明宇

记账　审核　出纳　制单 张敏

图 8-187　生成转账凭证 023

业务三十五　采购订货

（1）以元华（G01）的身份，用当年 1 月 19 日的时间登入企业应用平台。

（2）执行“业务工作→供应链→采购管理→采购订货→采购订单”命令，录入采购订单，保存并审核，如图 8-188 所示。

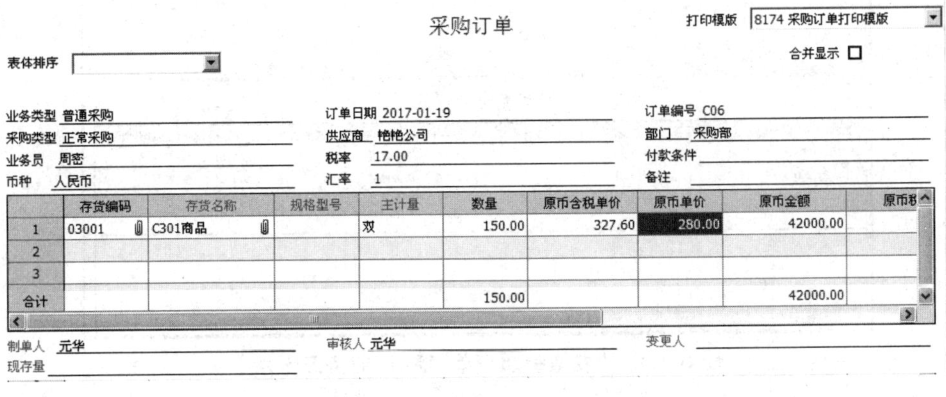
采购订单　打印模版 8174 采购订单打印模版

表体排序　合并显示 □

业务类型 普通采购　订单日期 2017-01-19　订单编号 C06

采购类型 正常采购　供应商 艳艳公司　部门 采购部

业务员 周密　税率 17.00　付款条件

币种 人民币　汇率 1　备注

	存货编码	存货名称	规格型号	主计量	数量	原币含税单价	原币单价	原币金额	原币税
1	03001	C301商品		双	150.00	327.60	280.00	42000.00	
2									
3									
合计					150.00			42000.00	

制单人 元华　审核人 元华　变更人

现存量

图 8-188　录入采购订单 C06

业务三十六　销售商品

1)销售订单、销售专用发票(先开票会自动生成发货单)

(1)以刘向(X01)的身份,用 2017 年 1 月 20 日的时间登入企业应用平台。

(2)执行“业务工作→供应链→销售管理→销售订货→销售订单”命令,录入销售订单,保存并审核,如图 8-189 所示。

销售订单

打印模版 销售订单打印模版

表体排序　　合并显示

订单号 X05　订单日期 2017-01-20　业务类型 普通销售
销售类型 正常销售　客户简称 蓝带公司　付款条件
销售部门 销售三部　业务员 胡晓慧　税率 17.00
币种 人民币　汇率 1　备注
必有定金 否　定金比例(...　定金原币金额　定金本币金额

	存货编码	存货名称	主计量	数量	报价	含税单价	无税单价	无税金额	税额	价税合计
1	03001	C301商品	双	60.00	0.00	421.20	360.00	21600.00	3672.00	25272.00
2	03002	C302商品	双	100.00	0.00	468.00	400.00	40000.00	6800.00	46800.00
3	03003	C303商品	双	100.00	0.00	234.00	200.00	20000.00	3400.00	23400.00
4										
合计				260.00				81600.00	13872.00	95472.00

制单人 刘向　审核人 刘向　关闭人

图 8-189　录入销售订单 X05

(3)执行“销售开票→销售专用发票”命令,参照蓝带公司订单生成销售专用发票,如图 8-190 和图 8-191 所示。

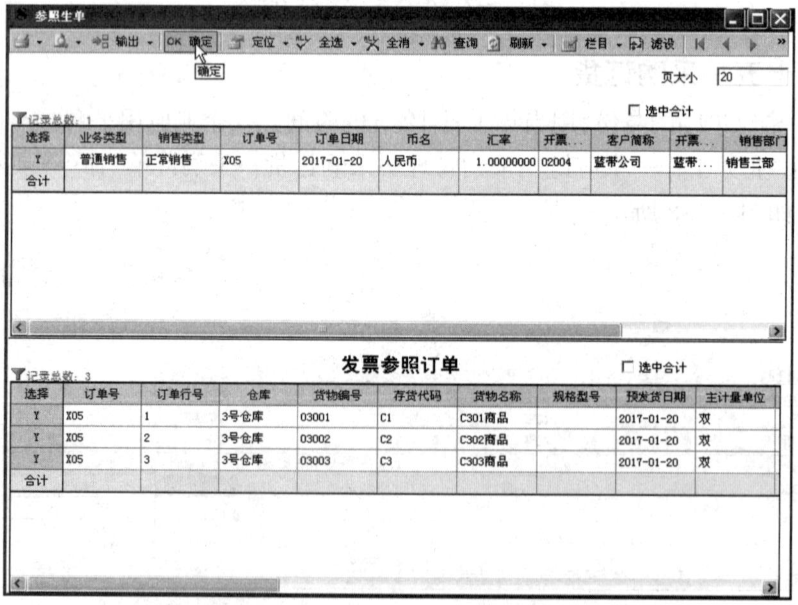

选择	业务类型	销售类型	订单号	订单日期	币名	汇率	开票...	客户简称	开票...	销售部门
Y	普通销售	正常销售	X05	2017-01-20	人民币	1.00000000	02004	蓝带公司	蓝带...	销售三部
合计										

发票参照订单

选中合计　记录总数: 3

选择	订单号	订单行号	仓库	货物编号	存货代码	货物名称	规格型号	预发货日期	主计量单位
Y	X05	1	3号仓库	03001	C1	C301商品		2017-01-20	双
Y	X05	2	3号仓库	03002	C2	C302商品		2017-01-20	双
Y	X05	3	3号仓库	03003	C3	C303商品		2017-01-20	双
合计									

图 8-190　“发票参照订单”窗口(业务三十六)

销售专用发票

打印模版 销售专用发票打印模版

表体排序

合并显示

发票号 0000000009　开票日期 2017-01-20　业务类型 普通销售

销售类型 正常销售　订单号 X05　发货单号 0000000006

客户简称 蓝带公司　销售部门 销售三部　业务员 胡晓慧

付款条件　客户地址　联系电话

开户银行 工商银行　账号 23456789012　税号 678901234566666

币种 人民币　汇率 1　税率 17.00

备注

	仓库名称	存货编码	存货名称	规格型号	主计量	数量	报价	含税单价	无税单价	无
1	3号仓库	03001	C301商品		双	60.00	0.00	421.20	360.00	
2	3号仓库	03002	C302商品		双	100.00	0.00	468.00	400.00	
3	3号仓库	03003	C303商品		双	100.00	0.00	234.00	200.00	
4										
合计						260.00				

单位名称 湘诚贸易股份有限公司　本单位税号 358423470556321　本单位开户银行 中国工商银行海东支行

制单人 刘向　复核人 刘向　银行账号 232425007890

图 8-191　生成销售专用发票 009

（4）执行“业务工作→供应链→销售管理→销售发货→发货单”命令，打发货单窗口，可以看到自动生成的发货单，如图 8-192 所示。

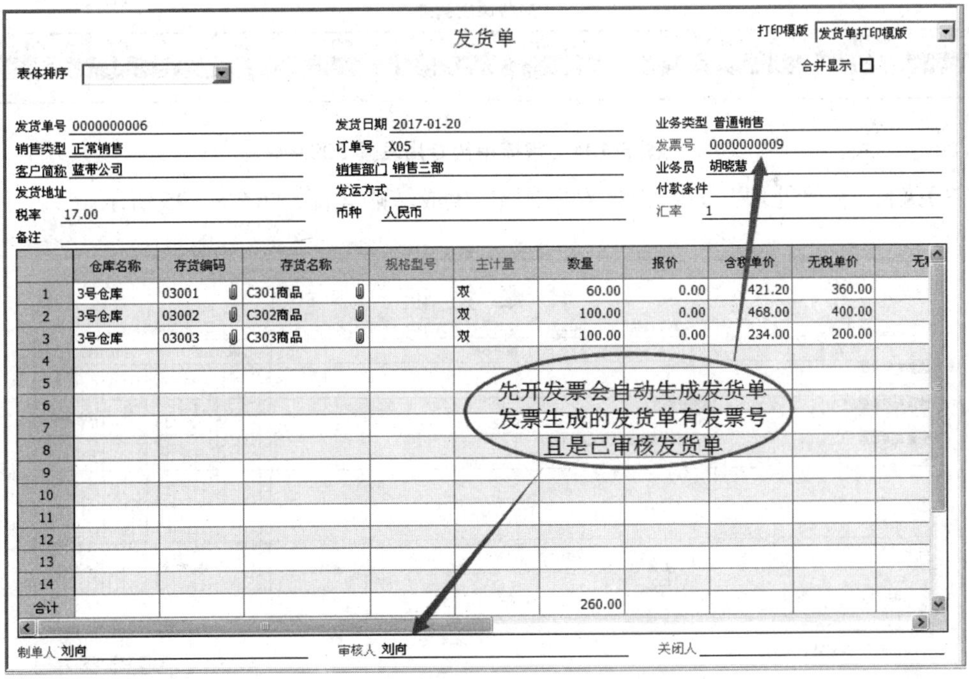
发货单

打印模版 发货单打印模版

表体排序

合并显示

发货单号 0000000006　发货日期 2017-01-20　业务类型 普通销售

销售类型 正常销售　订单号 X05　发票号 0000000009

客户简称 蓝带公司　销售部门 销售三部　业务员 胡晓慧

发货地址　发运方式　付款条件

税率 17.00　币种 人民币　汇率 1

备注

	仓库名称	存货编码	存货名称	规格型号	主计量	数量	报价	含税单价	无税单价	无
1	3号仓库	03001	C301商品		双	60.00	0.00	421.20	360.00	
2	3号仓库	03002	C302商品		双	100.00	0.00	468.00	400.00	
3	3号仓库	03003	C303商品		双	100.00	0.00	234.00	200.00	
4										
5										
6										
7										
8										
9										
10										
11										
12										
13										
14										
合计						260.00				

制单人 刘向　审核人 刘向　关闭人

先开发票会自动生成发货单
发票生成的发货单有发票号
且是已审核发货单

图 8-192　生成发货单 006

2）销售出库单

（1）以刘明（C01）的身份，用 2017 年 1 月 20 日的时间登入企业应用平台。

（2）执行“业务工作→供应链→库存管理→出库业务→销售出库单”命令，参照蓝带公司的发货单生成销售出库单，保存并审核，如图 8-193 所示。

销售出库单　　销售出库单打印模版

表体排序　　◉ 蓝字　○ 红字　　合并显示 □

出库单号 0000000007　　出库日期 2017-01-20　　仓库 3号仓库
出库类别 销售出库　　业务类型 普通销售　　业务号 0000000009
销售部门 销售三部　　业务员 胡晓慧　　客户 蓝带公司
审核日期 2017-01-20　　备注

	存货编码	存货名称	规格型号	主计量单位	数量	单价	金额
1	03001	C301商品		双	60.00		
2	03002	C302商品		双	100.00		
3	03003	C303商品		双	100.00		
4							
合计					260.00		

制单人 刘明　　审核人 刘明
现存量

图 8-193　生成销售出库单 007

3)应收单据审核与制单

(1)以张敏(W01)的身份,用 2017 年 1 月 20 日的时间登入企业应用平台。

(2)执行“业务工作→财务会计→应收款管理→应收单据处理→应收单据审核”命令,审核销售专用发票,如图 8-194 所示。

应收单据列表

记录总数: 1

选择	审核人	单据日期	单据类型	单据号	客户名称	部门	业务员	制单人	币种	汇率
	张敏	2017-01-20	销售专…	0000000009	蓝带股份有限公司	销售三部	胡晓慧	刘向	人民币	1.00000000
合计										

图 8-194　审核销售专用发票 009

(3)执行“制单处理”命令,根据发票制单,生成转账凭证,如图 8-195 所示。

转 账 凭 证

转 字 0024　　制单日期: 2017.01.20　　审核日期:　　附单据数: 1

摘要	科目名称	借方金额	贷方金额
销售专用发票	应收账款	9547200	
销售专用发票	主营业务收入		8160000
销售专用发票	应交税费/应交增值税/销项税额		1387200
票号 日期　数量 单价	合计	9547200	9547200

备注　项　目　　部　门
　　　个　人　　客　户 蓝带公司
　　　业务员 胡晓慧

记账　　审核　　出纳　　制单 张敏

图 8-195　生成转账凭证 024

4)开出收款单结算

以张敏(W01)的身份,执行“业务工作→财务会计→应收款管理→收款单据处理→收款单据录入”命令,录入收款单并保存,实际结算金额为 95472 元,如图 8-196 所示;审核后立即制单生成收款凭证,如图 8-197 所示。

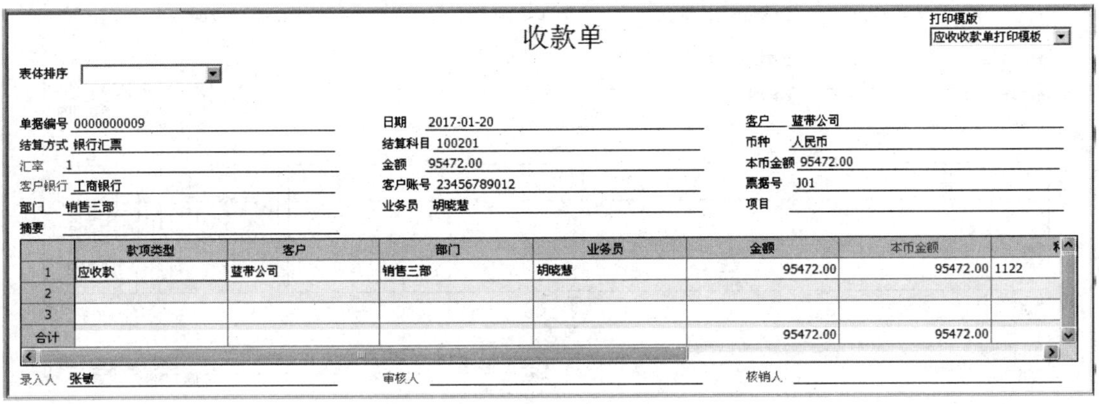

图 8-196　录入收款单 009

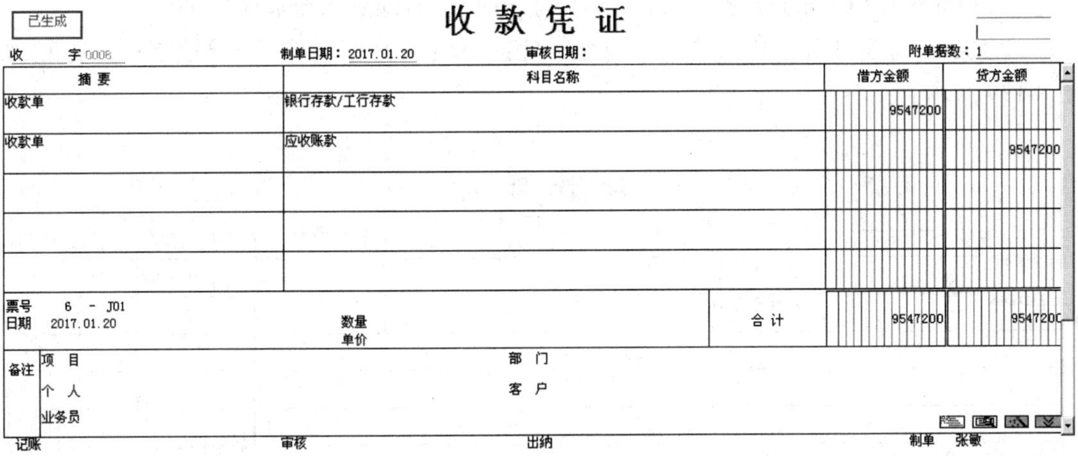

图 8-197　生成收款凭证 008

5)销售出库单生成凭证

(1)以李峰(W02)的身份,用 2017 年 1 月 20 日的时间登入企业应用平台。

(2)执行“业务工作→供应链→存货核算→业务核算→正常单据记账”命令,对销售专用发票记账。

(3)执行“财务核算→生成凭证”命令,生成转账凭证,如图 8-198 所示。

转 账 凭 证

转 字 0025　　制单日期：2017.01.20　　审核日期：　　附单据数：1

摘要	科目名称	借方金额	贷方金额
专用发票	主营业务成本	6319400	
专用发票	库存商品		6319400
票号 日期	数量 单价　合计	6319400	6319400

备注　项目　　部门
　　　个人　　客户
　　　业务员

记账　　审核　　出纳　　制单　李峄

图 8-198　生成转账凭证 025

业务三十七　归还短期借款

(1)以张敏(W01)的身份,用 2017 年 1 月 20 日的时间登入企业应用平台。

(2)执行"业务工作→财务会计→总账→凭证→填制凭证"命令,直接填制付款凭证,如图 8-199 所示。

付 款 凭 证

付 字 0012　　制单日期：2017.01.20　　审核日期：　　附单据数：

摘要	科目名称	借方金额	贷方金额
归还短期借款	短期借款	20000000	
归还短期借款	银行存款/工行存款		20000000
票号 202 - Z07 日期 2017.01.20	数量 单价　合计	20000000	20000000

备注　项目　　部门
　　　个人　　客户
　　　业务员

记账　　审核　　出纳　　制单　张敏

图 8-199　生成付款凭证 012

业务三十八　销售订货,必有订金

(1)以刘向(X01)的身份,用 2017 年 1 月 23 日的时间登入企业应用平台。

(2)执行"业务工作→供应链→销售管理→销售订货→销售订单"命令,录入销售订单并保存,如图 8-200 所示。(注:"必有定金"选择"是",未收取定金时订单不能审核)

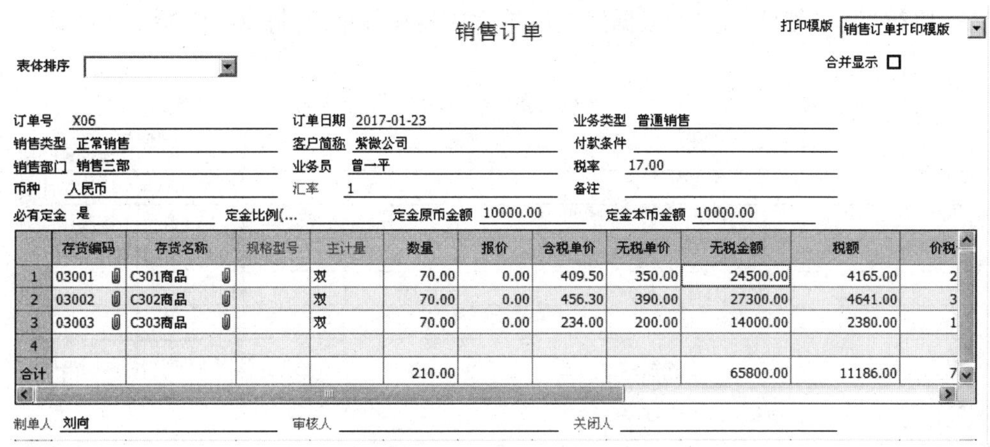

销售订单　　打印模版 销售订单打印模版

表体排序　　合并显示 □

订单号 X06　订单日期 2017-01-23　业务类型 普通销售
销售类型 正常销售　客户简称 紫微公司　付款条件
销售部门 销售三部　业务员 曾一平　税率 17.00
币种 人民币　汇率 1　备注
必有定金 是　定金比例(…　定金原币金额 10000.00　定金本币金额 10000.00

	存货编码	存货名称	规格型号	主计量	数量	报价	含税单价	无税单价	无税金额	税额	价税
1	03001	C301商品		双	70.00	0.00	409.50	350.00	24500.00	4165.00	2
2	03002	C302商品		双	70.00	0.00	456.30	390.00	27300.00	4641.00	3
3	03003	C303商品		双	70.00	0.00	234.00	200.00	14000.00	2380.00	1
4											
合计					210.00				65800.00	11186.00	7

制单人 刘向　审核人　关闭人

图 8-200　录入销售订单 X06

业务三十九　收到上月作暂估入库商品的采购发票

1)采购发票

(1)以元华(G01)的身份,用 2017 年 1 月 23 日的时间登入企业应用平台。

(2)执行“业务工作→供应链→采购管理→采购发票→专用采购发票”命令,参照入库单生成采购专用发票,保存并结算,如图 8-201 所示。

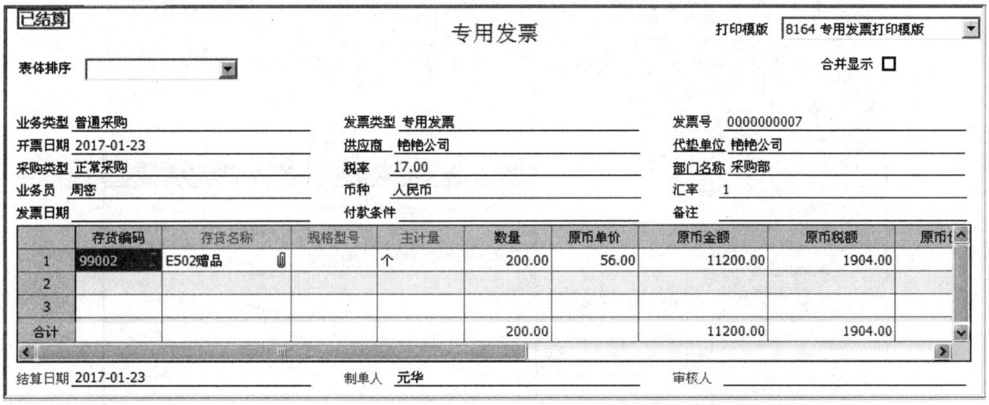

已结算

专用发票　　打印模版 8164 专用发票打印模版

表体排序　　合并显示 □

业务类型 普通采购　发票类型 专用发票　发票号 0000000007
开票日期 2017-01-23　供应商 艳艳公司　代垫单位 艳艳公司
采购类型 正常采购　税率 17.00　部门名称 采购部
业务员 周密　币种 人民币　汇率 1
发票日期　付款条件　备注

	存货编码	存货名称	规格型号	主计量	数量	原币单价	原币金额	原币税额	原币
1	99002	E502赠品		个	200.00	56.00	11200.00	1904.00	
2									
3									
合计					200.00		11200.00	1904.00	

结算日期 2017-01-23　制单人 元华　审核人

图 8-201　生成采购专用发票 007

2)应付单据审核与制单

(1)以张敏(W01)的身份,用 2017 年 1 月 23 日的时间登入企业应用平台。

(2)执行“业务工作→财务会计→应付款管理→应付单据处理→应付单据审核”命令,审核采购专用发票,如图 8-202 所示。

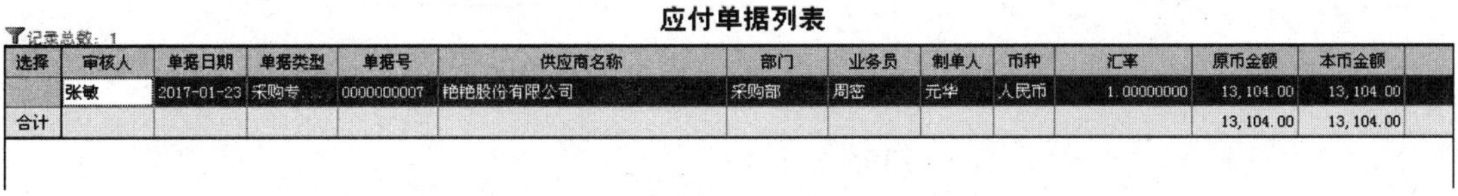

应付单据列表

记录总数: 1

选择	审核人	单据日期	单据类型	单据号	供应商名称	部门	业务员	制单人	币种	汇率	原币金额	本币金额
	张敏	2017-01-23	采购专…	0000000007	艳艳股份有限公司	采购部	周密	元华	人民币	1.00000000	13,104.00	13,104.00
合计											13,104.00	13,104.00

图 8-202　审核、采购专用发票 007

(3)执行“制单处理”命令,根据发票制单生成转账凭证,如图 8-203 所示。

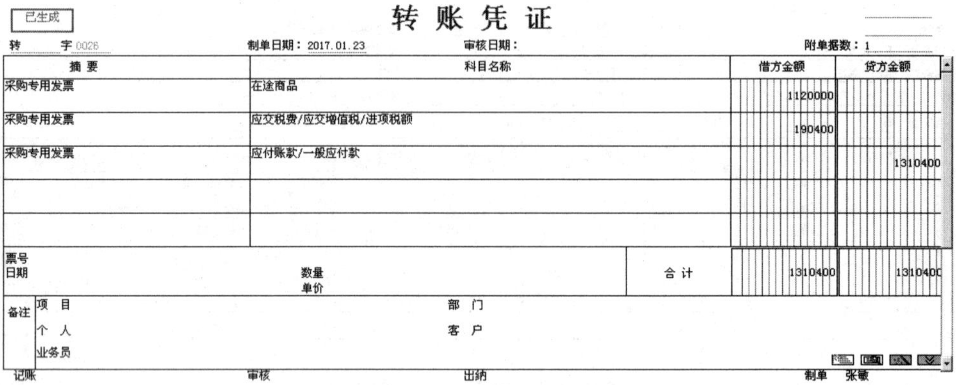

图 8-203　生成转账凭证 026

3)结算成本处理

(1)以李峰(W02)的身份,用 2017 年 1 月 23 日的时间登入企业应用平台。

(2)执行“业务工作→供应链→存货核算→业务核算→结算成本处理”命令,打开“暂估处理查询”窗口,如图 8-204 所示。

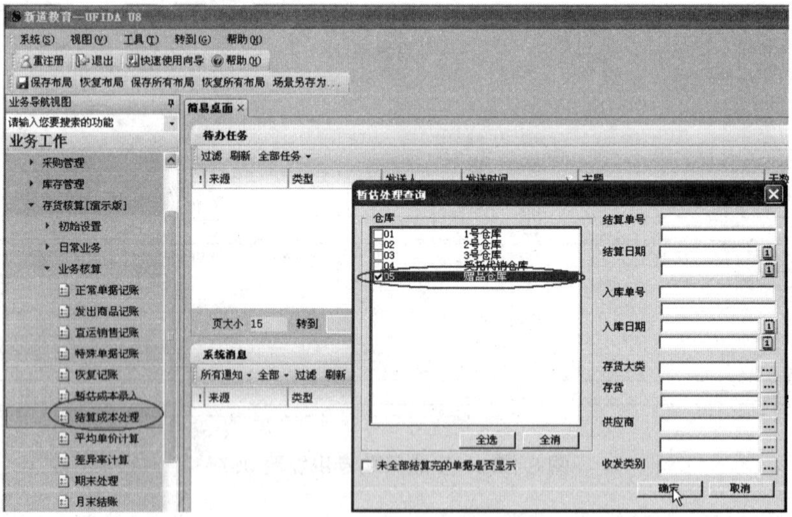

图 8-204　“暂估处理查询”窗口(业务三十九)

(3)选择赠品仓库,单击“确定”,打开“结算成本处理”窗口,如图 8-205 所示,选择对应单据,单击“暂估”,完成暂估。

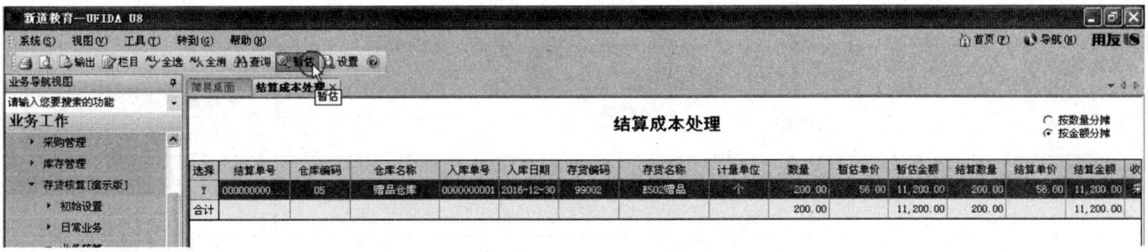

图 8-205　“结算成本处理”窗口(业务三十九)

(4)执行“财务核算→生成凭证”命令,根据红字回冲单和蓝字回冲单(报销)生成转账凭证,如图 8-206,图 8-207,图 8-208 所示。

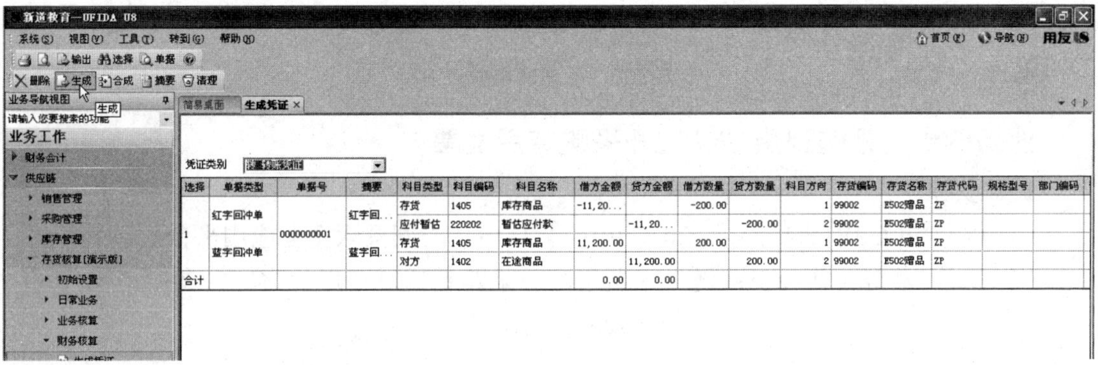

图 8-206　“生成凭证”窗口(业务三十九)

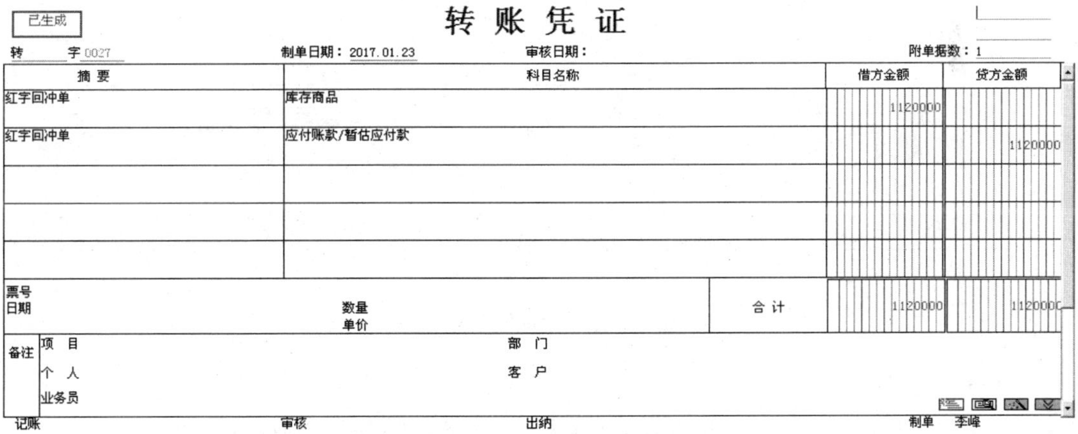

图 8-207　生成转账凭证 027

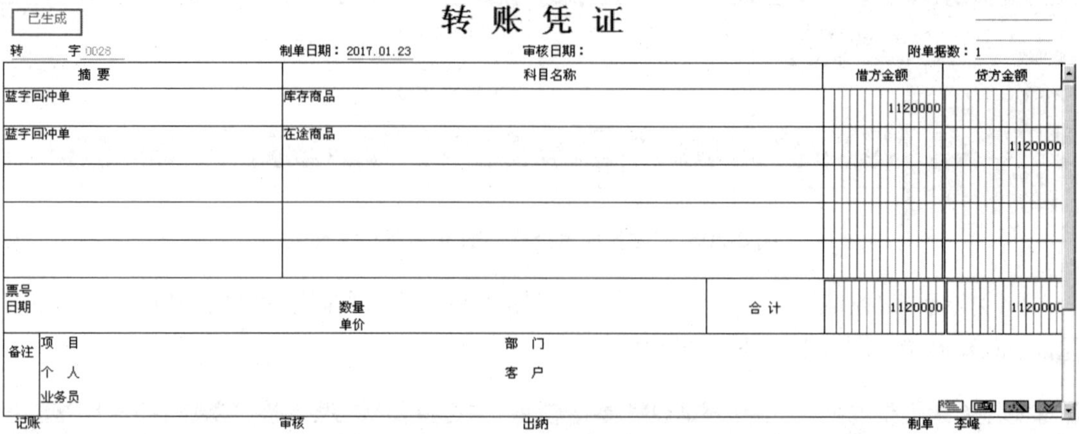

已生成

转账凭证

转 字 0028 制单日期：2017.01.23 审核日期： 附单据数：1

摘要	科目名称	借方金额	贷方金额
蓝字回冲单	库存商品	1120000	
蓝字回冲单	在途商品		1120000
票号 日期	数量 单价 合计	1120000	1120000

备注 项目 部门

个人 客户

业务员

记账 审核 出纳 制单 李峰

图 8-208 生成转账凭证 028

业务四十 采购到货、入库、开采购专用发票

1)到货单

(1)以元华(G01)的身份,用 2017 年 1 月 23 日的时间登入企业应用平台。

(2)执行“业务工作→供应链→采购管理→采购到货→到货单”命令,参照艳艳公司采购订单生成到货单,保存并审核,如图 8-209 所示。

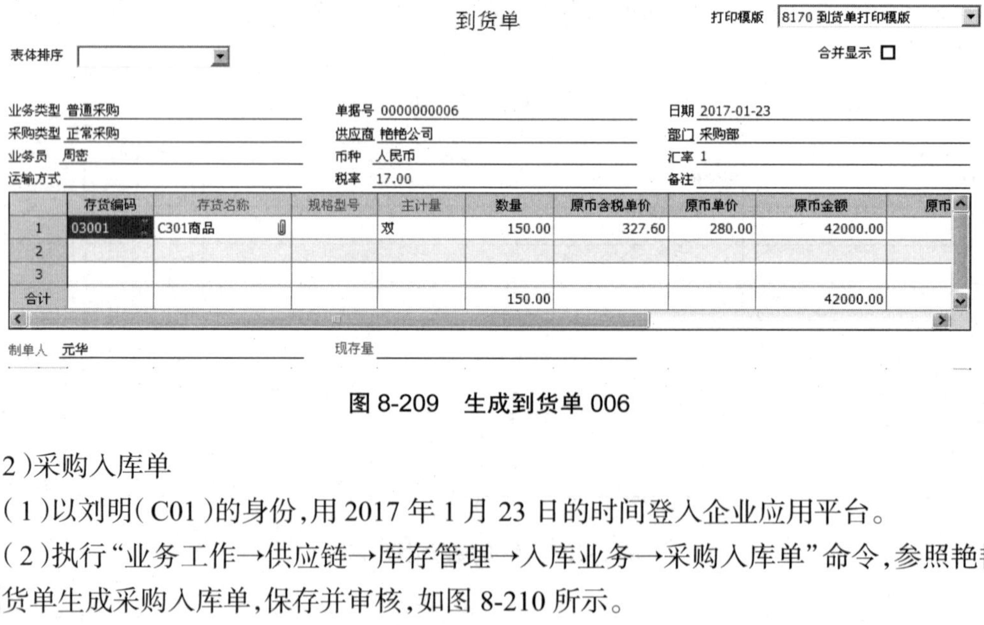

到货单

打印模版 8170 到货单打印模版

表体排序 合并显示

业务类型 普通采购 单据号 0000000006 日期 2017-01-23

采购类型 正常采购 供应商 艳艳公司 部门 采购部

业务员 周密 币种 人民币 汇率 1

运输方式 税率 17.00 备注

	存货编码	存货名称	规格型号	主计量	数量	原币含税单价	原币单价	原币金额	原币
1	03001	C301商品		双	150.00	327.60	280.00	42000.00	
2									
3									
合计					150.00			42000.00	

制单人 元华 现存量

图 8-209 生成到货单 006

2)采购入库单

(1)以刘明(C01)的身份,用 2017 年 1 月 23 日的时间登入企业应用平台。

(2)执行“业务工作→供应链→库存管理→入库业务→采购入库单”命令,参照艳艳公司到货单生成采购入库单,保存并审核,如图 8-210 所示。

3)采购发票

(1)以元华(G01)的身份,用 2017 年 1 月 23 日的时间登入企业应用平台。

(2)执行“业务工作→供应链→采购管理→采购发票→专用采购发票”命令,参照艳艳公司入库单生成采购专用发票,保存并结算,如图 8-211 所示

采购入库单

采购入库单打印模版

表体排序　　　　◉ 蓝字　○ 红字　　合并显示 □

入库单号 0000000008　入库日期 2017-01-23　仓库 3号仓库
订单号 C06　到货单号 0000000006　业务号
供货单位 艳艳公司　部门 采购部　业务员 周密
到货日期 2017-01-23　业务类型 普通采购　采购类型 正常采购
入库类别 采购入库　审核日期 2017-01-23　备注

	存货编码	存货名称	主计量单位	数量	本币单价	本币金额
1	03001	C301商品	双	150.00	280.00	42000.00
2						
3						
合计				150.00		42000.00

制单人 刘明　审核人 刘明
现存量

图 8-210　录入采购入库单 008

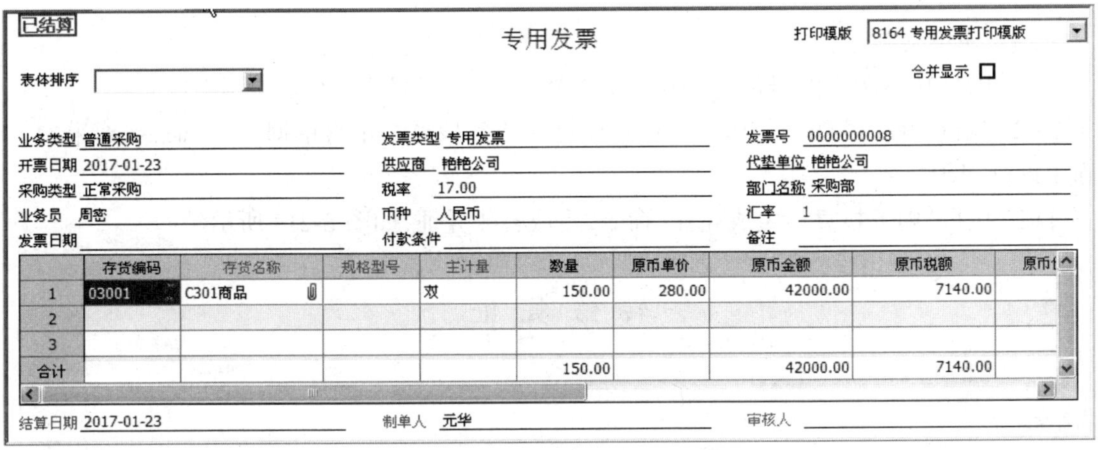
已结算

专用发票

打印模版 8164 专用发票打印模版

表体排序　　　　合并显示 □

业务类型 普通采购　发票类型 专用发票　发票号 0000000008
开票日期 2017-01-23　供应商 艳艳公司　代垫单位 艳艳公司
采购类型 正常采购　税率 17.00　部门名称 采购部
业务员 周密　币种 人民币　汇率 1
发票日期　付款条件　备注

	存货编码	存货名称	规格型号	主计量	数量	原币单价	原币金额	原币税额	原币
1	03001	C301商品		双	150.00	280.00	42000.00	7140.00	
2									
3									
合计					150.00		42000.00	7140.00	

结算日期 2017-01-23　制单人 元华　审核人

图 8-211　生成采购专用发票 008

4）应付单据审核与制单

（1）以张敏（W01）的身份，用 2017 年 1 月 23 日的时间登入企业应用平台。

（2）执行“业务工作→财务会计→应付款管理→应付单据处理→应付单据审核”命令，审核采购专用发票。

（3）执行“制单处理”命令，根据发票制单生成转账凭证，如图 8-212 所示。

已生成

转 账 凭 证

转　字 0029　　制单日期：2017.01.23　　审核日期：　　附单据数：1

摘要	科目名称	借方金额	贷方金额
采购专用发票	在途商品	4200000	
采购专用发票	应交税费/应交增值税/进项税额	714000	
采购专用发票	应付账款/一般应付款		4914000
票号 日期	数量 单价　合计	4914000	4914000

备注　项目　　部门
个人　　客户
业务员

记账　　审核　　出纳　　制单　张敏

图 8-212　生成转账凭证 029

5)入库单制单

(1)以李峰(W02)的身份,用 2017 年 1 月 23 日的时间登入企业应用平台。

(2)执行“业务工作→供应链→存货核算→业务核算→正常单据记账”命令,对采购入库单进行记账。

(3)执行“财务核算→生成凭证”命令,生成转账凭证,如图 8-213 所示。

已生成

转 账 凭 证

转　字 0030　　制单日期：2017.01.23　　审核日期：　　附单据数：1

摘要	科目名称	借方金额	贷方金额
采购入库单	库存商品	4200000	
采购入库单	在途商品		4200000
票号 日期	数量 单价　合计	4200000	4200000

备注　项目　　部门
个人　　客户
业务员

记账　　审核　　出纳　　制单　李峰

图 8-213　生成转账凭证 030

业务四十一　处置交易性金融资产

(1)以张敏(W01)的身份,用 2017 年 1 月 24 日的时间登入企业应用平台。

(2)执行“业务工作→财务会计→总账→凭证→填制凭证”命令,直接填制转账凭证,如图 8-214 所示。

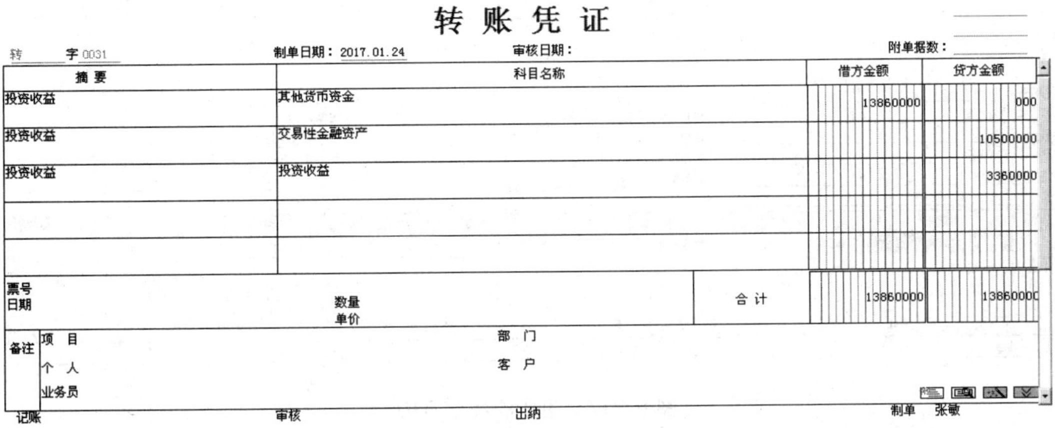

图 8-214　生成转账凭证 031

业务四十二　收到定金（根据销售订单生成收款单）

（1）以张敏（W01）的身份，用当年 1 月 24 日的时间登入企业应用平台。

（2）执行“业务工作→财务会计→应收款管理→收款单据处理→收款单据录入”命令，打开“收款单录入”窗口，单击“增加”旁边 ▾ 按钮，选择“销售订金”，系统弹出“查询条件选择 - 参照订单”窗口，如图 8-215 所示。

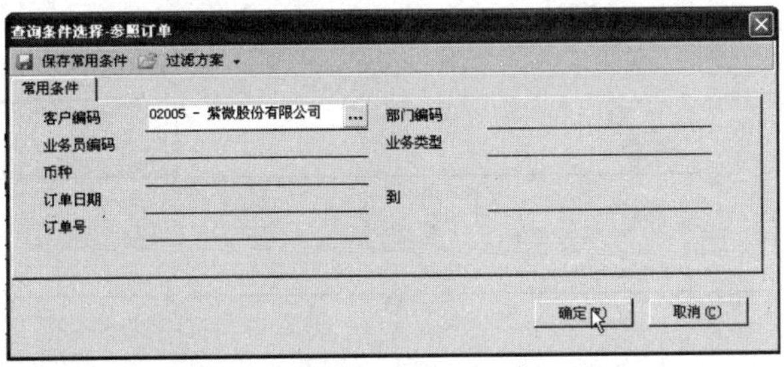

图 8-215　“查询条件选择 - 参照订单”窗口（业务四十二）

（3）选择“紫微股份有限公司”，单击“确定”，在“销售定金列表”中选择“紫微公司”，如图 8-216 所示。

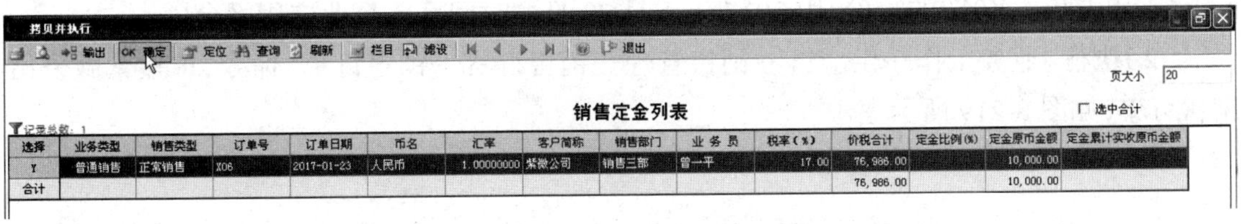

图 8-216　“销售定金列表”（业务四十二）

（4）单击“确定”，系统生成“收款单”，补全相应信息加以保存，如图 8-217 所示。

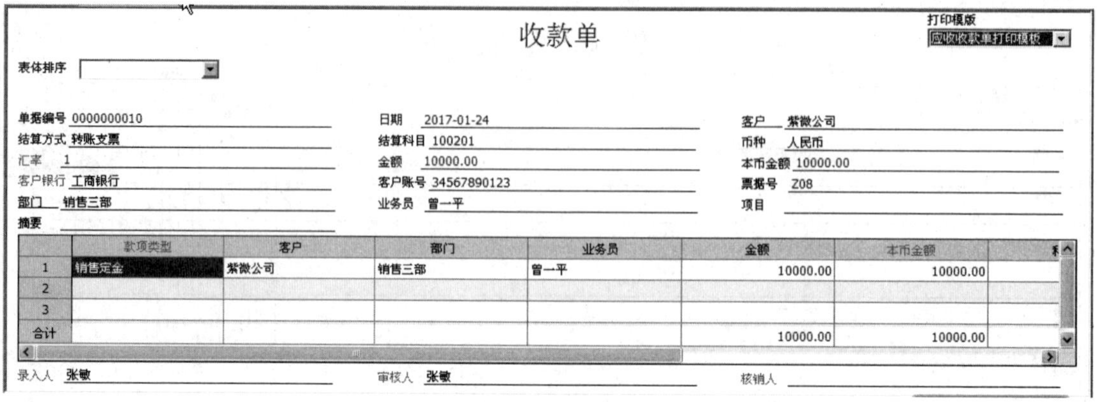

收款单

打印模版 应收收款单打印模板

表体排序

单据编号 0000000010　日期 2017-01-24　客户 紫微公司

结算方式 转账支票　结算科目 100201　币种 人民币

汇率 1　金额 10000.00　本币金额 10000.00

客户银行 工商银行　客户账号 34567890123　票据号 Z08

部门 销售三部　业务员 曾一平　项目

摘要

	款项类型	客户	部门	业务员	金额	本币金额
1	销售定金	紫微公司	销售三部	曾一平	10000.00	10000.00
2						
3						
合计					10000.00	10000.00

录入人 张敏　审核人 张敏　核销人

图 8-217　生成收款单 010

(5)审核收款单后立即制单,生成收款凭证,如图 8-218 所示。

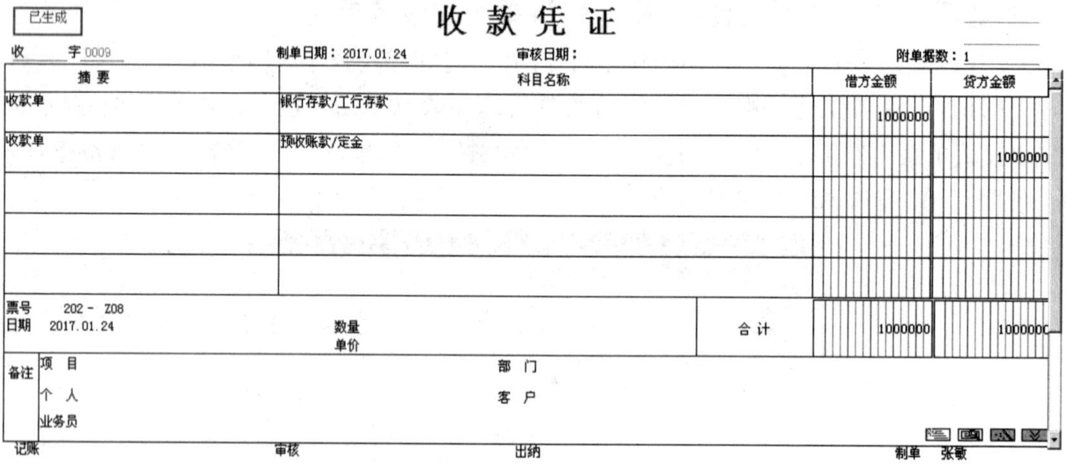

已生成

收 款 凭 证

收 字 0009　制单日期:2017.01.24　审核日期:　附单据数:1

摘要	科目名称	借方金额	贷方金额
收款单	银行存款/工行存款	1000000	
收款单	预收账款/定金		1000000
票号 202 - Z08 日期 2017.01.24	数量 单价 合计	1000000	1000000

备注 项 目　部 门

个 人　客 户

业务员

记账　审核　出纳　制单 张敏

图 8-218　生成收款凭证 009

业务四十三　销售发货、出库、开出销售专用发票,定金转货款

1)审核销售订单、发货、开票

(1)以刘向(X01)的身份,用 2017 年 1 月 23 日的时间登入企业应用平台。

(2)执行“业务工作→供应链→销售管理→销售订货→销售订单”命令,审核紫微公司销售订单,如图 8-219 所示。

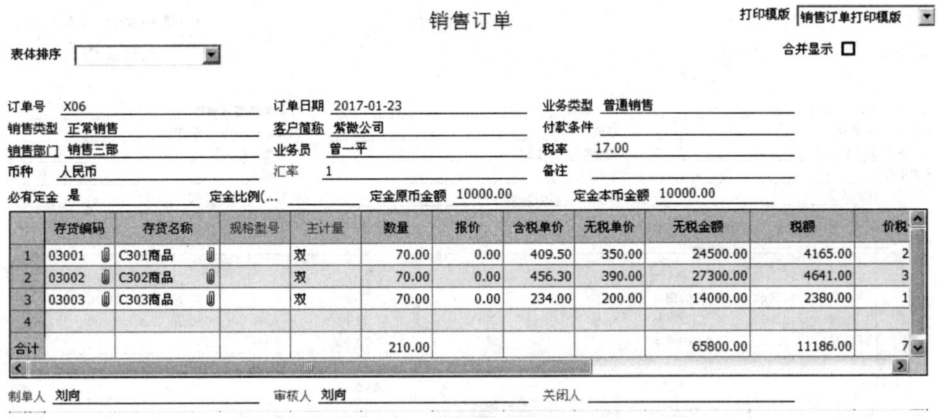

销售订单

打印模版 销售订单打印模版

表体排序

合并显示 □

订单号 X06　订单日期 2017-01-23　业务类型 普通销售

销售类型 正常销售　客户简称 紫微公司　付款条件

销售部门 销售三部　业务员 曾一平　税率 17.00

币种 人民币　汇率 1　备注

必有定金 是　定金比例(...　定金原币金额 10000.00　定金本币金额 10000.00

	存货编码	存货名称	规格型号	主计量	数量	报价	含税单价	无税单价	无税金额	税额	价税
1	03001	C301商品		双	70.00	0.00	409.50	350.00	24500.00	4165.00	2
2	03002	C302商品		双	70.00	0.00	456.30	390.00	27300.00	4641.00	3
3	03003	C303商品		双	70.00	0.00	234.00	200.00	14000.00	2380.00	1
4											
合计					210.00				65800.00	11186.00	7

制单人 刘向　审核人 刘向　关闭人

图 8-219　审核销售订单 X06

(3)执行“销售管理→销售发货→发货单”命令,参照订单生成发货单,保存并审核,如图 8-220 所示。

发货单

打印模版 发货单打印模版

表体排序

合并显示 □

发货单号 0000000007　发货日期 2017-01-24　业务类型 普通销售

销售类型 正常销售　订单号 X06　发票号

客户简称 紫微公司　销售部门 销售三部　业务员 曾一平

发货地址　发运方式　付款条件

税率 17.00　币种 人民币　汇率 1

备注

	仓库名称	存货编码	存货名称	规格型号	主计量	数量	报价	含税单价	无税单价	无
1	3号仓库	03001	C301商品		双	70.00	0.00	409.50	350.00	
2	3号仓库	03002	C302商品		双	70.00	0.00	456.30	390.00	
3	3号仓库	03003	C303商品		双	70.00	0.00	234.00	200.00	
4										
合计						210.00				

制单人 刘向　审核人 刘向　关闭人

图 8-220　“发货单”窗口

(4)执行“销售开票→销售专用发票”命令,参照紫微公司的发货单生成销售专用发票,保存、现结并复核,如图 8-221 所示。

	仓库名称	存货编码	存货名称	规格型号	主计量	数量	报价	含税单价	无税单价	无
1	3号仓库	03001	C301商品		双	70.00	0.00	409.50	350.00	
2	3号仓库	03002	C302商品		双	70.00	0.00	456.30	390.00	
3	3号仓库	03003	C303商品		双	70.00	0.00	234.00	200.00	
4										
合计						210.00				

图 8-221 “销售专用发票”窗口

2)销售出库单

(1)以刘明(C01)的身份,用 2017 年 1 月 24 日的时间登入企业应用平台。

(2)执行“业务工作→供应链→库存管理→出库业务→销售出库单”命令,参照紫微公司的发货单生成销售出库单,保存并审核,如图 8-222 所示。

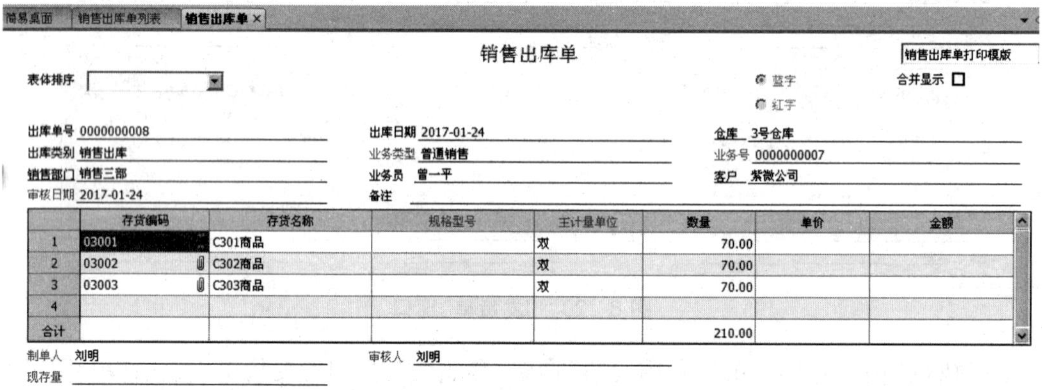

	存货编码	存货名称	规格型号	主计量单位	数量	单价	金额
1	03001	C301商品		双	70.00		
2	03002	C302商品		双	70.00		
3	03003	C303商品		双	70.00		
4							
合计					210.00		

图 8-222 生成销售出库单 008

3)应收单据审核与制单

(1)以张敏(W01)的身份,用 2017 年 1 月 24 日的时间登入企业应用平台。

(2)执行“业务工作→财务会计→应收款管理→应收单据处理→应收单据审核”命令,审核销售专用发票。

(3)执行“制单处理”命令,勾选现结制单,根据销售专用发票生成收款凭证,如图 8-223 所示。

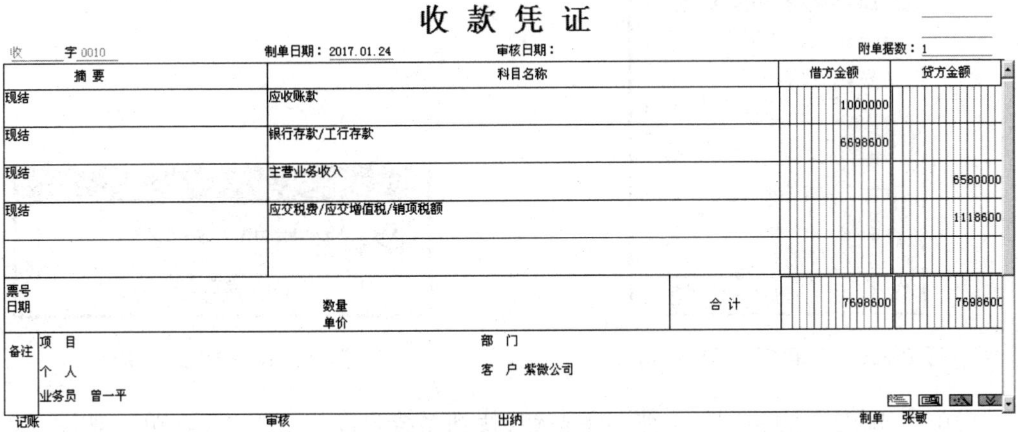

图 8-223 生成收款凭证 010

4）定金转货款

（1）张敏（W01）的身份，执行“应收款管理→收款单据处理→收款单据录入”命令，打开“收款单”窗口，找到“紫微公司”的“收款单”，单击“转出”旁边的 ▾ 按钮，选择“转货款”，如图 8-224 所示。

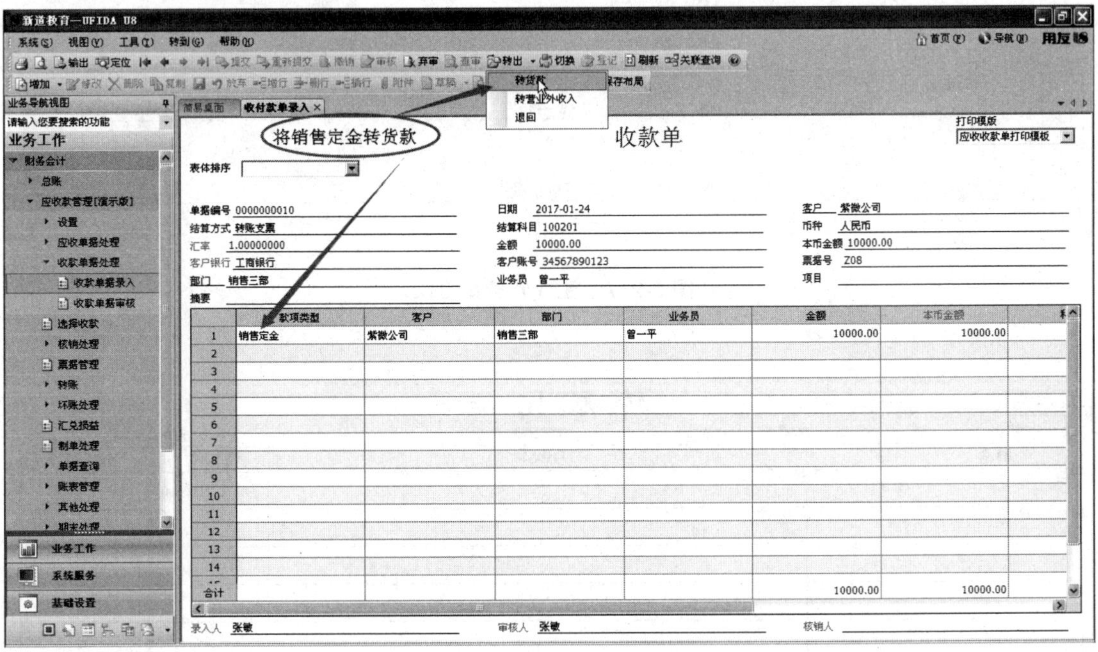

图 8-224 收款单 010 转货款

（2）系统弹出“销售定金转出”窗口，选择“款项类型”，输入“转出金额”（转出金额：10000.00），如图 8-225 所示。

（3）单击“确定”，系统弹出“转出成功”提示窗口，如图 8-226 所示。

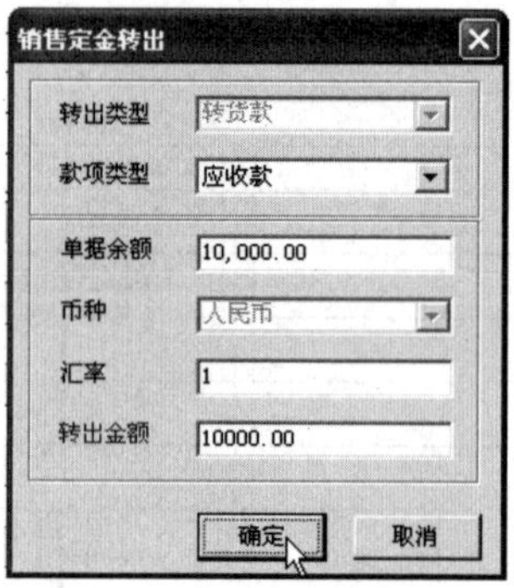

图 8-225 “销售定金转出”窗口

图 8-226 转出成功提示

(4)单击“确定”,单击“下一张”按钮,找到系统自动生成的“收款单”,如图 8-227,审核后立即制单,生成转账凭证,如图 8-228 所示。

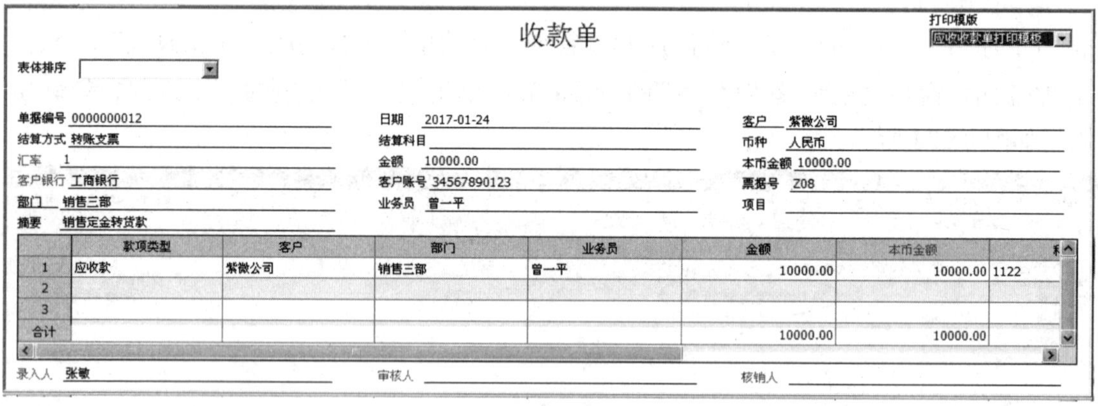

图 8-227 生成收款单 012

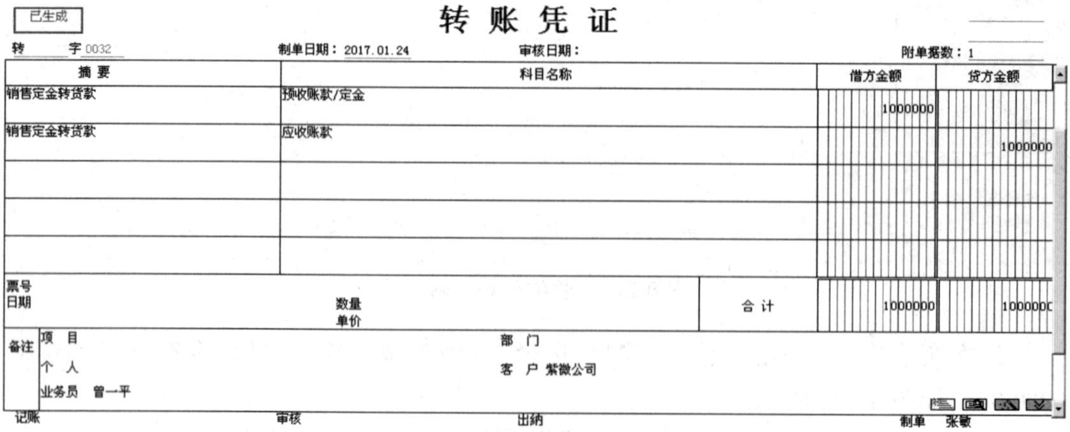

图 8-228 生成转账凭证 032

5)销售出库单生成凭证

(1)以李峰(W02)的身份,用 2017 年 1 月 24 日的时间登入企业应用平台。

(2)执行“业务工作→供应链→存货核算→业务核算→正常单据记账”命令,对销售专用发票进行记账。

(3)执行“财务核算→生成凭证”命令,生成转账凭证,如图 8-229 所示。

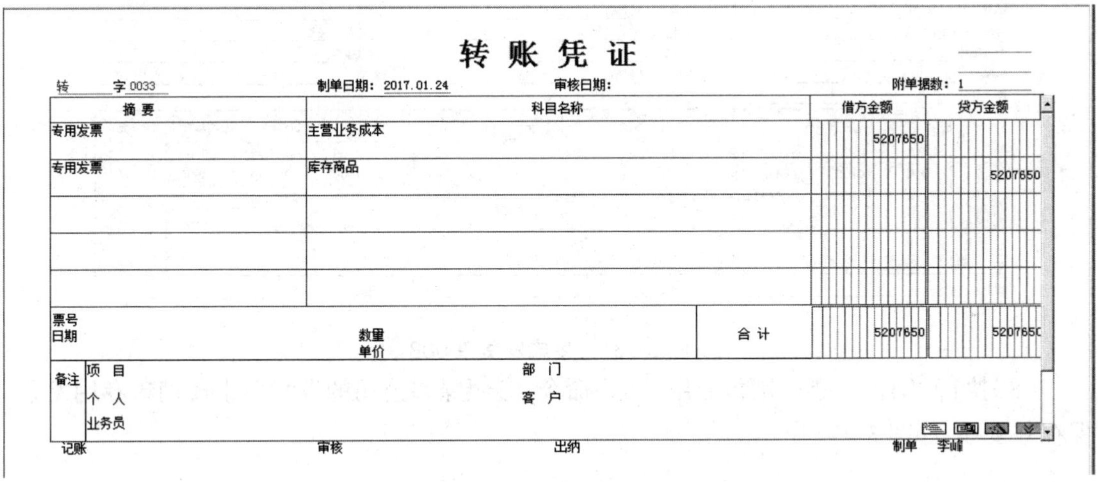

转 账 凭 证

转 字 0033　制单日期: 2017.01.24　审核日期:　附单据数: 1

摘 要	科目名称	借方金额	贷方金额
专用发票	主营业务成本	5207650	
专用发票	库存商品		5207650
票号 日期	数量 单价 合 计	5207650	5207650

备注　项 目　部 门
个 人　客 户
业务员

记账　审核　出纳　制单 李峰

图 8-229　生成转账凭证 033

业务四十四　销售订单

(1)以刘向(X01)的身份,用 2017 年 1 月 25 日的时间登入企业应用平台。

(2)执行“业务工作→供应链→销售管理→销售订货→销售订单”命令,录入销售订单,保存并审核,如图 8-230 所示。

业务四十五　发货、开票、款未收

1)发货单

(1)以刘向(X01)的身份,用 2017 年 1 月 25 日的时间登入企业应用平台。

销售订单　打印模版 销售订单打印模版

表体排序　合并显示

订单号 X07　订单日期 2017-01-25　业务类型 普通销售
销售类型 正常销售　客户简称 绿谷公司　付款条件
销售部门 销售二部　业务员 王春　税率 17.00
币种 人民币　汇率 1　备注
必有定金 否　定金比例(...　定金原币金额　定金本币金额

	存货编码	存货名称	规格型号	主计量	数量	报价	含税单价	无税单价	无税金额	税额	价税
1	02001	B201商品		台	20.00	0.00	4165.20	3560.00	71200.00	12104.00	8
2	02002	B202商品		台	20.00	0.00	3217.50	2750.00	55000.00	9350.00	6
3	02003	B203商品		台	20.00	0.00	2281.50	1950.00	39000.00	6630.00	4
4											
合计					60.00				165200.00	28084.00	19

制单人 刘向　审核人 刘向　关闭人

图 8-230　生成销售订单 X07

(2)执行“业务工作→供应链→销售管理→销售发货→发货单”命令,参照绿谷公司的订单生成发货单,保存并审核,如图 8-231 所示。

发货单

打印模版 发货单打印模版

表体排序

合并显示 □

发货单号 0000000008	发货日期 2017-01-26	业务类型 普通销售
销售类型 正常销售	订单号 X07	发票号
客户简称 绿谷公司	销售部门 销售二部	业务员 王春
发货地址	发运方式	付款条件
税率 17.00	币种 人民币	汇率 1
备注		

	仓库名称	存货编码	存货名称	规格型号	主计量	数量	报价	含税单价	无税单价	无
1	2号仓库	02001	B201商品		台	20.00	0.00	4165.20	3560.00	
2	2号仓库	02002	B202商品		台	20.00	0.00	3217.50	2750.00	
3	2号仓库	02003	B203商品		台	20.00	0.00	2281.50	1950.00	
4										
合计						60.00				

制单人 刘向　审核人 刘向　关闭人

图 8-231　生成发货单 008

(3)执行“销售开票→销售专用发票”命令,参照绿谷公司的发货单生成销售专用发票,保存并复核,如图 8-232 所示。

销售专用发票

打印模版 销售专用发票打印模

表体排序

合并显示 □

发票号 0000000011	开票日期 2017-01-26	业务类型 普通销售
销售类型 正常销售	订单号 X07	发货单号 0000000008
客户简称 绿谷公司	销售部门 销售二部	业务员 王春
付款条件	客户地址	联系电话
开户银行 工商银行	账号 45678901234	税号 456789012344444
币种 人民币	汇率 1	税率 17.00
备注		

	仓库名称	存货编码	存货名称	规格型号	主计量	数量	报价	含税单价	无税单价	无
1	2号仓库	02001	B201商品		台	20.00	0.00	4165.20	3560.00	
2	2号仓库	02002	B202商品		台	20.00	0.00	3217.50	2750.00	
3	2号仓库	02003	B203商品		台	20.00	0.00	2281.50	1950.00	
4										
合计						60.00				

单位名称 湘诚贸易股份有限公司	本单位税号 358423470556321	本单位开户银行 中国工商银行海东支行
制单人 刘向	复核人 刘向	银行账号 232425007890

图 8-232　生成销售专用发票 011

2)销售出库单

(1)以刘明(C01)的身份,用 2017 年 1 月 26 日的时间登入企业应用平台。

(2)执行“业务工作→供应链→库存管理→出库业务→销售出库单”命令,参照绿谷公司的发货单生成销售出库单,保存并审核,如图 8-233 所示。

销售出库单　　销售出库单打印模版

表体排序　　◉蓝字　○红字　　合并显示 □

出库单号 0000000009　出库日期 2017-01-26　仓库 2号仓库
出库类别 销售出库　业务类型 普通销售　业务号 0000000008
销售部门 销售二部　业务员 王春　客户 绿谷公司
审核日期 2017-01-26　备注

	存货编码	存货名称	规格型号	主计量单位	数量	单价	金额
1	02001	B201商品		台	20.00		
2	02002	B202商品		台	20.00		
3	02003	B203商品		台	20.00		
4							
合计					60.00		

制单人 刘明　审核人 刘明
现存量

图 8-233　生成销售出库单 009

3）应收单据审核与制单

（1）以张敏（W01）的身份，用 2017 年 1 月 26 日的时间登入企业应用平台。

（2）执行“业务工作→财务会计→应收款管理→应收单据处理→应收单据审核”命令，审核销售专用发票；

（3）执行“制单处理”命令，勾选“发票制单”，生成转账凭证，如图 8-234 所示。

已生成

转账凭证

转 字 0034　制单日期：2017.01.26　审核日期：　附单据数：1

摘要	科目名称	借方金额	贷方金额
销售专用发票	应收账款	19328400	
销售专用发票	主营业务收入		16520000
销售专用发票	应交税费/应交增值税/销项税额		2808400
票号 日期	数量 单价	合计 19328400	19328400

备注　项　目　　部　门
　　　个　人　　客　户 绿谷公司
　　　业务员 王春

记账　审核　出纳　制单 张敏

图 8-234　生成转账凭证 034

4）销售出库单生成凭证

（1）以李峰（W02）的身份，用当年 1 月 26 日的时间登入企业应用平台。

（2）执行“业务工作→供应链→存货核算→业务核算→正常单据记账”命令，对销售专用发票进行记账。

（3）执行“财务核算→生成凭证”命令，生成转账凭证，如图 8-235 所示。

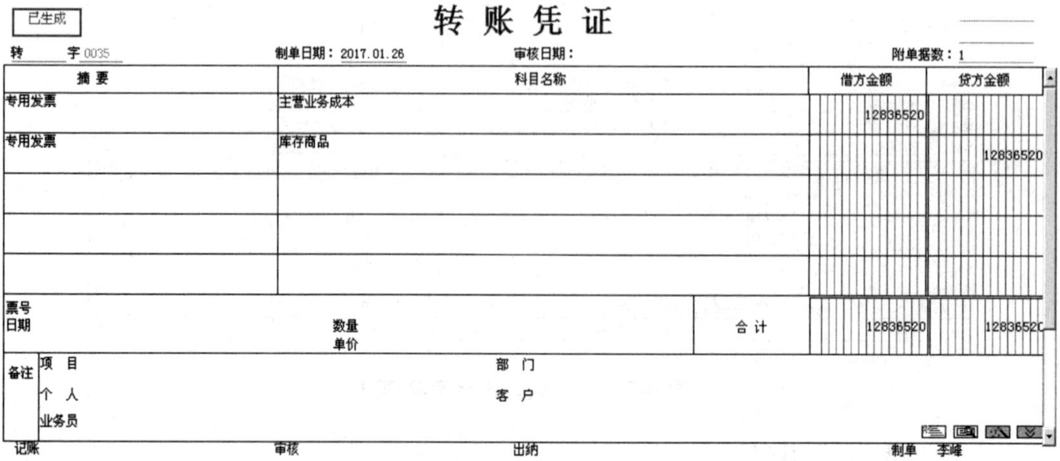

已生成

转账凭证

转 字 0035 制单日期：2017.01.26 审核日期： 附单据数：1

摘要	科目名称	借方金额	贷方金额
专用发票	主营业务成本	12836520	
专用发票	库存商品		12836520
票号 日期	数量 单价 合计	12836520	12836520

备注 项目 部门 个人 客户 业务员

记账 审核 出纳 制单 李峰

图 8-235 生成转账凭证 035

业务四十六 工资计算与分配

1)工资变动

(1)以李峰(W02)的身份,用2017年1月31日的时间登入企业应用平台。

(2)执行“业务工作→人力资源→薪资管理→业务处理→工资变动”命令,打开“工资变动”窗口,分别录入基本工资、奖金、事假天数、病假天数,然后单击“计算”按钮,再单击“汇总”按钮,系统自动计算并汇总工资,如图 8-236 所示。

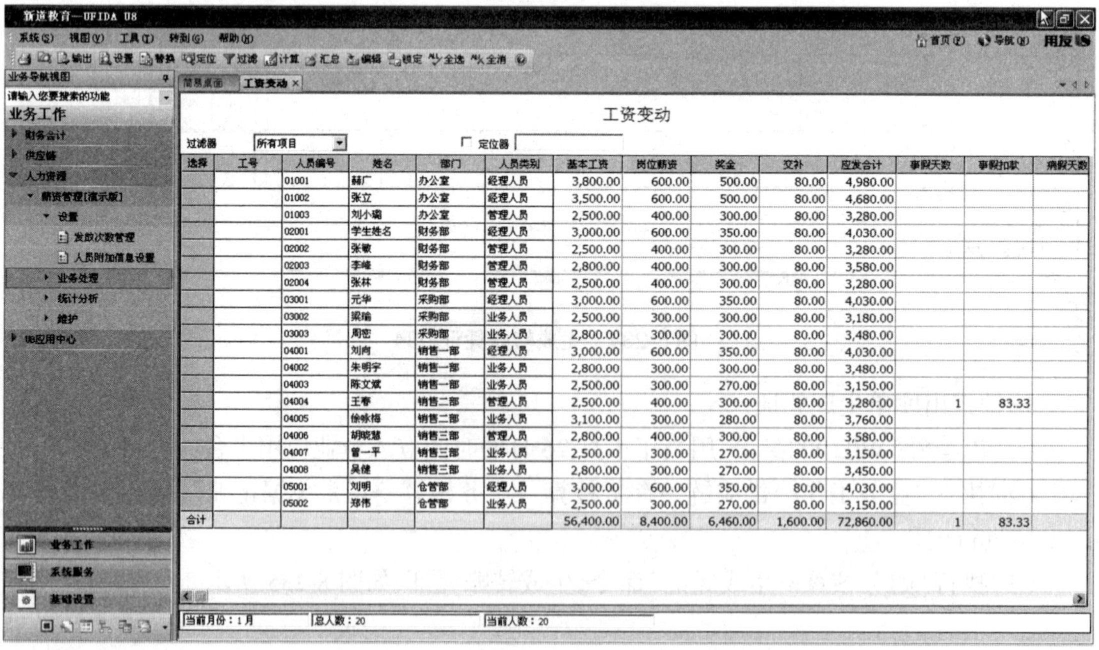

工资变动

过滤器 所有项目 定位器

选择	工号	人员编号	姓名	部门	人员类别	基本工资	岗位薪资	奖金	交补	应发合计	事假天数	事假扣款	病假天数
		01001	赫广	办公室	经理人员	3,800.00	600.00	500.00	80.00	4,980.00			
		01002	张立	办公室	经理人员	3,500.00	600.00	500.00	80.00	4,680.00			
		01003	刘小璐	办公室	管理人员	2,500.00	400.00	300.00	80.00	3,280.00			
		02001	学生姓名	财务部	经理人员	3,000.00	600.00	350.00	80.00	4,030.00			
		02002	张敏	财务部	管理人员	2,500.00	400.00	300.00	80.00	3,280.00			
		02003	李峰	财务部	管理人员	2,800.00	400.00	300.00	80.00	3,580.00			
		02004	张林	财务部	管理人员	2,500.00	400.00	300.00	80.00	3,280.00			
		03001	元华	采购部	经理人员	3,000.00	600.00	350.00	80.00	4,030.00			
		03002	梁瑜	采购部	业务人员	2,500.00	300.00	300.00	80.00	3,180.00			
		03003	周密	采购部	业务人员	2,800.00	300.00	300.00	80.00	3,480.00			
		04001	刘向	销售一部	经理人员	3,000.00	600.00	350.00	80.00	4,030.00			
		04002	朱明宇	销售一部	业务人员	2,800.00	300.00	300.00	80.00	3,480.00			
		04003	陈文斌	销售一部	业务人员	2,500.00	300.00	270.00	80.00	3,150.00			
		04004	王春	销售二部	管理人员	2,500.00	400.00	300.00	80.00	3,280.00	1	83.33	
		04005	徐咏梅	销售二部	业务人员	3,100.00	300.00	280.00	80.00	3,760.00			
		04006	胡晓慧	销售三部	管理人员	2,800.00	400.00	300.00	80.00	3,580.00			
		04007	曾一平	销售三部	业务人员	2,500.00	300.00	270.00	80.00	3,150.00			
		04008	吴健	销售三部	业务人员	2,800.00	300.00	270.00	80.00	3,450.00			
		05001	刘明	仓管部	经理人员	3,000.00	600.00	350.00	80.00	4,030.00			
		05002	郑伟	仓管部	业务人员	2,500.00	300.00	270.00	80.00	3,150.00			
合计						56,400.00	8,400.00	6,460.00	1,600.00	72,860.00	1	83.33	

当前月份：1月 总人数：20 当前人数：20

图 8-236 “工资变动”窗口(业务四十六)

2）工资分摊设置与生成工资分配凭证

（1）执行“薪资管理→业务处理→工资分摊”命令，打开“工资分摊”窗口，如图 8-237 所示。

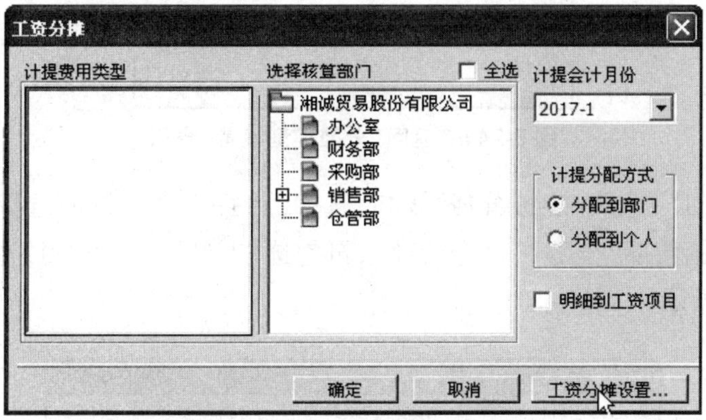

图 8-237　“工资分摊”窗口（业务四十六）

（2）单击“工资分摊设置...”，打开“分摊类型设置”窗口，如图 8-238 所示。

（3）单击“增加”，系统弹出“分摊计提比例设置”窗口，录入“计提类型名称”为“计提工资”，“分摊计提比例”为“100%”，如图 8-239 所示。

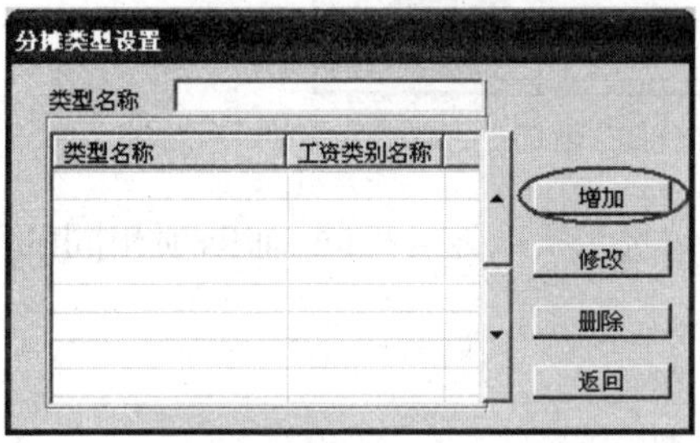

图 8-238　“分摊类型设置”窗口（业务四十六）

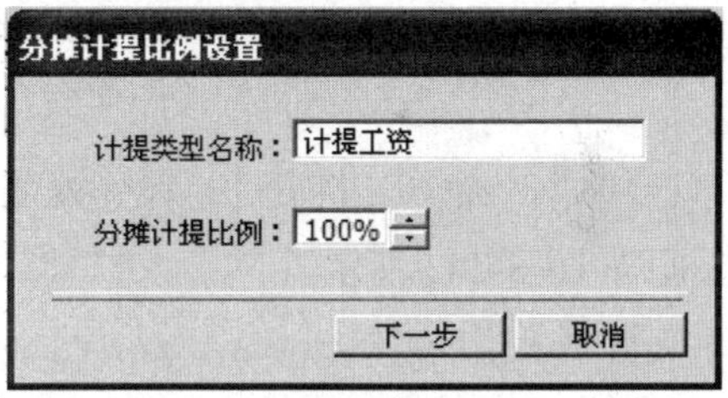

图 8-239　“分摊计提比例设置”窗口（业务四十六）

（4）单击“下一步”，打开“分摊构成设置”窗口，按要求进行设置，如图 8-240 所示。

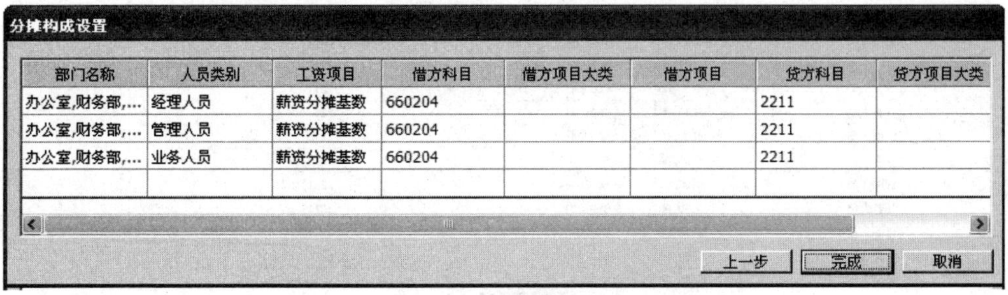

图 8-240　“分摊构成设置”窗口（业务四十六）

（5）单击“完成”，返回“分摊类型设置”窗口，如图 8-241 所示。

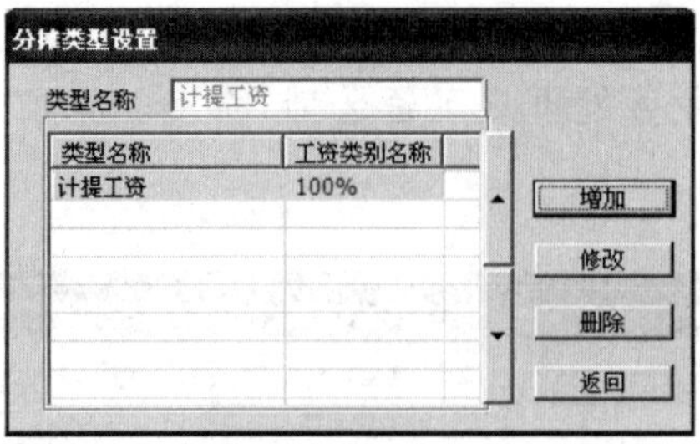

图 8-241　返回“分摊类型设置”窗口

(6)单击“返回”,返回“工资分摊”窗口,选中“计提工资”,同时选择“办公室”、“财务部”、“采购部”、“销售部(全部)”、“仓管部”,再勾选“明细到工资项目”和“按项目核算”复选框,如图 8-242 所示。

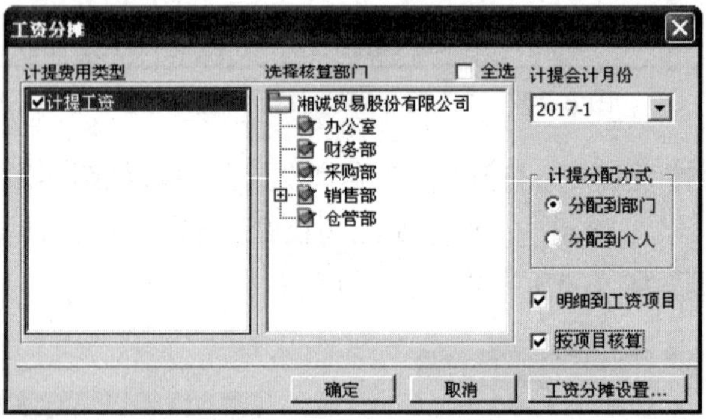

图 8-242　返回“工资分摊”窗口

(7)单击“确定”,打开“工资分摊明细”窗口,勾选“合并科目相同、辅助项相同的分录”复选框,如图 8-243 所示。

工资分配一览表

□ 合并科目相同、辅助项相同的分录

类型 工资分配　　　　计提会计月份 1月

部门名称	人员类别	薪资分摊基数						
		分配金额	借方科目	借方项目大类	借方项目	贷方科目	贷方项目大类	贷方项目
办公室	管理人员	3280.00	660204			2211		
	经理人员	9660.00	660204			2211		
财务部	管理人员	10140.00	660204			2211		
	经理人员	4030.00	660204			2211		
采购部		4030.00	660204			2211		
	业务人员	6660.00	660103			2211		
仓管部	经理人员	4030.00	660204			2211		
	业务人员	3150.00	660103			2211		
销售二部	管理人员	3196.67	660204			2211		
	业务人员	3698.00	660103			2211		
销售三部	管理人员	3580.00	660204			2211		
	业务人员	6600.00	660103			2211		
销售一部	经理人员	4030.00	660204			2211		
	业务人员	6630.00	660103			2211		

图 8-243　“工资分摊明细”窗口

（8）单击“制单”，生成转账凭证，如图 8-244 所示。

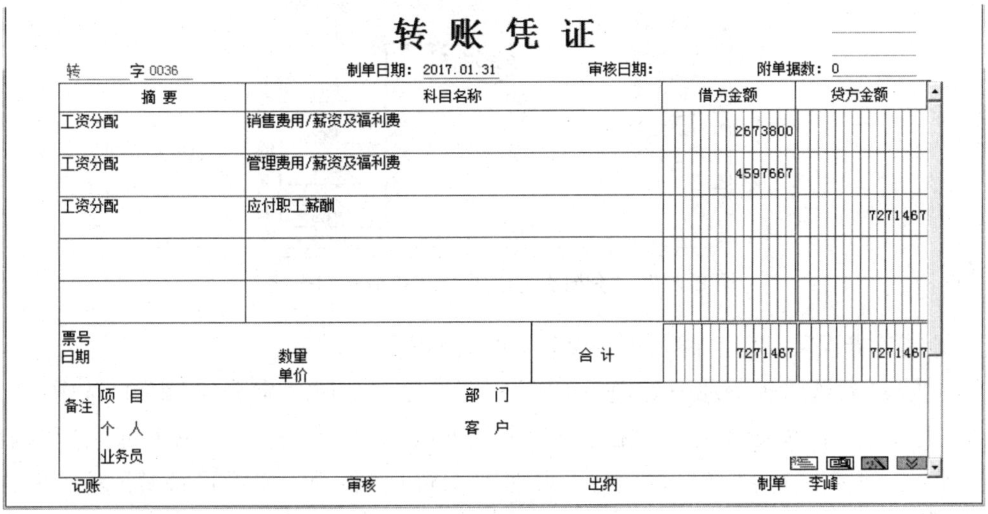

转 账 凭 证

转　字 0036　　制单日期：2017.01.31　　审核日期：　　附单据数：0

摘要	科目名称	借方金额	贷方金额
工资分配	销售费用/薪资及福利费	2673800	
工资分配	管理费用/薪资及福利费	4597667	
工资分配	应付职工薪酬		7271467
票号 日期　数量 单价	合计	7271467	7271467

备注　项目　　部门
　　　个人　　客户
　　　业务员

记账　　审核　　出纳　　制单　李峰

图 8-244　“转账凭证”窗口

业务四十七　计提社会保险和住房公积金

1）分摊设置

（1）以李峰（W02）的身份，用 2017 年 1 月 31 日的时间登入企业应用平台。

（2）参照业务四十六工资分摊设置步骤，完成养老保险、医疗保险、失业保险、住房公积金分摊设置，如图 8-245、图 8-246、图 8-247 所示。

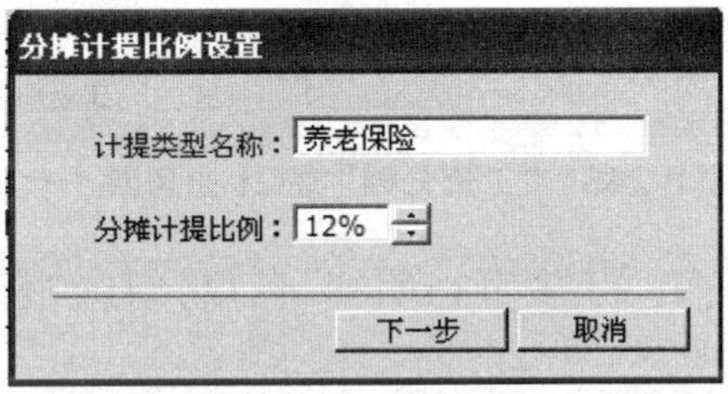

图 8-245　“分摊计提比例设置”窗口（业务四十七）

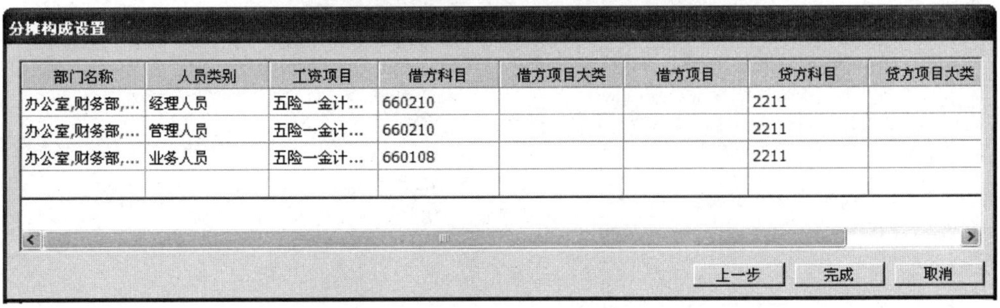

分摊构成设置

部门名称	人员类别	工资项目	借方科目	借方项目大类	借方项目	贷方科目	贷方项目大类
办公室,财务部,…	经理人员	五险一金计…	660210			2211	
办公室,财务部,…	管理人员	五险一金计…	660210			2211	
办公室,财务部,…	业务人员	五险一金计…	660108			2211	

上一步　完成　取消

图 8-246　“分摊构成设置”窗口（业务四十七）

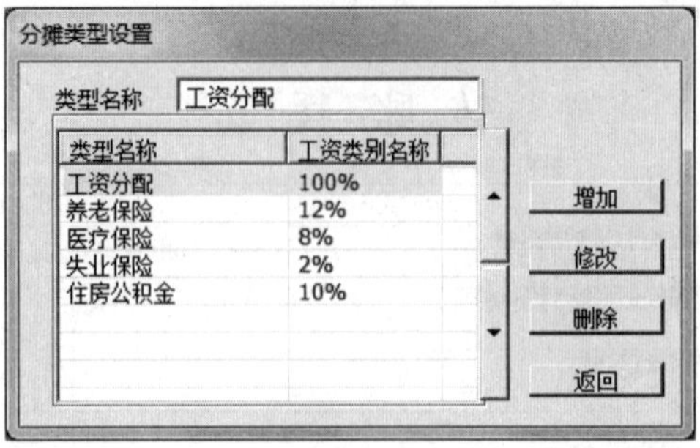

图 8-247 “分摊类型设置”窗口(业务四十七)

2)计提养老保险、医疗保险、失业保险、住房公积金

(1)执行“薪资管理→业务处理→工资分摊”命令,打开“工资分摊”窗口,选中“养老保险”、“医疗保险”、“失业保险”、“住房公积金”,同时选择“办公室”、“财务部”、“采购部”、“销售部(全部)”、“仓管部”,再勾选“明细到工资项目”和“按项目核算”复选框,如图 8-248 所示。

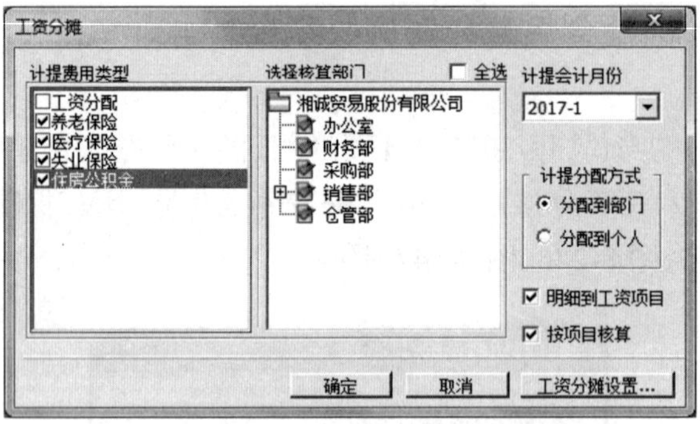

图 8-248 “工资分摊”窗口(业务四十七)

(2)单击“确定”按钮,打开“工资分摊明细”窗口,勾选“合并科目相同、辅助项相同的分录”复选框,如图 8-249 所示。

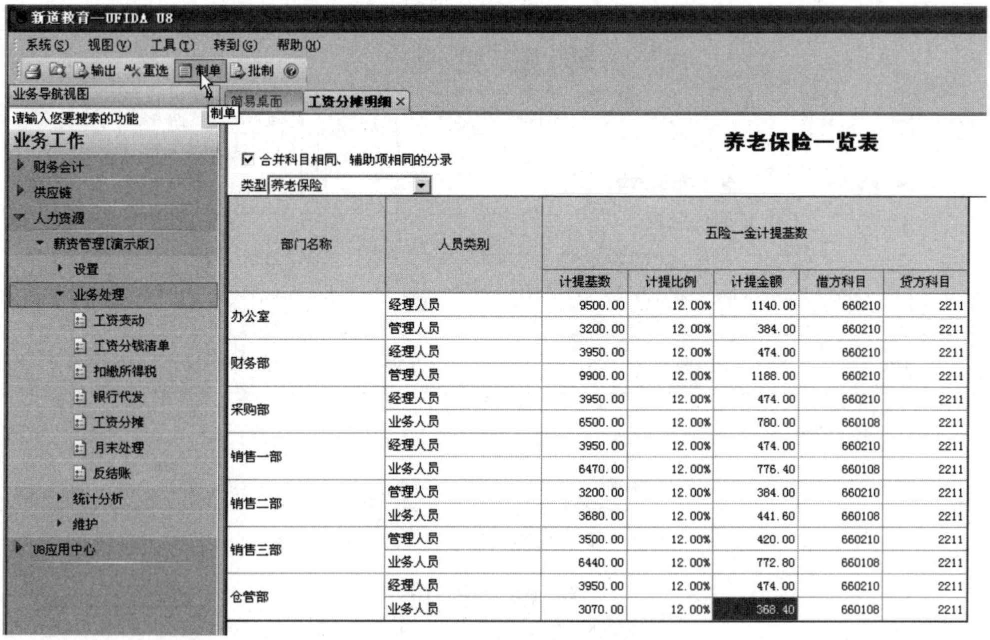

部门名称	人员类别	五险一金计提基数				
		计提基数	计提比例	计提金额	借方科目	贷方科目
办公室	经理人员	9500.00	12.00%	1140.00	660210	2211
	管理人员	3200.00	12.00%	384.00	660210	2211
财务部	经理人员	3950.00	12.00%	474.00	660210	2211
	管理人员	9900.00	12.00%	1188.00	660210	2211
采购部	经理人员	3950.00	12.00%	474.00	660210	2211
	业务人员	6500.00	12.00%	780.00	660108	2211
销售一部	经理人员	3950.00	12.00%	474.00	660210	2211
	业务人员	6470.00	12.00%	776.40	660108	2211
销售二部	管理人员	3200.00	12.00%	384.00	660210	2211
	业务人员	3680.00	12.00%	441.60	660108	2211
销售三部	管理人员	3500.00	12.00%	420.00	660210	2211
	业务人员	6440.00	12.00%	772.80	660108	2211
仓管部	经理人员	3950.00	12.00%	474.00	660210	2211
	业务人员	3070.00	12.00%	368.40	660108	2211

图 8-249 "工资分摊明细"窗口(业务四十七)

(3)单击"批制",生成"养老保险"、"医疗保险"、"失业保险"、"住房公积金"凭证,单击"保存"按钮,保存一张凭证后,单击"下一张"按钮,继续保存下一张凭证(共 4 张凭证),如图 8-250、图 8-251、图 8-252、图 8-253 所示。

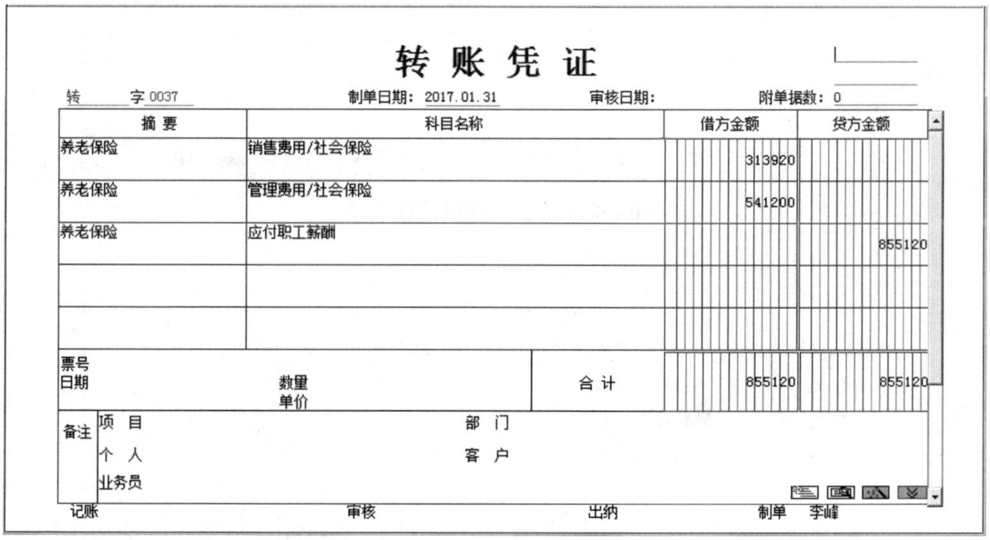
转账凭证

转 字 0037　制单日期: 2017.01.31　审核日期:　附单据数: 0

摘要	科目名称	借方金额	贷方金额
养老保险	销售费用/社会保险	313920	
养老保险	管理费用/社会保险	541200	
养老保险	应付职工薪酬		855120
票号 日期	数量 单价 合计	855120	855120

备注　项目　部门
个人　客户
业务员

记账　审核　出纳　制单 李峰

图 8-250 生成转账凭证——养老保险 037

转 账 凭 证

转 字 0039 制单日期：2017.01.31 审核日期： 附单据数：0

摘 要	科目名称	借方金额	贷方金额
医疗保险	销售费用/社会保险	209280	
医疗保险	管理费用/社会保险	360800	
医疗保险	应付职工薪酬		570080
票号 日期	数量 单价 合 计	570080	570080

备注 项 目 部 门
个 人 客 户
业务员

记账 审核 出纳 制单 李峰

图 8-251 生成转账凭证——医疗保险 039

转 账 凭 证

转 字 0040 制单日期：2017.01.31 审核日期： 附单据数：0

摘 要	科目名称	借方金额	贷方金额
失业保险	销售费用/社会保险	52320	
失业保险	管理费用/社会保险	90200	
失业保险	应付职工薪酬		142520
票号 日期	数量 单价 合 计	142520	142520

备注 项 目 部 门
个 人 客 户
业务员

记账 审核 出纳 制单 李峰

图 8-252 生成转账凭证 040

转 账 凭 证

转 字 0038 制单日期：2017.01.31 审核日期： 附单据数：0

摘 要	科目名称	借方金额	贷方金额
住房公积金	销售费用/住房公积金	261600	
住房公积金	管理费用/住房公积金	451000	
住房公积金	应付职工薪酬		712600
票号 日期	数量 单价 合 计	712600	712600

备注 项 目 部 门
个 人 客 户
业务员

记账 审核 出纳 制单 李峰

图 8-253 生成转账凭证 038

业务四十八　计提短期借款利息

(1)以张敏(W01)的身份,用 2017 年 1 月 31 日的时间登入企业应用平台。

(2)执行“业务工作→财务会计→总账→凭证→填制凭证”命令,直接填制转账凭证,如图 8-254 所示。

转 账 凭 证

转 字 0042　　制单日期：2017.01.31　　审核日期：　　附单据数：

摘要	科目名称	借方金额	贷方金额
计提短期借款利息	财务费用	250000	000
计提短期借款利息	应付利息		250000
票号 日期	数量 单价　　合计	250000	250000

备注　项　目　　部　门
　　　个　人　　客　户
　　　业务员

记账　　审核　　出纳　　制单　张敏

图 8-254　生成转账凭证 041

业务四十九　预交增值税

(1)以张敏(W01)的身份,用 2017 年 1 月 31 日的时间登入企业应用平台。

(2)执行“业务工作→财务会计→总账→凭证→填制凭证”命令,直接填制付款凭证,如图 8-255 所示。

付 款 凭 证

付 字 0013　　制单日期：2017.01.31　　审核日期：　　附单据数：

摘要	科目名称	借方金额	贷方金额
预交增值税	应交税费/应交增值税/已交税金	2500000	
预交增值税	银行存款/工行存款		2500000
票号 日期	数量 单价　　合计	2500000	2500000

备注　项　目　　部　门
　　　个　人　　客　户
　　　业务员

记账　　审核　　出纳　　制单　张敏

图 8-255　生成付款凭证 013

业务五十　摊销本月应摊销费用

(1)以张敏(W01)的身份,用 2017 年 1 月 31 日的时间登入企业应用平台。

(2)执行“业务工作→财务会计→总账→凭证→填制凭证”命令,直接填制转账凭证,如

图 8-256 所示。

转 账 凭 证

转 字 0042　　制单日期：2017.01.31　　审核日期：　　附单据数：

摘 要	科目名称	借方金额	贷方金额
摊销本月应分摊费用	管理费用/其他费用	405000	
摊销本月应分摊费用	长期待摊费用		280000
摊销本月应分摊费用	累计摊销		125000
票号 日期　数量 单价	合 计	405000	405000

备注　项 目　　部 门

个 人　　客 户

业务员

记账　　审核　　出纳　　制单 张敏

图 8-256 生成转账凭证 042

业务五十一 销售退货

1)退货单、红字销售专用发票

(1)以刘向(X01)的身份,用 2017 年 1 月 31 日的时间登入企业应用平台。

(2)执行“业务工作→供应链→销售管理→销售发货→退货单”命令,参照蓝带公司的发货单,生成退货单,修改表体数量为“-20.00”,保存并审核,如图 8-257 所示

退货单

打印模版 退货单打印模版

表体排序　　合并显示 □

退货单号 0000000009　　退货日期 2017-01-31　　业务类型 普通销售

销售类型 正常销售　　订单号　　发票号

客户简称 蓝带公司　　销售部门 销售三部　　业务员 胡晓慧

发运方式　　币种 人民币　　汇率 1

税率 17.00　　备注

	仓库名称	货物编码	存货名称	主计量	数量	报价	含税单价	无税单价	无税金额	税额	价税合计	税率(%)
1	3号仓库	03003	C303商品	双	-20.00	0.00	234.00	200.00	-4000.00	-680.00	-4680.00	17
2												
3												
合计					-20.00				-4000.00	-680.00	-4680.00	

制单人 刘向　　审核人 刘向

图 8-257 生成退货单 009

(3)执行“销售开票→红字销售专用发票”命令,参照蓝带公司的退货单,生成红字销售专用发票,保存、现结并复核,如图 8-258 和图 8-259 所示。

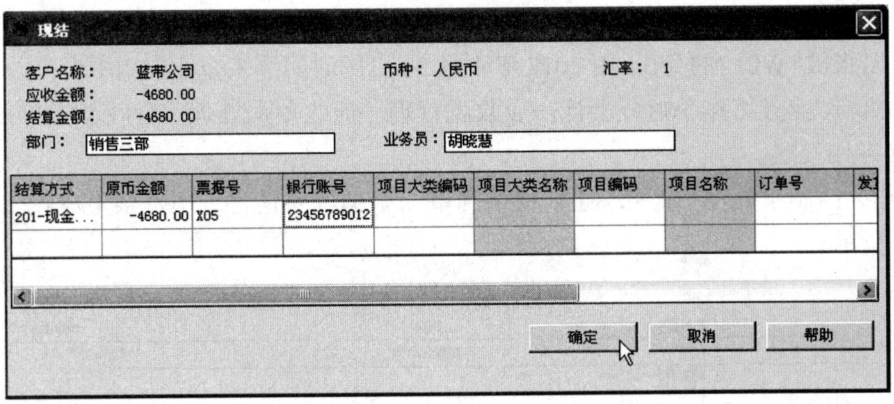

图 8-258　“现结”窗口

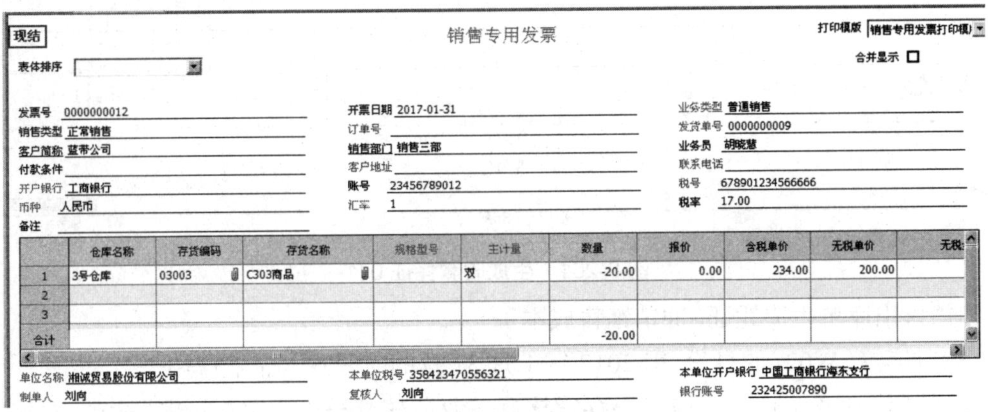

图 8-259　生成销售专用发票 012

2）红字销售出库单

（1）以刘明（C01）的身份，用 2017 年 1 月 31 日的时间登入企业应用平台。

（2）执行“业务工作→供应链→库存管理→出库业务→销售出库单”命令，参照蓝带公司的退货单生成红字销售出库单，如图 8-260 所示。

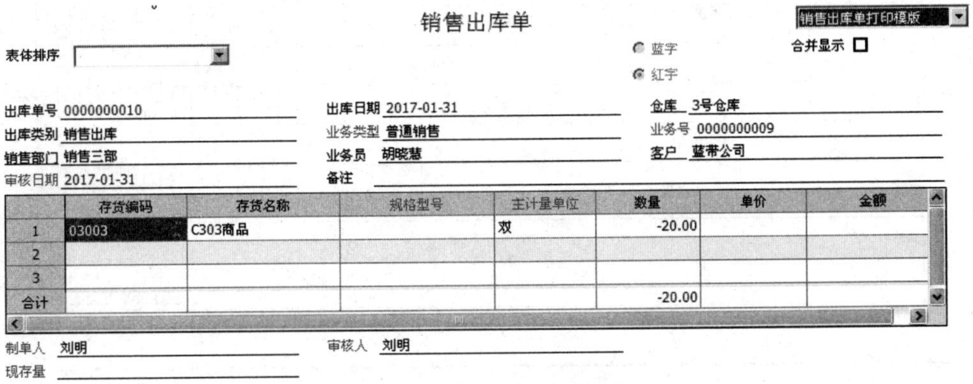

图 8-260　生成销售出库单 010

3)应收单据审核与制单

(1)以张敏(W01)的身份,用 2017 年 1 月 31 日的时间登入企业应用平台。

(2)执行“业务工作→财务会计→应收款管理→应收单据处理→应收单据审核”命令,审核采购专用发票。

(3)执行“制单处理”命令,勾选“现结制单”,根据红字销售专用发票生成收款凭证,如图 8-261 所示。

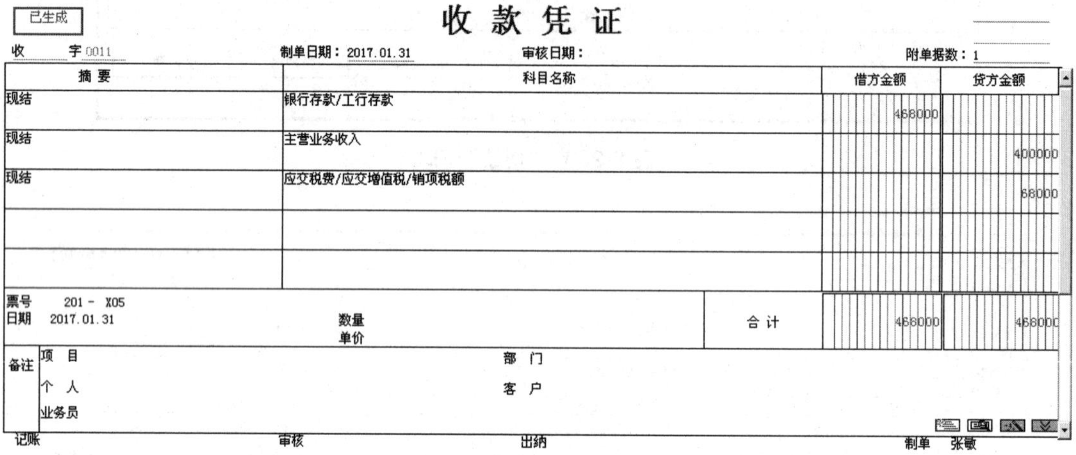

已生成

收款凭证

收 字 0011 制单日期:2017.01.31 审核日期: 附单据数:1

摘要	科目名称	借方金额	贷方金额
现结	银行存款/工行存款	468000	
现结	主营业务收入		400000
现结	应交税费/应交增值税/销项税额		68000
票号 201 - X05 日期 2017.01.31	数量 单价 合计	468000	468000

备注 项目 部门 个人 客户 业务员

记账 审核 出纳 制单 张敏

图 8-261 生成收款凭证 011

4)销售出库单生成凭证(冲销销售成本)

(1)以李峰(W02)的身份,用 2017 年 1 月 31 日的时间登入企业应用平台。

(2)执行“业务工作→供应链→存货核算→业务核算→正常单据记账”命令,对红字销售专用发票进行记账。

(3)执行“财务核算→生成凭证”命令,生成转账凭证,如图 8-262 所示。

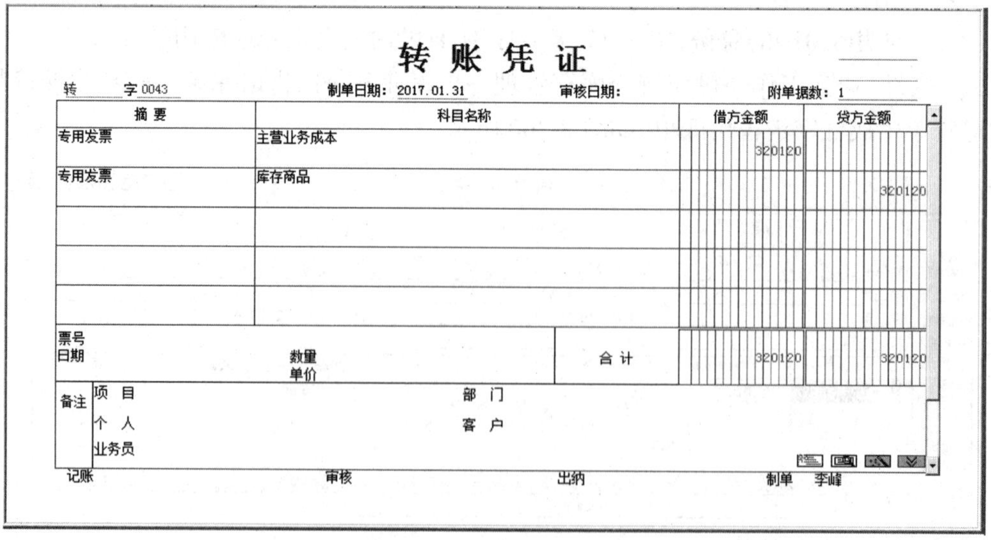

转账凭证

转 字 0043 制单日期:2017.01.31 审核日期: 附单据数:1

摘要	科目名称	借方金额	贷方金额
专用发票	主营业务成本	320120	
专用发票	库存商品		320120
票号 日期	数量 单价 合计	320120	320120

备注 项目 部门 个人 客户 业务员

记账 审核 出纳 制单 李峰

图 8-262 生成转账凭证 043

业务五十二　采购退货

1)红字采购退货单

(1)以元华(G01)的身份,用 2017 年 1 月 31 日的时间登入企业应用平台。

(2)在企业应用平台中执行“业务工作→供应链→采购管理→采购到货→采购退货单”命令,参照艳艳公司到货单生成采购退货单,保存并审核,如图 8-263 所示。

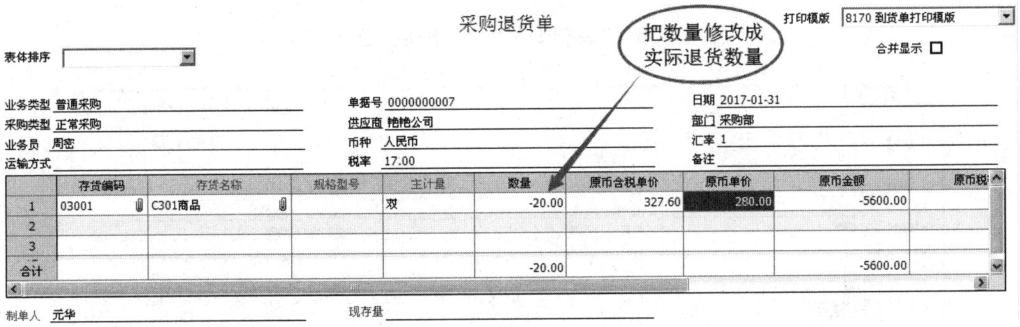
采购退货单

打印模版 8170 到货单打印模版　合并显示 □

表体排序

把数量修改成实际退货数量

业务类型 普通采购　单据号 0000000007　日期 2017-01-31

采购类型 正常采购　供应商 艳艳公司　部门 采购部

业务员 周密　币种 人民币　汇率 1

运输方式　税率 17.00　备注

	存货编码	存货名称	规格型号	主计量	数量	原币含税单价	原币单价	原币金额	原币税
1	03001	C301商品		双	-20.00	327.60	280.00	-5600.00	
2									
3									
合计					-20.00			-5600.00	

制单人 元华　现存量

图 8-263　生成采购退货单 007

2)红字采购入库单

(1)以刘明(C01)的身份,用 2017 年 1 月 31 日的时间登入企业应用平台。

(2)执行“业务工作→供应链→库存管理→入库业务→采购入库单”命令,参照采购到货单(红字)生成红字采购入库单,保存并审核,如图 8-264 所示。

采购入库单

采购入库单打印模版　合并显示 □

表体排序　○蓝字　◉红字

入库单号 0000000009　入库日期 2017-01-31　仓库 3号仓库

订单号 C06　到货单号 0000000007　业务号

供货单位 艳艳公司　部门 采购部　业务员 周密

到货日期 2017-01-31　业务类型 普通采购　采购类型 正常采购

入库类别 采购入库　审核日期 2017-01-31　备注

	存货编码	存货名称	主计量单位	数量	本币单价	本币金额
1	03001	C301商品	双	-20.00	280.00	-5600.00
2						
3						
合计				-20.00		-5600.00

制单人 刘明　审核人 刘明

现存量

图 8-264　生成红字采购入库单 009

3)红字采购专用发票

(1)以元华(G01)的身份,用 2017 年 1 月 31 日的时间登入企业应用平台。

(2)执行“业务工作→供应链→采购管理→采购发票→红字专用采购发票”命令,参照艳艳公司采购退货单生成红字采购专用发票,保存、现结、复核并结算,如图 8-265 和图 8-266 所示。

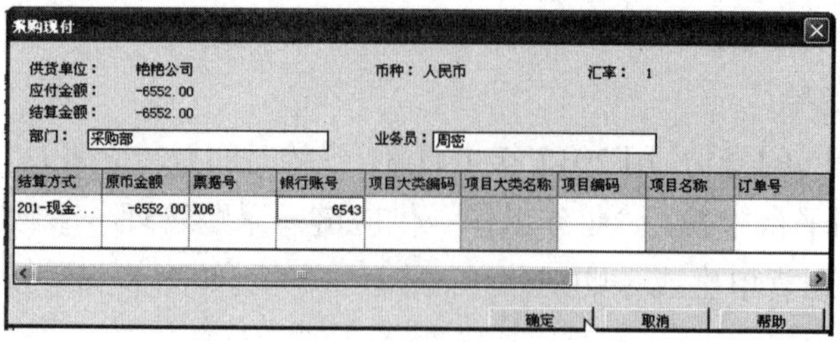

图 8-265 “采购现付”窗口(业务五十二)

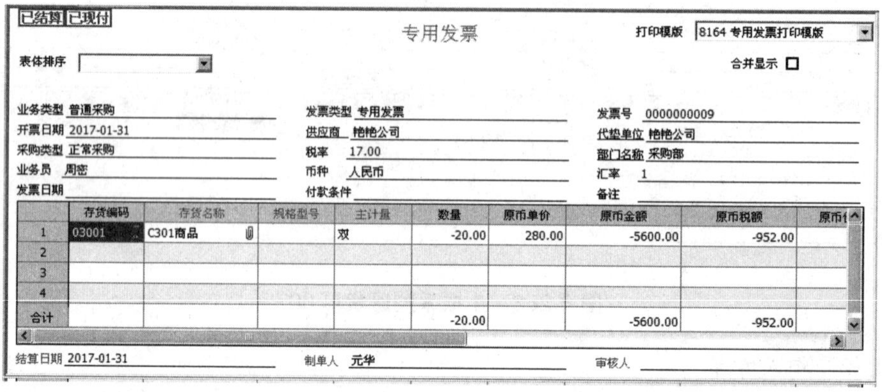

图 8-266 生成红字采购专用发票 009

4)应付单据审核与制单

(1)以张敏(W01)的身份,用 2017 年 1 月 31 日的时间登入企业应用平台。

(2)执行“业务工作→财务会计→应付款管理→应付单据处理→应付单据审核”命令,审核红字采购专用发票。

(3)执行“制单处理”命令,勾选“现结制单”,根据红字采购专用发票生成付款凭证,如图 8-267。

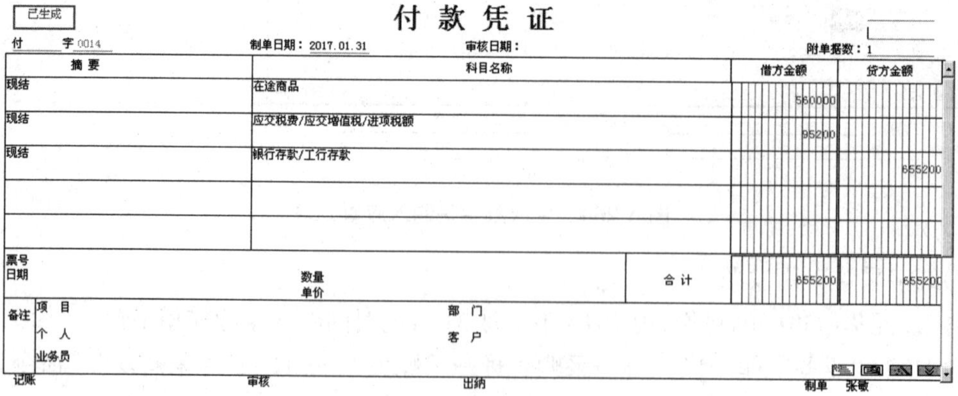

图 8-267 生成付款凭证 014

5)入库单制单(冲减存货)

（1）以李峰（W02）的身份，用 2017 年 1 月 31 日的时间登入企业应用平台。

（2）执行“业务工作→供应链→存货核算→业务核算→正常单据记账”命令，对红字采购入库单进行记账。

（3）执行“财务核算→生成凭证”命令，根据红字采购入库单生成转账凭证，如图 8-268 所示。

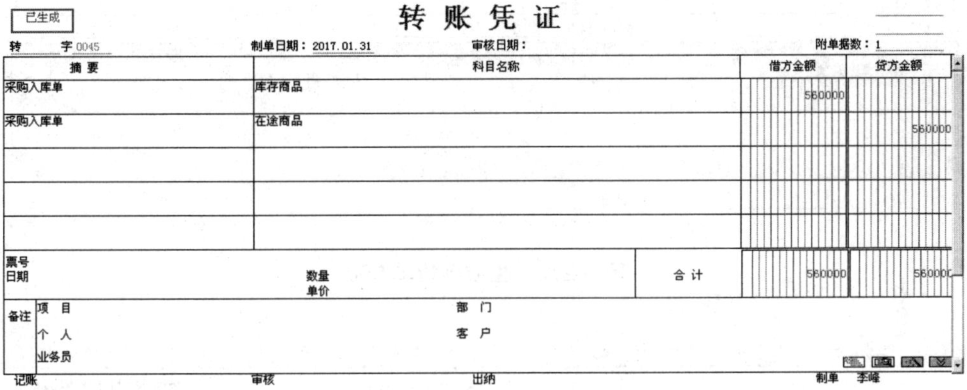

图 8-268　生成转账凭证 045

业务五十三　采购商品，货先到，发票未到，款未付（暂估入库）

1）采购订货

（1）以元华（G01）的身份，用 2017 年 1 月 31 日的时间登入企业应用平台。

（2）执行“业务工作→供应链→采购管理→采购订货→采购订单”命令，录入采购订单，保存并审核，如图 8-269 所示。

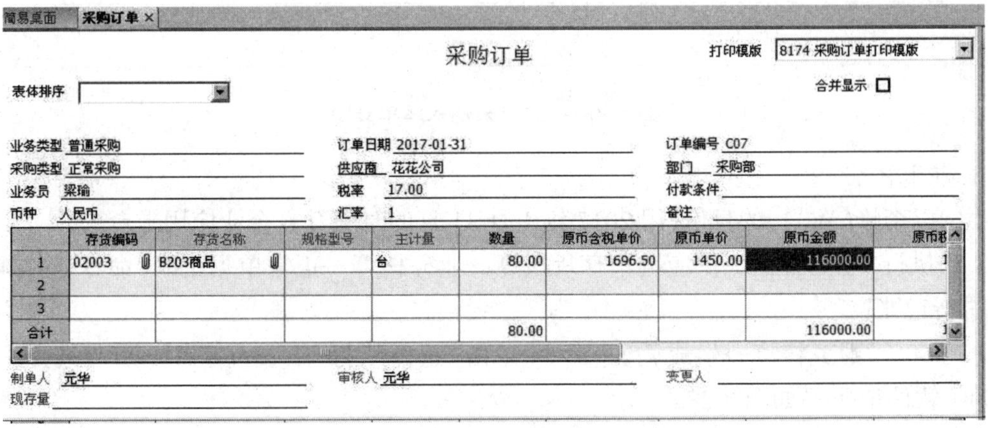

图 8-269　录入采购订单 C07

（3）执行“采购到货→到货单”命令，参照采购订单生成到货单，保存并审核，如图 8-270 所示。

2）采购入库单

（1）以刘明（C01）的身份，用 2017 年 1 月 31 日的时间登入企业应用平台。

(2)执行“业务工作→供应链→库存管理→入库业务→采购入库单”命令,参照采购到货单(蓝字)生成采购入库单,保存并审核,如图 8-271 所示。

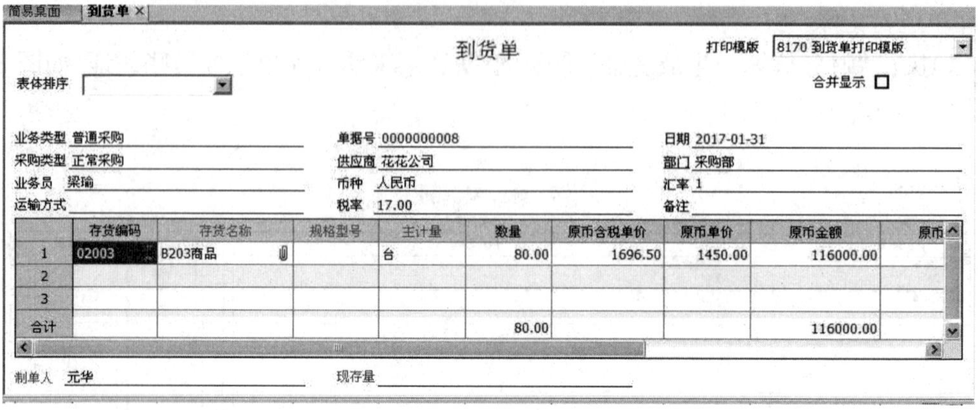

图 8-270 生成到货单 008

图 8-271 生成采购入库单 010

3)期末暂估

(1)以李峰(W02)的身份,用 2017 年 1 月 31 日的时间登入企业应用平台。

(2)执行“业务工作→供应链→存货核算→业务核算→正常单据记账”命令,对采购入库单进行记账。

(3)执行“财务核算→生成凭证”命令,单击“选择”,打开“查询条件”窗口,选择“采购入库单(暂估记账)”如图 8-272 所示。

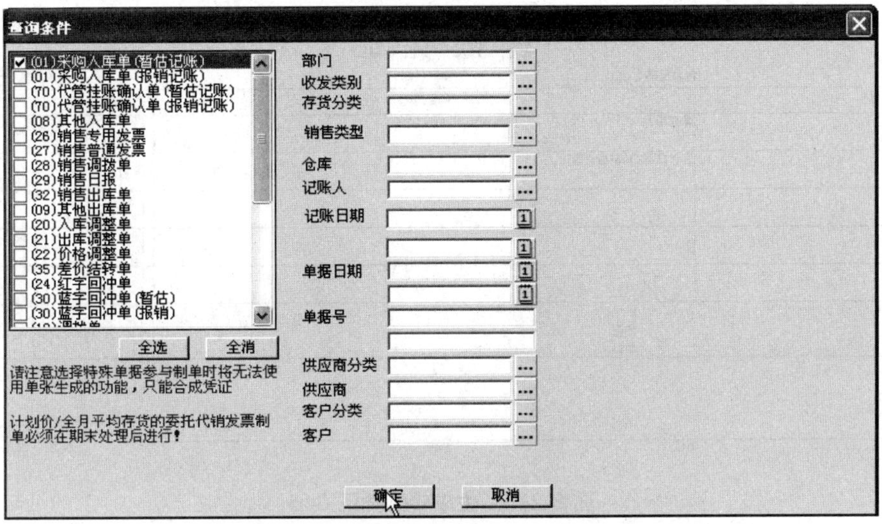

图 8-272　“采购入库单”窗口(业务五十三)

(4)单击“确定”，打开“未生成凭证单据一览表”窗口，如图 8-273 所示。

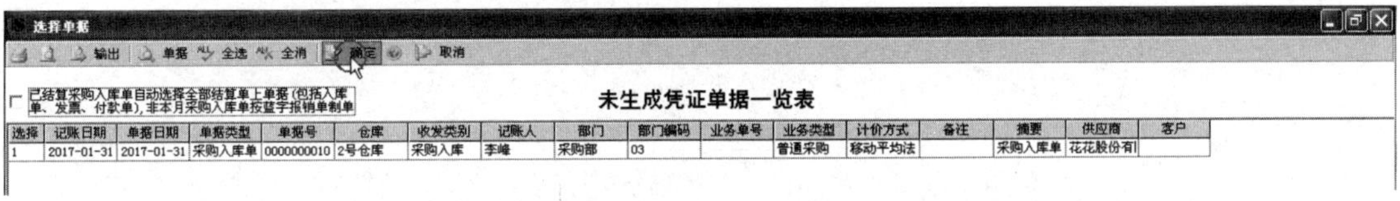

图 8-273　“未生成凭证单据一览表”窗口(业务五十三)

(5)选择对应单据，单击“确定”，弹出“生成凭证”窗口，如图 8-274 所示。

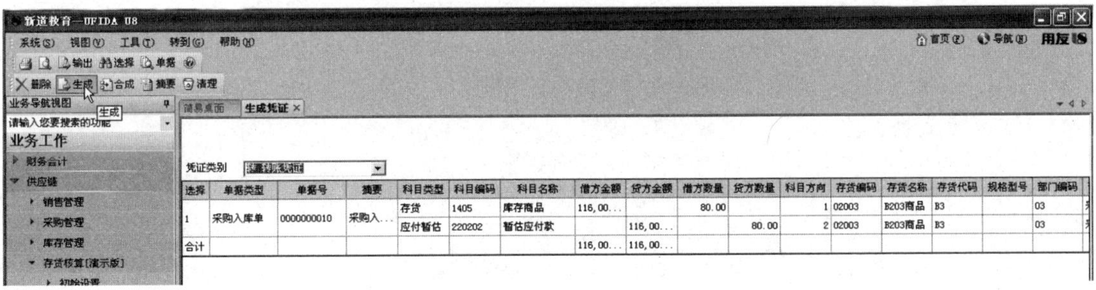

图 8-274　“生成凭证”窗口(业务五十三)

(6)凭证类别选择“转账凭证”，单击“生成”，生成转账凭证，如图 8-275 所示。

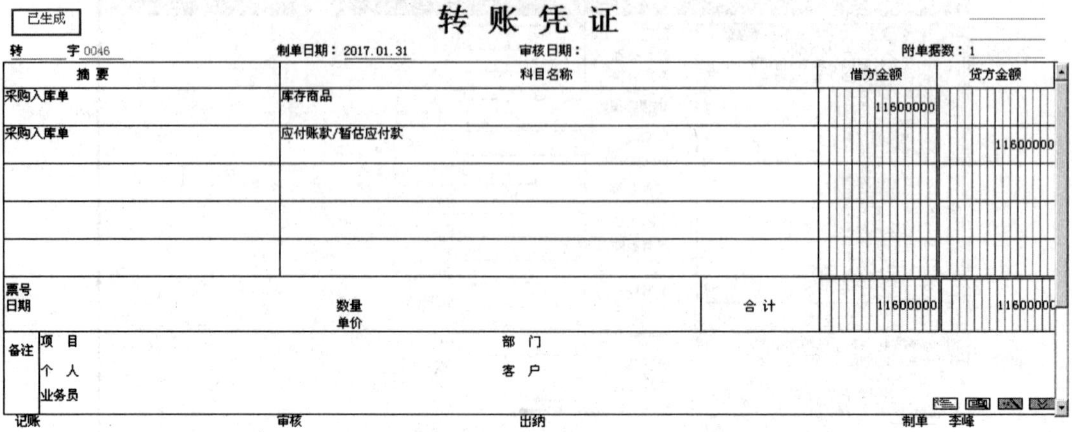

已生成

转账凭证

转 字 0046　　制单日期：2017.01.31　　审核日期：　　附单据数：1

摘要	科目名称	借方金额	贷方金额
采购入库单	库存商品	11600000	
采购入库单	应付账款/暂估应付款		11600000
票号 日期 数量 单价	合计	11600000	11600000

备注　项目　部门

个人　客户

业务员

记账　审核　出纳　制单 李峰

图 8-275　生成转账凭证 046

模块 9　期末处理

【操作要求与资料】

期末处理产生的凭证日期均为 1 月 31 日。在进行期末处理前，将日常业务记账凭证进行审核、出纳签字、主管签字和记账操作，保证所有记账凭证全部记账完毕。

项目 1　采购管理系统期末处理

1. 关闭已经执行的采购订单

G01 元华进入采购管理系统，在采购订单列表中选定已执行的订单，通过“批关”功能关闭。

2. 办理采购月末结账

G01 元华进入采购管理系统，进行采购管理系统月末结账。

项目 2　销售管理系统期末处理

1. 关闭已经执行的销售订单

X01 刘向进入销售管理系统，在销售订单列表中选定已执行的订单，通过“批关”功能关闭。

2. 办理销售月末结账

X01 刘向进入销售管理系统，进行销售管理系统月末结账。

项目 3　薪资管理系统期末处理

W01 李锋进入薪资管理系统，进行薪资管理系统月末处理。

项目 4　固定资产管理系统期末处理

1. 对账

固定资产月末余额 6 023 600 元，累计折旧月末余额 1 109 950 元。

2. 月末结账

W02 李锋进入固定资产管理系统，执行固定资产管理系统月末处理。

项目 5　应收款管理系统期末处理

W01 张敏进入应收款管理系统，执行月末处理：自动核销；月末结账。

项目 6 应付款管理系统期末处理

W01 张敏进入应付款管理系统,执行月末处理:自动核销;月末结账。

项目 7 库存管理系统期末处理

C01 刘明进入库存管理系统,执行与存货系统对账功能,办理月末结账:对账;月末结账。

项目 8 存货核算系统期末处理

W02 李锋进入存货核算系统,执行月末处理:期末处理;月末结账。

项目 9 总账系统期末处理

1. 自定义转账

计算应交城市维护建设税和应交教育费附加(应交城市维护建设税税率为 7%,应交教育费附加率为 3%)。

W01 张敏执行自定义转账,生成转账凭证。

借:营业税金及附加 1 078.08

贷:应交税费——应交城市维护建设税 754.66

——应交教育费附加 323.42

注:自定义公式

应交城市维护建设税 =QM(22210105, 月) *0.07-QM(22210101, 月)*0.07

应交教育费附加 = QM(22210105, 月) *0.03-QM(22210101, 月)*0.03

营业税金及附加 =CE()

2. 对应结转

(1)W01 张敏执行 0001 至 0003 号对应结转,结转进项税额、已交税金、销项税额。

①执行 0001 号对应结转,生成转账凭证。

借:应交税金——应交增值税——进项税额 -92 895.4

贷:应交税金——应交增值税——转出多交增值税 -92 895.4

②执行 0002 号对应结转,生成转账凭证。

借:应交税金——应交增值税——已交税金 -25 000.00

贷:应交税金——应交增值税——转出多交增值税 -25 000.00

③执行 0003 号对应结转,生成转账凭证。

借:应交税金——应交增值税——销项税额 103 676.20

贷:应交税金——应交增值税——转出未交增值税 103 676.20

A01 学生本人对上述凭证进行审核、主管签字、记账。

(2)W01 张敏执行 0004、0005 号对应结转,结转多交、未交增值税。

①张敏进入总账系统,执行 0004 号对应结转,生成转账凭证:

借:应交税金——应交增值税——转出多交增值税　-117 895.4

　贷:应交税金——应交增值税——未交增值税　-117 895.4

②执行 0005 号对应结转,生成转账凭证:

借:应交税金——应交增值税——转出多交增值税　103 676.20

　贷:应交税金——应交增值税——未交增值税　103 676.20

A01 学生本人对上述凭证进行审核、主管签字、记账。

3. 期间损益结转

(1)W01 张敏进入总账系统,执行期间损益结转,选择收入类科目,生成转账凭证。

借:主营业务收入　609 860.00

　投资收益　33 600.00

　营业外收入　3 600.00

　贷:本年利润　647 060.00

(2)选择全部支出类科目,生成转账凭证。

借:本年利润　603 208.45

　贷:主营业务成本　477 355.50

　　营业税金及附加　1 078.08

　　销售费用——薪资及福利费　29 286.00

　　销售费用——折旧费　11 552.50

　　销售费用——业务招待费　780.00

　　销售费用——社会保险　5 755.20

　　销售费用——住房公积金　2 616.00

　　管理费用——差旅费　1 820.00

　　管理费用——折旧费　6 006.50

　　管理费用——薪资及福利费　45 976.67

　　管理费用——社会保险　9 922.00

　　管理费用——住房公积金　4 510.00

　　管理费用——其他　4 050.00

　　财务费用　2 500.00

A01 学生本人对上述凭证进行审核、主管签字、记账。

4. 输出科目汇总表

用 Excel 文件形式输出“科目汇总表”(表 9-1)保存到自己的文件夹中。

表 9-1　科目汇总表

科目汇总表			
科目编码	科目名称	借方发生额	贷方发生额
1001	库存现金	56 919	58 369
1002	银行存款	578 407.2	784 745.7
1012	其他货币资金	138 600	0
1101	交易性金融资产	0	105 000
1121	应收票据	80 000	120 000
1122	应收账款	651 580.2	536 101.2
1123	预付账款	−50 000	0
1221	其他应收款	0	1 500
1401	在途商品	544 047.6	544 047.6
1405	库存商品	652 447.6	477 355.5
1601	固定资产	2 600	0
1602	累计折旧	0	20 107
1701	累计摊销	0	1 250
1801	长期待摊费用	0	2 800
资产 小计		2 654 601.6	2 651 276
2001	短期借款	200 000	0
2201	应付票据	0	99 120
2202	应付账款	327 036	494 080
2203	预收账款	10 000	-50 000
2211	应付职工薪酬	63 250	95 517.87
2221	应交税费	164 104.7	79 076.88
2231	应付利息	0	2 500
2241	其他应付款	0	3 570
负债 小计		764 390.7	723 864.75
4103	本年利润	603 208.45	647 060
权益 小计		603 208.45	647 060
6001	主营业务收入	609 860	609 860
6111	投资收益	33 600	33 600
	营业外收入	3 600	3 600
6401	主营业务成本	477 355.5	477 355.5
6403	营业税金及附加	1 078.08	1 078.08
6601	销售费用	49 989.7	49 989.7
6602	管理费用	72 285.17	72 285.17
6603	财务费用	2 500	2 500
损益 小计		1 250 268.45	1 250 268.45
合计		5 272 469.2	5 272 469.2

5. 银行对账

操作员：W03 张林。

1）银行对账期初

银行存款日记账（工商银行）月初余额为 1 326 805.23 元，银行对账单（工商银行）月初余额为 1 344 589.23 元。上年 12 月 31 日电汇（2201）收款 17 784 元，银行已收企业未收。

2）银行对账单（工商银行）

银行对账单如表 9-2 所示。

表 9-2　银行对账单

日期	结算方式	票号	借方	贷方	余额
2017-1-05	转账支票	Z01	68 445.00		1 413 034.23
2017-1-06	其他			74 647.70	1 338 386.53
2017-1-09	转账支票	Z02		140 166.00	1 198 220.53
2017-1-10	转账支票	Z03		37 750.00	1 160 470.53
2017-1-11	转账支票	Z04	37 812.00		1 198 282.53
2017-1-11	转账支票	Z05	60 021.00		1 258 303.53
2017-1-12	转账支票	Z10		253 773.00	1 004 530.53
2017-1-12	现金支票	XJ01		56 919.00	947 611.53
2017-1-13	转账支票	Z11		3 042.00	944 569.53
2017-1-16	转账支票	Z06	75 534.20		1 020 103.73
2017-1-18	商业汇票		120 000.00		1 140 103.73
2017-1-19	转账支票	Z07	31 033.00		1 171 136.73
2017-1-20	银行汇票	J01	95 472.00		1 266 608.73
2017-1-20	转账支票	Z12		200 000.00	1 066 608.73
2017-1-27	转账支票	Z08	10 000.00		1 076 608.73

【操作指导与注意事项】

一、采购管理系统期末处理

（1）以 G01 元华身份，时间：2017 年 1 月 31 日，登录“企业应用平台”。

（2）执行“供应链—采购管理—采购订货—采购订单列表”，打开“查询条件选择 - 采购订单列表”对话框，如图 9-1 所示。

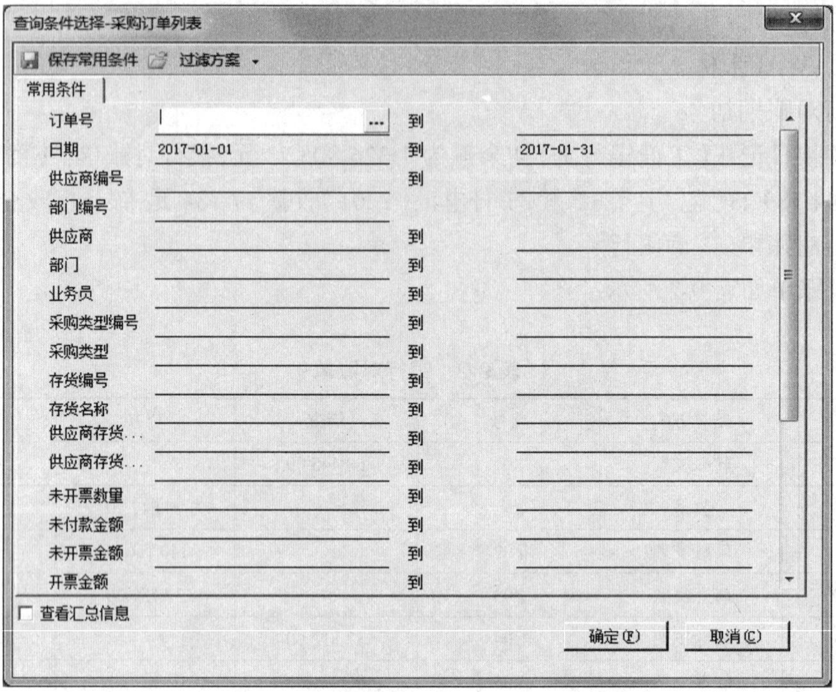

图 9-1 查询条件选择 - 采购订单列表对话框

(3)输入查询条件或直接单击“过滤”按钮,打开“订单列表”对话框,如图 9-2 所示。

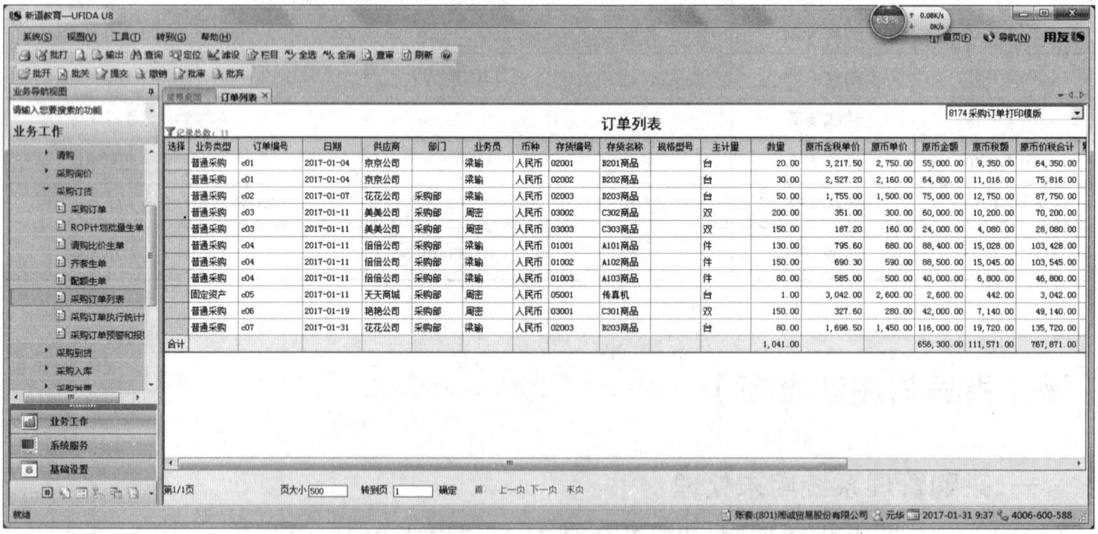

图 9-2 “订单列表”对话框

(4)双击“选择”栏,选择已执行的订单(这里全选),单击工具栏“批关”按钮,弹出“本次操作成功关闭 [11] 条记录行”提示框,完成批关操作,如图 9-3 所示。

(5)执行“供应链—采购管理—月末结账”,打开“结账”对话框,如图 9-4 所示,选中 1 月份。

图 9-3　批关成功提示框

图 9-4　“结账”对话框 1

（6）单击“结账”按钮，弹出“是否关闭订单”提示框，如图 9-5 所示，确定订单全部关闭，点击“否”，如果还有订单没有关闭，点击“是”去关闭订单。

（7）点击“否”，1 月份是否结账栏显示“是”，如图 9-6 所示。

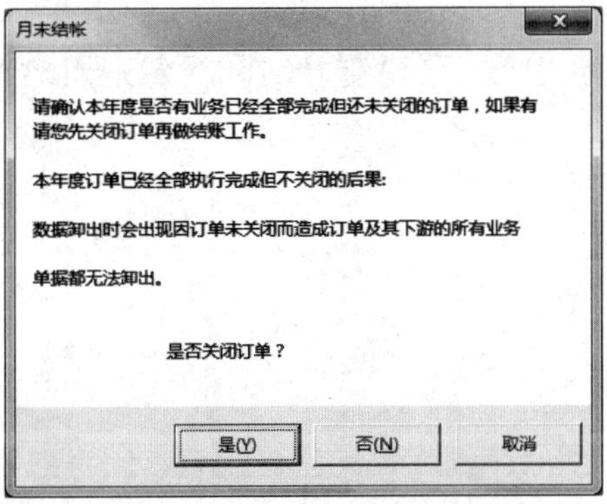

图 9-5　是否关闭订单提示框

图 9-6　结账完毕提示框

二、销售管理系统期末处理

（1）X01 刘向身份，时间：当年 1 月 31 日，登录“企业应用平台”。

（2）执行“供应链—销售管理—销售订货—订单列表”，打开“查询条件选择 - 销售订单过滤条件”对话框，如图 9-7 所示。

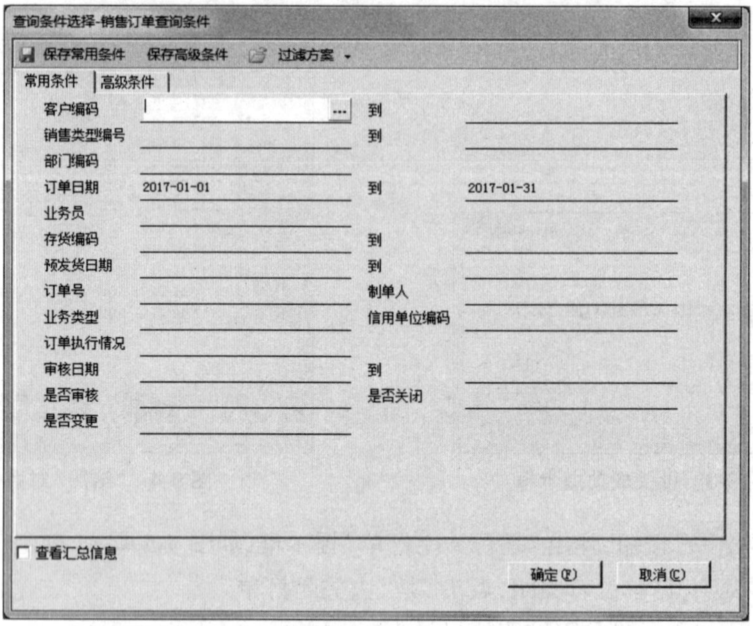

图 9-7 “查询条件选择 - 销售订单过滤条件”对话框

(3)直接单击“过滤”按钮,打开“销售订单列表”对话框,如图 9-8 所示。

销售订单列表

记录总数:19

选择	业务类型	销售类型	订单号	订单日期	客户简称	币种	汇率	销售部门	业务员	存货编码	存货代码	存货名称	规格型号	主计量单位	数量	含税单价	无
	普通销售	正常销售	X01	2017-01-02	晨星公司	人民币	1.00000000	销售一部	朱明宇	01001		A101商品		件	10.00	1,064.70	
	普通销售	正常销售	X01	2017-01-02	晨星公司	人民币	1.00000000	销售一部	朱明宇	01002		A102商品		件	30.00	912.60	
	普通销售	正常销售	X01	2017-01-02	晨星公司	人民币	1.00000000	销售一部	朱明宇	01003		A103商品		件	40.00	760.50	
	普通销售	正常销售	x02	2017-01-08	青梅公司	人民币	1.00000000	销售一部	徐咏梅	02002		B202商品		台	20.00	3,252.60	
	普通销售	正常销售	x02	2017-01-08	青梅公司	人民币	1.00000000	销售一部	徐咏梅	03001		C301商品		双	80.00	409.50	
	普通销售	正常销售	x03	2017-01-11	黄河公司	人民币	1.00000000	销售一部	陈文斌	02003		B203商品		台	30.00	2,316.60	
	普通销售	正常销售	x03	2017-01-11	黄河公司	人民币	1.00000000	销售一部	陈文斌	03002		C302商品		双	30.00	468.00	
	普通销售	正常销售	x04	2017-01-16	红光公司	人民币	1.00000000	销售一部	朱明宇	01001		A101商品		件	40.00	1,064.70	
	普通销售	正常销售	x04	2017-01-16	红光公司	人民币	1.00000000	销售一部	朱明宇	01002		A102商品		件	50.00	912.60	
	普通销售	正常销售	x04	2017-01-16	红光公司	人民币	1.00000000	销售一部	朱明宇	01003		A103商品		件	30.00	760.50	
	普通销售	正常销售	x05	2017-01-20	蓝带公司	人民币	1.00000000	销售一部	胡晓慧	03001		C301商品		双	60.00	421.20	
	普通销售	正常销售	x05	2017-01-20	蓝带公司	人民币	1.00000000	销售一部	胡晓慧	03002		C302商品		双	100.00	468.00	
	普通销售	正常销售	x05	2017-01-20	蓝带公司	人民币	1.00000000	销售一部	胡晓慧	03003		C303商品		双	100.00	234.00	
	普通销售	正常销售	x06	2017-01-23	紫微公司	人民币	1.00000000	销售三部	曾一平	03001		C301商品		双	70.00	409.50	
	普通销售	正常销售	x06	2017-01-23	紫微公司	人民币	1.00000000	销售三部	曾一平	03002		C302商品		双	70.00	456.30	
	普通销售	正常销售	x06	2017-01-23	紫微公司	人民币	1.00000000	销售三部	曾一平	03003		C303商品		双	70.00	234.00	
	普通销售	正常销售	x07	2017-01-25	绿谷公司	人民币	1.00000000	销售二部	王春	02001		B201商品		台	20.00	4,165.20	
	普通销售	正常销售	x07	2017-01-25	绿谷公司	人民币	1.00000000	销售二部	王春	02002		B202商品		台	20.00	3,217.50	
	普通销售	正常销售	x07	2017-01-25	绿谷公司	人民币	1.00000000	销售二部	王春	02003		B203商品		台	20.00	2,281.50	
小计															890.00		
合计															890.00		

第1/1页 页大小:500 转到页:1 确定 首页 上一页 下一页 末页

图 9-8 “销售订单列表”对话框

(4)双击“选择”栏,选择已执行的订单(这里全选),单击工具栏“批关”按钮,弹出“批量关闭完毕”提示框,如图 9-9 所示,完成批号关闭操作。

(5)执行“供应链—销售管理—月末结账”,打开“结账”对话框,如图 9-10 所示。

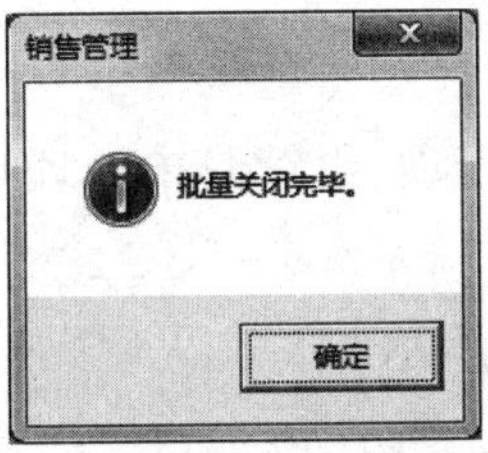

图 9-9 “批量关闭完毕”对话框

图 9-10 “结账”对话框 2

（6）蓝条落在会计月 1 月，单击“结账”按钮，弹出“是否关闭订单”提示框，确定订单全部关闭，点击“否”，如果还有订单没有关闭，点击“是”去关闭订单。

（7）点击“否”，1 月份是否结账栏显示“是”，如图 9-11 所示。

图 9-11 结账完毕 2

三、薪资管理系统期末处理

（1）以 W02 李锋身份，时间：2017 年 1 月 31 日，登录“企业应用平台”。

（2）执行“人力资源—薪资管理—业务处理—月末处理”，打开“月末处理”对话框，如图 9-12 所示。

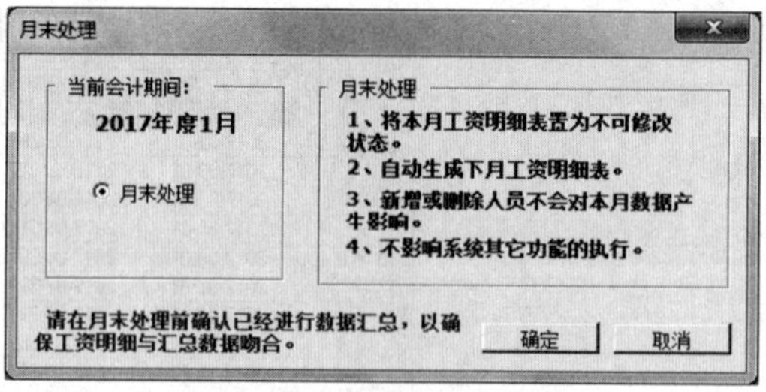
月末处理
当前会计期间:
2017年度1月
月末处理
月末处理
1、将本月工资明细表置为不可修改状态。
2、自动生成下月工资明细表。
3、新增或删除人员不会对本月数据产生影响。
4、不影响系统其它功能的执行。
请在月末处理前确认已经进行数据汇总，以确保工资明细与汇总数据吻合。
确定
取消
图 9-12　月末处理对话框

(3)单击“确定”,弹出“月末处理之后,本月工资将不许变动！继续月末处理吗?”提示框,如图 9-13 所示。

(4)单击“是”,弹出“是否选择清零项”提示框,如图 9-14 所示。

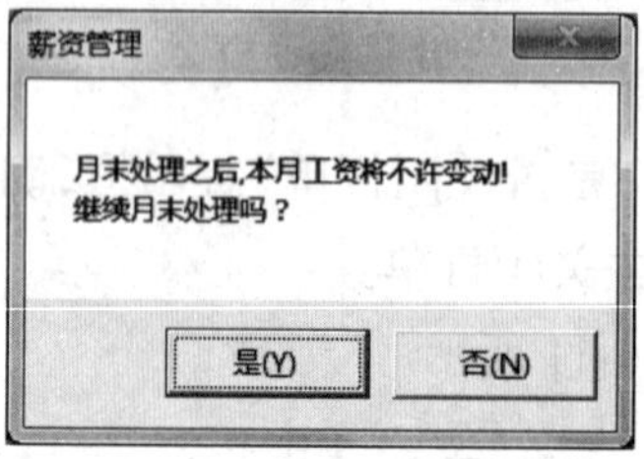
薪资管理
月末处理之后,本月工资将不许变动!
继续月末处理吗？
是(Y)
否(N)
图 9-13　月末处理提示框

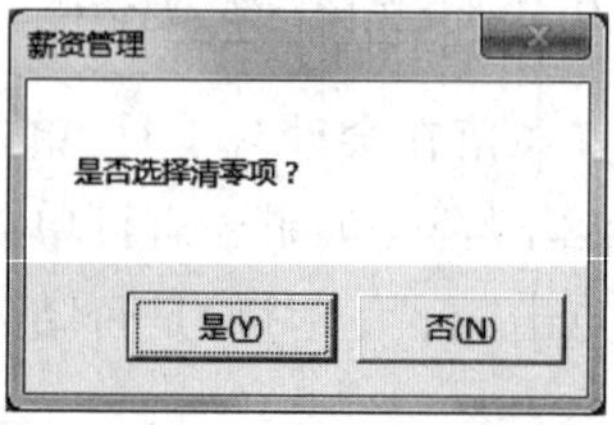
薪资管理
是否选择清零项？
是(Y)
否(N)
图 9-14　是否清零提示框

(5)单击“是”,打开“选择清零项目”对话框,如图 9-15 所示,比如将“奖金、事假天数、病假天数”三个工资项目选过来,表示月末处理后,立即生成的 2 月份工资表,且这三项为零,其他项目将复制 1 月份的工资数据。

(6)单击“确定”,弹出“月末处理完毕”提示,如图 9-16 所示,完成月末结账。

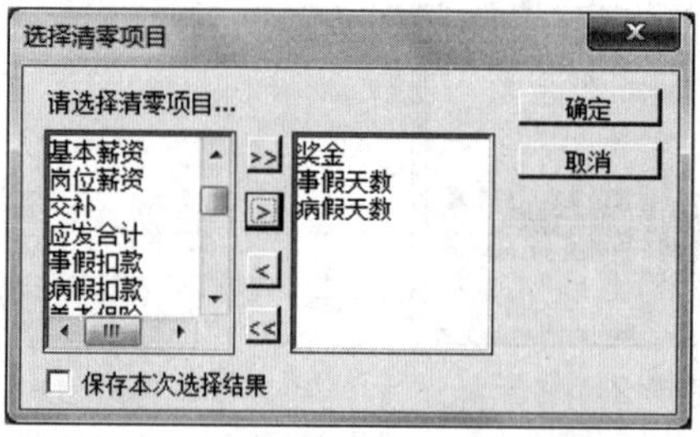
选择清零项目
请选择清零项目...
基本薪资
岗位薪资
交补
应发合计
事假扣款
病假扣款
奖金
事假天数
病假天数
确定
取消
保存本次选择结果
图 9-15　选择清零项目对话框

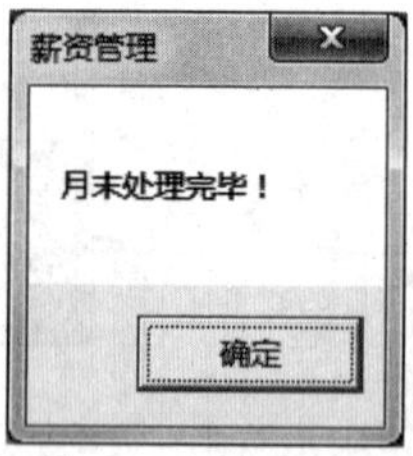
薪资管理
月末处理完毕！
确定
图 9-16　月末处理完毕

四、固定资产管理系统期末处理

1)对账

(1)以 W02 李锋身份,时间:2017 年 1 月 31 日,登录“企业应用平台”。

(2)执行“财务会计—固定资产—处理—对账”,弹出“与账务对账结果”提示框,如图 9-17 所示,对账结果显示对账结果平衡,单击“确定”即可。

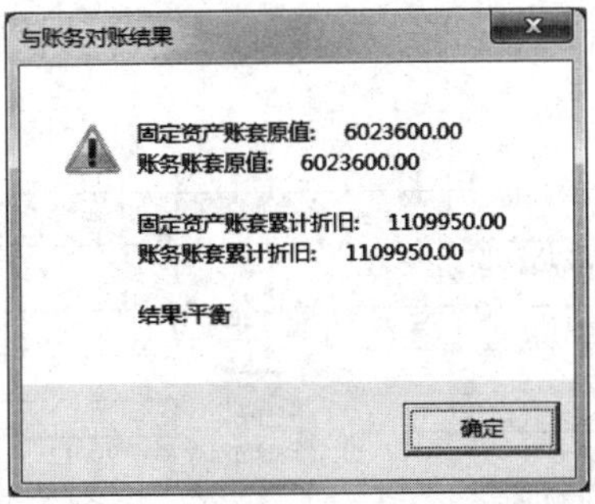
与账务对账结果
固定资产账套原值:　6023600.00
账务账套原值:　6023600.00
固定资产账套累计折旧:　1109950.00
账务账套累计折旧:　1109950.00
结果:平衡
确定

图 9-17　“与账务对账结果”提示框

2)结账

(1)执行“财务会计—固定资产—处理—月末结账”,打开“月末结账”对话框,如图 9-18 所示。

(2)单击“开始结账”,等待数据处理,直到弹出“月末结账成功完成”提示,如图 9-19 所示。

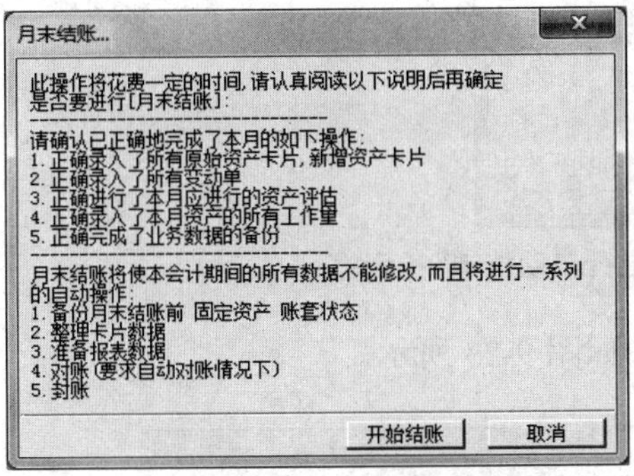
月末结账...
此操作将花费一定的时间,请认真阅读以下说明后再确定
是否要进行[月末结账]:
请确认已正确地完成了本月的如下操作:
1.正确录入了所有原始资产卡片,新增资产卡片
2.正确录入了所有变动单
3.正确进行了本月应进行的资产评估
4.正确录入了本月资产的所有工作量
5.正确完成了业务数据的备份
月末结账将使本会计期间的所有数据不能修改,而且将进行一系列的自动操作:
1.备份月末结账前 固定资产 账套状态
2.整理卡片数据
3.准备报表数据
4.对账(要求自动对账情况下)
5.封账
开始结账
取消

图 9-18　固定资产月末结账对话框

固定资产
月末结账成功完成!
开始时间:10:08:06, 02-04-2017
结束时间:10:08:06, 02-04-2017
确定

图 9-19　固定资产结账成功

(3)单击“确定”,弹出“本账套最新可修改日期已经更改为 2017-02-01……”提示,如图 9-20 所示,表示 1 月份不能处理任何数据。

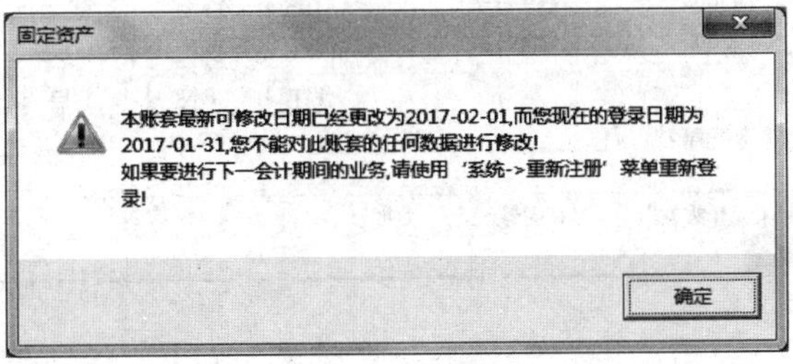
固定资产
本账套最新可修改日期已经更改为2017-02-01,而您现在的登录日期为2017-01-31,您不能对此账套的任何数据进行修改!
如果要进行下一会计期间的业务,请使用‘系统->重新注册’菜单重新登录!
确定

图 9-20　提示框

五、应收款管理系统期末处理

1)自动核销

(1)以 W01 张敏身份,时间:2017 年 1 月 31 日,登录“企业应用平台”。

(2)执行“财务会计—应收款管理—核销处理—自动核销”,打开“核销条件”对话框,如图 9-21 所示。

图 9-21 “核销条件”对话框

(3)不需要输入任何条件,表示核销所有的客户,单击“确定”,弹出“是否进行自动核销”提示框,如图 9-22 所示。

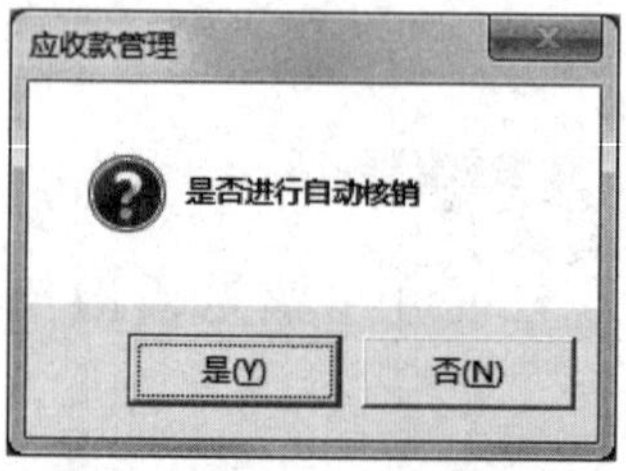

图 9-22 应收款管理“是否进行自动核销”提示框

(4)单击“是”,弹出“自动核销报告”提示框,如图 9-23 所示。

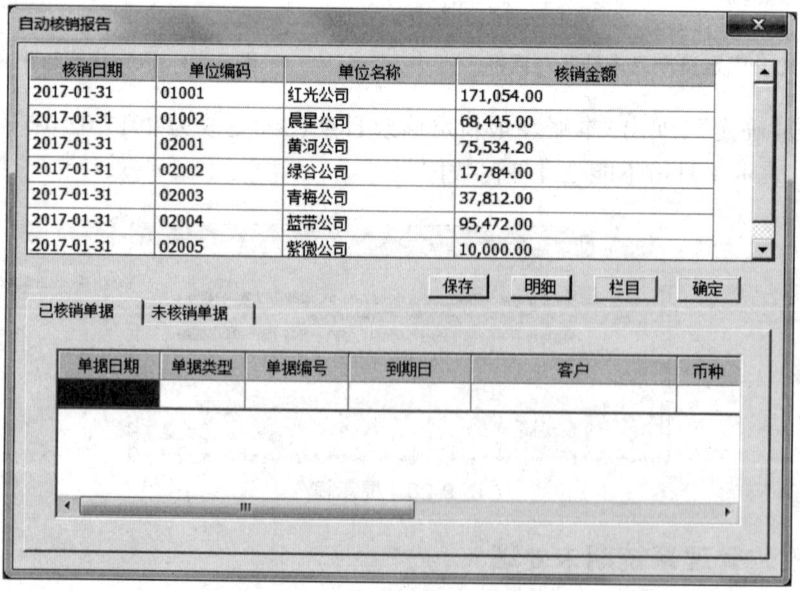

图 9-23 “自动核销报告”提示框

(5)可以单击”保存“,然后单击“确定”即可。

2)月末结账

(1)执行“财务会计—应收款管理—期末处理—月末结账”,打开“月末处理”对话框,双击“结账标志”,选中一月进行结账,如图 9-24 所示。

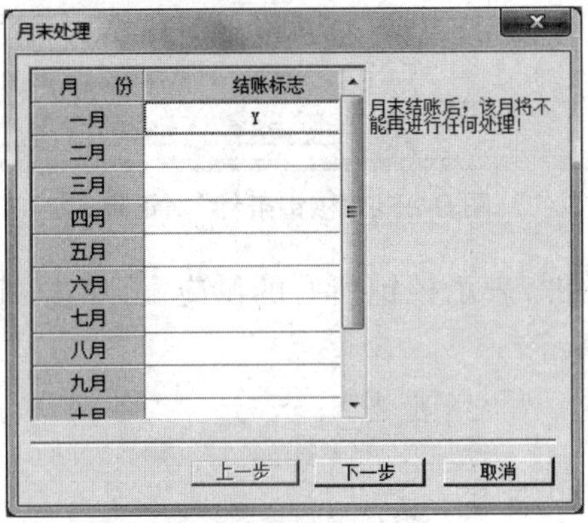

图 9-24 应收款管理月末处理对话框

(2)单击“下一步”,报告本月单据是否全部处理完备,如图 9-25 所示。

(3)单击“完成”,弹出“1 月份结账成功”提示框,如图 9-26 所示,单击“确定”即可。

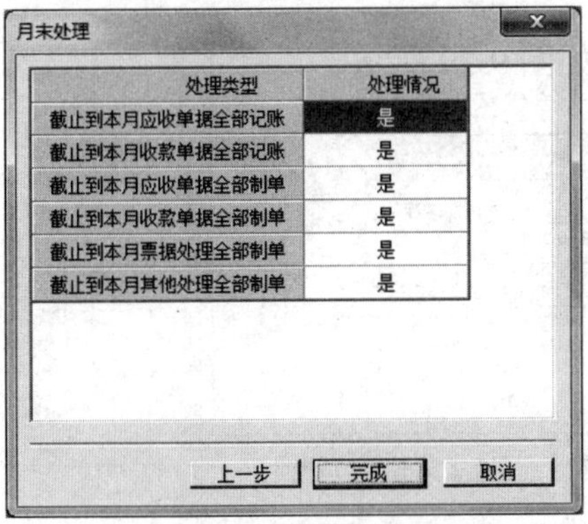

图 9-25 本月单据是否全部处理完毕报告

图 9-26 “1 月份结账成功”提示框(应收款管理)

六、应付款管理系统期末处理

1)自动核销

(1)以 W02 张敏身份,时间:2017 年 1 月 31 日,登录“企业应用平台”。

(2)执行“财务会计—应付款管理—核销处理—自动核销”,打开“核销条件”对话框,如图 9-27 所示。

图 9-27 “核销条件”对话框

(3)不需要输入任何条件,表示核销所有的供应商,单击“确定”,弹出“是否进行自动核销”提示框,如图 9-28 所示。

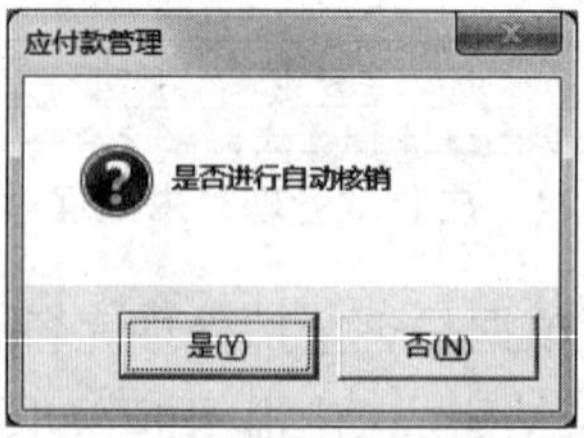

图 9-28 应付款管理“是否进行自动核销”提示框

(4)单击“是”,弹出“自动核销报告”提示框,如图 9-29 所示。

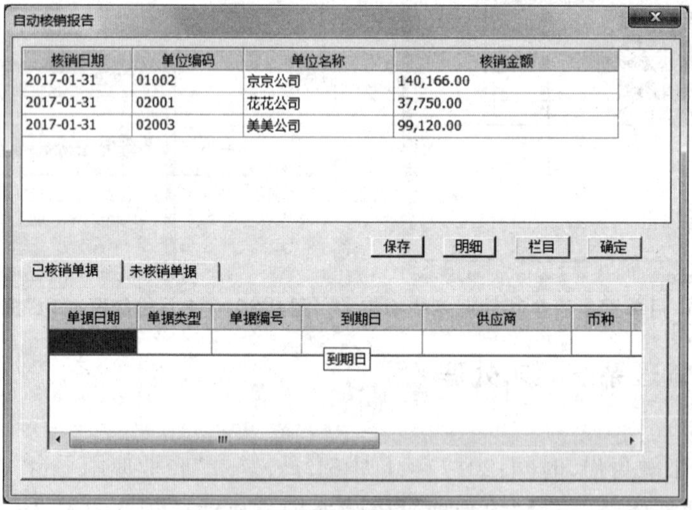

图 9-29 自动核销报告提示框

(5)单击“保存”,然后单击“确定”即可。

2)月末结账

(1)执行“财务会计—应付款管理—期末处理—月末结账”,打开“月末处理”对话框,如图 9-30 所示,双击“结账标志”,选中一月进行结账。

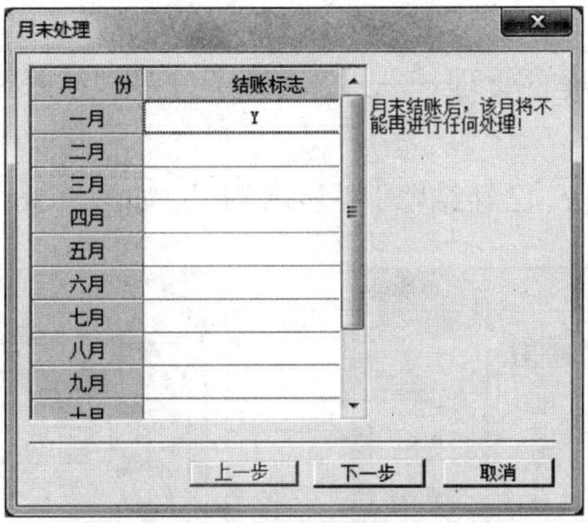

图 9-30　应付款管理月末处理对话框

（2）单击“下一步”，报告本月单据是否全部处理完备，如图 9-31 所示

（3）单击“完成”，弹出“1 月份结账成功”提示框，如图 9-32 所示，确定即可。

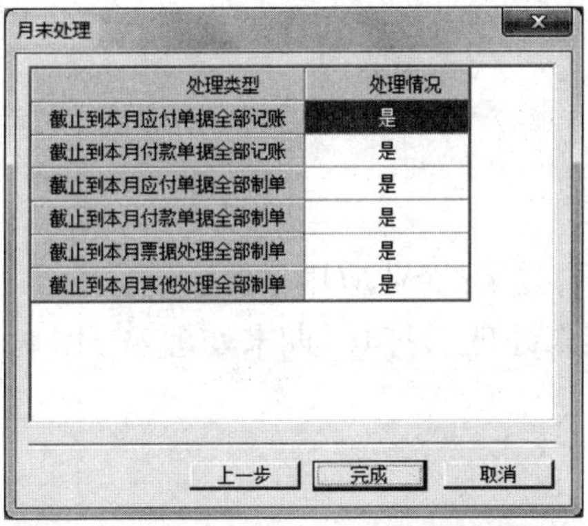

图 9-31　本月单据是否全部处理报告

图 9-32　“1 月份结账成功”提示框（应付款管理）

七、库存管理系统期末处理

1）对账

（1）以 C01 刘明身份，时间：2017 年 1 月 31 日，登录“企业应用平台”。

（2）执行“供应链→库存管理→对账→库存与存货对账”，打开“库存存货对账”对话框，如图 9-33 所示，输入对账月份，勾选“包含未审核单据”。

（3）单击“确定”，弹出“本次对账数据完全正确！”提示框，如图 9-34 所示，单击确定即可。

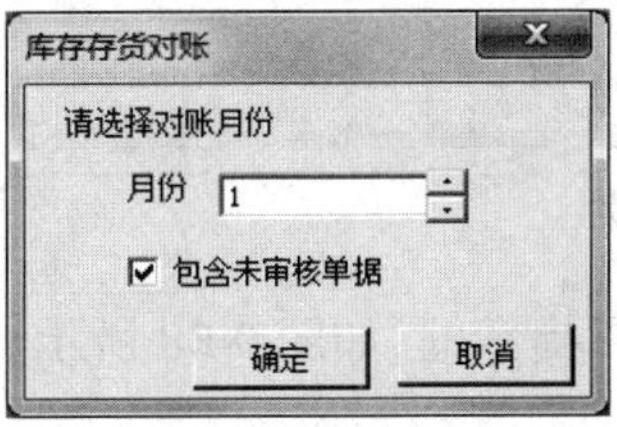

图 9-33　“库存存货对账”对话框

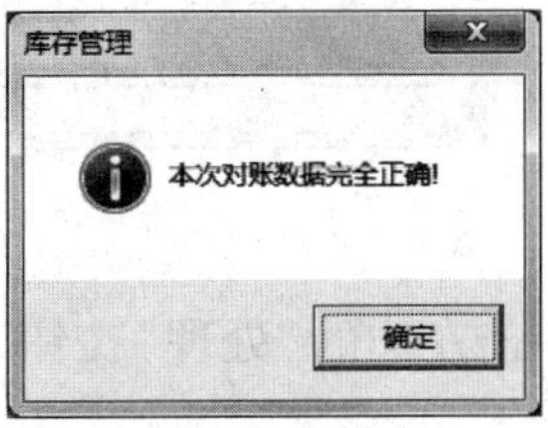

图 9-34　“本次对账数据完全正确！”提示框

2)月末结账

(1)执行“供应链——库存管理——月末结账”,打开“结账”对话框,如图 9-35 所示,选择结账月份为 1 月。

(2)单击“结账”,1 月份“已经结账”栏显示“是”,如图 9-36 所示,表示结账完毕。

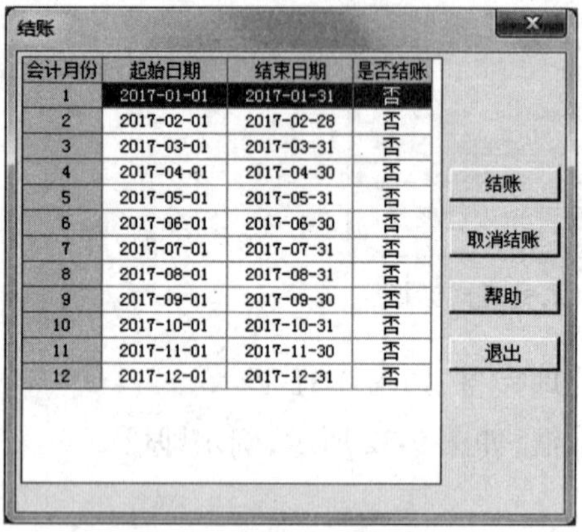

图 9-35 “结账”对话框 3

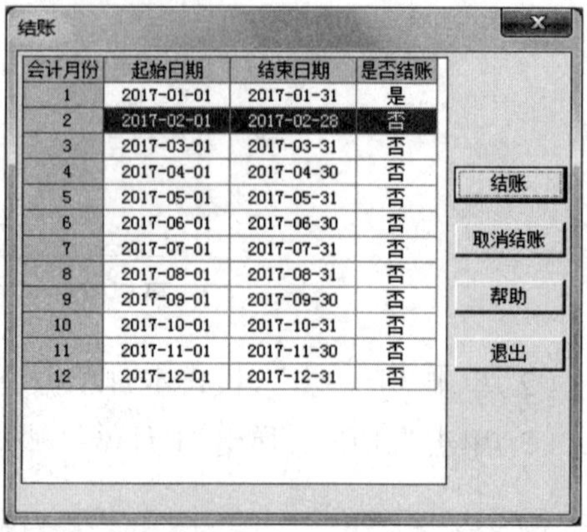

图 9-36 结账完毕 3

八、存货核算系统期末处理

1)期末处理

(1)以 W02 李锋身份,时间:2017 年 1 月 31 日,登录“企业应用平台”。

(2)执行“供应链→存货核算→业务核算→期末处理”,打开“期末处理 -1 月”对话框,如图 9-37 所示,选择仓库。

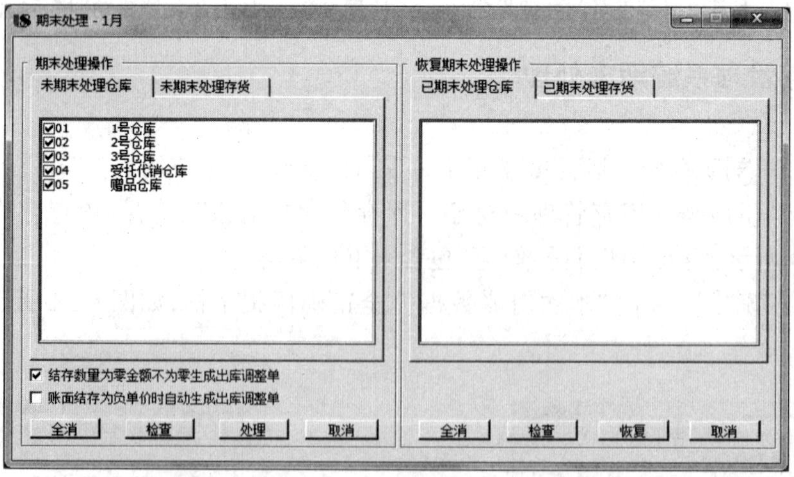

图 9-37 期末处理对话框

(3)单击左边的“处理”按钮,弹出“期末处理完毕!”提示框,如图 9-38 所示。

图 9-38　”期末处理完毕！“提示框

(4)单击工具栏“确定”按钮，右边显示已期末处理仓库，如图 9-39 所示，关闭窗口即可。

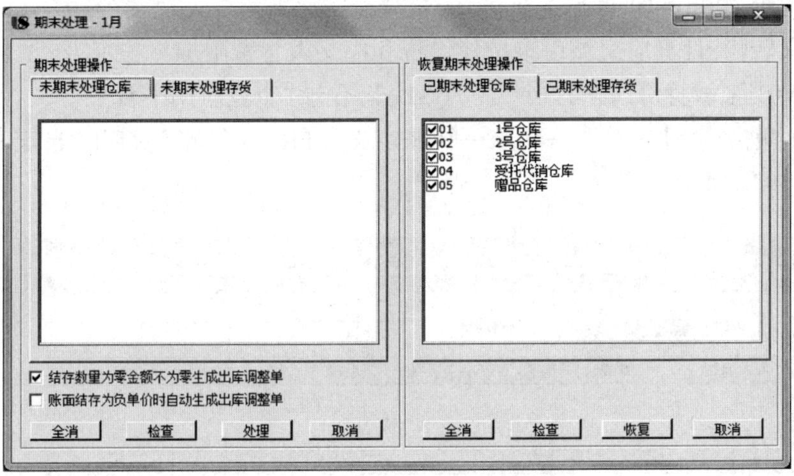

图 9-39　已期末处理仓库提示框

2)月末结账

(1)执行“供应链—存货核算—业务核算—月末结账”，打开“结账”对话框，如图 9-40 所示。

图 9-40　“结账”对话框 4

(2)单击"结账",弹出"月末结账完成"提示,如图 9-41 所示,单击确定即可。

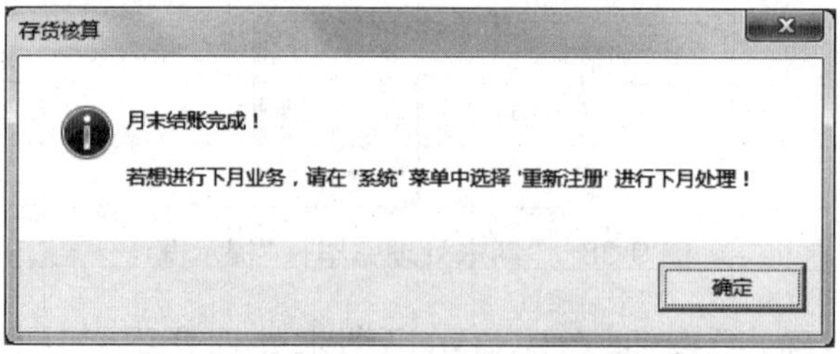

图 9-41 月末结账完成提示

九、总账系统期末处理

1)自定义转账:计算应交城市维护建设税和应交教育费附加

(1)以 W01 张敏身份,时间:当年 1 月 31 日,登录"企业应用平台"。

(2)执行"财务会计—总账—期末—转账定义—自定义转账",打开"自定义转账设置"对话框,如图 9-42 所示。

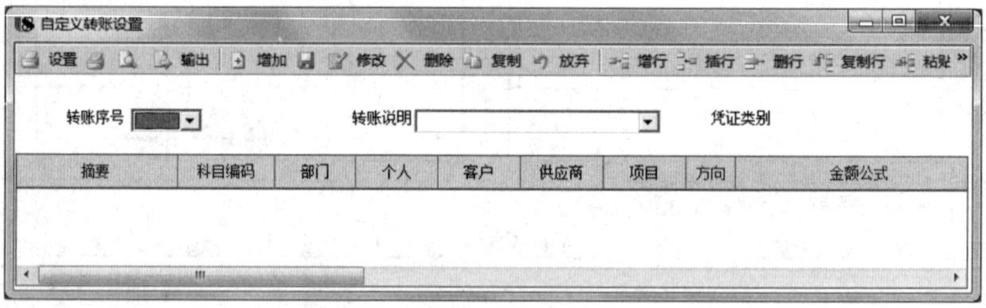

图 9-42 "自定义转账设置"对话框

(3)单击"增加"按钮,在弹出的对话框里输入相关信息,如图 9-43 所示。

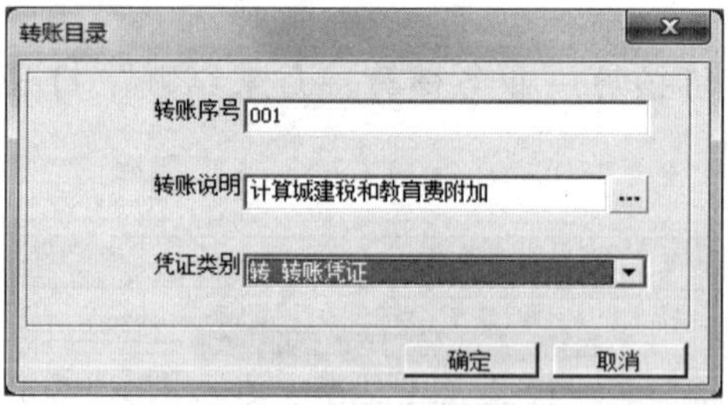

图 9-43 转账目录设置

(4)单击"确定",在弹出的对话框里,通过"增行"进行如下设置并保存,如图 9-44 所示,详情参见资料。

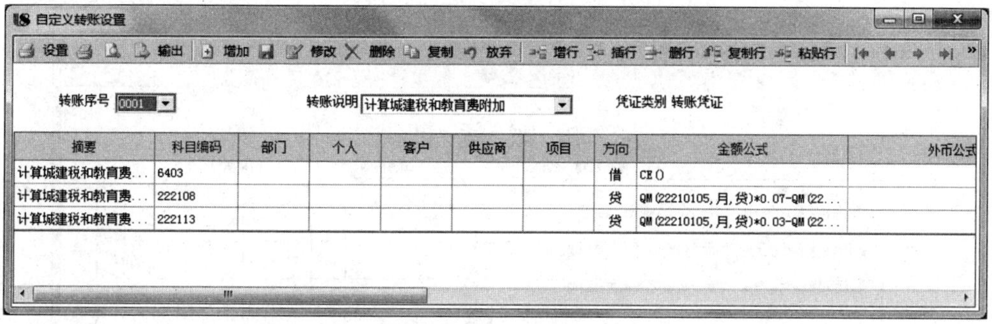

图 9-44　自定义转账设置

(5)执行“财务会计—总账—期末—转账生成”,打开对话框,如图 9-45 所示,选择自定义转账。

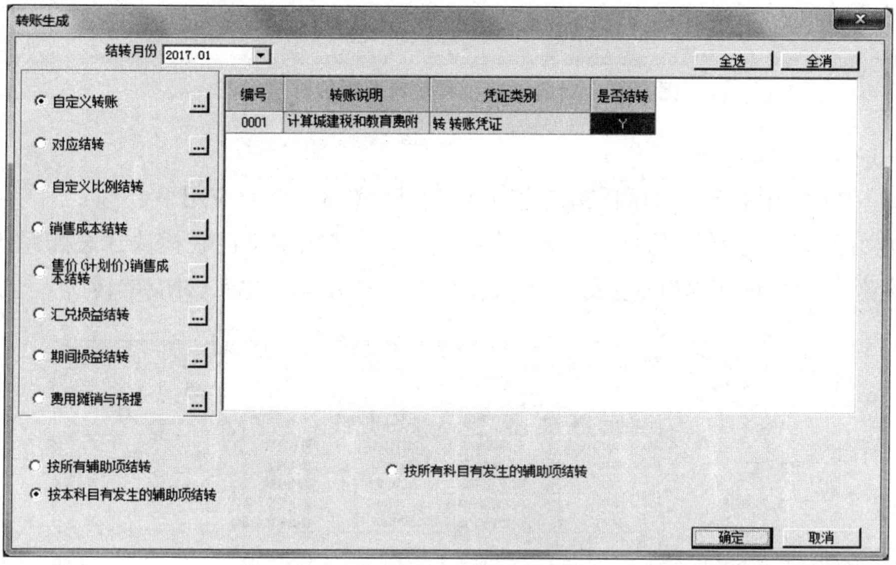

图 9-45　“转账生成”对话框

(6)双击“是否结转”栏,结账标志显示“Y”,点击“确定”,生成转账凭证,如图 9-46 所示,保存即可。

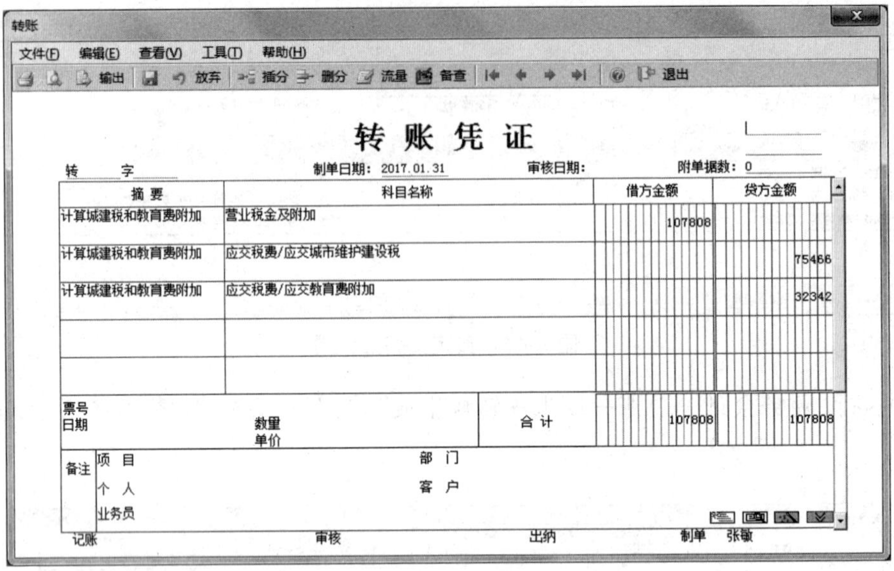

图 9-46　计算城建税和教育费附加转账凭证

2)对应结转

(1)以 W01 张敏身份,时间:2017 年 1 月 31 日,登录“企业应用平台”。

(2)执行“财务会计—总账—期末—转账生成”(转账定义已在模块 3 总账系统初始化设置时设置好了),打开“转账生成”对话框,如图 9-47 所示,选择“对应结转”。

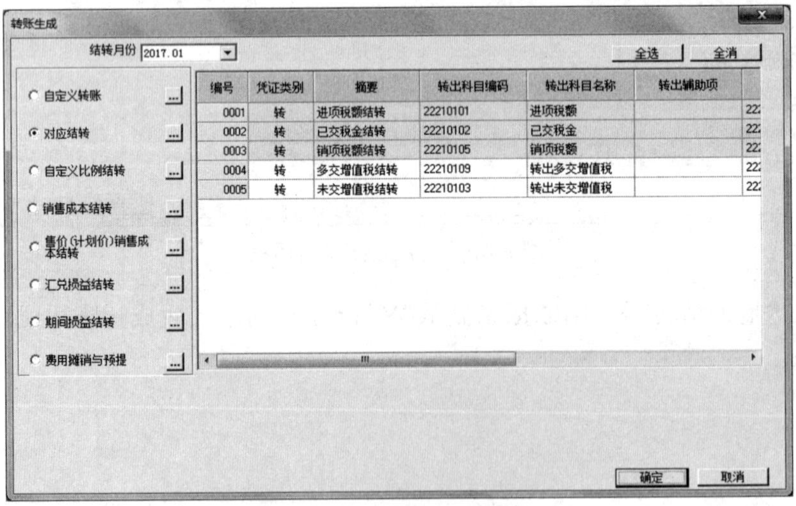

图 9-47　“转账生成”对话框

(3)双击编号栏“001、002、003”,选中三条数据,单击“确定”,自动生成三张记账凭证,如图 9-48 至图 9-50 所示,加以保存。

对以上凭证进行审核、主管签字和记账操作。

(4)以 W01 张敏身份,时间: 2017 年 1 月 31 日,登录“企业应用平台”,重复上述操作,执行 0004、0005 号对应结转,生成两张记账凭证,如图 9-51 至图 9-52 所示,加以保存。

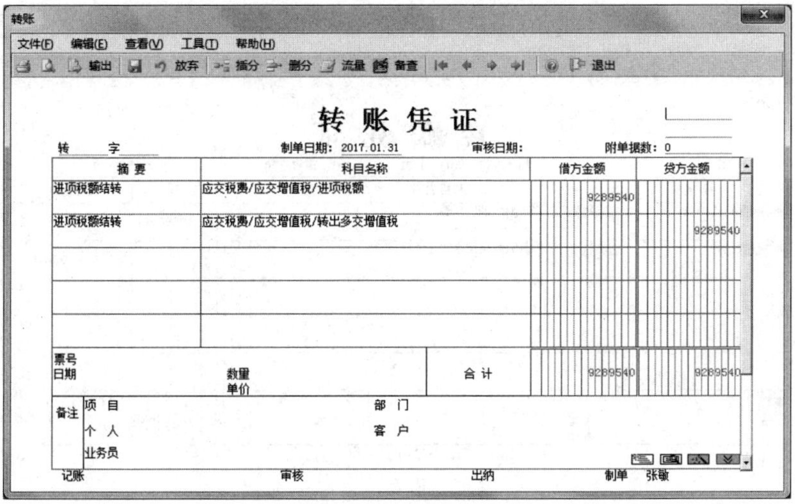

图 9-48　进项税额结转转账凭证（红字凭证）

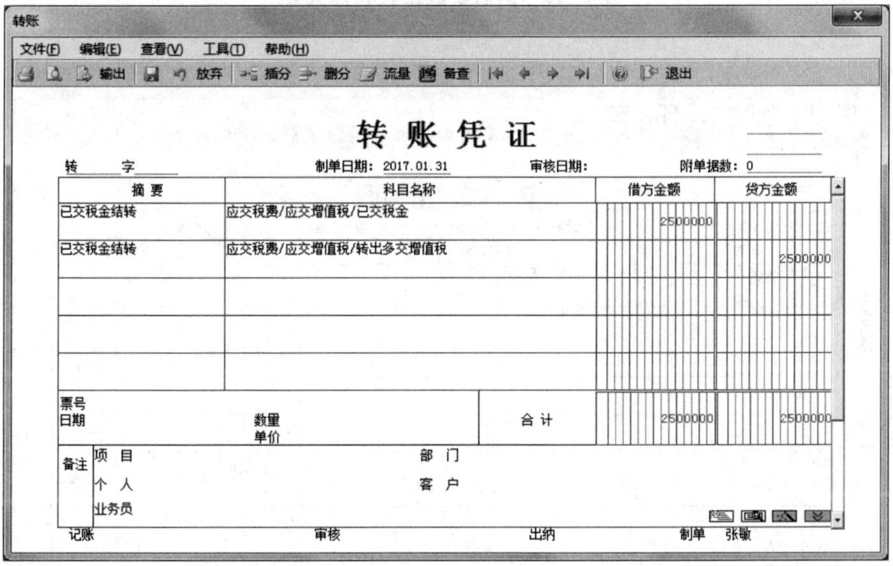

图 9-49　已交税金结转转账凭证（红字凭证）

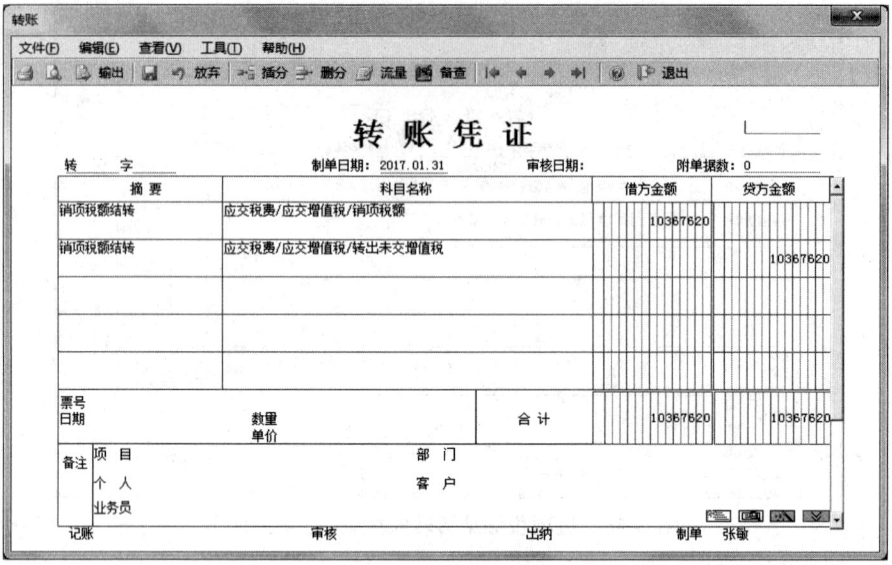

图 9-50 销项税额结转转账凭证

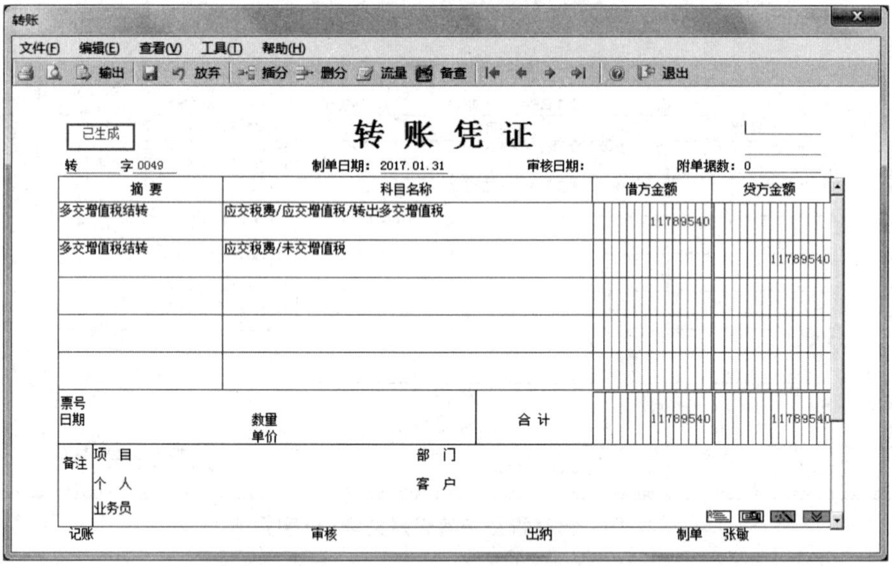

图 9-51 多交增值税结转转账凭证(红字凭证)

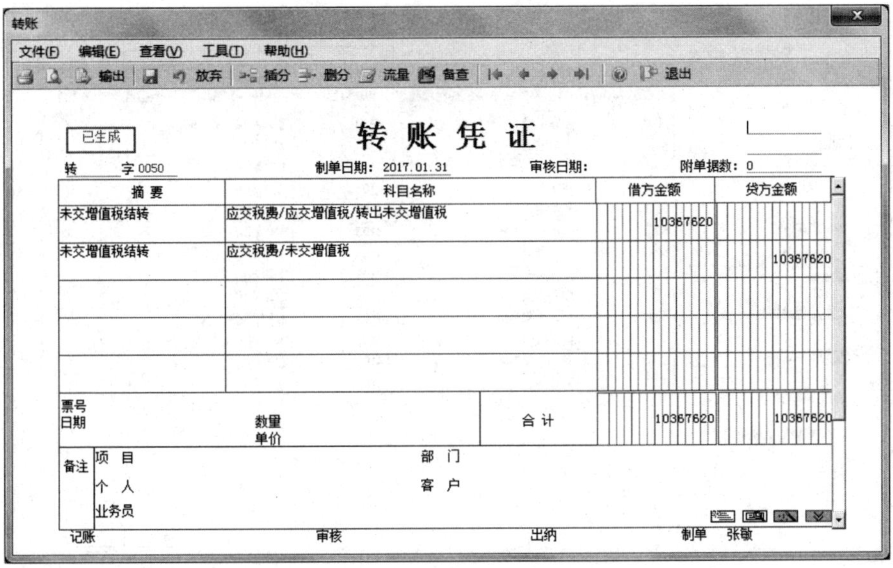

图 9-52　未交增值税结转转账凭证

对以上两张凭证进行审核、主管签字和记账操作。

3)期间损益结转

(1)以 W01 张敏身份,时间:2017 年 1 月 31 日,登录“企业应用平台”。

(2)执行“财务会计—总账—期末—转账生成”(转账定义已在模块 3 总账系统初始化设置时设置好了),打开“转账生成”对话框,选择“期间损益结转”,如图 9-53 所示。

图 9-53　期间损益转账生成对话框

(3)在“类型”下拉列表中选择“收入”,单击“全选”,过滤得到所有收入性质的会计科目,如图 9-54 所示。

(4)单击“确定”,生成一张转账凭证,如图 9-55 所示,加以保存。

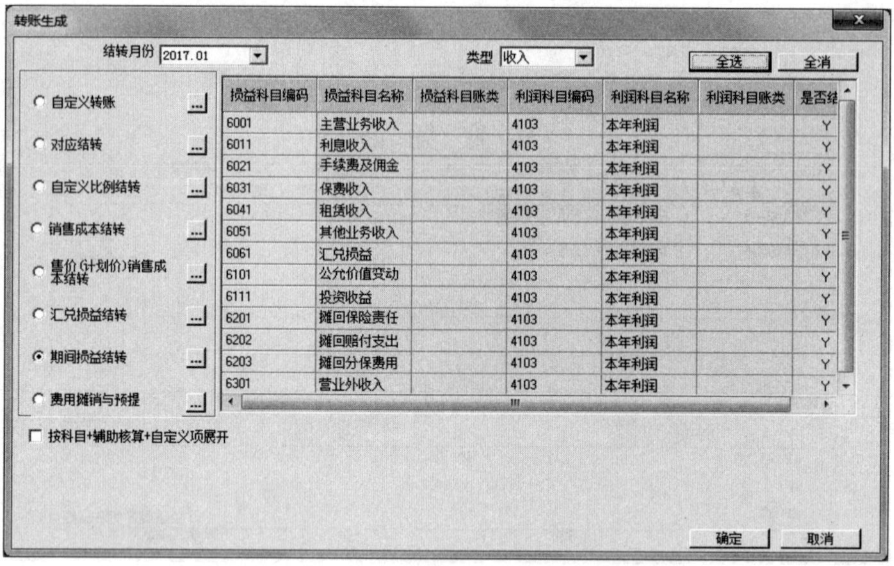

图 9-54　期间损益结转——收入结转设置

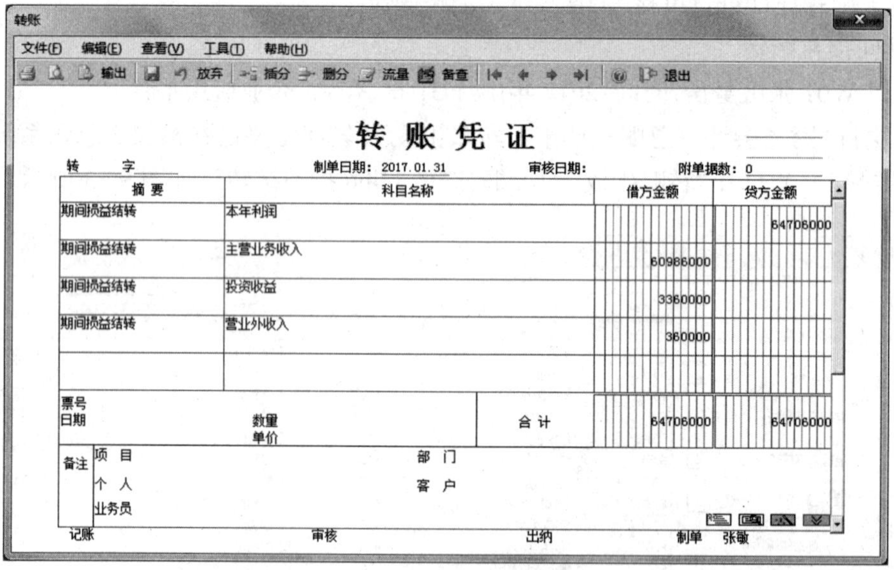

图 9-55　收入结转转账凭证

(5)退出“转账”窗口,返回到“转账生成”对话框,在“类型”下拉列表中选择“支出”,单击“全选”,过滤得到所有支出性质的会计科目,如图 9-56 所示。

图 9-56　期间损益结转——支出结转设置

（6）单击“确定”，弹出“2017.01 月之前有未记账凭证，是否继续结转”提示框，单击“是”，生成一张记账凭证，如图 9-57 所示，加以保存。

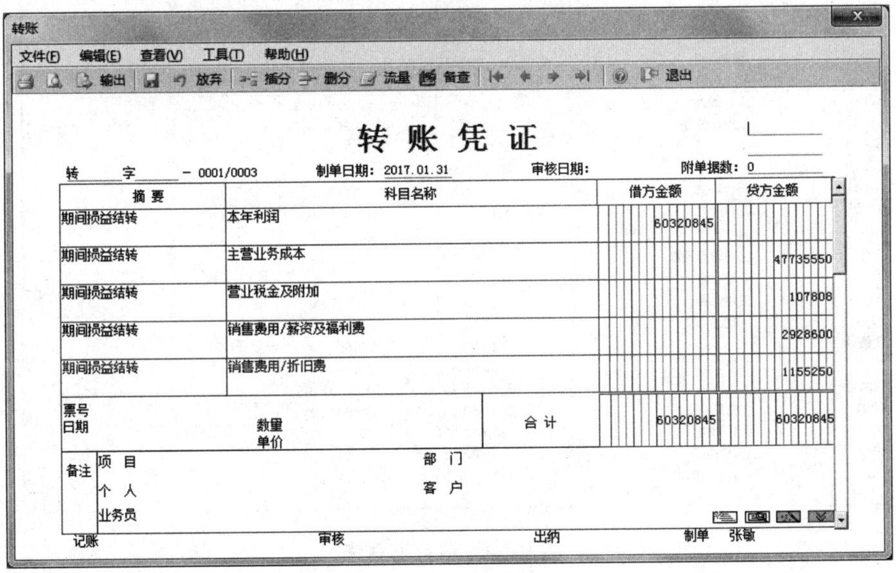

图 9-57　支出结转记账凭证

对以上两张记账凭证进行审核、主管签字和记账操作。

4）输出“科目汇总表”

（1）以 W01 张敏身份，时间：2017 年 1 月 31 日，登录“企业应用平台”。

（2）执行“财务会计—总账—凭证—科目汇总”，打开“科目汇总”对话框，如图 9-58 所示。

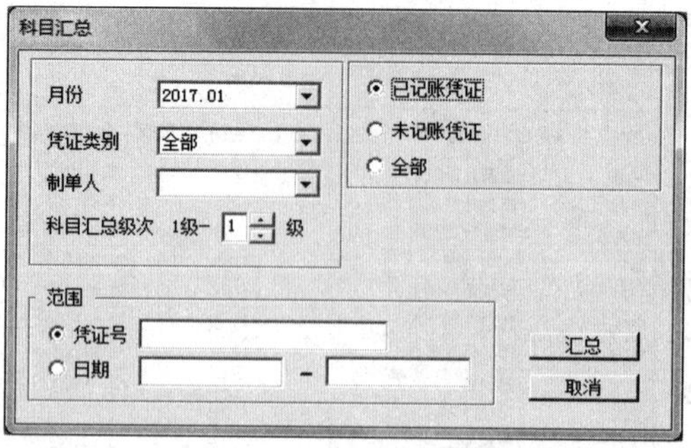

图 9-58 “科目汇总”对话框

(3)直接单击“汇总”,得到“科目汇总表”,如图 9-59 所示。

科目汇总表

共77张凭证,其中作废凭证0张,原始单据共53张　　月份:2017.01

科目编码	科目名称	金额合计		外币合计	
		借方	贷方	借方	贷方
1001	库存现金	56,919.00	58,369.00		
1002	银行存款	578,407.20	784,745.70		
1012	其他货币资金	138,600.00			
1101	交易性金融资产		105,000.00		
1121	应收票据	80,000.00	120,000.00		
1122	应收账款	651,580.20	536,101.20		
1123	预付账款	-50,000.00			
1221	其他应收款		1,500.00		
1402	在途商品	544,047.60	544,047.60		
1405	库存商品	652,447.60	477,355.50		
1601	固定资产	2,600.00			
1602	累计折旧		20,107.00		
1702	累计摊销		1,250.00		
1801	长期待摊费用		2,800.00		
资产 小计		2,654,601.60	2,651,276.00		
2001	短期借款	200,000.00			
2201	应付票据		99,120.00		
2202	应付账款	327,036.00	494,080.00		
2203	预收账款	10,000.00	-50,000.00		
2211	应付职工薪酬	63,250.00	95,517.87		
2221	应交税费	164,104.70	79,076.88		
2231	应付利息		2,500.00		
2241	其他应付款		3,570.00		
负债 小计		764,390.70	723,864.75		
4103	本年利润	603,208.45	647,060.00		
权益 小计		603,208.45	647,060.00		
6001	主营业务收入	609,860.00	609,860.00		
6111	投资收益	33,600.00	33,600.00		
6301	营业外收入	3,600.00	3,600.00		
6401	主营业务成本	477,355.50	477,355.50		

图 9-59 科目汇总表

(4)单击工具栏“输出”按钮,打开“另存为”对话框,如图 9-60 所示,设置保存路径、文件名和保存类型。

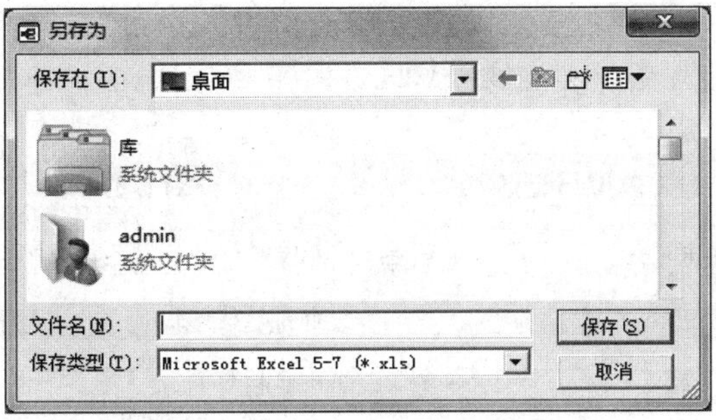

图 9-60　“另存为”对话框

（5）单击“保存”，打开“请输入表 / 工作单名”对话框，如图 9-61 所示，可以输入“1 月份科目汇总表”。

（6）单击“确认”，弹出“输出到文件顺利完成”提示框，如图 9-62 所示，表示输出成功。

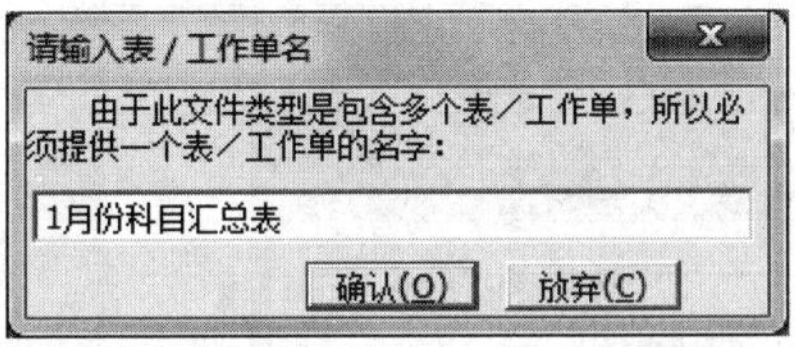

图 9-61　“请输入表 / 工作单名”对话框

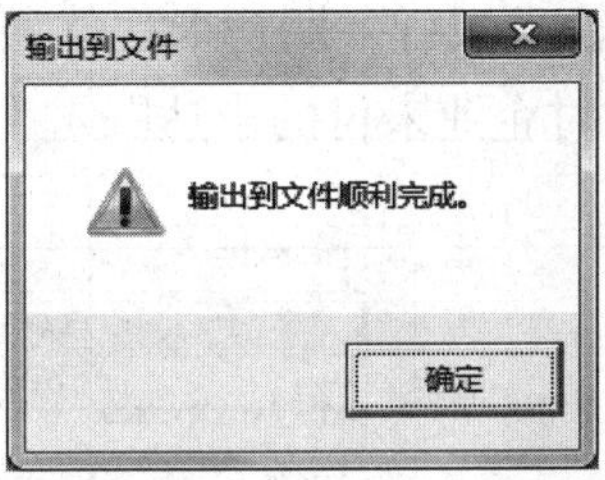

图 9-62　“输出到文件顺利完成”提示框

5）银行对账

（1）以 W03 张林身份，时间：2017 年 1 月 31 日，登录“企业应用平台”。

（2）执行“财务会计—总账—出纳—银行对账—银行对账期初”，打开“银行科目选择”对话框，如图 9-63 所示，选择“工行存款（100201）”。

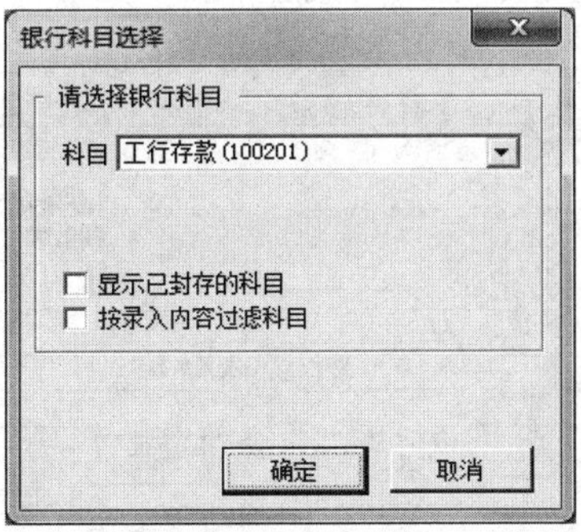

图 9-63　“银行科目选择”对话框 1

（3）单击“确定”，打开“银行对账期初”对话框，如图 9-64 所示，输入银行对账期初数据（参见资料）。

单位日记账调整前余额：1 326 805.23 元；

银行对账单调整前余额：1 344 589.23 元；

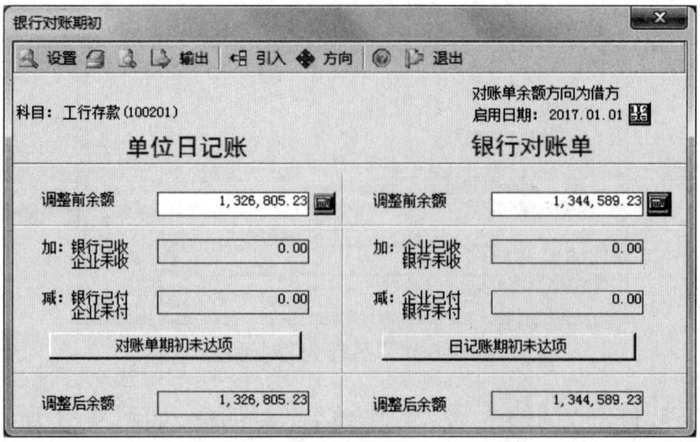

图 9-64 “银行对账期初”对话框

(4)单击“对账单期初未达项”按钮,打开“银行方期初”对话框,如图 9-65 所示,单击“增加”,输入银行方期初未达款项(借方金额表示银行已收企业未收的未达账,贷方金额表示银行已付企业未付的未达账)。

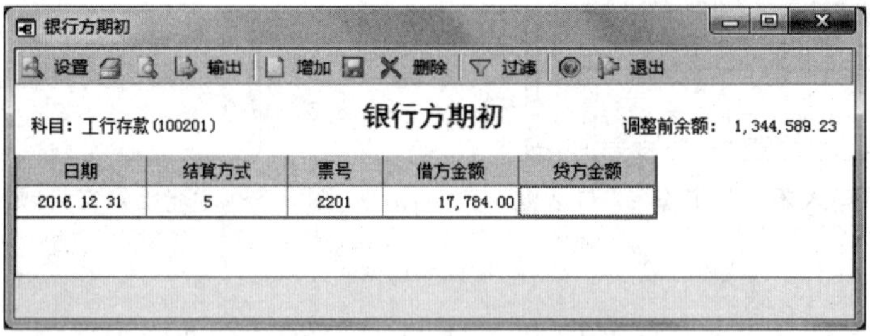

图 9-65 银行方期初

(5)单击“保存”,再单击“退出”,返加到“银行对账期初”窗口,调整后余额相等,如图 9-66 所示。银行对账期初设置完成,退出即可。

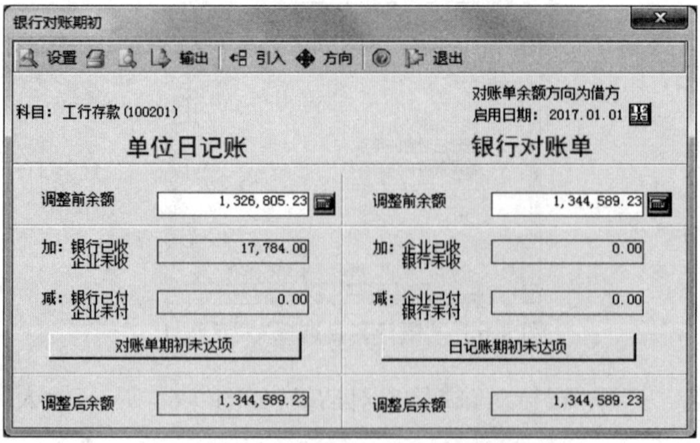

图 9-66 期初银行存款余额调节表

(6)执行“财务会计—总账—出纳—银行对账—银行对账单”,打开“银行科目选择”对话框，如图 9-67 所示，科目栏选择“工行存款”，月份默认。

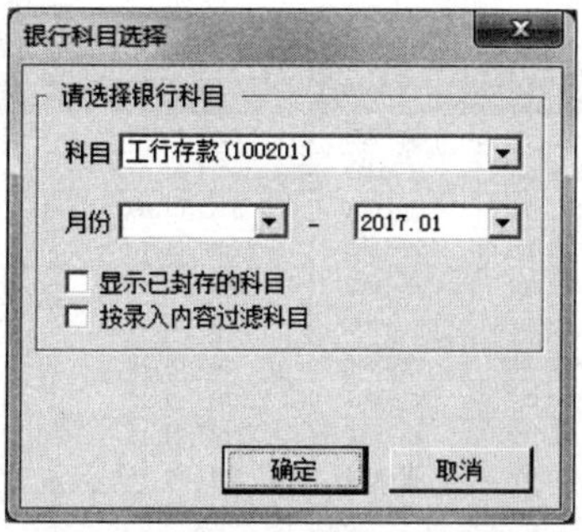

图 9-67　银行科目选择对话框

（7）单击“确定”，打开“银行对账单”对话框，如图 9-68 所示，单击“增加”，输入 2017 年 1 月银行对账单数据（参见资料）。

（8）单击“保存”，然后关闭窗口即可。

（9）执行“财务会计—总账—出纳—银行对账—银行对账”，打开“银行科目选择”对话框，在科目栏选择“工行存款”，其他默认。

（10）单击“确定”，打开“银行对账”对话框，如图 9-69 所示，同时显示单位日记账和银行对账单数据。

科目：工行存款(100201)　　**银行对账单**　　对账单账面余额:1,076,608.73

日期	结算方式	票号	借方金额	贷方金额	余额
2016.12.31	5	2201	17,784.00		1,344,589.23
2017.01.05	202	Z01	68,445.00		1,413,034.23
2017.01.06	9			74,647.70	1,338,386.53
2017.01.09	202	Z02		140,166.00	1,198,220.53
2017.01.10	202	Z03		37,750.00	1,160,470.53
2017.01.11	202	Z04	37,812.00		1,198,282.53
2017.01.11	202	Z05	60,021.00		1,258,303.53
2017.01.12	202	Z10		253,773.00	1,004,530.53
2017.01.12	201	XJ01		56,919.00	947,611.53
2017.01.13	202	Z11		3,042.00	944,569.53
2017.01.16	202	Z06	75,534.20		1,020,103.73
2017.01.18	7		120,000.00		1,140,103.73
2017.01.18	202	Z07	31,033.00		1,171,136.73
2017.01.20	6	J01	95,472.00		1,266,608.73
2017.01.20	202	Z12		200,000.00	1,066,608.73
2017.01.27	202	Z08	10,000.00		1,076,608.73

□ 已勾对　□ 未勾对

图 9-68　银行对账单对话框

科目：100201 (工行存款)

单位日记账

票据日期	结算方式	票号	方向	金额	两清	凭证号数
2017.01.02	5	D01	借	17,784.00		收-0001
2017.01.03	202	Z01	借	68,445.00		收-0002
2017.01.10	202	Z04	借	37,812.00		收-0003
2017.01.11	202	Z05	借	60,021.00		收-0004
2017.01.13	202	Z06	借	75,534.20		收-0005
2017.01.16		25006	借	120,000.00		收-0006
2017.01.19	202	Z07	借	31,033.00		收-0007
2017.01.20	6	J01	借	95,472.00		收-0008
2017.01.24	202	Z08	借	10,000.00		收-0009
2017.01.24	202	Z09	借	66,986.00		收-0010
2017.01.31	201	X05	借	-4,680.00		收-0011
2017.01.07	9		贷	74,647.70		付-0002
2017.01.07	202	Z02	贷	140,166.00		付-0003
2017.01.08	202	Z03	贷	37,750.00		付-0004
2017.01.11	202	Z03	贷	253,773.00		付-0005
2017.01.11	201	XJ01	贷	56,919.00		付-0006
2017.01.11	202	Z05	贷	3,042.00		付-0009
2017.01.20	202	Z07	贷	200,000.00		付-0011
2017.01.31	9		贷	25,000.00		付-0012
2017.01.31	201	X06	贷	-6,552.00		付-0013

银行对账单

日期	结算方式	票号	方向	金额	两清
2016.12.31	5	2201	借	17,784.00	
2017.01.05	202	Z01	借	68,445.00	
2017.01.06	9		贷	74,647.70	
2017.01.09	202	Z02	贷	140,166.00	
2017.01.10	202	Z03	贷	37,750.00	
2017.01.11	202	Z04	借	37,812.00	
2017.01.11	202	Z05	借	60,021.00	
2017.01.12	202	Z10	贷	253,773.00	
2017.01.12	201	XJ01	贷	56,919.00	
2017.01.13	202	Z11	贷	3,042.00	
2017.01.16	202	Z06	借	75,534.20	
2017.01.18	7		借	120,000.00	
2017.01.18	202	Z07	借	31,033.00	
2017.01.20	6	J01	借	95,472.00	
2017.01.20	202	Z12	贷	200,000.00	
2017.01.27	202	Z08	借	10,000.00	

图 9-69 银行对账对话框

(11)单击工具栏“对账”按钮，打开“自动对账”对话框，图 9-70 所示，设置自动对账条件。

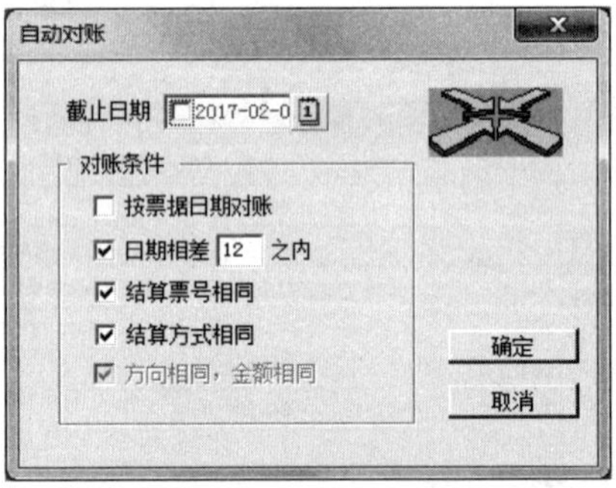

图 9-70 自动对账对话框

(12)勾选“日期相差 12 之内、结算票号相同、结算方式相同”三个选项，单击“确定”，会自动将双方满足条件的账项在“两清”栏标上“○”符号，如图 9-71 所示。

科目：100201（工行存款）

单位日记账

票据日期	结算方式	票号	方向	金额	两清	凭证号数
2017.01.02	5	D01	借	17,784.00		收-0001
2017.01.03	202	Z01	借	68,445.00	◇	收-0002
2017.01.10	202	Z04	借	37,812.00	◇	收-0003
2017.01.11	202	Z05	借	60,021.00	◇	收-0004
2017.01.13	202	Z06	借	75,534.20	◇	收-0005
2017.01.16		25006	借	120,000.00		收-0006
2017.01.19	202	Z07	借	31,033.00	◇	收-0007
2017.01.20	6	J01	借	95,472.00	◇	收-0008
2017.01.24	202	Z08	借	10,000.00	◇	收-0009
2017.01.24	202	Z09	借	66,986.00		收-0010
2017.01.31	201	X05	借	-4,680.00		收-0011
2017.01.07	9		贷	74,647.70	◇	付-0002
2017.01.07	202	Z02	贷	140,166.00	◇	付-0003
2017.01.08	202	Z03	贷	37,750.00	◇	付-0004
2017.01.11	202	Z03	贷	253,773.00		付-0005
2017.01.11	201	XJ01	贷	56,919.00	◇	付-0006
2017.01.11	202	Z05	贷	3,042.00		付-0009
2017.01.20	202	Z07	贷	200,000.00		付-0011
2017.01.31	9		贷	25,000.00		付-0012
2017.01.31	201	X06	贷	-6,552.00		付-0013

银行对账单

日期	结算方式	票号	方向	金额	两清
2016.12.31	5	2201	借	17,784.00	
2017.01.05	202	Z01	借	68,445.00	◇
2017.01.06	9		贷	74,647.70	◇
2017.01.09	202	Z02	贷	140,166.00	◇
2017.01.10	202	Z03	贷	37,750.00	◇
2017.01.11	202	Z04	借	37,812.00	◇
2017.01.11	202	Z05	借	60,021.00	◇
2017.01.12	202	Z10	贷	253,773.00	
2017.01.12	201	XJ01	贷	56,919.00	◇
2017.01.13	202	Z11	贷	3,042.00	
2017.01.16	202	Z06	借	75,534.20	◇
2017.01.18	7		借	120,000.00	
2017.01.18	202	Z07	借	31,033.00	◇
2017.01.20	6	J01	借	95,472.00	◇
2017.01.20	202	Z12	贷	200,000.00	
2017.01.27	202	Z08	借	10,000.00	◇

图 9-71　银行对账两清标识

（13）手工对账，将双方由于记账不规范、更正错账或其他原因导致出现的“虚假未达账”进行强制两清，在“两清”栏标上“Y”符号，如图 9-72 所示。

科目：100201（工行存款）

单位日记账

票据日期	结算方式	票号	方向	金额	两清	凭证号数
2017.01.02	5	D01	借	17,784.00	√	收-0001
2017.01.03	202	Z01	借	68,445.00	◇	收-0002
2017.01.10	202	Z04	借	37,812.00	◇	收-0003
2017.01.11	202	Z05	借	60,021.00	◇	收-0004
2017.01.13	202	Z06	借	75,534.20	◇	收-0005
2017.01.16		25006	借	120,000.00	√	收-0006
2017.01.19	202	Z07	借	31,033.00	◇	收-0007
2017.01.20	6	J01	借	95,472.00	◇	收-0008
2017.01.24	202	Z08	借	10,000.00	◇	收-0009
2017.01.24	202	Z09	借	66,986.00		收-0010
2017.01.31	201	X05	借	-4,680.00		收-0011
2017.01.07	9		贷	74,647.70	◇	付-0002
2017.01.07	202	Z02	贷	140,166.00	◇	付-0003
2017.01.08	202	Z03	贷	37,750.00	◇	付-0004
2017.01.11	202	Z03	贷	253,773.00	√	付-0005
2017.01.11	201	XJ01	贷	56,919.00	◇	付-0006
2017.01.11	202	Z05	贷	3,042.00	√	付-0009
2017.01.20	202	Z07	贷	200,000.00	√	付-0011
2017.01.31	9		贷	25,000.00		付-0012
2017.01.31	201	X06	贷	-6,552.00		付-0013

银行对账单

日期	结算方式	票号	方向	金额	两清
2016.12.31	5	2201	借	17,784.00	√
2017.01.05	202	Z01	借	68,445.00	◇
2017.01.06	9		贷	74,647.70	◇
2017.01.09	202	Z02	贷	140,166.00	◇
2017.01.10	202	Z03	贷	37,750.00	◇
2017.01.11	202	Z04	借	37,812.00	◇
2017.01.11	202	Z05	借	60,021.00	◇
2017.01.12	202	Z10	贷	253,773.00	√
2017.01.12	201	XJ01	贷	56,919.00	◇
2017.01.13	202	Z11	贷	3,042.00	√
2017.01.16	202	Z06	借	75,534.20	◇
2017.01.18	7		借	120,000.00	√
2017.01.18	202	Z07	借	31,033.00	◇
2017.01.20	6	J01	借	95,472.00	◇
2017.01.20	202	Z12	贷	200,000.00	√
2017.01.27	202	Z08	借	10,000.00	◇

图 9-72　手工对账标识

（14）执行“财务会计—总账—出纳—银行对账—余额调节表查询”，输出“银行存款余额调节表”，如图 9-73 所示。

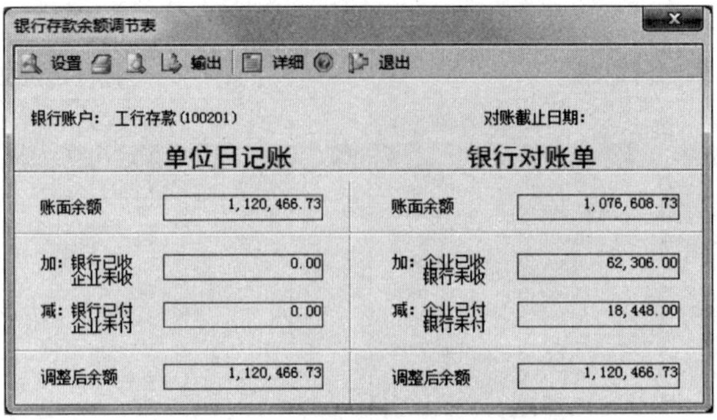

图 9-73　银行存款余额调节表

模块 10　报表处理

【操作要求与资料】

项目 1　资产负债表制作

定义资产负债表格式及计算公式,保存为“资产负债表.rep”文件。

资产负债表格式及参考数据如表 10-1 所示。

表 10-1　资产负债表

会企 01 表

编制单位:湘诚贸易股份有限公司　　2017 年 1 月 31 日　　单位:元

资产	行次	年初数	期末数	负债和所有者权益	行次	年初数	期末数
流动资产:				流动负债:			
货币资金	1	1 415 189.73	1 484 378.23	短期借款	32	300 000.00	500 000.00
交易性金融资产	2	180 000.00	285 000.00	交易性金融负债	33		
应收票据	3	80 000.00	120 000.00	应付票据	34	99 120.00	
应收账款	4	310 987.47	195 508.47	应付账款	35	198 368.00	31 324.00
预付款项	5		50 000.00	预收款项	36		60 000.00
应收利息	6			应付职工薪酬	37	95 517.87	63 250.00
应收股利	7			应交税费	38	-10 380.12	74 647.70
其他应收款	8		1 500.00	应付利息	39	2 500.00	
存货	9	452 062.10	276 970.00	应付股利	40		
一年内到期的非流动资产	10			其他应付款	41	57 418.00	53 848.00
其他流动资产	11			一年内到期的非流动负债	42		
流动资产合计	12	2 438 239.30	2 413 356.70	其他流动负债	43		
非流动资产:				流动负债合计	44	742 543.75	783 069.70
可供出售金融资产	13			非流动负债:			
持有至到期投资	14	300 000.00	300 000.00	长期借款	45	400 000.00	400 000.00
长期应收款	15			应付债券	46		
长期股权投资	16			长期应付款	47		
投资性房地产	17			专项应付款	48		

续表

资产	行次	年初数	期末数	负债和所有者权益	行次	年初数	期末数
固定资产	18	4 913 650.00	4 931 157.00	预计负债	49		
在建工程	19			递延所得税负债	50		
工程物资	20			其他非流动负债	51		
固定资产清理	21			非流动负债合计	52	400 000.00	400 000.00
生产性生物资产	22			负债合计	53	1 142 543.75	1 183 069.70
油气资产	23			所有者权益（或股东权益）：			
无形资产	24	148 750.00	150 000.00	实收资本（或股本）	54	5 000 000.00	5 000 000.00
开发支出	25			资本公积	55	731 700.00	731 700.00
商誉	26			减：库存股	56		
长期待摊费用	27	80 800.00	83 600.00	盈余公积	57	760 544.00	760 544.00
递延所得税资产	28			未分配利润	58	246 651.55	202 800.00
其他非流动资产	29			所有者权益（或股东权益）合计	59	6 738 895.55	6 695 044.00
非流动资产合计	30	5 443 200.00	5 464 757.00				
资产总计	31	7 881 439.30	7 878 113.70	负债和所有者权益（或股东权益）总计	60	7 881 439.30	7 878 113.70

项目 2　利润表制作

定义利润表格式及计算公式，保存为“利润表.rep”文件。

利润表格式及参考数据如表 10-2 所示。

表 10-2 利润表

企 02 表

编制单位：湘诚贸易股份有限公司　　2017 年 1 月　　单位：元

项目	行次	本月数	本年累计数
一、营业收入	1	609 860.00	
减：营业成本	2	477 355.50	
营业税金及附加	3	1 078.08	
销售费用	4	49 989.70	
管理费用	5	72 285.17	
财务费用	6	2 500.00	
资产减值损失	7		
加：公允价值变动收益（损失以“-”号填列）	8		
投资收益（损失以“-”号填列）	9	33 600.00	
其中：对联营企业和合营企业的投资收益	10		

续表

项目	行次	本月数	本年累计数
二、营业利润（亏损以“-”号填列）	11	40 251.55	
加：营业外收入	12	3 600.00	
减：营业外支出	13		
其中：非流动资产处置损失	14		
三、利润总额（亏损总额以“-”号填列）	15	43 851.55	
减：所得税费用	16		
四、净利润（净亏损以“-”号填列）	17	43 851.55	

【操作指导与注意事项】

一、资产负债表制作

（1）以 A01 学生本人身份，时间：2017 年 1 月 31 日，登录“企业应用平台”。

（2）执行“财务会计—UFO 报表”，打开“UFO 报表”对话框。

（3）单击“文件”菜单“新建”或直接单击工具栏“新建”图标，打开“UFO 报表 -report1”报表窗口，如图 10-1 所示。

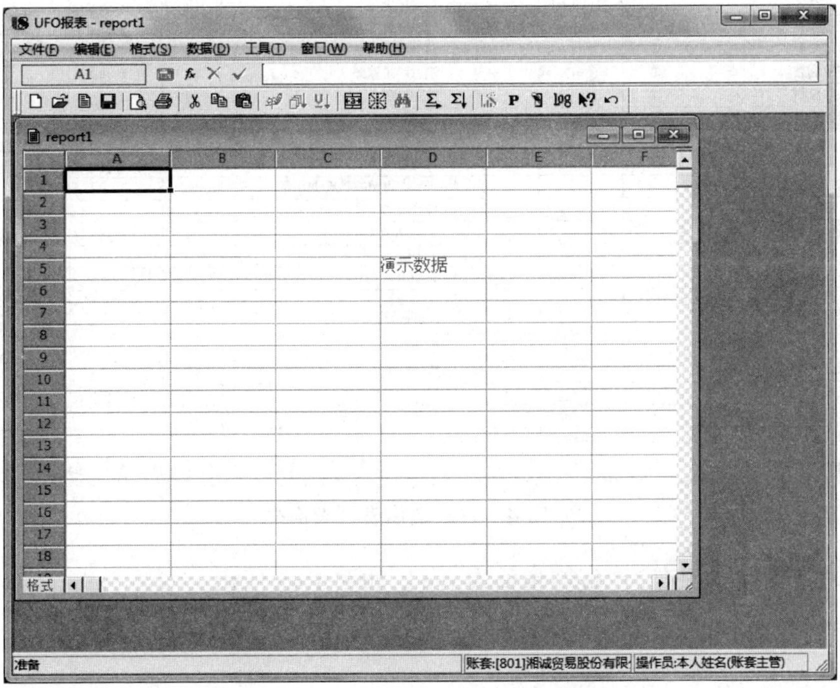

图 10-1　UFO 报表 -report1 报表窗口

（4）在“格式”视图模式下，单击“格式”菜单“报表模板”，打开“报表模板”对话框，如

图 10-2 所示,选择行业为“2007 年新会计制度科目”,财务报表为“资产负债表”。

(5)单击“确定”,弹出“模板格式将覆盖本表格式! 是否继续”提示框,如图 10-3 所示。

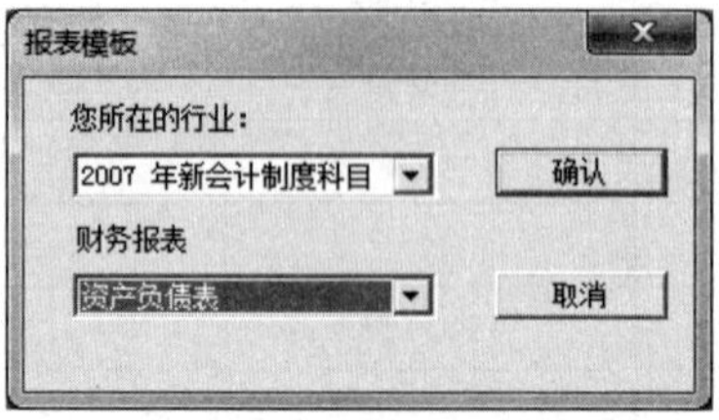

图 10-2 “报表模板”对话框

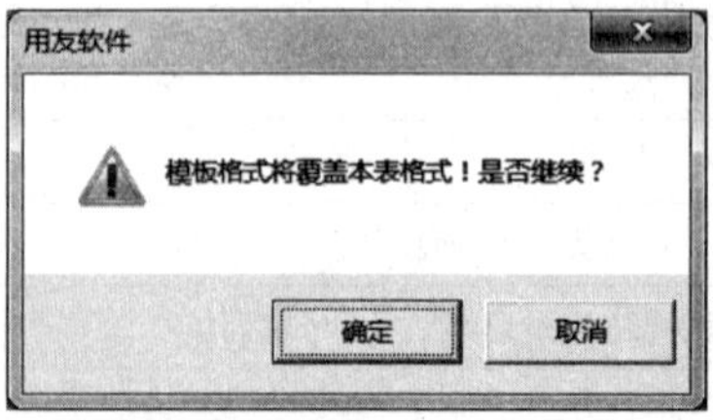

图 10-3 “模板格式将覆盖本表格式! 是否继续?”提示框

(6)单击“确定”,得到资产负债表报表格式,如图 10-4 所示。

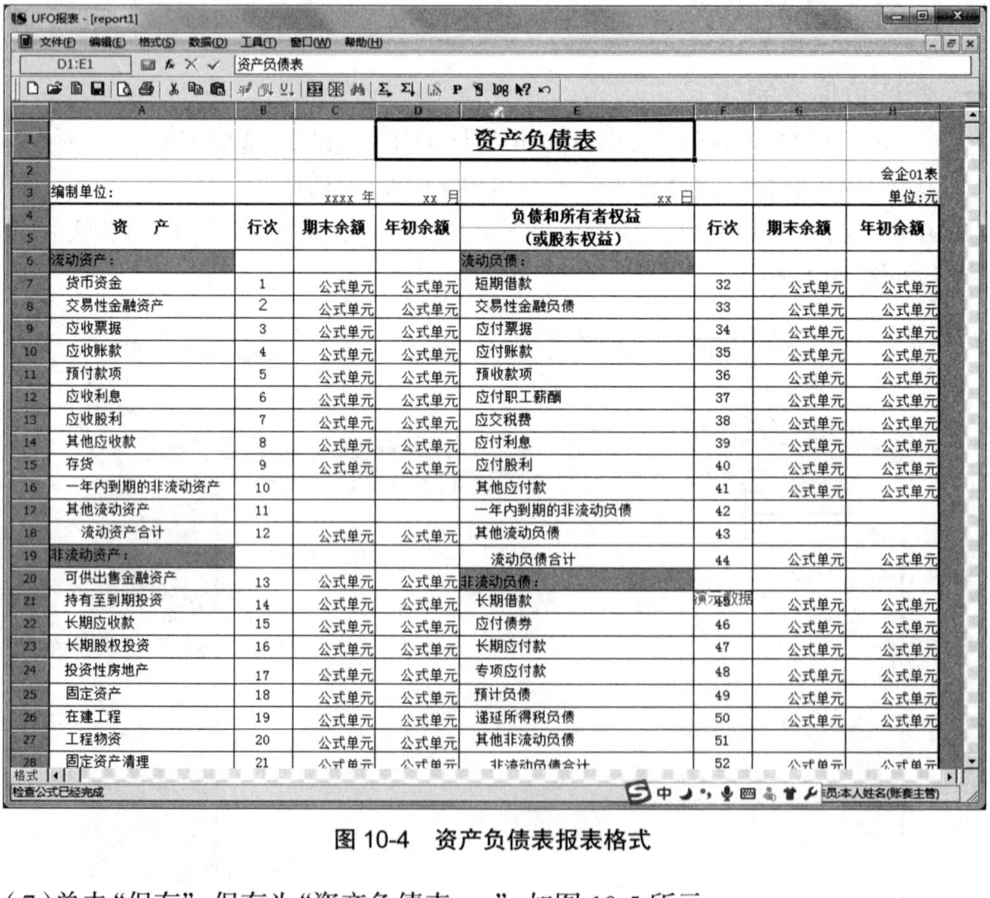

资产	行次	期末余额	年初余额	负债和所有者权益(或股东权益)	行次	期末余额	年初余额
			资产负债表				
							会企01表
编制单位:		xxxx 年	xx 月	xx 日			单位:元
流动资产:				流动负债:			
货币资金	1	公式单元	公式单元	短期借款	32	公式单元	公式单元
交易性金融资产	2	公式单元	公式单元	交易性金融负债	33	公式单元	公式单元
应收票据	3	公式单元	公式单元	应付票据	34	公式单元	公式单元
应收账款	4	公式单元	公式单元	应付账款	35	公式单元	公式单元
预付款项	5	公式单元	公式单元	预收款项	36	公式单元	公式单元
应收利息	6	公式单元	公式单元	应付职工薪酬	37	公式单元	公式单元
应收股利	7	公式单元	公式单元	应交税费	38	公式单元	公式单元
其他应收款	8	公式单元	公式单元	应付利息	39	公式单元	公式单元
存货	9	公式单元	公式单元	应付股利	40	公式单元	公式单元
一年内到期的非流动资产	10			其他应付款	41	公式单元	公式单元
其他流动资产	11			一年内到期的非流动负债	42		
流动资产合计	12	公式单元	公式单元	其他流动负债	43		
非流动资产:				流动负债合计	44	公式单元	公式单元
可供出售金融资产	13	公式单元	公式单元	非流动负债:			
持有至到期投资	14	公式单元	公式单元	长期借款	演示数据	公式单元	公式单元
长期应收款	15	公式单元	公式单元	应付债券	46	公式单元	公式单元
长期股权投资	16	公式单元	公式单元	长期应付款	47	公式单元	公式单元
投资性房地产	17	公式单元	公式单元	专项应付款	48	公式单元	公式单元
固定资产	18	公式单元	公式单元	预计负债	49	公式单元	公式单元
在建工程	19	公式单元	公式单元	递延所得税负债	50	公式单元	公式单元
工程物资	20	公式单元	公式单元	其他非流动负债	51		
固定资产清理	21	公式单元	公式单元	非流动负债合计	52	公式单元	公式单元

图 10-4 资产负债表报表格式

(7)单击“保存”,保存为“资产负债表.rep”,如图 10-5 所示。

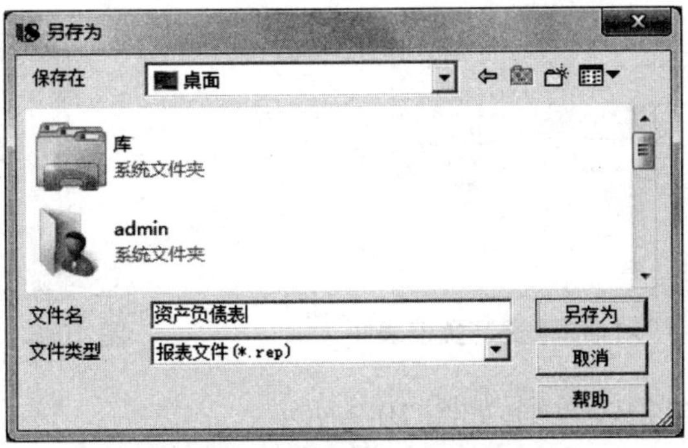

图 10-5　“另存为”对话框 2

（8）单击左下角“格式”，格式视图转换成数据视图，如图 10-6 所示。

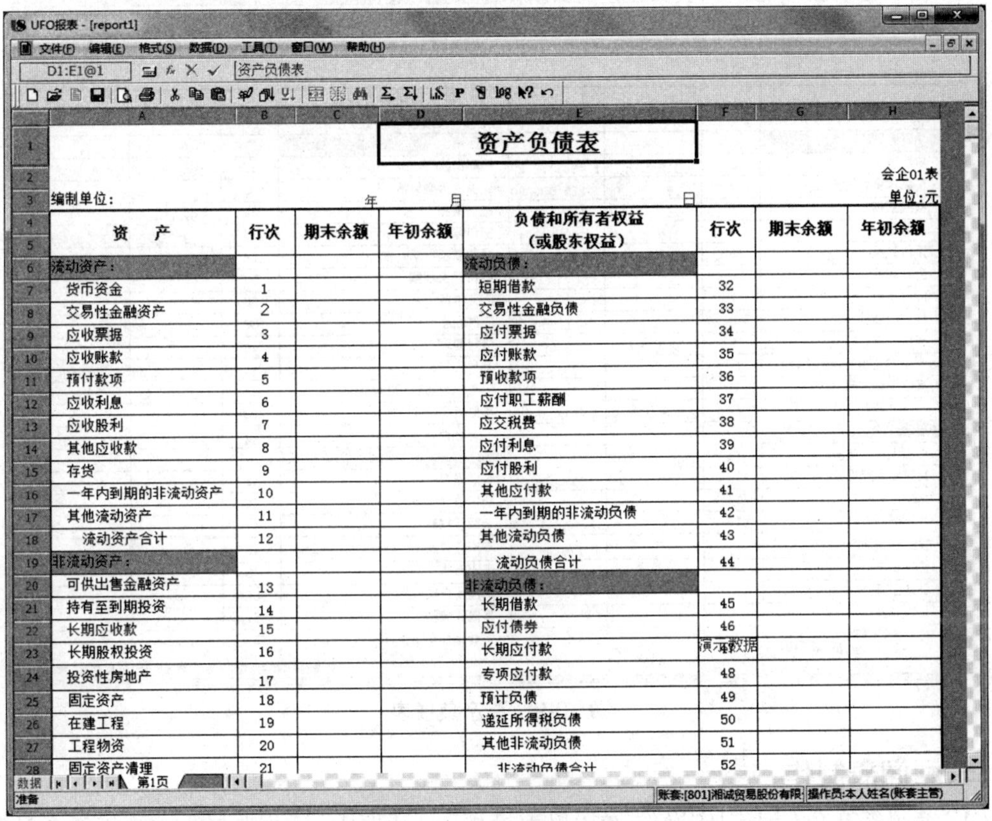

图 10-6　报表数据视图窗口

（9）单击菜单“数据”，选择“关键字——录入”，打开“录入关键字”对话框，如图 10-7 所示，输入关键字“年、月、日”。

（10）单击“确认”，弹出“是否重算第 1 页”提示框，如图 10-8 所示。

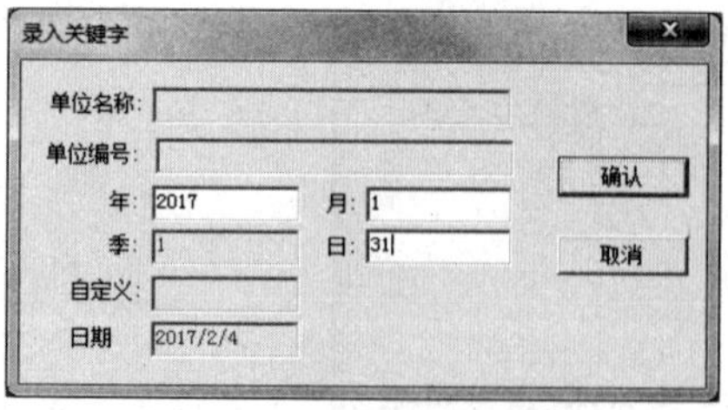

图 10-7 “录入关键字”对话框(资产负债表)

图 10-8 “是否重算第 1 页”提示框

(10)单击“是”,生成报表数据,如图 10-9 所示。

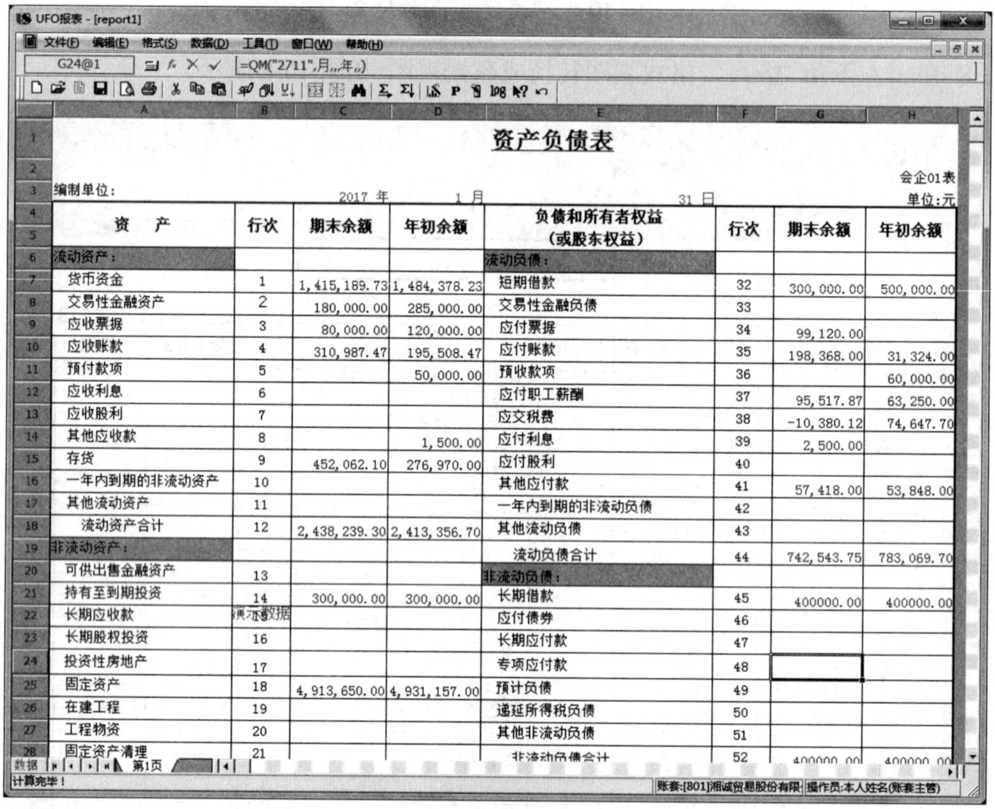

资产	行次	期末余额	年初余额	负债和所有者权益(或股东权益)	行次	期末余额	年初余额
流动资产:				流动负债:			
货币资金	1	1,415,189.73	1,484,378.23	短期借款	32	300,000.00	500,000.00
交易性金融资产	2	180,000.00	285,000.00	交易性金融负债	33		
应收票据	3	80,000.00	120,000.00	应付票据	34	99,120.00	
应收账款	4	310,987.47	195,508.47	应付账款	35	198,368.00	31,324.00
预付款项	5		50,000.00	预收款项	36		60,000.00
应收利息	6			应付职工薪酬	37	95,517.87	63,250.00
应收股利	7			应交税费	38	-10,380.12	74,647.70
其他应收款	8		1,500.00	应付利息	39	2,500.00	
存货	9	452,062.10	276,970.00	应付股利	40		
一年内到期的非流动资产	10			其他应付款	41	57,418.00	53,848.00
其他流动资产	11			一年内到期的非流动负债	42		
流动资产合计	12	2,438,239.30	2,413,356.70	其他流动负债	43		
非流动资产:				流动负债合计	44	742,543.75	783,069.70
可供出售金融资产	13			非流动负债:			
持有至到期投资	14	300,000.00	300,000.00	长期借款	45	400000.00	400000.00
长期应收款	演示数据			应付债券	46		
长期股权投资	16			长期应付款	47		
投资性房地产	17			专项应付款	48		
固定资产	18	4,913,650.00	4,931,157.00	预计负债	49		
在建工程	19			递延所得税负债	50		
工程物资	20			其他非流动负债	51		
固定资产清理	21			非流动负债合计	52	400000.00	400000.00

图 10-9 资产负债表

二、利润表制作

(1)参照资产负债表制作操作,在“报表模板”对话框中,行业选择“2007 年新会计制度科目”,财务报表选择“利润表”,如图 10-10 所示。

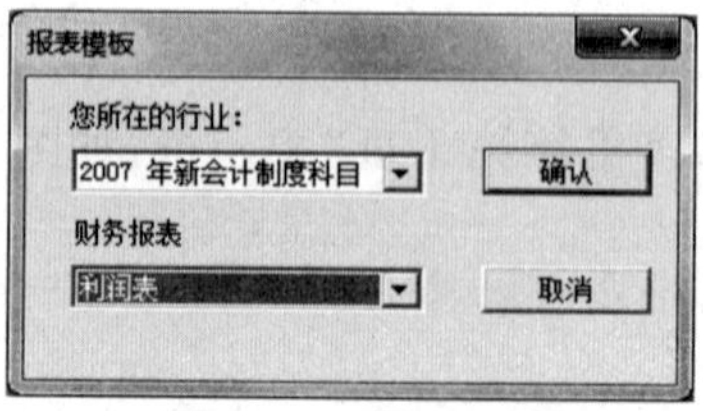

图 10-10 报表模板选择

(2)单击“确认”,弹出“模板格式将覆盖本表格式!是否继续”提示框。

(3)单击“确定”,得到利润表格式,加以保存为“利润表.rep”,如图 10-11 所示。

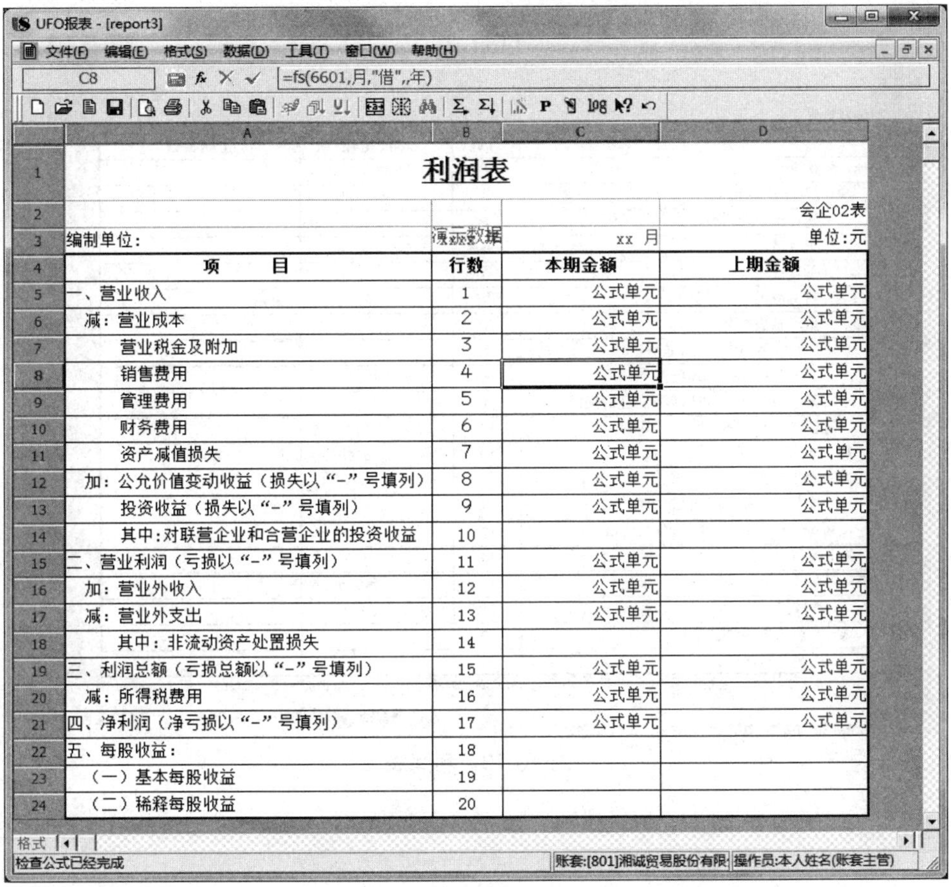

图 10-11 利润表报表格式

(4)单击左下角“格式”,格式视图转换成数据视图,单击菜单“数据”,选择“关键字—录入”,打开“录入关键字”对话框,如图 10-12 所示,输入关键字“年、月”。

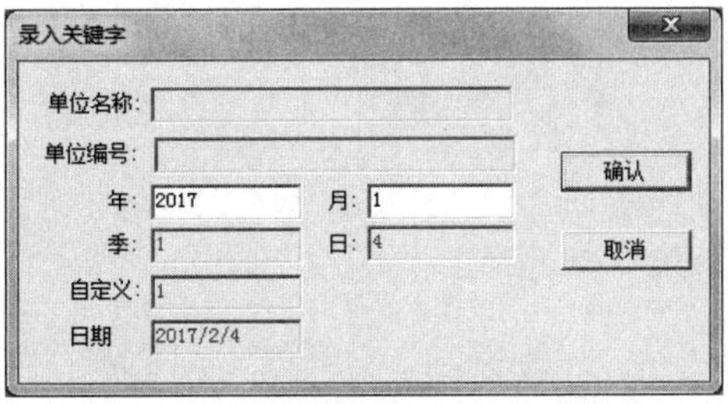

图 10-12 “录入关键字”对话框(利润表)

(5)单击“确认”,弹出“是否重算第 1 页”提示框。

(6)单击“是”,生成报表数据,如图 10-13 所示。

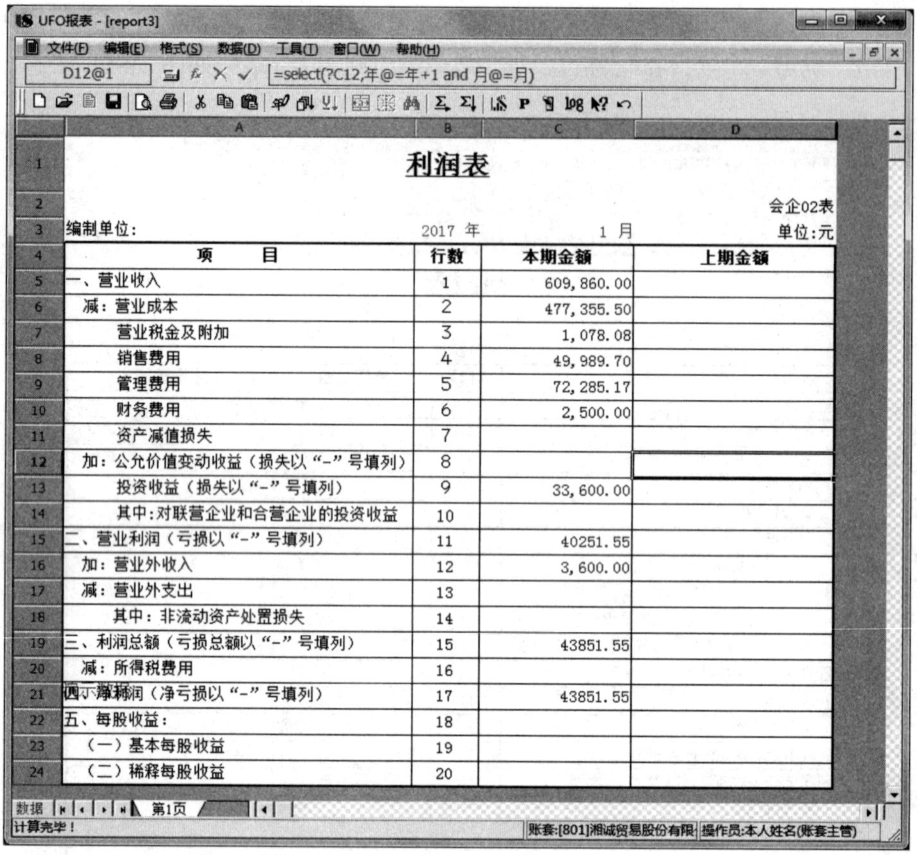

利润表

会企02表

编制单位： 2017 年 1 月 单位：元

项　　目	行数	本期金额	上期金额
一、营业收入	1	609,860.00	
减：营业成本	2	477,355.50	
营业税金及附加	3	1,078.08	
销售费用	4	49,989.70	
管理费用	5	72,285.17	
财务费用	6	2,500.00	
资产减值损失	7		
加：公允价值变动收益（损失以“-”号填列）	8		
投资收益（损失以“-”号填列）	9	33,600.00	
其中：对联营企业和合营企业的投资收益	10		
二、营业利润（亏损以“-”号填列）	11	40251.55	
加：营业外收入	12	3,600.00	
减：营业外支出	13		
其中：非流动资产处置损失	14		
三、利润总额（亏损总额以“-”号填列）	15	43851.55	
减：所得税费用	16		
四、净利润（净亏损以“-”号填列）	17	43851.55	
五、每股收益：	18		
（一）基本每股收益	19		
（二）稀释每股收益	20		

图 10-13　利润表

模块 11　拓展业务

【项目资料与操作要求】

以下业务为 2 月份业务。

项目 1　采购暂估业务

1 日，收到花花公司开来的上月订购 B203 商品专用发票，数量 80 台，不含税单价 1 450 元 / 台，款未付。

（采购专用发票——应付单 / 结算成本处理——红、蓝入库单）

项目 2　受托代销业务

（1）2 日，采购部周密与乐乐公司签订委托代销合同，合同约定受托方以销货款（不含增值税）的 10% 收取手续费，收到受托代销货物 D402 商品 300 件，单价 210 元 / 件；D403 商品 350 件，单价 184 元 / 件。

（订单—到货—入库）

（2）3 日，青梅公司订购 D402 商品 260 件，单价 210 元 / 件；D403 商品 320 件，单价 184 元 / 件。开出增值税专用发票，并收取货款 132 771.60 元。

（销售订单—发货单—销售专用发票—出库单—结转成本）

（3）5 日，开出代销清单 D402 商品 260 件；D403 商品 320 件。收到对方发票价税合计 132 771.60 元，收取代销手续费 11 348.00 元、电汇 121 423.60 元支付委托方货款。

（受托代销结算单—应付单红字—付款单—总账填制计提交税凭证）

（4）5 日，采购部周密与乐乐公司签订委托代销合同，合同约定以视同买断方式代销，收到受托代销货物 D401 商品 150 件，单价 240 元 / 件。

（订单—到货—入库）

（5）5 日，销售一部陈文斌与晨星公司签订购销合同，晨星公司订购 D401 商品 180 件，单价 320 元 / 件，开出增值税专用发票，并收取货款 67 392.00 元。

（销售订单—发货单—销售专用发票—出库单）

（6）5 日，开出代销清单 D401 商品 180 件，收到对方发票价税合计 50544.00 元，电汇 50 544.00 元支付委托方货款。

（受托代销结算单—付款单）

项目 3　直运销售业务

(1)10 日,销售三部曾一平与紫微公司签订直运销售合同,紫微公司订购 A101 商品 80 件,单价 900 元 / 件;A103 商品 100 件,单价 640 元 / 件,价款 136 000 元,税款 23 120 元,共计 159 120 元,款未付。

(2)11 日,采购部梁瑜与倍倍公司签订直运采购合同,订购 A101 商品 80 件,单价 680 元 / 件; A103 商品 100 件,单价 500 元 / 件,价款 104 400 元,税款 17 748 元,共计 122 148 元,款未付。

(3)12 日,收到倍倍公司直运采购 A101 商品 80 件,单价 680 元 / 件; A103 商品 100 件,单价 500 元 / 件专用发票,款未付。

(4)12 日开出直运业务 A101 商品 80 件,单价 900 元 / 件; A103 商品 100 件,单价 640 元 / 件,销售专用发票给紫微公司,款未收。

项目 4　委托代销业务

(1)15 日,销售二部徐咏梅发展了一个本地新客户润发贸易有限公司(客户资料:工商银行,账号 89012345678,税号 890123456788888),与润发公司签订委托代销合同,发出 C301 商品 100 双、C302 商品 60 双、C303 商品 60 双,不含税价分别为 350 元 / 双、390 元 / 双、200 元 / 双,以不含税价销货款的 10% 支付手续费。货已发出。

(2)18 日,收到润发公司代销清单及支付的手续费凭证,开出增值税专用发票,收到货款的转账支票(货款已扣除应支付的 10% 的手续费)。已代销 C301 商品 80 双、C302 商品 46 双、C303 商品 60 双。

(3)18 日,销售一部陈文斌与黄河公司签订委托代销商品,发出 A102 商品 50 件单价 790 元 / 件、A103 商品 50 件单价 660 元 / 件,合同约定该批商品为视同买断方式委托代销,货已全部发出,月底结算并一次开具销售发票。

(4)20 日,收到黄河公司开来代销清单和转账支票,本月代销 A102 商品 46 件, A103 商品 35 件。已向对方开出增值税专用发票。

项目 5　零售日报业务

20 日,公司零散销售 A102 商品 8 件,单价 880 元 / 件; A103 商品 2 件,单价 780 元 / 件;B201 商品 2 台,单价 2 250 元 / 台;C301 商品 10 双,单价 460 元 / 双;C302 商品 5 双,单价 500 元 / 双。价款 20 200 元,税款 3 434 元,共计 23 634 元。货款现金收讫。

(零售日报—发货单—出库单)

项目 6　买一赠一

24 日,公司为促销 D 类商品,即日推出每购买一件 D 类商品赠送 E502 赠品一个。当日青梅公司订购 D401 商品、D403 商品各 100 件,单价分别为 340 元 / 件、200 元 / 件,货全部发出并开出销售专用发票,收到对方转账支票。

项目 7　固定资产换存货

25 日，公司将营业设备甲与京京公司销售的 B201 商品、B202 商品进行交换。营业设备甲原值 280 000 元，已提折旧 141 568 元（139 356 期初 +2 212 本月）；交换时不含税公允价值 145 000 元。京京公司 B201 商品 30 台，不含税单价 2 750 元 / 台；B202 商品 50 台，不含税单价 2 150 元 / 台（不含税公允价值 190 000 元）。以银行存款转账支票支付差价 52 650 元。（京京公司是一般纳税人）

项目 8　坏账损失

25 日，因白理公司发生财务困难，短期内无法偿还上年 3 月 12 日所欠本公司货款 118 170 元，经双方协商，本公司同意将其公司营业设备丁偿还债务，当日签订债务重组协议并移交资产。该公司营业设备丁不含税公允价值 85 000 元，税 14 450 元，计税合计 99 450 元。剩余债务给予减免，确认坏账损失。（应收账款已提坏账准备 466.53 元）

固定资产交于销售一部使用，预计使用年限 80 年。

操作指导及注意事项：（略）